MOI AUSSI

Ce livre est publié dans la collection
« Traverse »
Dirigée par Ivan Jablonka

TRAVERSE : des chemins de traverse, une traversée des genres pour dire le monde et le transformer. Un espace de création ouvert aux chercheurs, écrivains, journalistes, enquêteurs. Un lieu accueillant toutes les écritures du réel, pour relever ensemble les défis du XXIe siècle.

ISBN 978-2-02-147968-3

www.seuil.com

TRAVERSE

IRÈNE THÉRY

MOI AUSSI

LA NOUVELLE CIVILITÉ SEXUELLE

SEUIL

PROLOGUE

Ça s'est passé en direct, à la radio, lors d'une émission où j'étais invitée le soir du 8 janvier 2019. Nous avions déjà abordé divers sujets quand la journaliste, Laure Adler, entama un échange sur #MeToo. Elle rappela ce jour d'octobre 2017 où j'avais décidé d'emblée de prendre ma place dans le mouvement de dénonciation des violences sexuelles faites aux femmes en écrivant deux mots sur ma page Facebook : « Moi aussi ».

Deux mots en blanc sur le fond noir du post, bientôt complétés par l'indication de l'âge auquel ça m'était arrivé, à l'occasion d'une tribune en réplique aux premiers détracteurs du mouvement. Je m'apprêtais déjà à reprendre l'argumentation que j'y avais développée, quand soudain :

– Qu'est-ce qui vous est arrivé quand vous aviez 8 ans, Irène Théry ?

Stupeur.

À aucun moment je n'avais anticipé la question. Si incroyable que cela puisse paraître, je n'avais tout simplement pas songé que quelqu'un me demanderait un jour ce qui s'était passé. J'en avais parlé depuis déjà longtemps à mon mari, à quelques amies et amis. Plus récemment, justement à cause de #MeToo, à mes enfants désormais adultes. Mais en public ? En direct à la radio ?

Je tente de gagner quelques secondes :

– Vous voulez vraiment que je le dise, là, maintenant ?

– Vous l'aviez évoqué, et ça m'a interpellée…

J'admets dans l'instant que la question est légitime, tant elle semble appelée par mon « moi aussi ». L'impensé de mon attitude me rattrape d'un coup.

Vide total dans la tête, bout du plongeoir de cinq mètres. Je me lance.

En quelques phrases heurtées, je me débarrasse du récit comme je peux, histoire de dire que c'était une agression sexuelle, par un motard inconnu, un jour où je remontais à vélo à la maison par une petite route de la campagne aixoise. J'essaie d'aller à l'essentiel mais tout de suite s'impose à moi un tel sentiment d'échec, presque de trahison des faits et de leur sens, que cela me poursuivra longtemps après l'émission.

La vérité telle que je la vois aujourd'hui est qu'après le saut dans le vide, j'ai plongé en direct, bien plus loin que je n'aurais jamais pensé aller, dans les difficultés et les malentendus non pas de mon cas seulement, mais bien du mouvement #MeToo dans sa plus grande généralité.

Difficultés

Je ne sais pas si ceux qui dénigrent la victimisation dont l'époque serait friande se rendent compte de l'effort sur soi-même qu'il faut faire pour révéler en public une violence sexuelle qu'on a subie. Il n'est pas vrai que l'exercice soit spontanément libérateur. Les victimes peuvent se sentir mieux, sans doute, après avoir parlé. Mais le récit lui-même est un exercice pénible et pour tout dire impossible même si, comme c'est mon cas, on est vraiment très loin d'avoir vécu le pire, comparé à d'autres.

Comment faire comprendre l'agression sexuelle sans traduire la terrible netteté du souvenir ? Il a traversé intact, pour ce qui me concerne, plus de soixante ans de vie. Dans ce qui s'est passé, les à-côtés de l'acte en sont à jamais indissociables. C'est un bloc dont on ne peut plus rien enlever, et dont tout fait sens. À commencer pour moi par la douceur de cette fin d'après-midi ensoleillée, la fierté de rentrer toute seule de ma séance de gym du jeudi alors qu'à cet âge, maman nous conduisait encore en voiture à l'école, ma petite sœur et moi.

À l'époque, la route de Vauvenargues était si tranquille, il y passait si peu de monde que les parents avaient pensé que je ne risquais pas d'avoir un accident. C'est grâce à cette douceur de l'air, au souvenir des vêtements que je portais, que je sais que c'était un jeudi, en juin ou plus probablement septembre 1960 : le mois est incertain, le jour de la semaine retrouvé par déduction, mais l'heure est évidente et les minutes d'une totale précision. Si je ne dis rien du temps qu'il faisait, que reste-t-il du souvenir ?

Je n'ai rien dit de la peur

La route déserte, le bruit de la moto qui arrive derrière moi, freine, vrombit, freine à nouveau, l'inquiétude qui pointe, puis se transforme en angoisse quand le motard me dépasse, tourne un peu plus loin, revient ; l'effroi quand il me croise et tourne encore, derrière moi cette fois, revient, me dépasse à nouveau, tourne en haut, près du virage, et là s'arrête de l'autre côté de la route, met la moto sur la béquille, moteur en marche. La panique qui me saisit quand il traverse vivement la route en biais vers moi et attrape le guidon de mon vélo. Si je ne dis rien de ce qui s'est passé avant, que reste-t-il de la terreur ?

Je n'ai pas vraiment raconté l'agression

J'ai dit à la radio qu'il avait prononcé d'une voix sans relief, cette phrase unique, bizarre, que je n'ai pas comprise : « Je te viole, petite. » J'entends bien « je te viole », mais je ne connais pas ce mot. Je comprends « je te vole, je vais t'enlever, je vais te tuer ». L'image du fils Peugeot, kidnappé à 4 ans et dont on avait parlé cette année-là dans toutes les cours de récréation, me suffoque de terreur, alors que je sens subitement la main entre mes jambes. J'ai encore la sensation de mes deux pieds posés sur la route de part et d'autre de la barre centrale du vélo qui empêche de serrer les cuisses.

L'attouchement est brutal, quelques secondes, une éternité.

J'ai dit beaucoup, mais je n'ai pas pu dire que l'homme dissimulé par son casque, par ses grosses lunettes de moto, n'a jamais eu de visage. Je n'ai pas pu dire l'horreur de sentir la main, et en même temps l'intense soulagement d'avoir gardé mon short de gym sous ma jupe, ce bloomer bleu bouffant qu'on me fait porter à l'époque et que je trouve ridicule, mais dont je sais encore combien le tissu épais fut mon bouclier contre la sensation trop vive de contact, et contre l'intrusion.

Je n'ai pas pu dire le cri qui est sorti de ma poitrine de petite fille fluette, les mots si souvent lus dans *Tintin* mais jamais entendus une seule fois en vrai : « Au secours ! Au secours ! À l'aide ! » Un cri, des cris venus de je ne sais pas où, des cris à la vie à la mort, et dont la force le surprend. Il fait demi-tour, court à sa moto, démarre en trombe vers la ville. Va-t-il tourner une fois encore ? Il faut fuir, me mettre à l'abri. J'attaque de mon côté la montée haletante vers la maison.

Je n'ai rien dit de la fuite

Entre l'endroit où il m'a arrêtée et le premier refuge possible, la petite route monte, solitaire, le long d'une interminable vigne qui aujourd'hui n'existe plus. Terrorisée, je pédale de toutes mes forces ; ma bicyclette est un vélo d'enfant et j'y accroche ma vie. Enfin, un tournant, un plat et de l'autre côté de la route, la baraque de la famille Ben Khalifa. C'est un entrelacs de murs bas, de toits de tôle plus ou moins fixés autour d'un transformateur électrique désaffecté, mais avec une cour au sol de ciment, un grand bac avec l'eau au robinet, et même une vigne vierge. Je n'y suis jamais entrée, mais cette fois le chien qui aboie tel un furieux au bout de sa chaîne ne m'arrête pas, je lâche le vélo n'importe comment et cours à l'intérieur. Il y a là la mère, son aînée et ses trois filles plus jeunes.

Ma panique les effraie, je ne peux pas parler, je tremble comme une feuille, je sanglote, je hoquette. Mme Ben Khalifa me parle gentiment, me prend par le bras, elle tremble elle aussi. Elle me fait asseoir, les filles nous entourent en silence. Elle m'apporte un grand verre d'eau et dans son empressement y ajoute – je n'en reviens pas – un peu de vin.

Progressivement, la respiration revient, j'explique qu'un homme à moto m'a fait peur, je dis où ça s'est passé, que j'ai crié… Plus tard, quand je suis calmée, elles m'accompagnent toutes les cinq à pied jusqu'à la maison, quelques centaines de mètres plus haut sur la route, en poussant le vélo. Elles connaissent la Source, où nous habitons depuis un an ou deux, car les parents ont donné à M. Ben Khalifa un champ à côté du bassin pour qu'il puisse y faire son potager. Quand ses filles viennent avec lui, nous y jouons parfois ensemble. Au bout de l'allée, maman s'avance, intriguée par notre petit groupe. Les deux mères se parlent, et maman me prend par la main. Si je ne dis rien des Ben Khalifa, que reste-t-il de ma fuite, que reste-t-il du refuge ?

C'est sans doute pour tous ces manques que, sur le moment, j'ai eu le sentiment que le court récit que je venais de faire n'avait aucun sens, et trahissait ce que j'avais vécu. Mais ce n'est pourtant pas l'essentiel. Si j'avais pu mieux raconter, le malentendu aurait peut-être été encore pire. Car ce n'est pas le souvenir de l'agression proprement dite qui m'a décidée à écrire « Moi aussi » sur ma page Facebook, ce soir d'octobre 2017.

Ce qui s'est passé après

À peine les Ben Khalifa parties, maman va trouver papa dans son bureau. Tous deux me prennent à part sur la terrasse, très doucement, très attentivement. Ils s'asseyent sur le banc pour être à ma hauteur. « Raconte-nous, Irène, qu'est-ce qui s'est passé ? » Je dis tout, sauf la main entre mes jambes. « Il a dit "je te viole, ou je te vole", j'ai crié de toutes mes forces, il est parti. – Tu as crié, c'est bien, c'est exactement ce qu'il fallait faire. Et il ne s'est rien passé d'autre ? – Non, rien d'autre. – Tu es sûre ? – Oui, rien d'autre. » Ils s'efforcent de me rassurer : « Ne t'inquiète pas, il ne reviendra pas, c'est certain, ça ne se reproduira pas. »

Le soir, je vérifie dans le dictionnaire : le verbe violer, ça existe. J'avais bien entendu, quand il me disait ce que sa main essayait de me faire.

Jamais, sur la dimension sexuelle de l'agression, je n'ai pu dire quoi que ce soit à mes parents.

J'aurais pourtant eu des raisons. Par exemple, tenter de les attendrir. Car le jeudi suivant, quand j'ai refusé d'aller à la gym, quand j'ai dit en pleurant que je ne voulais plus jamais faire la route à vélo, mon père a pris sa voix que je connais bien. La voix qui veut dire : si tu tombes à la première leçon de remonte-pente, tu y retournes immédiatement ; si tu as entendu un bruit et que tu as peur d'aller chercher le gilet dans le noir du premier étage, tu te raisonnes et tu y vas. Une voix gentille, mais d'autant plus inflexible que mes parents ont toujours pensé, à tort ou à raison, que l'adulte doit à l'enfant de ne jamais le laisser s'enfermer dans une appréhension ou se bloquer sur un échec. Ils ne m'ont pas laissé le choix : j'ai pris mon vélo, et j'y suis allée. Heureusement, vers Aix, la route descend, ça va vite.

Des années durant, sans jamais en parler ni à mes parents, ni à mon frère et ma sœur, j'ai eu peur de rentrer seule à vélo à la maison. Je me suis arrangée pour remonter aussi souvent que possible avec Jean-Marie, puis avec Lise, quitte à les attendre sans leur dire pourquoi. Si c'était impossible, je déroulais mon protocole solitaire dès la sortie de la ville, allant le plus vite possible d'un endroit sûr, près d'une maison, à un autre endroit sûr. Du chemin de Bibemus au croisement de Repentance, d'une traite. De là aux Trois Bons Dieux, d'une traite. De là chez les Ben Khalifa, d'une traite. De là à la Source, d'une traite. Peu à peu, j'ai eu moins peur et au besoin de contrôler la panique a succédé une sorte de précaution superstitieuse, qui m'a forcée à continuer. Seul le premier Solex, à treize ans et demi, a mis fin à ce calvaire mental.

Malentendus

Tel est le récit que je n'avais jamais pensé faire et qui vient corriger, longtemps après, l'esquisse improvisée en 2019. Il arrive rarement que participer à une émission soit un concentré d'expérience sur le sujet même sur lequel on travaille. Ce fut pour moi le cas de cette *Heure bleue*[1] où je me suis trouvée face à moi-même, à mes dilemmes et à mes limites. J'avais cru en choisissant au départ la voie de l'allusion, simplement, rester discrète. Dire « moi aussi » sans parler de moi me paraissait la voie étroite pour m'engager comme citoyenne, tout en préservant ma place de sociologue. Je ne me voyais pas me réfugier sur l'Aventin

1. Laure Adler, *L'Heure bleue*, France Inter, 8 janvier 2019.

de la science impersonnelle au moment où un mouvement féministe international interpellait aussi directement ma propre expérience, mais raconter en première personne un événement de ma vie me paraissait incompatible avec mon statut professionnel.

Témoigner est toujours une épreuve

Pourtant, la vérité est aussi que j'ai reculé devant la difficulté du récit, au moment même où tant d'autres estimaient qu'elles n'avaient pas le choix, donnaient des noms et des détails, faisaient l'expérience de la peine que coûte ce type de narration et des réactions accusatrices qui peuvent vous frapper en retour. Certes, la simple déclaration n'est pas un problème en soi : des centaines de milliers de femmes rassemblées sur les réseaux sociaux par le hashtag #MeToo ont déclaré qu'elles avaient été harcelées, agressées ou violées, en donnant un âge et en désignant l'auteur par son statut, sans en dire plus.

Mais il a fallu l'émission pour que je m'avoue ce qu'il y avait eu d'étrange chez moi à éviter soigneusement de raconter mon histoire tout en expliquant, par exemple dans la tribune publiée dans *Le Monde*[2], que la grande affaire de #MeToo était justement de rendre publiques des expériences longtemps reléguées dans l'ombre du privé le plus secret, afin de faire reconnaître dans toute son ampleur la dimension sociale de l'enjeu.

Contrairement à ce que laisse penser l'expression « libération de la parole », raconter est d'abord une épreuve pour la victime de violence sexuelle. Quoi qu'elle fasse, son récit sera pris en tenaille entre le risque de trop peu dire et le devoir d'en dire trop.

2. Irène Théry, « Harcèlement sexuel, nous sommes si nombreuses que c'en est impressionnant », *lemonde.fr*, 2 octobre 2017.

Trop peu dire, du fait de tous ces avant, après et à côté de l'acte, qu'on croit hors sujet et qui pourtant seuls donnent à comprendre l'intensité vivante de l'agression et parfois même son sens. Ce n'est pas pour rien que nombreuses sont celles qui ont eu besoin d'aller jusqu'aux dimensions du livre à propos du viol ou de l'inceste qu'elles ont subi, ou qu'il m'a fallu plusieurs pages pour faire apparaître ce que les quelques mots improvisés à la radio avaient effacé : la terreur d'être tuée, consubstantielle de bout en bout à la courte agression que j'ai vécue.

Mais *devoir en dire trop* aussi, quand chaque mot décrivant un geste d'agression sexuelle, fût-il comme dans mon cas le plus court et le plus simple, blesse la pudeur de celle qui n'a d'autre choix que de devoir rompre la règle sociale du silence sur le sexe, avec de surcroît le sentiment de réanimer l'offense qui lui a été faite.

Entre ces écueils symétriques s'étend pourtant l'espace de la narration, qui a sorti de l'ombre comme jamais auparavant l'immense continent caché du harcèlement et des violences sexuelles et l'a donné à voir dans toute sa réalité, à la lumière crue des faits racontés. Qui, cinq ans après l'affaire Weinstein, oserait encore le contester ? Avec toutes celles et ceux qui, dans le monde entier, ont rejoint la révolte des actrices de Hollywood non pas contre un homme puissant seulement, mais contre un système relationnel favorisant l'impunité de toute la gamme des agressions sexuelles, des plus anodines en apparence jusqu'aux plus graves : les employées victimes de leur patron ou de leurs collègues, les femmes victimes de leur mari ou de leur ex, les jeunes garçons et filles victimes des curés, des moniteurs, des entraîneurs de sport, les enfants victimes de leurs parents, victimes des pédophiles, les handicapés victimes des valides…

Quant aux autres, qui se sont précipités en 2017 pour condamner ce qu'ils voyaient comme une explosion de règlements de compte individuels sans foi ni loi, et même prophétiser qu'on trouverait un jour évident de critiquer ce « grand délathon[3] », ils n'ont révélé que leur radicale cécité devant l'un des plus puissants mouvements de transformation des sociétés en ce premier quart du XXIe siècle.

De « moi » à « moi aussi »

Récit après récit se sont tissées des chaînes de solidarité, dont l'objectif n'était pas de régler « mon cas » mais de faire entendre « notre cas ». Il ne s'agissait pas de dire « moi », mais « moi aussi ». Chacune a compris, comme je l'ai compris moi-même, que se déclarer n'était pas simplement un acte de libération personnelle mais l'accomplissement d'un devoir, pour que le monde change.

Dire « je » n'était pas se complaire dans son histoire, c'était témoigner d'une condition partagée. Ce n'était pas priver quiconque de ses droits, et d'un procès en bonne et due forme, c'était refuser qu'un usage dévoyé de la présomption d'innocence soit l'aubaine des crimes sans témoin. En cela, il n'y a aucune rupture entre mon « moi aussi » allusif des premiers temps et le témoignage en première personne qui vient aujourd'hui le compléter. Je ne parle pas pour moi : c'est mon histoire qui, nouée à toutes les autres, parle pour nous et témoigne de ce qu'était, de ce qu'est encore, le monde social que le mouvement #MeToo a voulu changer.

Pour certains psychanalystes, les origines du silence d'une partie des victimes sont à chercher du côté de l'inconscient : elles auraient refoulé le plaisir pris aux attouchements qui leur ont été imposés – l'émoi sexuel ignorant la morale – et seraient prisonnières de ce refoulement. Je me garderai bien de me prononcer sur les débats des psychologues cliniciens.

3. Élisabeth Levy, « "Balance ton porc" : le grand Délathon a commencé ! », *Causeur.fr*, 17 octobre 2017.

Mais ce qui m'est arrivé, dans sa simplicité même, témoigne de tout autre chose.

J'ai toujours su pourquoi je n'ai pas pu dire à mes parents ce qui m'était arrivé. Ce n'est pas parce que j'avais une jouissance coupable à leur cacher ou à me cacher. Je ne connaissais pas le mot « viol », mais je savais très bien faire la distinction entre ce qui fait horreur et ce qui fait plaisir. Ce n'est pas parce qu'ils étaient sévères. Ils ne l'étaient pas plus que leur époque ne le voulait. Ce n'est pas parce que je n'avais pas confiance en eux. J'avais une confiance totale. Autour de l'agression, il n'y a eu pour moi que l'insouciance enfantine, puis la gentillesse inquiète des voisins, la protection réfléchie des parents, la force innocente du petit groupe du frère et des sœurs.

Rien en somme de ce qui, dit-on, empêche un enfant de parler : une famille déglinguée, un adulte pervers et dominateur, l'enfermement dans le secret d'une relation qui s'est imposée et qui dure, la peur de déclencher des représailles ou un cataclysme.

Si je n'ai rien pu dire, c'est simplement parce que j'étais une petite fille comme les autres, épanouie et rieuse dans une famille aimante des années 1960, et que le hasard a voulu que cette petite fille rencontre sur sa route un prédateur sexuel. Un pauvre type avec une grosse moto, que ça excitait de dire « je te viole, petite » à une gamine terrorisée, tout en cherchant à souiller sa chasteté d'enfant.

Les petites filles ordinaires ont honte quand on les agresse. Elles savent bien qu'elles n'ont rien fait, que le méchant c'est l'autre, mais rien n'y fait.

Elles protègent leurs parents et leur famille de cette souillure incompréhensible, venue de l'inconnu.

Elles se protègent aussi. Elles s'imaginent que si l'on ne dit rien, ce sera comme s'il n'y avait rien eu. Elles s'enferment toutes seules dans le secret.

La honte ressentie par la victime est le point commun aux agressions dont on ne parvient pas à parler, on le sait depuis des siècles : « Le viol est le seul crime dont l'auteur se sent innocent et la victime honteuse[4]. » Mais on a toujours peiné à caractériser la dimension proprement sociale de ce sentiment. Les travaux de Véronique Nahoum-Grappe sur le « crime de souillure[5] », bien qu'ils portent sur le viol de guerre, éclairent remarquablement aussi le viol en temps de paix. En liant la honte non pas à un problème psychologique entre la victime et elle-même ou entre la victime et ses interlocuteurs possibles, mais entre la victime et le caractère spécifique de l'*acte relationnel* qui lui a été imposé, elle a su mettre des mots sur le rapport complexe entre le social et l'intime. La honte est ce par quoi la souillure, acte social s'il en est, s'imprime au plus secret de la subjectivité de la personne et de son corps.

Ce rapport entre le plus personnel et le plus commun est ce qui fait de #MeToo, dont l'un des mots d'ordre est « la honte doit changer de camp », un mouvement si particulier. Lorsqu'une victime parvient à faire son récit, il se passe quelque chose qu'elle n'avait pas anticipé : la honte qui s'exacerbe au moment de lancer la narration dans l'espace public disparaît au fur et à mesure que le cas individuel devient autre chose que lui-même, le fragment d'un nouveau discours collectif. L'explication n'est pas psychologique, elle est sociologique : en prenant la responsabilité de son récit et en le liant aux autres, la victime défait l'adhérence qui la maintenait prisonnière de l'acte relationnel subi.

Pourtant #MeToo n'est pas réductible à une sorte de vaste thérapie collective, ni même à un mouvement déterminé à

4. Jean-Claude Chesnais, *Histoire de la violence en Occident de 1800 à nos jours*, Paris, Le Livre de Poche, 1981, p. 171-172.
5. Véronique Nahoum-Grappe, « Crimes de souillure et crimes de guerre (ex-Yougoslavie, 1991-1995) », *Ateliers d'anthropologie*, 26, 2003.

montrer du doigt les coupables et exiger que justice soit faite. Sa dynamique va bien au-delà et veut s'attaquer aux racines du mal : par-delà la honte, à la souillure elle-même.

Le témoignage n'est pas la vérité ultime de #MeToo

Mais il ne suffit pas que la victime ait le courage de parler, encore faut-il qu'elle ait une chance d'être entendue et ne subisse pas, en retour, une contre-offensive plus destructrice encore que ce qu'elle a vécu. C'est pourquoi le centre de gravité de #MeToo est en réalité la réception.

Sur ce plan, mon cas n'a absolument rien de représentatif. À la différence de milliers d'autres, je ne risque rien à parler de cet événement de ma vie. Non seulement il n'a pas d'enjeux judiciaires, mais tout concourt à ce qu'on ne doute ni de la véracité de mon récit ni de son sens : une agression à un très jeune âge que chacun s'accorde à vouloir protéger de la sexualité adulte ; par un inconnu qui jamais ne viendra affirmer « parole contre parole » qu'il ne s'est rien passé ; sur une route déserte et non par un parent bravant les interdits les plus sacrés dans l'intimité d'une maison, ni par un individu abusant de son autorité parce qu'il tient la victime sous son emprise dans le cadre hiérarchisé d'une entreprise, d'une institution religieuse ou d'un entraînement de sport ; une agression somme toute limitée, subie une fois et qui m'a fait crier, et non des agressions répétées par quelqu'un qui prétendra que mon silence est bien la preuve que j'étais consentante.

J'ai eu de la chance, si l'on peut dire. Je n'aurai à affronter ni un agresseur déterminé à me faire taire, ni une opinion publique prête à me disqualifier.

Or la véritable et grande nouveauté du mouvement #MeToo, celle qui a secoué la société, l'a divisée, l'a transformée et a tout entraîné avec elle, est justement liée à la situation inverse. La parole publique a été portée dès l'affaire Weinstein par des victimes qui ont dû tout braver : le déni, le scepticisme, l'incrédulité, les moqueries, les accusations, les hauts cris. Leur combat n'a pas seulement consisté à révéler des violences qu'elles avaient jusqu'alors gardées pour elles, mais d'abord et avant tout à affronter une opinion qui, au départ, n'était pas prête à les entendre. En un mot, l'enjeu n'a jamais été simplement de révéler des faits cachés ou des faits connus mais protégés par l'omerta, mais aussi de mettre en question l'ordre social qui avait permis, justement, qu'ils le soient.

Le mouvement #MeToo conteste les représentations dominantes, tout en proposant de nouvelles façons de voir les faits et exigeant de nouvelles règles sociales. En quelques années, il a suscité de plus en plus d'adhésion, au risque que le scepticisme d'hier se retourne en croisade demain. Tout cela suscite logiquement de nombreuses controverses et discussions, dans le mouvement lui-même et hors de lui, et trois grands sujets ont ces dernières années concentré tous les débats : le tribunal de l'opinion et la présomption d'innocence ; l'ampleur des agressions dans le cercle des proches et la protection des mineurs ; l'existence ou non d'un consentement.

Dans ces trois domaines, ce qui est en jeu va bien au-delà de la seule question des viols, des agressions ou du harcèlement. À travers eux, l'ensemble des présupposés qui organisent la façon dont nos sociétés appréhendent la vie sexuelle est interrogé. Dans cette perspective, les divergences n'ont rien de surprenant dans une société démocratique : ce sont autant de signes de l'émergence, complexe, d'une *nouvelle civilité sexuelle encore inachevée*.

Cette émergence est indéniablement le signe d'un progrès de nos valeurs démocratiques, mais elle ne va pas sans tumulte ni violence, sans règlements de comptes personnels ni injustices collectives. C'est là que je m'efforce de regarder les choses avec distance et que j'applique, pour ma propre gouverne, ce que j'appelle « le principe Vinterberg ».

Thomas Vinterberg, chacun le sait, est le réalisateur de l'inoubliable *Festen*, le film qui a ouvert les yeux du monde sur l'horreur de l'inceste dans la plus chic des sphères du plus insoupçonnable *establishment*, et montré combien l'emprise pédocriminelle d'un tyran familial peut détruire ses petites victimes pour une vie entière si elles ne parviennent pas à faire exploser la chape du silence. Mais Vinterberg est aussi le réalisateur d'un autre film, moins connu et qui pourtant résonne tout aussi fortement avec #MeToo : *La Chasse*.

C'est l'histoire d'un instituteur accusé faussement d'attouchements sexuels par une petite fille, d'une phrase irréfléchie dite lors d'un petit conflit, et qui va se trouver pris dans la plus terrible montée vers la chasse à l'homme que puisse produire l'alliance de l'inquiétude, des bons sentiments, de l'amour des enfants, du féminisme tranquille et des rivalités recuites entre hommes. Une communauté paisible qui se croit victime de souillure sexuelle s'abandonne alors à la passion de purification collective, cependant que la petite fille est elle-même prise au piège du mensonge qui s'est refermé aussi sur elle.

Ainsi, en soulignant à quel point mon cas est minoritaire et ne révèle aucunement le sens de #MeToo qui a pourtant rendu mon récit possible, je désigne un dernier malentendu, qui est peut-être le moins perçu : les témoignages, sans lesquels rien n'existerait et qui sont le cœur battant du mouvement, n'en sont pas la vérité ultime. Ils doivent à leur tour être mis à distance, contextualisés, analysés et discutés pour que l'on puisse appréhender leur diversité, saisir leur signification, mesurer leur portée et surtout mettre en forme les grandes questions collectives qu'ils soulèvent.

L'emploi de la première personne n'est pas forcément incompatible avec un statut de sociologue, mais à condition de m'appliquer à moi-même, comme à quiconque, l'exercice raisonné de distance à soi qui est le cœur de la démarche des sciences sociales.

INTRODUCTION

En janvier 2020, la parution du livre de Vanessa Springora, *Le Consentement*[1], a secoué l'opinion française et déclenché ce que certains ont nommé l'« affaire Matzneff ». Elle y raconte comment celui qu'elle désigne par ses initiales GM, écrivain connu pour sa défense de la pédophilie, est parvenu à la séduire et nouer une relation avec elle alors qu'elle avait 14 ans et lui 50. Prétendument au nom d'un amour hors du commun, il l'a enfermée dans le roman d'une magnifique exceptionnalité justifiant de s'émanciper de toutes les normes sociales, et cela alors même que – comme elle finira par l'apprendre – il faisait de même avec chacune des très jeunes collégiennes qu'il parvenait à circonvenir, tout en allant de temps en temps s'offrir de pauvres gamins prostitués à Manille.

Le temps écoulé depuis la fin de cette relation, les nombreux textes autobiographiques que Matzneff a publiés pour

1. Vanessa Springora, *Le Consentement*, Paris, Grasset, 2020.

valoriser sa pédophilie, l'impunité dont il a bénéficié dans le petit milieu de Saint-Germain-des-Prés, ont transformé les enjeux. Le livre de Springora n'est pas une déposition tardive pour un procès qui n'aura pas lieu. Quand elle parvient à son tour à faire œuvre littéraire et à décrire l'emprise, son objectif n'est pas d'obtenir justice, mais, récit contre récit, d'imposer sa justesse. Il s'agit pour elle de reprendre sa vie en main et de se débarrasser une bonne fois de GM « en l'enfermant dans un livre ».

Mais nous sommes, lorsque ce livre paraît, plus de deux ans après le début de #MeToo et le vent a tourné. Tout le monde en parle, une sorte d'union sacrée se forme immédiatement, le petit roitelet d'hier chute, le monde de l'édition le met au ban, les anciens proches détalent. Face aux tentations de purification collective et de vengeance, il faut tout le calme, la réserve et la réflexion de Vanessa Springora pour tenir à distance d'elle les chiens qui aboient. Elle parvient à maintenir de bout en bout, dans le débat public auquel elle participe, le style et le ton qui donnent à son texte sa profondeur : un condensé de retenue et d'honnêteté.

Mais ce livre doit aussi une partie de son immense écho au fait d'aller bien au-delà d'une histoire singulière, si emblématique soit-elle. Par son titre, *Le Consentement*, choisi pour guider la lecture, et par sa façon de considérer rétrospectivement l'expérience vécue et de lui accorder une certaine signification, il est parvenu à expliciter une évolution de l'ensemble du débat social sur le viol et les agressions sexuelles en France. Plus encore : il l'a accélérée. Soulignons les deux transformations majeures qu'il a contribué à opérer dans nos représentations et valeurs collectives.

Le premier de ces changements a été largement perçu. Ce livre a aidé puissamment à reformuler et déplacer la question du consentement telle qu'elle était posée depuis plusieurs décennies. Dans les années 1970, les associations féministes insistaient sur l'opposition simple entre acquiescement et refus : « Quand une femme dit non, c'est non. » C'était évidemment une réponse à ceux qui prétendaient voir dans le « non » un simple impératif de pudeur féminine, selon la formule bien connue de George Bernard Shaw : « Quand une femme du monde dit non, cela veut dire peut-être ; quand elle dit peut-être, cela veut dire oui ; et quand elle dit oui, ce n'est pas une femme du monde. »

L'objectif était alors d'en finir avec une certaine idée pseudo-galante des rapports de sexe, et surtout de mettre en cause les manœuvres par lesquelles, en cas d'agression ou de viol, les coupables accusent la victime et tentent de lui faire porter le chapeau en se prévalant des supposés malentendus de la séduction. Sans critiquer cette démarche féministe classique, le livre de Springora s'est joint à tous les témoignages qui, avec #MeToo, ont posé une question différente, celle de la *liberté de consentir*, et l'a poussée plus loin que jamais auparavant. Je consentais, dit-elle en substance, je n'ai pas été forcée, j'étais amoureuse, mais du fait de ma jeunesse, de la différence d'âge entre cet homme et moi et de ses manœuvres d'emprise, je peux dire aujourd'hui que mon consentement n'était pas libre et que ce que j'ai subi était en fait la transgression d'un interdit juridique majeur par un pédophile caractérisé.

Cette question du consentement non libre et de l'emprise en amène une autre qui, elle, est restée largement inaperçue. Elle n'est qu'esquissée dans le livre de Springora et pour l'apercevoir il faut mettre son témoignage à distance, en le situant dans l'histoire longue du droit et des qualifications pénales. C'est la distinction entre deux formes de non-consentement sexuel, que l'on peut nommer *situationnel* et *statutaire*.

Dans notre société, comme dans toutes les autres, l'absence de consentement sexuel peut être appréhendée à partir d'une situation intersubjective particulière, qui elle-même peut s'observer soit dans un contexte précis (ce jour-là, à telle heure, dans telles circonstances, elle/il ne consentait pas, ou n'avait pas de réelle liberté de consentir), soit sur une période plus longue (au fil de cette relation, elle/il ne consentait pas, ou n'avait pas de réelle liberté de consentir). On peut parler ici de non-consentement situationnel. De nombreuses incriminations pénales, tels le viol ou l'agression sexuelle, visent ce non-consentement situationnel.

Les sociétés peuvent aussi estimer que la présence ou l'absence de consentement ne sont pas liées à une *situation* particulière, mais à un *statut* de l'individu. Vanessa Springora désigne celui-ci en référence à l'âge et à la génération : nos sociétés devraient considérer qu'il ne peut y avoir consentement, car l'idée même de relation sexuelle libre entre une très jeune adolescente et un adulte qui a bien plus que l'âge d'être son père est une idée incohérente, et d'ailleurs condamnée par le droit depuis longtemps. C'est la fameuse phrase : « À quatorze ans, on n'est pas censée être attendue par un homme de cinquante ans à la sortie de son collège, on n'est pas supposée vivre à l'hôtel avec lui, ni se retrouver dans son lit, sa verge dans la bouche à l'heure du goûter[2]. » Sans la commenter ici, notons simplement qu'elle en appelle, comme on le fait généralement dans nos sociétés, à nos émotions et nos représentations psychologiques pour aborder, via la transgression, la question des normes.

Mais si l'on franchit un pas au-delà des arguments centrés sur le développement psychologique des enfants et des adolescents, il apparaît clairement qu'à travers ce cas particulier, c'est la question d'établir un certain rapport entre des *statuts d'âge* en matière sexuelle qui a été posée. En un mot, l'enjeu social issu de ce qu'on pourrait nommer « l'affaire

2. *Ibid.*, p. 112.

Springora » (pour tourner enfin l'attention vers celle qui a apporté quelque chose à notre prise de conscience commune) fut un débat de société autour de l'institution juridique d'un nouvel interdit sexuel entre les âges et les générations.

Le problème est que cet enjeu institutionnel majeur n'est pas perçu comme tel, car bien des gens ne font pas la distinction entre les deux non-consentements, situationnel et statutaire. De là de graves incompréhensions et tensions, dont témoigne en particulier la préparation émotionnelle, hâtive et controversée de l'importante loi du 21 avril 2021 « visant à protéger les mineurs des crimes et délits sexuels et de l'inceste », sur laquelle nous reviendrons.

Plus généralement, on pense en France que l'enjeu de #MeToo est uniquement l'écoute de la souffrance des victimes et la répression des violences sexuelles, alors qu'en réalité le mouvement participe aussi d'une transformation différente et bien plus vaste : recomposer la distinction entre le permis et l'interdit et contribuer à établir de nouvelles références et valeurs communes, de nouvelles mœurs, en un mot une nouvelle civilité sexuelle, pour tout le monde.

Or les deux côtés de #MeToo, celui de la dénonciation et de la répression des violences et celui de l'établissement d'une nouvelle civilité sexuelle ordinaire, ne sont pas du même ordre et ne s'accordent pas spontanément. Ils peuvent même entrer en conflit.

Redéfinir l'objet

Des centaines de milliers de pages ont été écrites sur le mouvement #MeToo, dont on s'accorde aujourd'hui à faire remonter les débuts en 2007[3], dix ans avant l'affaire Weinstein

3. C'est en 2007 que Tarana Burke lance la première campagne MeToo, afin de créer une chaîne de solidarité en soutien aux femmes des minorités visibles victimes de violences sexuelles.

qui lui a donné une dimension mondiale. Ces publications ont permis de comprendre l'ampleur de ce qui se passait, mais on constate aussi que les analyses s'en tiennent en général à la question des violences sexuelles et des interdits (le harcèlement, l'atteinte sexuelle, l'agression, le viol, l'inceste), comme si le dévoilement d'une part sinistre et cachée de la vie sociale par la vague des témoignages, avec son côté terrifiant et inévitablement fascinant, avait donné une délimitation évidente à la question en jeu.

Or dès 1901, la grande leçon de Marcel Mauss[4] à ses étudiants était justement la nécessité de « redéfinir l'objet » avant toute enquête en sciences sociales. Sa première recommandation portait sur le cercle de l'investigation. En général, disait-il, la façon dont un débat sociopolitique délimite une question est trop étroite, car elle reste enfermée dans ce que donnent à voir les lunettes mentales de l'ici et maintenant d'une société. La comparaison nous a appris qu'il faut tracer plus largement le cercle de l'enquête, afin que diverses façons sociales de penser et d'agir puissent être incluses et s'éclairer les unes les autres. Cette approche est communément partagée par l'anthropologie comparative, et tous les grands travaux d'anthropologie et d'histoire sur la vie sexuelle, dans des sociétés très différentes des nôtres, sont issus d'enquêtes qui délimitent le cercle de leur investigation plus largement que nous ne le faisons spontanément.

J'en déduis trois idées majeures. D'abord, on ne peut pas universaliser l'approche occidentale récente de la *scientia sexualis* qui au XIXe siècle invente la catégorie « sexualité » et la définit comme un ensemble de dispositions de l'individu, innées et acquises, relevant de la subjectivité ou de l'intersubjectivité. La vie sexuelle des humains, à la différence de celle

4. Marcel Mauss et Paul Fauconnet, « La sociologie, objet et méthode » [1901], repris *in* Marcel Mauss, *Œuvres, 3. Cohésion sociale et divisions de la sociologie*, Paris, Minuit, 1969.

des autres espèces animales, est inscrite dans l'univers social des significations, des valeurs, des normes et des règles, et pas seulement dans l'univers naturel des régularités causales, fussent-elles psychiques. Il n'y a pas d'exception sexuelle à l'*institution* de la vie humaine.

Ensuite, la vie sexuelle instituée repose toujours sur la distinction entre une sexualité permise, acceptée et valorisée, et une sexualité dévalorisée et condamnée, voire interdite. Avec, en général dans les sociétés traditionnelles, une double morale pour les hommes et pour les femmes, et tout un ensemble de degrés dans le valorisé et dans le dévalorisé, qui va des comportements simplement mal vus à ceux qui seront définis comme des délits ou des crimes. On parlera ici pour simplifier de permis et d'interdit. Ils sont distingués *par opposition*, et sont donc entièrement relatifs et *forment un tout*. On ne peut pas décrire les interdits d'une société sans décrire aussi sa façon d'instituer la sexualité permise. Se concentrer sur les seuls interdits prive de comprendre une part essentielle de ce qu'on observe.

Enfin, cette vie sexuelle instituée n'est pas autonome et ne constitue pas un type d'émotions et de sensations naturellement spécifique. Il suffit de se déplacer hors de son univers familier pour apercevoir ce qui chez nous est là, mais non perçu : l'imagination érotique, si importante dans la vie sexuelle humaine qui se nourrit de rêves, de fantasmes, de transgressions qui peuvent aussi bien rendre possible l'excitation sexuelle que l'empêcher, est ce qu'il y a *de moins isolable* dans la culture d'une société.

Cet imaginaire renvoie à l'ensemble des représentations de la personne, des sexes, des genres, des âges, de la vie et de la mort, du bien et du mal, du beau et du laid, du propre et du sale, du décent et de l'indécent, etc. Ainsi nos corps agissent et pâtissent *à la manière humaine*, y compris dans leurs désirs sexuels ou leur indifférence aux sollicitations voire leurs dégoûts, en référence à une culture collective. La vie sexuelle est ce qu'il y a de plus intime, de plus singulier, de plus unique dans l'expérience des tout premiers émois, et pourtant elle se construit à travers bien plus que des normes juridiques : toute une civilité qui irrigue la vie sociale et l'expérience personnelle de chacun.

La démarche de ce livre s'inscrit dans la tradition maussienne d'une socio-anthropologie de l'institution, centrée non pas sur les identités mais sur les relations. L'objectif de cette approche « relationnelle » des sexes et du genre est de contribuer à une histoire de la civilité sexuelle, en prenant comme fil rouge l'histoire de la *norme de consentement*, une notion qui a toujours joué un rôle majeur dans la culture des sociétés occidentales, et singulièrement en matière sexuelle depuis ce qu'on nomme le consensualisme du droit romain et surtout le consensualisme chrétien.

Cela implique d'examiner à la fois les changements du permis et de l'interdit, qui forment un tout. Ainsi le mariage a été tout au long des siècles, et jusque très récemment, une institution impliquant une norme *statutaire* de consentement sexuel. Les époux, par définition, devaient consentir au désir l'un de l'autre pour accomplir le devoir conjugal. Plus précisément, l'épouse était considérée comme statutairement consentante à son époux. Dans cette perspective, le viol conjugal était une contradiction dans les termes, ce qui explique qu'il ne devient punissable en droit français qu'à partir d'un arrêt de la Cour de cassation de 1990. En prendre la mesure permet de voir autrement le changement : il ne passe pas seulement par une attention croissante à la domination masculine et aux violences dans le couple, mais aussi par une remise en cause du devoir conjugal et de la norme statutaire de consentement sexuel de l'épouse, et donc par une redéfinition du mariage lui-même.

La recomposition du permis et de l'interdit

La thèse générale de ce livre est donc que pour comprendre l'importance majeure de #MeToo, il ne faut pas le voir seulement comme un mouvement de dénonciation des violences faites aux femmes, aux enfants et à certains hommes. Ce mouvement participe activement à une recomposition globale du permis et de l'interdit sexuels qui avait commencé avant lui et à laquelle il fait accomplir un saut qualitatif.

Sa signification générale est la suivante : pendant des siècles, la norme de consentement passait par le mariage ; c'est le consentement qui faisait le mariage, et c'est le mariage qui distinguait la sexualité permise, autorisée et valorisée, de la sexualité interdite, disqualifiée ou condamnée, avec une double morale pour les hommes et pour les femmes et une relégation dans le péché, le vice et parfois la pathologie, de tout échange sexuel autre que l'acte orienté vers la procréation légitime. La vie sexuelle, avec ses normes et ses règles, s'organisait en référence au statut matrimonial des personnes. Parallèlement, la double morale sexuelle masculine et féminine, la division des femmes en deux et le système des secrets de famille permettaient d'organiser la coexistence, dans la même société, de la sexualité dite noble, pour le mariage et la famille, et de la sexualité dite honteuse, pour le « vice » et le plaisir.

Désormais, nous vivons le temps du *démariage*[5] : se marier, ne pas se marier ou se démarier sont devenus une question de conscience personnelle. Le mariage ne joue plus le rôle de grand organisateur du permis et de l'interdit sexuels qui fut le sien pendant des siècles. Qui aujourd'hui aurait l'idée de dire qu'une relation sexuelle, pour être admise socialement, doit advenir entre des personnes mariées ? C'est le

5. Irène Théry, *Le Démariage. Justice et vie privée*, Paris, Odile Jacob, 1993.

consentement à l'échange sexuel lui-même qui est devenu le critère séparant une relation permise par notre société et une relation interdite.

Mais qu'est-ce que consentir à une relation sexuelle ? À quoi consent-on lorsqu'on dit oui ? En se centrant en particulier sur les situations de consentement non libre ou extorqué et en les définissant désormais comme des situations d'emprise, #MeToo inscrit la recomposition des normes sexuelles au sein d'un cadre plus vaste.

Quel est ce cadre ? Pour l'appréhender j'ai choisi de me limiter à l'exemple français afin de pouvoir donner un tableau étayé et lisible, mais les « trois révolutions du consentement » que je m'efforcerai de décrire sont communes aux sociétés occidentales, par-delà leurs spécificités respectives. Me bornant donc à la France, et plus précisément à la France métropolitaine, je me situe en héritage de la remarquable *Histoire du viol*[6] de Georges Vigarello. Le premier, il a montré à quel point on avait pu avoir, dans le temps long de l'histoire, des représentations du viol profondément différentes des nôtres. Il a proposé une double explication de l'évolution qu'il traçait du Moyen Âge jusqu'à nos jours : d'une part, la moindre brutalité générale des façons de vivre et la « civilisation des mœurs », dans la veine des travaux de Norbert Elias ; d'autre part, l'attention croissante aux droits et à l'intégrité personnelle de l'individu, ce qu'on nomme l'« individualisation ». L'enjeu du genre, bien que présent partout dans le livre, n'était pas central dans l'explication théorique.

C'est la même explication par l'individualisation, en l'accentuant encore par la notion d'un nouvel « ethos singulariste », que propose l'historien du christianisme Philippe Portier dans sa stimulante contribution au rapport de la

6. Georges Vigarello, *Histoire du viol. XVIe-XXe siècle*, Paris, Seuil, 1998.

Commission indépendante sur les abus sexuels dans l'Église (CIASE). Ce rapport, dit « Sauvé » du nom de son président[7], est un des plus intéressants ouvrages de sciences sociales sur les violences sexuelles qu'on puisse lire actuellement, et pas seulement un texte lié à une très grave crise de l'Église et qui ne vaudrait que par le résumé de ses préconisations.

C'est ici que je propose une inflexion, prolongeant une amicale conversation engagée avec Philippe Portier depuis maintenant plusieurs années[8]. L'explication par l'individualisation, qui était dominante aussi en sociologie de la famille quand j'ai commencé à travailler, parvient sans aucun doute à rendre compte d'aspects très importants de nos mœurs et de nos valeurs ; mais elle ne permet pas d'appréhender dans toute son ampleur le bouleversement sans précédent dans l'histoire de l'humanité qu'est l'avènement de l'*égalité des sexes*, devenue désormais une valeur cardinale des sociétés démocratiques.

Après les siècles au long desquels, sous des formes toujours différentes, l'humanité tout entière a estimé que la seule façon possible d'organiser la vie en commun des hommes et des femmes était d'instituer un principe de *complémentarité hiérarchique*, valorisant l'excellence propre de chaque sexe et partageant entre eux les tâches et les responsabilités, tout en englobant en général la valeur du féminin dans la valeur supérieure du masculin, il ne s'agit rien de moins que d'une révolution anthropologique, d'une recomposition majeure de la « règle du jeu » qui institue les relations humaines. Elle implique non seulement notre droit, mais nos mœurs ; non seulement les sanctions en cas de discrimination ou de

7. Rapport Sauvé et de la CIASE, *Les Violences sexuelles dans l'Église catholique en France 1950-2020*, Paris, CIASE, 2021.

8. Philippe Portier et Irène Théry, « Du mariage civil au "mariage pour tous". Sécularisation du droit et mobilisations catholiques », débat animé par Céline Béraud et Baptiste Coulmont, *Sociologie*, 6 (1), 2015.

violence sexistes, mais l'invention, pour l'un et l'autre sexe, d'une *nouvelle civilité sexuelle.*

C'est pourquoi il faut considérer avec précaution et attention les dilemmes et les débats que suscite aujourd'hui cette révolution et qui se concentrent sur #Metoo : ils n'ont rien de surprenant ni de scandaleux, car il ne s'agit pas ici seulement de la défense des droits de telle ou telle catégorie d'individus, fussent-ils les plus opprimés, mais bien de l'institution de nouvelles règles de référence pour tous ; pas seulement du respect de l'égalité des sexes et des sexualités, mais aussi de la protection des libertés individuelles sans lesquelles la démocratie n'est rien ; pas seulement de la critique de la domination masculine, mais aussi du sens du temps long de l'histoire qui a peu à peu forgé nos valeurs communes les plus éminentes, et nous a conduits où nous sommes.

La révolution du consentement

Le mouvement #MeToo est porté par les nouvelles générations, qui prennent à bras-le-corps des problèmes majeurs que les générations précédentes leur ont laissés. La jeunesse des militantes féministes et de nombre de femmes qui se sont affirmées à l'occasion de ce mouvement est très frappante. Elle n'a rien d'incompatible avec l'apport de leurs aînées, ainsi que l'ont démontré les livres de Vanessa Springora et de Camille Kouchner[9], qui ont eu une importance exceptionnelle dans le débat français et sur lesquels nous reviendrons : l'une comme l'autre n'ont pu écrire que bien après avoir vécu les événements dont elles témoignent et ont longtemps souffert de leurs conséquences.

Pour ma part, j'ai écrit ce livre en pensant sans cesse que, en tant que féministe et sociologue appartenant à la génération

9. Camille Kouchner, *La Familia grande*, Paris, Seuil, 2021.

du *baby-boom*, j'avais sans doute fait l'essentiel de ce que j'avais à faire et devais désormais me préoccuper de transmettre. Mais j'ai pensé aussi que #MeToo me rappelait, sous d'autres formes, les années 1970 et le féminisme au sein duquel je suis arrivée à l'âge adulte, ce mouvement jeune et présomptueux qui n'avait pas vraiment conscience de l'ampleur de la tradition de combat pour les droits des femmes qui l'avait précédé, et croyait tout inventer. Je n'ai pas oublié que parmi les nombreuses théories féministes qui divisaient alors le MLF certaines me consternaient littéralement, ni que nous consacrions beaucoup de temps à nos désaccords internes.

C'est pourquoi je sais aujourd'hui combien il est *absurde* de parler d'un vaste mouvement social tel que #MeToo comme s'il était unifié dans ses théories ou ses méthodes d'action. Seuls les nostalgiques de l'ordre ancien croient (ou font semblant de croire) que nous sommes rangées à chaque débat derrière la position le plus aisément contestable, pour mieux dénoncer le leurre qu'ils ont construit eux-mêmes et que certaines nomment le « mirage #MeToo[10] ». J'ai passé pour ma part une bonne partie de ma vie à chercher à comprendre pourquoi je n'étais pas d'accord avec le féminisme matérialiste ou identitariste, mais n'ai pas oublié la saveur des années anciennes et de mon engagement militant de l'époque, qui me rendait si enthousiaste de retrouver tous les courants rassemblés dans nos grandes manifestations pour la liberté de l'avortement et de la contraception. Elles m'ont appris combien la présomption des jeunes générations peut leur faire préférer les dénonciations radicales, mais combien surtout elle porte de contestation nécessaire et insuffle une énergie capable de transformer le monde. Transmettre oui, mais à condition d'être à l'écoute du nouveau, de se laisser bousculer et revivifier par lui, et d'apprendre à changer, encore et encore.

10. Sabine Prokhoris, *Le Mirage #MeToo*, Paris, Cherche midi, 2021.

Ce livre est composé de cinq chapitres.

Deux portent sur le passé et présentent les deux premières révolutions du consentement, après que le monde chrétien des Pères de l'Église, pour qui la concupiscence est le signe de la nature déchue de l'humanité, a élaboré la théorie *una caro* (« ils seront une seule chair ») qui fait du consentement au mariage le seul moyen d'une sexualité sans péché. Tout d'abord celle du XVIe siècle, avec la lutte du royaume de France contre l'Église de Rome pour le contrôle des unions, à travers l'invention du « rapt de séduction ». S'ouvre alors la première phase de la sécularisation du mariage. Elle met à l'épreuve le consensualisme chrétien en ramenant la lutte contre le péché de chair du ciel où se joue le salut des âmes vers les enjeux de l'ici-bas, à commencer par la perpétuation de la société des ordres et de l'honneur des lignées, quand le consentement des parents, outil majeur de lutte contre les mésalliances, devient une condition du mariage.

La deuxième révolution est celle qui accompagne l'entrée dans la modernité individualiste et démocratique à la Révolution, avec l'invention du mariage civil et le triomphe ambigu du mariage d'amour, « ce sentiment puissant qui fixe le désir sur un seul objet » (Rousseau). Le mariage révolutionnaire répond aux abus de la puissance paternelle d'Ancien Régime et replace au centre le consentement des époux.

Mais, très vite, le Code Napoléon institue un *ordre sexuel matrimonial* fondé sur les bonnes mœurs, la pathologisation de l'homosexualité, le renvoi des personnes intersexuées ou transgenres dans la « monstruosité » la plus impitoyable, la naturalisation de l'hétérosexualité procréative, la hiérarchie des sexes et le principe de division des femmes en deux : les dignes épouses et mères de famille, d'un côté, et les prostituées et filles-mères, de l'autre, une division sans aucun équivalent pour les hommes. L'opposition toujours réinventée entre une *sexualité masculine de conquête* et une *sexualité féminine de citadelle* alimente une sous-responsabilisation des hommes et une sur-responsabilisation des femmes, non seulement en cas d'écarts aux bonnes mœurs mais aussi en cas de violences et de viol, qui pèse encore lourdement aujourd'hui.

Les trois chapitres suivants portent sur la troisième révolution du consentement, celle de l'égalité des sexes, dans laquelle nous sommes plongés.

Le premier présente les nouvelles formes de la vie sexuelle et de l'amour au temps du démariage, autour de l'émergence d'un nouvel idéal du couple duo, qui révèle à quel point pour les femmes devenir les égales des hommes ne se borne pas à conquérir les mêmes droits ou opportunités, mais signifie devenir de véritables *interlocutrices*, des personnes dont la voix compte. L'idéal n'est plus de consentir une fois pour toutes, mais de pouvoir consentir à nouveau. La « sortie du placard » de l'homosexualité puis son intégration au cœur des institutions majeures de la société, issues des luttes du mouvement LGBT+, sont indissociables des changements du couple et de la filiation liés à l'égalité des sexes.

On montrera en quoi l'institution (encore inachevée) du mariage et de la filiation de même sexe est un progrès pour tous, y compris pour les droits des enfants. Ce changement paraît inéluctable, mais chacun sait aussi que tout comme le droit à l'IVG, socle de l'émancipation des femmes, l'intégration de l'homosexualité n'est pour l'heure acceptée par aucune des trois grandes religions du Livre, et que les courants intégristes ont fait de ces deux conquêtes le symbole de la décadence morale de l'Occident. Des menaces qu'on ne saurait sous-estimer pèsent sur l'avenir.

Le deuxième revient sur la notion de civilité sexuelle dans une perspective socio-anthropologique, et sur les grands changements qui accompagnent aujourd'hui les métamorphoses de la sexualité adulte à travers #MeToo : la dénonciation des violences faites aux femmes et la grande question du passage du consentement asymétrique, lié à l'opposition des sexualités masculine et féminine, à une nouvelle civilité de la séduction comme « conversation érotique », qu'elle soit amoureuse ou seulement sexuelle, qu'elle se vive entre hommes et femmes, entre femmes ou entre hommes, qu'elle soit pour un jour ou pour toujours. Les nouvelles générations de femmes jugent sévèrement le risque de « passage à la casserole » que leurs aînées tenaient encore il y a trente ans pour inévitable dans les relations sexuelles avec les hommes.

Avec la nouvelle civilité sexuelle du consentement, les dilemmes moraux, les problèmes, les dangers, les fautes de goût et la zone grise de l'incertitude érotique dans la séduction sont profondément transformés, mais ne disparaissent pas. Le brouillage des repères chez les adolescents, l'incroyable inégalité sociale qui se creuse entre eux et dont les filles font les frais, sont pour la société tout entière un vrai défi. C'est là qu'il importe de percevoir les deux côtés de #MeToo, qui révèlent à quel point la lutte contre les violences engage aussi la civilité sexuelle ordinaire. Faute de le faire, certaines théories identitaires radicales de dénonciation des « hommes » en général et une certaine interprétation de la « culture du viol », en particulier, ne nourrissent rien moins que le rêve d'imposer les diktats d'un nouvel ordre moral.

Le dernier chapitre enfin porte sur la pédocriminalité et l'inceste, et la façon dont ils révèlent que l'édification d'une barrière sacrée des âges et des générations est devenue le grand opérateur du permis et de l'interdit, autour duquel s'organise la nouvelle civilité sexuelle. L'importance des livres de Vanessa Springora et de Camille Kouchner, et l'écho qu'ils ont eu en France, tient à la façon dont chacun d'eux explore une dimension de la spécificité de l'emprise pédocriminelle, quand elle prend dans ses filets une très jeune personne, *a fortiori* de façon incestueuse.

On proposera une lecture socio-anthropologique de ces livres, éclairée par un déplacement vers Cornelius Castoriadis et son explication non orthodoxe, mais compréhensible par tous, du complexe d'Œdipe, autour de la notion clé de « maître des significations ». Puis on reviendra vers l'histoire longue qui, depuis la Révolution, a vu peu à peu se construire un interdit statutaire entre les âges, cependant que l'inceste, ce péché qui était avant tout une atteinte gravissime à l'ordre du monde créé par Dieu, et qui en tant que péché fut maintenu hors du droit pénal laïque à la Révolution, retrouve progressivement une place juridique, mais sous une forme radicalement inédite : en devenant la forme la plus grave du viol. Ce retour en arrière permet de comprendre pourquoi la loi du 21 avril 2021 « visant à protéger les mineurs des crimes et délits sexuels et de l'inceste », votée en quelques semaines et dans l'émotion, a suscité tant de débats et manqué en partie sa cible.

Mais transmettre la façon dont j'ai tenté de penser tout cela en m'inscrivant dans la grande tradition de construction d'un « regard éloigné » par la comparaison anthropologique et historique, tradition reniée aujourd'hui par l'approche identitaire dominante en *gender studies*, n'est pas si simple. Je ne peux le faire sans réfléchir à la manière dont, les deux pieds dans le changement, obligée d'apprendre en marchant, j'ai expérimenté avec tant d'autres collègues, ces dernières décennies, la passion et les difficultés de la recherche en sciences sociales. Le métier est parfois compliqué, singulièrement pour une femme, et encore plus si elle a choisi de se définir comme une sociologue engagée mais non militante.

L'écart entre le rêve d'une *disputatio* scientifique réglée et respectueuse et la réalité des luttes de pouvoir où l'on découvre que pour certains tout est permis dès qu'une femme sort quelque peu de l'ombre, est un aspect de leur vie dont les chercheuses ne parlent pas beaucoup, sinon en privé. De la même manière que nous parlons peu, publiquement, de tout ce qui nourrit la vraie vie intellectuelle : par exemple, un passé de militance jamais oublié, l'amour d'une grand-mère qui n'entrait pas dans les cases, les conversations du soir avec un grand historien du droit romain, la maladie de l'aimé et les mois partagés à l'hôpital avec les malades du sida qui vous changent à jamais, les ennuis que vous crée votre défense d'une femme admirée, et la joie sans pareille des amitiés fidèles, qui vous tiendront toujours debout.

En dire quelques mots sous forme d'un commentaire en première personne complétant chaque chapitre sera une autre façon de dire : « Moi aussi ».

CHAPITRE 1

Mariage chrétien et rapt de séduction

(La première révolution du consentement)

—

Avant la Révolution, le viol n'appartient pas à l'univers de la violence, mais à celui de la luxure, de la lascivité et du péché : il est considéré, comme l'adultère, comme une transgression morale. C'est évidemment très étrange vu d'aujourd'hui, mais c'est logique dans un univers religieux comme celui de l'Ancien Régime[1].

—

Ces mots de Georges Vigarello sont extraits d'un entretien donné à propos de son grand livre, *Histoire du viol*[2], un quart de siècle après sa parution. Cet ouvrage pionnier, à la jonction de l'histoire des mentalités et de l'histoire du corps, fut un choc pour ses lectrices et lecteurs. Découvrant dans le passé de la France une vision du viol profondément différente de la nôtre, ils apprirent à prendre distance avec nos évidences collectives d'aujourd'hui : ce qui nous paraît aller de soi est en réalité le produit d'une très longue histoire qui a construit progressivement la valeur contemporaine d'intégrité de la personne. Héritière de ce travail, je voudrais tenter de montrer ici que l'histoire du viol pourrait s'inscrire dans

1. « Georges Vigarello : Avant la Révolution, le viol appartenait à l'univers de la luxure », entretien avec Anne Chemin, *Le Monde*, 11 février 2020.
2. Georges Vigarello, *Histoire du viol. XVIe-XXe siècle*, *op. cit.*

une histoire plus large, celle du consentement en matière sexuelle. L'enjeu est de construire une vue d'ensemble du permis et de l'interdit, qui forment un tout.

En effet, le consentement n'a jamais été seulement une action ou une modalité de l'action ; il a toujours été aussi une norme, et il fut même dans la culture chrétienne du Moyen Âge et de l'Ancien Régime la norme majeure d'organisation de la vie sexuelle. Nous n'y pensons pas spontanément, car son sens n'était pas celui que nous lui donnons aujourd'hui. Ce qu'on nomme le consensualisme chrétien portait en effet sur le mariage, selon la formule : « C'est le consentement qui fait le mariage. »

L'enjeu premier du consensualisme chrétien n'est pas l'institution d'un ordre social, mais le renoncement à la chair : l'Église de Rome veut, par le sacrement de mariage, conduire ses fidèles dans une discipline personnelle pour le salut de leur âme, discipline sur laquelle elle revendique l'autorité exclusive. Mais le mariage est aussi une affaire humaine, la pépinière de la société civile et de l'État, comme l'affirmeront au XVIe siècle non seulement les protestants, mais le Roi et la noblesse de France. Le conflit se cristallise sur les mariages clandestins que l'Église accepte au nom du consentement des époux – des pécheurs dont elle tient avant tout à contrôler et guider la vie sexuelle, et qui viennent troubler l'ordre social en multipliant les mésalliances.

La *première révolution du consentement* est un compromis entre la puissance religieuse et la puissance séculière autour de deux innovations : la règle de publicité du mariage entérinée par le concile de Trente (1545-1563) et le rapt de séduction, nouveau crime qui apparaît pour la première fois avec l'ordonnance royale de Blois (1579). Ces deux innovations instituent un mariage « pacte de famille[3] » dans lequel

3. Jean Gaudemet, *Le Mariage en Occident*, Paris, Cerf, 1987.

le consentement des époux reste le cœur de l'institution chrétienne, mais doit lui-même être soumis au consentement des parents jusqu'à l'âge de 30 ans pour les hommes, de 25 ans pour les femmes.

C'est une étape majeure dans l'histoire longue de la sécularisation du mariage. Tout au long de cette histoire, la hiérarchie des sexes dans la théologie chrétienne trouve un écho particulier dans la complémentarité hiérarchique de l'époux et de l'épouse, mais aussi des parents et des enfants sous leur puissance, au sein de la société traditionnelle des ordres de naissance. Dans et hors du mariage, la double morale sexuelle, masculine et féminine, participe de cette hiérarchie.

Enfin, comme nous le verrons, l'évolution du permis transforme *ipso facto* l'interdit. Avec le rapt de séduction, la figure du séducteur, ce pécheur habile à entraîner ses proies hors du droit chemin (*seducere*, « conduire à l'écart »), se dédouble. Il était depuis longtemps l'homme qui couche mais n'épouse pas. Mais dès lors qu'on affirme que la fille séduite « par blandices et allèchement » n'a pas plus de consentement libre que la fille ravie par force, le séducteur prend aussi le visage de celui – ou celle – qui parvient malignement à épouser au-dessus de son rang. Dans ce cas la séduction se rapproche du viol et est punie de mort « sans espérance de grâce ou de pardon ». Cependant, de même que le viol, considéré comme très grave, est rarement dénoncé, le rapt de séduction sera très peu puni et il faut comprendre pourquoi.

LE RENONCEMENT À LA CHAIR ET L'ENJEU DU CONSENTEMENT

La doctrine consensualiste chrétienne (« c'est le consentement qui fait le mariage ») paraît directement issue du droit romain. Elle s'en distingue pourtant sur l'essentiel : en faisant de l'accord des volontés le centre de l'institution matrimoniale, le consensualisme du droit romain soumettait évidemment cet accord à l'autorité du chef de la *gens*, le *pater familias*. Ses enfants restaient toute leur vie sous sa puissance. En outre, le mariage romain n'était pas d'abord une forme d'organisation de la sexualité. Le *matrimonium* était une communauté de vie destinée à donner des enfants à la *gens* en élevant la femme au rang de « matrone », et sans doute importait-il que les enfants qu'elle mettrait au monde fussent ceux du mari.

Mais cela ne supposait pas que le mariage fût le lieu unique de la sexualité socialement autorisée. La sexualité des hommes n'avait rien d'exclusivement conjugal, et les relations de même sexe y trouvaient leur place cependant que les femmes étaient divisées en diverses catégories : épouses, concubines, prostituées, etc. On imagine souvent que l'essor du christianisme dans le monde gréco-romain fut le passage d'une société valorisant le sexe à une société le condamnant et le réprimant. L'histoire est plus complexe : Paul Veyne et ses collègues ont montré qu'à la fin de l'Empire, l'austérité et la sévérité des mœurs l'avaient déjà emporté dans les classes supérieures, où se développa une morale stoïcienne, ascétique et conjugale[4].

En réalité, c'est moins dans les conduites qu'il promeut que dans sa signification profonde que le consensualisme chrétien, tel qu'il fut progressivement élaboré par les Pères de l'Église, se révéla radicalement différent du consensualisme romain. Pour Augustin, l'union doit impérativement être « consentie » au sens où cet accord-engagement, réitéré en quelque sorte tout au long de l'union par une forme de discipline sexuelle, est ce qui permet aux époux d'*échapper à la concupiscence* – cette perte de la volonté, cette victoire de la chair sur l'esprit qui est le signe même de la Chute – en formant « une seule chair ».

4. Paul Veyne, *La Vie privée dans l'Empire romain*, Paris, Seuil, coll. « Points-Histoire » n° 504, 2015.

Ainsi le consensualisme chrétien lie une certaine théologie de la condition humaine déchue et sauvée, une disqualification radicale du monde terrestre d'ici-bas comme lieu de ténèbres, et l'enjeu majeur du salut des âmes, tourné vers le royaume de la vie éternelle. C'est une question immense, dont il faudra se résoudre à ne dire que quelques mots. Je m'appuierai principalement sur l'ouvrage magistral de Peter Brown, *Le Renoncement à la chair*[5], pour donner quatre grands repères.

Renversement des valeurs de l'ici-bas et de l'au-delà

La mort avait toujours symbolisé la fragilité de l'espèce humaine dans le monde antique, on le voit chez Homère qui nomme les humains « les mortels » par opposition aux dieux. Mais pour les chrétiens, avec la promesse de l'immortalité de l'âme et de la résurrection des corps glorieux dans la vie éternelle, tout s'inversa, et ce fut à la sexualité que fut transférée cette charge. La vie sexuelle pouvait témoigner de la disqualification radicale de l'ici-bas comme le lieu où l'ambition non seulement de se faire un nom, d'exercer un pouvoir, d'accumuler des richesses, mais aussi celle de se marier et d'engendrer une descendance apparurent à beaucoup comme autant de symptômes d'asservissement aveugle à une vie terrestre dont le temps était compté et qui allait bientôt s'écrouler « au contact du raz-de-marée du Messie ».

Dans cette perspective, le corps pouvait opposer victorieusement à l'illusion de ce monde-ci la vérité de l'autre monde, et être tenu pour ce qui témoignait par toutes ses fibres, en chacun, homme ou femme, universellement, de la présence lumineuse et dorée du royaume céleste où, après

5. Peter Brown, *Le Renoncement à la chair. Virginité, célibat et continence dans le christianisme primitif*, Paris, Gallimard, 1995. Les pages suivantes contiennent de très nombreuses références à des analyses, passages et expressions de ce livre.

la mort, l'âme et le corps ressuscité trouveraient la vie et la béatitude éternelles[6].

L'opposition de l'âme et du corps n'avait rien de nouveau dans le monde antique. Mais elle fut entièrement réinterprétée par l'apôtre Paul comme le théâtre du combat sans merci de l'esprit et de la chair. « En tant que chair, les faiblesses et tentations du corps faisaient écho à un état d'impuissance et de rébellion contre Dieu qui dépassait largement le corps proprement dit[7] », cependant que l'esprit représentait la liberté la plus glorieuse, celle du Christ ressuscité.

L'opposition de la chair et de l'esprit vint donc symboliser le renversement total des valeurs opposant les ténèbres de la vie ici-bas à la lumière de l'au-delà. En appelant à se libérer de la chair, de l'adhésion à la temporalité d'une vie vouée à la décrépitude et à vivre « dans l'esprit de celui qui a relevé d'entre les morts le Christ Jésus et fera vivre éternellement nos corps mortels[8] », Paul donna au corps une signification qu'il n'avait jamais eue ; il devint le temple de l'Esprit Saint. Loin d'être disqualifié, le corps acquit une valeur incommensurable puisque chaque corps individuel était le lieu où se jouait de façon singulière le drame le plus fondamental qui se puisse concevoir, celui de la condition humaine tout entière, déchue et sauvée.

Il importe donc de se garder de toute approche anachronique de la « sexualité » ou de sa « répression » si l'on veut comprendre comment les enjeux les plus fondamentaux de la foi chrétienne sur le sens de l'incarnation et la promesse de la résurrection ont pu consoner avec la question de la forme à donner à la vie des chrétiens eux-mêmes – alors persécutés

6. Une première analyse issue du livre de Peter Brown est présentée dans Irène Théry, *La Distinction de sexe. Une nouvelle approche de l'égalité*, Paris, Odile Jacob, 2007, chap. XI, « Dramaturgies de l'interlocution, la sexualité et le corps occidentaux en perspective ».
7. Peter Brown, *Le Renoncement à la chair*, *op. cit.*, p. 77.
8. *Ibid.*

et disséminés dans les communautés les plus hétérogènes qui soient –, comme avec leur souhait ardent de porter partout le message universel de leur religion et de témoigner jusque dans le martyre du triomphe de leur Créateur.

Peter Brown souligne qu'à la différence de leurs parents et voisins juifs ou païens, les premiers chrétiens ne voulaient pas particulariser leur religion par des interdits vestimentaires ou alimentaires, dès lors que l'enjeu majeur pour eux était l'universalité du message du Christ. En même temps, l'absence de toute façon de vivre spécifique aurait rendu impossible l'expression de la nouvelle religion et obéré sa vocation messianique. À partir du IIe siècle,

> l'Église chrétienne se pourvut d'un code de conduite distinctif, et c'est la stricte discipline sexuelle qui en fournit l'essentiel [...]. En se concentrant de manière unilatérale sur l'abstinence et l'héroïsme sexuels, les chrétiens de l'âge de Justin avaient trouvé le moyen de se présenter en porteurs d'une religion véritablement universelle : en soulignant combien les êtres humains sont tous vulnérables au désir sexuel, ils avaient été à même de découvrir ou d'inventer une condition humaine commune sous-tendant la complexité, et ce faisant de dériver la simplicité de la confusion[9].

L'idéal ascétique de virginité, célibat, continence

À partir de là, Peter Brown déploie l'extraordinaire diversité des interprétations pratiques et théoriques du renoncement à la chair, et des controverses extrêmement vives qui éclatèrent pendant ces siècles décisifs.

Parmi les Pères de l'Église, Ambroise et Jérôme pensaient que la vie d'Adam et Ève avant la Chute ne contenait aucune relation sexuelle. Vie sexuelle et mariage découlent de la Chute, quand Adam et Ève, déchus d'un état angélique, sont

9. *Ibid.*, p. 90-91.

précipités dans le monde physique et la mort. Autrement dit, pour eux la société, le mariage et la relation sexuelle étaient fondamentalement étrangers à la définition originelle de l'humanité. Cet ordre de la société était condamné à disparaître. Dans cette vie, ce qui se rapprochait le plus de l'état angélique était la virginité et la chasteté, et de nombreuses sectes chrétiennes, composées d'hommes et de femmes, en firent le centre de leur discipline.

Parmi les plus extrémistes de ceux qui prônent l'abstinence absolue se trouvent ceux qu'on nomme les encratites. Pour eux comme pour les manichéens, toute sexualité servait le royaume des ténèbres, et il n'y avait pas de sexualité innocente y compris dans le mariage. Il fallait s'abstenir autant que possible de se nourrir et d'engendrer des enfants, toutes opérations qui maintenaient la société humaine. Le corps fut alors, jusqu'aux extrêmes les plus inouïs, ce qui aux yeux des ascètes « pouvait témoigner du principe de réversibilité : il était possible d'endiguer le cours même de la vie, de renoncer dans l'allégresse à tout moyen de perpétuer une société et d'annoncer par la chasteté l'approche imminente d'une création nouvelle[10] ».

Peter Brown nous permet ainsi de prendre la mesure de la terrible tension qui se développa au sein du christianisme primitif, entre d'un côté les ascètes pour qui la majesté angélique, présexuelle et présociale d'Adam et Ève figurait une liberté de la personne humaine dont on n'avait jamais rêvé, mais qui pouvait se reconquérir par la virginité ; et de l'autre, les couples chrétiens mariés qui pour leur part croyaient aussi fermement que leurs voisins juifs que Dieu avait créé l'humanité pour le mariage et l'enfantement, et avaient demandé au prêtre de bénir leur mariage en évoquant les premières paroles de Dieu à Adam et Ève avant leur chute : « Croissez et multipliez. »

10. *Ibid.*, p. 132.

La réhabilitation du mariage chez Augustin

Dans un contexte bouleversé par la conversion de Constantin, et par la conscience que le temps du Royaume n'était pas imminent et qu'il convenait de penser le temps de l'Église, Augustin fut la grande figure de la réconciliation[11]. Tout en plaçant au plus haut la continence, il fut celui qui redonna au mariage et à la procréation une valeur fondamentale dès lors que la Cité de l'homme était entièrement subordonnée à la Cité de Dieu.

Augustin proposa une lecture de l'Ancien Testament notablement différente de tout ce qui avait précédé. Pour lui, Adam et Ève sont des êtres humains physiques, avec des caractéristiques sexuelles ; Dieu les a créés pour les joies de la société et les a installés au paradis pour fonder un *populus* ; pour cela il fallait le commerce charnel, l'enfantement et l'éducation des enfants. La condition angélique d'Adam et Ève devait exister, mais dans les temps à venir. Au paradis, leurs relations sexuelles signifiaient leur entente préalable : *le désir sexuel n'était pas absent, mais il coïncidait parfaitement avec la volonté consciente.* Ainsi pour Augustin, les relations d'Adam et Ève, avant la Chute, avaient dû être une démonstration du ravissement équilibré avec lequel tous les êtres humains auraient pu user des plaisirs physiques dont le Créateur les avait comblés en n'étant jamais surpris par des désirs involontaires ou des pulsions incontrôlées. Jusqu'au dernier moment, pour Augustin, Ève n'avait pas usé de séduction sexuelle pour entraîner Adam à manger le fruit défendu, il l'avait fait par bienveillance amicale afin de partager sa vie à tout moment.

Dans l'humanité d'après la Chute, tout change dramatiquement : la sexualité ne coïncide plus avec la volonté et

11. *Ibid.*, chap. XIX, « Augustin, sexualité et société », p. 464-512.

devient comme une ombre miniature de la mort. Les mouvements imprévisibles et aléatoires de l'émoi sexuel suggèrent une dislocation, un principe permanent de discorde logé désormais *dans* la personne humaine qui fait l'expérience des désordres de la *libido*.

Augustin considéra à la fin de sa vie que la façon dont les pulsions sexuelles échappaient au contrôle de la volonté était un signe particulièrement évocateur de la fragilité que l'humanité avait héritée de l'acte originel de désobéissance d'Adam. Il pensait que le hiatus entre volonté et excitation sexuelle avait été infligé à Adam et Ève et à tous leurs descendants comme une punition à la mesure de leur crime. Par cette sexualité humaine marquée par le surgissement erratique de l'incontrôlé, le péché originel de la désobéissance se transmettait de génération en génération. D'où son immense pouvoir symbolique.

Dans une condition humaine déchue, désormais hantée par la concupiscence, seule une discipline de fer permet à l'esprit de vaincre les tentations de la chair. Augustin restait convaincu que le courant de la charité coulait plus profondément chez ceux qui s'étaient engagés dans une vie de continence. Car après la Chute, le désir sexuel créait invariablement des remous dans la volonté sur le chemin de la véritable concorde.

Mais il fut surtout celui qui réconcilia l'idéal de mariage et l'idéal de continence en les présentant comme deux étapes de la concorde humaine. « L'une incluait des relations physiques, pas l'autre. Mais toutes deux étaient dirigées, avec des degrés différents de transparence, vers l'unanimité finale des rachetés dans la Jérusalem céleste, la Cité de Dieu[12]. » C'est pourquoi on pouvait réconcilier dans le monde d'ici-bas les deux idéaux : la virginité, la continence et le célibat seraient requis des clercs et en particulier parmi eux des pasteurs de

12. *Ibid.*, p. 481.

l'Église, cependant que la masse des fidèles qu'ils auraient charge de conduire pourraient, par une certaine pratique et discipline du mariage, trouver une autre voie pour le salut de leur âme.

Pour Augustin, même si renoncer à toute vie sexuelle est ce qu'il y a de plus haut, le mariage est un bien. Voulu par Dieu, confirmé par le Christ aux noces de Cana, il s'inscrit dans le plan divin. Trois mots le définissent : *proles*, *fides*, *sacramentum*.

Proles, c'est la génération. La procréation est la fin première du mariage. Par elle, le mariage échappe à la luxure et devient un devoir. Cependant la naissance d'enfant ne conditionne pas le mariage, qui subsiste quand bien même il ne serait pas fécond. *Fides*, c'est la foi qui naît du pacte matrimonial et donne à chaque époux droit sur le corps de l'autre, ouvrant l'obligation de devoir conjugal. Le consentement des époux qui fait le mariage se prolonge dans le lien d'affection et d'entraide qui les unit pour la vie. *Sacramentum*, le mot signifie initialement mystère, celui de « ils seront une seule chair », mystère désignant la sainteté de l'union des époux. Pour Augustin, le *sacramentum* est un signe, celui de l'unité de la chair du mari et de la femme, image de l'unité du Christ et de l'Église. Le pacte nuptial, qui a la réalité d'un *sacramentum*, scelle la loi de l'indissoluble persévérance de l'homme et de la femme, unis dans le couple, aussi longtemps qu'ils vivront.

Avec Augustin le consensualisme chrétien acquiert ses principaux fondements théologiques. La théorie de l'unité de la chair des époux, théorie dite de l'« *una caro* » est décisive car elle résout en quelque sorte la question de la concupiscence : ils ne seront plus deux, mais un. Leurs échanges sexuels procréatifs sont alors pensables comme un « *debitum conjugalis* », un devoir conjugal libéré de l'amour de soi.

La mutation ainsi opérée permet de voir l'union matrimoniale non pas comme le symbole du côté sexuel ou charnel de l'homme, mais au contraire comme ce qui lui permet d'échapper aux tentations de la chair.

On comprend aussi pourquoi l'Église, lorsqu'elle paracheva sa doctrine et sa discipline du mariage entre le XIe et le XIIIe siècle, rejeta la règle romaine sur la nécessité du consentement des chefs de famille au mariage de leurs enfants. Sans disqualifier un consentement de protection de la part des ascendants, le renoncement à la chair avait bouleversé les choses : dès lors que le mariage comme institution de la vie sociale ici-bas était englobé par une idée supérieure, le mariage comme institution du salut de l'âme dans l'au-delà, il devenait fondamentalement une affaire personnelle, et le consentement qui le fondait appartenait aux seuls époux.

Pour la clarté de l'exposé, on a présenté jusqu'à présent le renoncement à la chair et la disqualification de la sexualité, avant sa relative réhabilitation par Augustin, sans préciser la façon dont les Pères de l'Église ont pensé la hiérarchie des sexes. Bien entendu, cette question immense informe de part en part toute la théologie du renoncement à la chair. Il faudra se résoudre à n'en dire que quelques mots.

On ne peut pas penser la question des sexes dans le christianisme sans la rapporter à la conception duelle – mais non dualiste – de la personne, composée d'une âme immortelle et d'un corps mortel[13]. Au départ la hiérarchie des sexes est absolue ; elle situe l'homme du côté de l'âme et la femme du côté du corps, le masculin du côté de l'appel de l'esprit et le féminin du côté des tentations de la chair. L'épître aux Corinthiens indique bien que pour l'apôtre Paul, suivi par les

13. Sur la conception chrétienne de la personne, voir Jérôme Baschet, « Distinction des sexes et dualité de la personne dans les conceptions anthropologiques de l'Occident médiéval », *in* Irène Théry et Pascale Bonnemère (dir.), *Ce que le genre fait aux personnes*, Paris, Éditions de l'EHESS, 2008.

Pères des premiers siècles, l'inégalité ontologique est évidente : seul l'homme a été fait à l'image de Dieu, la femme n'atteint pas à cette dignité.

Sans dénier toute autorité aux versets de l'épître aux Corinthiens, Augustin bataille contre cette idée de l'âme masculine et affirme que « l'âme est dépourvue de sexe » : une interprétation qui sera reprise quelques siècles plus tard par Thomas d'Aquin : « Dans l'âme il n'y a pas de distinction de sexe. » Puisque c'est par son âme rationnelle que l'être humain est à l'image de Dieu, les deux sexes sont égaux sur l'essentiel. Cependant, au sein même de cette égalité spirituelle apparaît une inégalité : la femme a été créée « auxiliaire » de l'homme et son âme est plus encline à se fixer sur les réalités matérielles, autrement dit son âme rationnelle a tendance à s'abaisser davantage vers les choses terrestres.

Dans cette perspective, plutôt que sur l'opposition âme/corps, la hiérarchie est établie sur une distinction entre deux parties de l'âme elle-même : à l'homme la part supérieure de la raison (la sagesse, tournée vers la contemplation des choses célestes), à la femme la part inférieure (la prudence, tournée vers celle des choses terrestres). On peut penser que dans cette vision des deux raisons, du premier et de la seconde, vient s'ancrer ce qui est sans doute la dimension la plus fondamentale, la plus durable et la moins perçue du machisme ordinaire dans la culture occidentale : la condescendance.

Ce rapport à la fois d'égalité et de hiérarchie nourrit toute une diversité d'interprétations du texte de la Genèse sur la création d'Ève à partir d'une côte d'Adam. D'un côté, la femme procède de l'homme, et la préexistence de l'homme implique une prééminence : celui qui est à l'origine de la femme est aussi son chef. De l'autre, Augustin soutient que ce n'est pas la femme tout entière qui est issue de l'homme mais seulement son corps : son âme procède directement de Dieu, au même titre que celle d'Adam. Autrement dit, la hiérarchie des genres n'a de portée que sur une partie de la personne. De là une construction complexe où, bien que les deux sexes soient égaux dans l'ordre spirituel, dans l'ici-bas il va de soi que l'homme est supérieur et commande à la femme : « L'homme qui commande à la femme doit ressembler à l'âme qui commande à la chair[14]. »

La façon dont Augustin a opéré une certaine réhabilitation de la sexualité et du mariage s'accompagne aussi d'une façon différente de penser les fondements de la hiérarchie des sexes affirmée par Paul dans l'épître aux Corinthiens. Cette reformulation est très paradoxale. D'un côté, dans la représentation de l'homme et de la femme, il y a une certaine atténuation de la hiérarchie sexuée : ce n'est en somme que par une partie d'eux-mêmes que les sexes sont inégaux.

Mais de l'autre, par l'invention de la hiérarchie entre les laïcs et les clercs – les laïcs devant surmonter les tentations de la chair dans et par le mariage, cependant que clercs voués à la chasteté et à la continence font intercession entre les laïcs et Dieu –, c'est sous l'autorité, le pouvoir et le contrôle sans précédent d'une institution certes définie comme maternelle et féminine, mais dans sa dimension pastorale *composée exclusivement d'hommes* et donc sous la prééminence absolue du pouvoir spirituel masculin (un masculin défini comme sexué mais non sexuel), que sont placés par l'Église romaine les fidèles de l'un et l'autre sexe.

14. Voir Jérôme Baschet, « Distinction des sexes... », *op. cit.*, p. 175-195 ; et l'analyse des conceptions d'Augustin, *in* Peter Brown, *Le Renoncement à la chair*, *op cit.*, chap. XIX.

XVIe SIÈCLE : LA PREMIÈRE RÉVOLUTION DU CONSENTEMENT

Ces fondamentaux étant rappelés, il est possible de faire un bond jusqu'à la fin de l'Empire carolingien et la période que Jean Gaudemet, dans *Le Mariage en Occident*, a nommée l'« apogée classique »[15] du droit canonique. Contre le pouvoir des clans et des vassalités, l'Église a conquis au XIe siècle un monopole absolu sur le mariage et précise peu à peu, par des canons conciliaires et des décrétales pontificales, sa législation. La réforme grégorienne va donner à la chrétienté sa vision des choses du sexe pour plusieurs siècles.

Le consentement : matière du sacrement de mariage

L'Église a une double ambition. Pouvoir spirituel, il s'agit pour elle de libérer les humains de l'attachement à la vie terrestre pour les engager à faire leur salut, tâche éminemment personnelle qui suppose pour chacun le dépassement de ses identités d'appartenance, selon la formule de Paul : « Il n'y a ni juif ni grec, ni esclave ni homme libre, ni homme ni femme car nous sommes tous un en Jésus Christ. » Par son magistère temporel, elle s'adresse à des hommes et des femmes bien concrets, et propose à travers le mariage un mode d'organisation sociale de la vie terrestre susceptible de perpétuer la création divine en pensant le « tout » du couple sous l'égide de la hiérarchie des sexes, qui fait de l'homme le chef naturel de la femme. La question sexuelle entendue au sens large est évidemment parcourue par cette tension entre le temps du Royaume et le temps de l'Église.

L'effort conjugué des canonistes et des théologiens donne toute sa densité à l'élaboration progressive de la doctrine

15. Jean Gaudemet, *Le Mariage en Occident*, *op. cit.* Les pages suivantes doivent beaucoup aux analyses de Gaudemet sur la réforme grégorienne et l'élaboration de la doctrine juridique consensualiste.

juridique consensualiste, qui soulève mille discussions. Ainsi, le consentement des époux doit être « libre », « actuel » et « légitime » (Hugues de Saint-Victor), mais comment le saisir ? Parmi les innombrables questions abordées, retenons le débat sur le *mariage présumé*. Il signifie que s'il y a des relations charnelles entre des personnes qui avaient conclu une promesse de mariage, alors il y a présomption irréfragable de « consentement de présent » et donc « c'est un mariage » pour le pape Alexandre III. Cette notion de mariage présumé dans le simple fait de la relation sexuelle a suscité des controverses durables. Thomas d'Aquin la récuse : un consentement ne se « présume » pas, il faut impérativement des formes à celui-ci pour qu'il existe. Mais les idées et les pratiques de l'Église ne s'unifieront pas avant longtemps.

Au XIIIe siècle, l'englobement hiérarchique de l'organisation de l'ici-bas dans le souci supérieur de l'au-delà est finalement institué, lorsque le mariage est élevé au rang de sacrement. La théorie du mariage sacrement, ébauchée par Pierre Lombard au XIIe siècle, est développée et précisée par Thomas d'Aquin dans sa *Somme théologique* et devient la doctrine définitive de l'Église. Léon Duguit l'a résumée d'une formule très claire : « Le mariage est le signe de l'amour du Christ et de l'Église. Sa matière, c'est le consentement des époux ; sa forme, ce sont les paroles par lesquelles s'exprime ce consentement ; l'effet salutaire qu'il produit, c'est de permettre aux époux d'accomplir comme il convient la fin du mariage. Dès lors le caractère conventionnel du mariage est absorbé par le caractère sacramentel[16]. »

On ne pourra plus dire « ce que la volonté a fait, la volonté peut le défaire », mais on dira « ce que Dieu a uni, l'homme ne le sépare pas ». L'enchaînement est inéluctable : le

16. Léon Duguit, « Étude historique sur le rapt de séduction », *Nouvelle revue historique de droit français et étranger*, 10, 1886, p. 599. Les pages suivantes doivent beaucoup à l'analyse pionnière de Duguit.

consentement des époux étant échangé, la matière et la forme du sacrement sont réalisées, le signe visible de la chose invisible est accompli, la grâce sanctifiante est conférée.

De ce fait, toute la vie sexuelle est placée désormais *a priori* sous contrôle spirituel. L'échange des consentements, qu'il soit solennisé ou non par des noces en bonne et due forme, est un mariage et en emporte toutes les conséquences : monogamie, indissolubilité, interdit de l'inceste, y compris avec les affins (les parents de l'autre) et les parents spirituels (parrains et marraines). Sans doute l'Église conservera l'habitude, pour la solennité des mariages, de demander le consentement des parents, mais on ne peut l'exiger à peine de nullité, car il n'entre ni dans la matière ni dans la forme du sacrement.

C'est, pour le pouvoir royal qui se développe avec la noblesse et pour la constitution progressive de l'État, la source d'un désordre fondamental, la menace permanente d'une fragilisation dramatique de la hiérarchie des lignages et de l'autorité des pères. En effet, dans la vie sociale des chrétiens de la fin du Moyen Âge et de l'époque moderne, le mariage n'est pas plus que chez les Romains de l'Antiquité un enjeu strictement ou principalement sexuel : c'est un enjeu patrimonial et social au sens large, où se jouent l'ordre des naissances, la pureté du sang, l'honneur des familles, la transmission du nom, des statuts et des biens. La relation sexuelle hors de toute inscription sociale est un mythe. Les différences et la hiérarchie entre les rôles et statuts masculins et féminins, qui organisent la société, modèlent les pratiques matrimoniales de bout en bout. L'alliance est une pièce maîtresse dans les stratégies des familles et des lignages pour se renforcer et s'élever dans la société.

En un mot (et contrairement à ce que dit la théologie quand elle appréhende l'enjeu de la chair comme une composante purement interne à la personne chrétienne), la vie sexuelle n'est alors en aucune façon une pratique ou une sensibilité de l'individu que l'on pourrait saisir de façon isolée, hors de l'ensemble des *relations instituées* qui ordonnent la vie sociale et lui accordent sens, en particulier en dehors des liens de filiation qui sont hiérarchiquement supérieurs aux liens d'alliance et les englobent. La vie sexuelle des humains ordinaires, qui dans notre espèce n'est pas ordonnée par l'*œstrus*, n'ignore nullement le désordre des pulsions, des désirs et de la concupiscence, hors de tout enjeu de reproduction. C'est pourquoi les dangers que font courir à l'ordre social la séduction et la passion sont omniprésents dans le souci des familles, notamment dans la noblesse. Au fur et à mesure que s'édifie l'État monarchique s'accentue la tension entre la doctrine consensualiste de l'Église et l'affirmation par le pouvoir laïc du caractère éminemment social du mariage, « pépinière de la société civile et séminaire de l'État », qui à ce titre ne peut être abandonné à la liberté inconsidérée des jeunes gens et au risque majeur de la mésalliance.

C'est toute l'histoire de la lutte de la monarchie et de la noblesse contre les mariages clandestins que l'Église accepte de célébrer au nom du salut des âmes.

Une crise ouverte entre le roi de France et l'Église de Rome

L'Église a toujours souhaité que des cérémonies religieuses ritualisent l'échange des consentements, ne serait-ce que pour contrôler que les conditions de mariage fixées par le droit canon étaient réunies, par exemple en matière d'empêchements de parenté (ceux-ci étant extrêmement étendus). La plupart des mariages catholiques avaient lieu à l'église, en présence des parents qui donnaient leur consentement.

Mais, comme on l'a vu, l'absence de noces en bonne et due forme n'annule pas le mariage, et l'on constate au fil du temps un développement important des mariages clandestins célébrés par des prêtres soucieux de ramener au plus vite les jeunes pécheurs sous l'autorité et la puissance de l'Église. Il ne s'agit évidemment en aucun cas pour elle de valoriser ainsi la concupiscence, mais bien plutôt de la faire cesser. Pour les jeunes gens mus par le désir et l'amour, la raison de ces mariages est bien différente : il s'agit de passer outre au consentement des parents. Ceux-ci protestent contre le désordre des mésalliances qui sapent l'ordre social et l'autorité des chefs de lignage, et les procès se multiplient devant les officialités pour faire annuler ces mariages.

L'Église ne se laisse pas fléchir : il y a eu consentement, il y a eu sacrement, et ce que Dieu a uni, l'homme ne le sépare pas. Le mécontentement ne cesse de croître au point que la règle qui considère comme valables les mariages clandestins est attaquée au sein même de l'Église. L'agitation gagne de tous côtés, les rédacteurs des coutumes, les juristes, les publicistes discutent la question. Dans de nombreuses coutumes séculières régissant entre autres la transmission des biens, on exige le consentement des parents. Dans ce contexte agité, la Réforme attaque directement la façon dont l'Église catholique et romaine, tout en disant préférer les mariages publics, favorise aussi les mariages clandestins pour mieux assurer l'empire absolu de son contrôle sur les fidèles.

Au XVIe siècle, la Réforme développe sa conception du mariage. Pour les protestants, le mariage est fondamentalement une *affaire humaine*, que l'Église de Rome a abusivement transformée en institution divine et en sacrement pour imposer sa domination sur le peuple chrétien. Luther et Calvin, considérant le mariage comme un contrat civil, rejettent le principe d'indissolubilité, dénoncent les dangers de la clandestinité et plus généralement les excès du pur consensualisme, et refusent le mariage sacrement.

Alléguant le droit naturel et le droit divin, les usages et la raison, la discipline protestante insiste sur l'opportunité du consentement des parents. Érasme, Luther et plus clairement encore Calvin, dans ses *Institutions chrétiennes*, en font même une condition de validité de l'union. La loi catholique qui accepte des mariages sans le consentement des parents est « impie au regard de Dieu et inique au regard des hommes ». La Réforme, en s'indignant de l'oubli du consentement des parents et en l'attribuant à la volonté de toute-puissance de l'Église, renforce la division qui existait au sein même des catholiques et rend plus urgente la recherche d'une solution.

En 1556, le conflit entre la puissance séculière et la puissance religieuse éclate finalement. Le roi Henri II publie un édit « sur les mariages clandestins » qui exige pour tous les enfants de famille, de moins de 30 ans pour les garçons et de 25 ans pour les filles, l'autorisation des parents. Sans aller jusqu'à prononcer la nullité de leur union, ce qui aurait violé le monopole de l'Église, il punit d'exhérédation ceux qui se seraient conjoints par mariage « illicitement ». Cet édit aura un grand retentissement, souligne Léon Duguit, car il s'agit de la première atteinte royale au pouvoir souverain et exclusif de l'Église de Rome sur la législation et la juridiction du mariage. Suivi et renforcé par toute une série d'ordonnances royales, il constitue au fond, comme l'analysa Duguit avec perspicacité, la première marche vers la laïcisation du mariage.

De l'au-delà à l'ici-bas

L'édit d'Henri II sur les mariages clandestins est un coup de tonnerre, mais l'exhérédation qu'il autorise ne règle pas le fond des questions. Beaucoup se demandèrent si, oui ou non, les mariages conclus sans le consentement des parents seraient frappés de nullité et tout un courant se développa pour réclamer une nouvelle ordonnance déclarant ces mariages nuls. Certains jurisconsultes allèrent plus loin et n'hésitèrent pas à enseigner qu'en effet ce type de mariage était nul. Mais le concile de Trente était réuni, il devait régler la question, beaucoup pensaient qu'il établirait cette nullité. On attendit.

En 1563, les représentants de la France au concile étaient chargés de demander l'annulation de tous les mariages conclus sans le consentement des parents. Tous les évêques français appuyèrent la demande. Après d'intenses tractations, le concile conclut par une demi-mesure. D'un côté, il fait une avancée considérable vers une vision du mariage intégrant la dimension proprement sociale de l'union, en imposant la publicité des mariages, *in facie ecclesiae*, en présence d'un prêtre et de quatre témoins, après publication des bans et avec le consentement des parents. Sans ces conditions, le mariage est considéré comme non valide. C'est un changement majeur. Mais d'un autre côté, il refuse d'établir la nullité des mariages clandestins déjà conclus. C'est le célèbre décret *Tametsi* (désigné par son premier mot latin) : tout en blâmant les mariages contractés par les enfants de famille sans le consentement des parents et en disant que l'Église les déteste et les condamne, le concile déclare aussi que c'est une erreur de dire que ces mariages sont nuls et frappe d'anathème ceux qui diraient le contraire.

Malgré l'avancée décisive concernant la publicité des mariages, on est encore loin d'avoir abouti, et les résultats décevants du concile sur la possibilité d'annulation suscitent la colère des gallicans. Le concile de Trente ne sera jamais reçu en France. Après de longs débats, cela amènera à une deuxième ordonnance royale. Puissance religieuse comme puissance séculière, chacun souhaite le compromis, surtout en un temps où il faut opposer à la Réforme le renouveau spirituel de la Contre-Réforme. Mais comment arriver à concilier les inconciliables ?

La solution apparaît dans une nouvelle ordonnance royale, l'ordonnance de Blois proclamée par Henri III en 1579, qui instaure, sans le nommer, le crime de rapt de séduction. La réflexion des jurisconsultes est partie d'un point essentiel du concile de Trente, faisant justement référence à une situation d'absence de consentement. Le concile, en effet, a déclaré expressément que le rapt est un empêchement dirimant et que tout mariage contracté à la suite d'un rapt est nul. Bien entendu, la catégorie du rapt vise au départ une violence physique exercée pour enlever, séquestrer, en tout cas tenir la personne hors de chez elle contre sa volonté et abuser d'elle.

Mais la violence physique est-elle la seule possible ? N'a-t-on pas vu des cas de jeunes filles subjuguées par de vils séducteurs et suborneurs qui les trompent de bout en bout pour arriver à leurs fins ? On affirme alors qu'à côté du rapt de violence, un autre rapt est possible, le *rapt de séduction* : la fille séduite « par blandices et allèchement » n'a pas plus de consentement libre que la fille ravie par force[17]. Si elle s'est mariée à la suite des déclarations fallacieuses et des manœuvres dont elle a été victime, son mariage peut donc être déclaré nul pour rapt, c'est-à-dire pour défaut de consentement. L'article 40 de l'ordonnance de Blois interdit aux curés de célébrer des mariages sans le consentement des parents « à peine d'être punis comme fauteurs du crime de rapt » et l'article 41 déclare ces mariages nuls. L'article 42 institue le nouveau crime :

> Voulons que ceux qui auront suborné fils ou filles mineurs de vingt-cinq ans, sous prétexte de mariage ou autrement, soient punis de mort sans espérance de grâce ou de pardon, nonobstant tous consentements que lesdits mineurs pourraient avoir donné au rapt, lors d'icelui ou auparavant.

17. Cette expression est d'un célèbre juriste du XVIe siècle, Guy Coquille. Voir Irène Théry, *Le Démariage*, *op. cit.*, chap. I.

Cette ordonnance sera complétée de plusieurs autres édits et ordonnances, telle la déclaration royale de Saint-Germain-en-Laye de Louis XIII, en 1639, qui aggrave les peines. Ceux qui se seront mariés sans le consentement des parents seront systématiquement (et non plus facultativement) exhérédés, ainsi que leurs enfants : ils sont traités comme des bâtards. Ces textes témoignent de l'élaboration progressive, par la jurisprudence, de la théorie du rapt de séduction, qui ne trouve son aboutissement qu'à la fin du XVIIe siècle. Le point essentiel est que dans cette habile construction, le consentement des parents n'est plus évoqué, mais que son absence devient une *présomption irréfragable de séduction*.

Ainsi les puissances religieuse et séculière ont trouvé plus qu'un compromis. C'est une véritable transformation du mariage, instituant ce que Jean Gaudemet nomme un *mariage « pacte de famille »*, soumis à l'autorité des chefs de lignage. Ce mariage, institution majeure des alliances de parenté et des transmissions transgénérationnelles, devient une pièce maîtresse de l'organisation hiérarchique de la société des ordres. En approuvant la place désormais donnée au consentement des parents, l'Église a de fait renoncé à son ambition de définir et d'organiser l'institution matrimoniale sous sa seule autorité et dans la seule perspective du renoncement à la chair et du salut de l'âme, et accepté que la norme change. L'individu chrétien « hors du monde » fait un pas vers l'individu moderne « dans le monde »[18]. C'est bien une première révolution du consentement.

18. La distinction, et la relation, entre « l'individu chrétien hors du monde » et « l'individu moderne dans le monde » est de Louis Dumont, *Essais sur l'individualisme, une perspective anthropologique sur l'idéologie moderne*, Paris, Seuil, 1991. Je me permets de compléter ici son analyse, qui n'a accordé aucune place à la question du genre, des sexes et de la sexualité.

LES DEUX FIGURES DE LA SÉDUCTION

Comment cette recomposition de l'institution du permis en matière de vie sexuelle transforme-t-elle son symétrique, l'interdit ? Dans l'horizon de sens de la culture chrétienne, la figure la plus englobante du mal n'est pas le crime, mais le péché. Les péchés sont des offenses à la loi divine. Inclus dans les péchés, les délits et les crimes sont des offenses à la loi humaine punis par la puissance séculière. Pour prendre la mesure de cet englobement, commençons par un bref rappel général de la carte des péchés. Elle est parfaitement cohérente avec l'affirmation, centrale dans le christianisme, que la seule et unique vie sexuelle permise est la vie en mariage, sans concupiscence, ordonnée à l'*affectio maritalis* et à la procréation par une rigoureuse discipline.

Les péchés, les délits et les crimes

Face à la valeur positive du mariage, le *péché de luxure*, ou péché d'impureté consommée, est le troisième péché capital le plus grave après l'orgueil et l'avarice. Depuis les sentences de Pierre Lombard, on distingue cinq paliers selon la gravité : simple fornication, adultère, inceste, stupre et rapt, auxquels s'ajoute le péché contre nature. Sylvie Steinberg, étudiant les noms donnés aux enfants qui naissent de ces péchés et en sont marqués d'une « tache au front », souligne la relative labilité avec laquelle ces catégories sont ordonnées d'un auteur à l'autre et surtout ce qu'elles indiquent du sens donné au stupre et à la fornication selon les statuts des personnes[19]. On sait aussi que la sodomie fut longtemps entendue dans un sens large, incluant tous les actes « contre nature ». Sans pouvoir entrer ici dans ces considérations, essentielles à l'histoire

19. Sylvie Steinberg, *Une tache au front. La bâtardise aux XVI*e *et XVII*e *siècles*, Paris, Albin Michel, 2016, p. 38.

du commerce illicite, retenons simplement les neuf péchés connus autrefois de tous les chrétiens, tels que les rappelle en 1844 Thomas Gousset dans sa *Théologie morale à l'usage des curés et des confesseurs* :

- l'*onanisme*, pollution ou mollesse (masturbation) ;
- la *fornication* simple, relation sexuelle entre deux personnes de sexe opposé, consentantes et libres de tous liens de mariage, vœux religieux, ou promesse de célibat ;
- l'*adultère* d'un homme marié et d'une célibataire, d'une femme mariée et d'un célibataire, entre deux personnes mariées ;
- l'*inceste*, relation sexuelle entre personnes liées par des liens de consanguinité ou d'affinité à des degrés interdits par l'Église ;
- le *stupre*, défloration d'une vierge consentante ;
- le *rapt*, enlèvement d'une personne non consentante pour des fins d'ordre sexuel ;
- le *sacrilège*, situation ou soit des choses, soit des lieux sacrés, soit des personnes consacrées sont violentés pour des raisons d'ordre sexuel ;
- la *sodomie*, qui se distingue en deux modalités : la sodomie parfaite pour une relation entre deux personnes de même sexe, et la sodomie imparfaite pour le coït de deux personnes de sexe opposé dans une partie du corps autre que le sexe féminin (*vas indebitus*, « vase indu ») ;
- la *bestialité* (actes de zoophilie, relation sexuelle d'un être humain et d'un animal, tenue pour le pire des péchés de luxure).

On le voit, le viol est appréhendé sous les espèces du rapt et considéré comme extrêmement grave. Soulignons cependant ici que – ainsi qu'on l'a montré plus haut en rappelant les principales élaborations sur la concupiscence dans le christianisme primitif et chez Augustin – le rapport Sauvé de la CIASE insiste sur cette caractéristique importante de la théologie chrétienne :

> En théologie morale fondamentale, l'attention s'est focalisée sur la « matière » de l'acte moral, de préférence à l'évaluation de la responsabilité vis-à-vis d'autrui, ce qui a rendu possible de minimiser la gravité du viol, au regard des actes dits « contre-nature » (masturbation, [...] homosexualité)[20].

Depuis l'ordonnance de Blois, le rapt se distingue désormais en rapt de violence et rapt de séduction. Cette innovation n'est pas allée sans jeter un grand trouble dans les esprits : comment faire la différence entre la séduction en quelque sorte « simple », qui consiste à obtenir d'une personne une relation sexuelle (fornication ou stupre) qui relève simplement du « commerce illicite », et la séduction comme rapt, qui est un crime puni de mort ?

Je m'appuierai ici principalement sur le *Traité de la séduction*[21] de Jean-François Fournel qui à la fin du XVIIIe siècle s'emploie à lever les confusions qu'il voit partout dans la jurisprudence des siècles précédents et s'efforce de caractériser très clairement chacune des deux séductions du point de vue de la loi civile. Juriste, il n'appréhende la séduction qu'en tant qu'elle constitue un délit ou un crime, ce qui ne l'empêche pas de situer aussi ses analyses dans l'horizon du péché de luxure.

20. Rapport Sauvé et de la CIASE, *Les Violences sexuelles dans l'Église catholique en France 1950-2020*, *op. cit.*
21. Jean-François Fournel, *Traité de la séduction considérée dans l'ordre judiciaire*, Paris, Demonville, 1781, disponible sur Gallica : https://gallica.bnf.fr/ark:/12148/bpt6k57626268.texteImage. Toutes les citations des pages suivantes sont issues de la consultation de ce lien.

La séduction comme « commerce illicite »

Rappelons d'abord toute la complexité du mot séduction dans l'ancienne France, qui déjà peut renvoyer tantôt, positivement, à l'adjectif « séduisant », tantôt négativement à l'adjectif « séducteur ». Le propos étant ici d'analyser les interdits, on se bornera à la séduction des séducteurs, ceux qui entraînent leurs victimes hors du droit chemin.

Dès qu'il en est question, ce qui s'impose est la distinction des *statuts masculins et féminins* ainsi que celle *des statuts sociaux*, toutes deux centrales dans les pratiques matrimoniales et le droit civil du mariage qui organise les transmissions, en particulier le statut de naissance, le nom, les dots et les héritages.

Lorsqu'il s'agit du commerce illicite, non seulement les séducteurs sont par définition des hommes et les personnes séduites des femmes, mais la hiérarchie de ces femmes, réparties selon leur état entre les deux pôles des *filles honnêtes* et des *filles publiques*, a des effets directs sur la façon dont le droit considère qu'elles sont susceptibles ou non d'être victimes d'une entreprise de séduction, celle-ci consistant précisément pour un homme à jouir des faveurs d'une femme et à se refuser à l'épouser.

Fournel rappelle que la séduction comme simple commerce illicite n'est pas un délit et n'ouvre aucune action en justice :

> Lorsque le succès du séducteur n'est dû qu'à l'abandon volontaire de la fille, qu'il est l'effet de son plein consentement, elle ne doit se plaindre que d'elle-même et de l'insuffisance de sa vertu. [En effet,] personne n'est recevable à manifester sa honte ni à se faire un titre de sa turpitude.

En revanche, l'action judiciaire est possible dans deux cas. D'une part, si la femme peut faire la preuve qu'il y a eu supercheries, tromperies, dol et autres manœuvres criminelles : cela lui ouvre l'action pour injures. D'autre part, ce qui est beaucoup plus fréquent, si à la suite du commerce illicite la fille est enceinte et n'est pas épousée, elle peut ouvrir une action en dommages et intérêts pour elle, et l'assortir d'une action en déclaration de paternité pour l'aide au soin de l'enfant.

Le raisonnement juridique qui lui ouvre cette action en dommages et intérêts permet de saisir à quel point le monde social dans l'ancienne France n'est *jamais* perçu comme une sorte de « terrain neutre » où des individus sans qualités interagissent les uns avec les autres, tel que c'est le cas dans la vision individualiste moderne. Dans la vision holiste caractéristique des sociétés traditionnelles, la société est un tout, un monde commun référé à des significations et des valeurs dont chacun est une « partie » au sens où il en participe selon sa place, son rôle, son statut. Ce monde social suppose à la fois une diversité des attentes sociales en fonction du statut (sexué et social) des individus et une morale collective. Ainsi le raisonnement juridique est de part en part organisé en référence aux mœurs « honnêtes » et à la façon dont chacune, chacun est présumé y contribuer.

Voici ce raisonnement : il n'est pas très grave pour un homme et une jeune fille d'avoir une relation sexuelle si le mariage s'ensuit. Dans ce cas, « les familiarités des deux parties ne sont considérées que comme des arrhes qu'elles se donnent réciproquement de leur convention ». La véritable exigence de la société à l'égard des hommes en général est qu'ils doivent *épouser*, surtout si la fille est enceinte :

> Quand une fille a le malheur de sentir sa vertu chanceler, il n'est point contraire aux bonnes mœurs d'exiger de son séducteur qu'il se hâtera de lui donner le titre d'épouse légitime et de réparer, par le Sacrement, les suites affligeantes attachées à sa faiblesse.

Si son séducteur refuse de l'épouser – et c'est bien cela qu'on nomme un « séducteur » –, elle ne peut le contraindre car « l'essence du Sacrement est ennemie de toute contrainte » (nous retrouvons ici le rôle du consentement). Mais elle n'est pas sans recours. Le droit présume qu'en général les filles sont honnêtes, et donc que si elle a cédé, c'est que l'homme lui avait promis le mariage. Si elle se trouve enceinte, la dissymétrie physique des corps et la hiérarchie statutaire des sexes (dans l'acte sexuel avec ses pôles censés être actif et passif, mais aussi dans ses effets sur la procréation et la filiation) sont prises en compte via les responsabilités de l'homme et permettent à la fille de demander en justice des dommages et intérêts.

Une telle construction juridique, fondée sur une *présomption de promesse de mariage*, a des effets très concrets. Elle permet tout d'abord de définir les catégories d'hommes qui ne peuvent jamais être visés. Ainsi il n'y a pas d'action possible si l'amant est encore mineur, s'il est prêtre ou s'il est marié. Dans ces trois cas, le droit ne peut pas logiquement présumer qu'il y a eu promesse de mariage, et la fille ne doit s'en prendre qu'à elle-même d'avoir cédé. Elle pourra en revanche faire une action en déclaration de paternité pour obtenir une aide du géniteur pour la prise en charge de l'enfant. Car celle-ci est « une obligation naturelle que l'état civil ne détruit point ».

Dans la même logique, l'action n'est pas ouverte à toutes les femmes :

- *Une fille publique* ne peut agir en dommages et intérêts car elle ne peut pas alléguer avoir reçu une promesse de mariage. Les filles publiques étant par définition celles dont on peut jouir mais qu'on n'épouse pas, la séduction ne les concerne pas. Elles sont aussi les seules qui ne sont pas habilitées à demander une déclaration de paternité. Le droit considère que par définition une prostituée ne peut pas désigner un père en particulier, dans toute la masse des hommes qui ont recours à ses services.

- *Une femme entretenue* est considérée comme une pécheresse et le concile de Trente excommunie les concubins. Cependant, dit Fournel, le droit civil « adoucit notre religion » et ne s'occupe pas du concubinage tant qu'il ne cause aucun désordre ni aucun scandale ; dans ces cas, « les magistrats les abandonnent au tribunal de leur conscience ». Si une femme entretenue est enceinte, elle pourra faire une action en déclaration de paternité, pour obtenir une aide pour élever l'enfant, mais pas en dommages et intérêts pour elle-même, car par définition, elle est de la catégorie des femmes déshonnêtes qui acceptent de pécher sans attendre que le mariage s'ensuive.
- *Une fille de théâtre* n'est jamais supposée être une femme honnête, et donc on ne peut pas présumer qu'un homme honorable l'a séduite par une promesse de mariage. La seule situation juridiquement possible concerne une promesse venue d'un homme de théâtre : dans ce cas seulement, l'action lui sera ouverte.
- *Une servante de cabaret et d'auberge* appartient à une catégorie très mal considérée, juste au-dessus des prostituées. On ne peut pas présumer que quiconque l'ait trompée par une promesse de mariage non tenue, sauf éventuellement un homme de sa condition : dans ce cas seulement, l'action lui sera ouverte.
- *Une servante de particulier* appartient à une catégorie nettement mieux considérée que la précédente, envers laquelle il n'y a pas de préjugé légal d'inconduite ou de libertinage, même si on présume que seul un homme de sa condition a pu lui faire une promesse

de mariage. Mais chacun sait aussi quelles sont les pratiques habituelles des maîtres en matière de « troussages de domestiques ». Fournel précise même qu'il a existé une jurisprudence attribuant par principe au maître la responsabilité de la grossesse d'une servante employée chez lui, jurisprudence qui fut mise en cause quand il fut avéré qu'on avait attribué à l'action de certains maîtres les plaisirs d'un palefrenier ou d'un marmiton. Désormais, il faut faire la preuve d'une « familiarité » entre le maître et la servante, sinon il sera déchargé de la demande en déclaration de paternité « quand même elle aurait été accompagnée de serment et renouvelée dans les douleurs de l'enfantement ».

Le rapt de séduction

Fournel souligne à plusieurs reprises la confusion qu'il y a eu au XVIIe siècle, jusqu'à ce que d'Aguesseau clarifie les choses (1734), entre la séduction simple et le rapt de séduction. Il s'emploie à les distinguer fortement. Alors que la séduction simple ne donne lieu qu'à des peines civiles, le rapt vise « des séductions d'une autre espèce, qui sont soumises aux peines les plus rigoureuses, parce qu'elles blessent *l'ordre de la société, le droit des familles, le respect dû à la religion*, ou parce qu'elles offrent un abus coupable de confiance ou d'autorité ».

Le rapt de séduction, écrit encore Fournel, est « un attentat à l'autorité des parents qui a pour objet de contracter avec un enfant de famille un mariage avantageux, contre le gré ou à l'insu des parents ». Il distingue donc le ravisseur et le simple séducteur : « Le ravisseur, conduit par les intérêts, vise à la fortune, alors que le séducteur, conduit par les sens, attaque la pudeur. » Enfin, « alors que la séduction entraîne nécessairement la défaite de la vertu et est une injure à la personne, le rapt de séduction n'a rien d'inconciliable avec la sagesse d'une fille, et est une injure à la famille ». Cela est si vrai qu'un ou une enfant sans famille n'est pas susceptible d'être victime de rapt de séduction.

Les rapports au mariage sont inverses, puisque dans un cas il est requis comme un droit général, tandis que dans l'autre il est refusé comme une indignité particulière :

> En fait de séduction, c'est la famille de la fille séduite qui réclame l'alliance du séducteur, comme une juste satisfaction du mal qu'il a causé. Dans le rapt de séduction, au contraire c'est la famille du ravisseur qui sollicite le mariage, et c'est la famille de la personne ravie qui repousse le coupable, indigne de son alliance.

Enfin, alors que la séduction simple est toujours le fait d'un homme, le rapt de séduction « n'admet aucune distinction de sexe » : le droit considère qu'ici la dissymétrie entre hommes et femmes ne joue pas, car nombre de femmes intrigantes cherchent à se faire épouser au-dessus de leur condition, en utilisant tous les filets de la séduction, entendue alors comme art spécifiquement féminin d'attirer l'homme.

Fournel revient sur l'histoire de l'élaboration de ce nouveau crime par l'ordonnance de Blois, puis par l'ordonnance de 1629 qui précise une nouvelle fois la double dimension, sociale et religieuse, des enjeux : « Conserver l'autorité des pères et mères sur leurs enfants, l'honneur et la liberté des mariages et la révérence due à un aussi saint sacrement, et empêcher qu'à l'avenir plusieurs familles de qualité ne soient alliées avec personnes indignes et de mœurs dissemblables. »

Enfin, il note un point très souvent souligné : l'écart entre l'extrême sévérité du droit et la pratique judiciaire. Malgré les menaces, il y a eu peu de procès et encore moins de mises à mort. Deux raisons à cela. D'une part, comme nous l'avons vu, l'objectif majeur de la puissance séculière était d'abord d'établir positivement une nouvelle norme matrimoniale, et l'institution du rapt de séduction n'en était que le moyen. Une fois cette norme sociale majeure établie, il est inutile d'en rajouter : on peut punir les désobéissants, par exemple par l'exhérédation, sans aller jusqu'à la mort. D'autre part, « les familles offensées par l'attentat d'un suborneur préfèrent ordinairement le parti de ratifier un mariage inégal à la stérile satisfaction de livrer le coupable au supplice » non seulement par charité chrétienne, mais parce que leur fille, de toute façon, n'est plus « mariable » dans les conditions ordinaires.

Cette remarque permet de parachever l'analyse que l'on peut faire de ce crime d'un type nouveau. L'État a semblé, par la gravité de la peine encourue, désigner et combattre une transgression majeure des lois humaines et divines. Pourtant, un examen plus précis montre que sur le plan du droit lui-même on reste en réalité dans une sorte d'entre-deux. D'un côté, depuis l'édit de 1556 on désigne en cas de mariage clandestin *deux coupables de désobéissance*, et ils sont exhérédés l'un comme l'autre. De l'autre, avec l'assimilation du mariage clandestin à un rapt, on *accentue au contraire à l'extrême la différence* entre le suborneur, passible de la mort, et sa victime innocente, abusée par ses manœuvres.

Cette ambiguïté témoigne d'une sorte d'hésitation face à la transgression sociale qu'on poursuit et qu'on veut punir. Est-ce le crime d'un vil intrigant, d'une vile intrigante, criminels prêts à tout pour s'élever dans la société ? Ou est-ce la résistance à l'autorité familiale d'un couple amoureux qui n'entend pas se laisser séparer ? L'institution du nouveau mariage « pacte de famille » ne permet pas de trancher.

Quant à l'enjeu judiciaire et au faible nombre de plaintes, on rejoint ici une situation bien connue de l'histoire du rapt de violence, autrement dit du viol.

L'honneur des filles et des femmes

On ne pourra s'étendre ici sur l'immense question du viol et des violences sexuelles, sauf à rappeler encore une fois le trait essentiel de la culture chrétienne dans sa lutte contre le péché de chair : dans l'ensemble, la responsabilité vis-à-vis d'autrui a beaucoup moins retenu l'attention des théologiens et des canonistes que la matière même de l'acte sexuel et le rapport de l'individu à sa propre sexualité.

Soulignons simplement qu'à la différence de la séduction, très logiquement la définition du « rapt de violence » n'est pas véritablement transformée par l'institution du mariage pacte de famille. Il y a pourtant un point majeur où les recherches historiques contemporaines sur les violences sexuelles dans l'ancienne France rejoignent la question de la séduction[22]. Plus encore que le commerce illicite, le viol est considéré comme une atteinte gravissime à la pudeur et à l'honneur des femmes, et leur fait donc encourir en plus d'une violence personnelle, physique et psychique, un *déshonneur* toujours perçu en fonction de l'état social des personnes. En ce temps-là, personne n'aurait l'idée une seule seconde de considérer son état social comme un artifice, un vêtement que l'on porte et qu'on pourrait enlever, comme dans l'idéologie individualiste moderne : donné par la société, vous permettant d'en participer, non seulement cet état social vous définit aux yeux de tous, mais *il est partie intégrante de votre identité telle que vous pouvez la ressentir intimement.*

Une certaine moralité sexuelle est le cœur de ce qu'on définit comme l'excellence, quand il est question du statut féminin dans les sociétés européennes du haut Moyen Âge à la fin de l'Ancien Régime. Ainsi la place qui est accordée

22. Pour une excellente présentation de ces recherches, et de nombreuses références, voir le numéro spécial de la revue *Clio* sur les violences sexuelles : « Abuser, forcer, violer », *Clio*, 52, 2020.

à la virginité des filles jusqu'au mariage, puis à leur fidélité d'épouse, est sans aucune commune mesure avec le statut masculin des hommes, dont l'idéal social de virilité admet qu'ils se livrent à toutes sortes de plaisirs et débauches avant le mariage ou à côté de lui, en particulier avec les filles publiques. Pour les filles et femmes honnêtes, le risque du déshonneur, dans lequel on peut « tomber » par sa faute ou que l'on peut vous imposer par le viol et la souillure, est tel qu'il explique en grande partie le faible nombre de plaintes au regard de la fréquence des violences, un fait très souvent souligné par les historiennes et les historiens.

Didier Lett corrige ici l'une des hypothèses initiales de Georges Vigarello : ce faible nombre ne tient pas, selon lui, à une sorte d'insensibilité au viol, révélatrice d'une société brutale de part en part. Il donne bien plutôt la mesure du *risque majeur* encouru par la fille à marier si elle est déshonorée. Si les faits sont révélés, c'est elle qui est salie à jamais[23]. C'est pourquoi, face à un rapt de violence, la plainte en justice existe, bien entendu, mais elle ne s'impose jamais comme une évidence. Pour des milliers de femmes, le plus important est de ne pas être en quelque sorte victime deux fois : de son violeur, séducteur ou suborneur, puis de la *fama*, la renommée qui va ensuite vous déclasser aux yeux du monde et parfois vous condamner à une sorte de mort sociale. Se taire, transiger en privé, ne pas faire de scandale, c'est dans toute la mesure du possible sauver à la fois son honneur et celui des siens. Ils sont inséparables.

Cela ne signifie pas, contrairement à une qualification erronée que l'on entend souvent répéter aujourd'hui, que la fille soit une « propriété » de son père ou la femme une « propriété » de son mari. Cela signifie qu'être honnête et

23. Didier Lett, *Hommes et femmes au Moyen Âge. Histoire du genre, XIIe-XVe siècle*, Paris, Armand Colin, 2013.

avoir de l'honneur, c'est agir en tant que *partie d'un tout* extrêmement valorisé, celui qui donne à chacun, chacune, sa place dans le monde social : sa famille et sa caste. Nous avons parfois du mal à comprendre cette façon de voir, si éloignée de la vision individualiste contemporaine. Les anthropologues, pour leur part, familiers du holisme des sociétés traditionnelles, savent l'importance de distinguer entre deux emplois du possessif, celui de la propriété (« ma cassette ») et celui de l'appartenance statutaire (« ma famille »)[24].

RAPPORT À SOI, RAPPORT À AUTRUI

« Notre tâche est de comprendre comment il se fait que la sexualité soit devenue, dans nos cultures chrétiennes, le sismographe de notre subjectivité. » Ces mots de Peter Brown[25], le grand historien du *Renoncement à la chair*, à son ami Michel Foucault qui alors travaillait de son côté aux *Aveux de la chair*[26] nous incitent à dépasser le sentiment d'étrangeté absolue que nous pouvons avoir, aujourd'hui, par rapport à la hantise du péché de chair dans l'ancienne France et à prendre la mesure d'un héritage.

En suivant le fil rouge du consentement, nous avons d'abord pris au sérieux la façon dont Brown a tenté de comprendre le sens profond du renoncement à la chair dans le christianisme primitif en se défiant de toute vision anachronique de ces siècles lointains et décisifs. On ne peut rien comprendre

24. Voir en particulier Cécile Barraud, « De la résistance des mots. Propriété, possession, autorité dans les sociétés de l'Indo-Pacifique », *in* André Iteanu (dir.), *La Cohérence des sociétés. Mélanges en l'honneur de Daniel de Coppet*, Paris, Maison des sciences de l'homme, 2010.

25. Ces mots sont cités par Michel Foucault, *Dits et écrits, 1954-1988, III. 1976-1979*, Paris, Gallimard, 1994, p. 172. La phrase est reprise par Jean-Claude Eslein, « Amour et sexualité, la matrice chrétienne », *Esprit*, dossier « L'un et l'autre sexe », mars-avril 2001.

26. Michel Foucault, *Histoire de la sexualité, 4. Les Aveux de la chair*, Paris, Gallimard, 2018.

au rapport de la culture chrétienne à la sexualité et au péché de chair tout au long des siècles si on y projette rétrospectivement une sorte de vision bourgeoise et victorienne de condamnation des « mauvaises mœurs » : ce qui est en jeu n'est rien moins que la condition humaine déchue, chassée du paradis terrestre, vouée ici-bas à la sexualité hantée par la concupiscence et à la mortalité, mais finalement sauvée et promise à la vie éternelle dans la résurrection des corps glorieux.

L'englobement de la future Ève dans le corps d'Adam est, pour le grand anthropologue et théoricien de la hiérarchie Louis Dumont[27], le symbole par excellence de ce qu'il nomme l'englobement hiérarchique ou « englobement de la valeur contraire », une référence commune aux trois religions du Livre. Mais ce qui est spécifique au christianisme, et dont il fait un enjeu pour l'un et l'autre sexe, est ce souci de soi et de ce rapport intérieur à la vérité de soi que les chrétiens, avec Augustin, ont cherché dans l'auto-examen anxieux de la personne, de ses pulsions sexuelles, de ses hantises, de son rapport à ce qui lui échappe et à ce qu'elle maîtrise, élaborant ainsi, sous l'égide de la volonté d'échapper à la chair, une *intériorisation sans précédent* de la question sexuelle. Dans une perspective un peu différente de celle de Brown, cette intériorisation de la sexualité l'associant à la recherche d'une sorte de vérité de soi est le cœur de la réflexion de Foucault dans *Les Aveux de la chair*, ouvrage centré sur l'histoire philosophique de la place accordée à l'aveu du péché en confession.

Puis, venant aux traductions institutionnelles du consensualisme chrétien dans la France de la fin du Moyen Âge, nous avons rappelé comment l'Église (institution féminine mais dont la composition est le symbole majeur de la prééminence

27. Louis Dumont, *Homo hierarchicus. Le système des castes et ses implications* [1966], Paris, Gallimard, 1979.

spirituelle de l'homme et du masculin) s'était efforcée, avec le mariage sacrement, d'instituer un mariage voué au salut de l'âme, et placé entièrement sous son contrôle. Cette institution va se trouver fortement mise en cause par le développement de l'État et de la société aristocratique des ordres de naissance, et par la Réforme. Au XVIe siècle, une crise durable s'ouvre entre l'Église romaine et la puissance séculière, jusqu'à ce que soit trouvé un compromis : l'institution d'un mariage « pacte de famille », conforme aux lois de l'Église mais soumis à l'autorité des chefs de lignage.

Cette première révolution du consentement pourrait donner le sentiment que les grands enjeux d'organisation de la société des ordres ont eu raison de ce souci de soi et de ce rapport intérieur à la vérité de soi qui faisaient de la sexualité principalement un enjeu interne à l'individu dans le rapport à son salut. Mais ce n'est pas si simple, comme on le voit en mettant en relation l'enjeu intérieur de la vérité de soi par l'introspection et celui du consentement matrimonial, qui par définition est un rapport à soi *passant par le rapport à autrui*, rapport transformant la sexualité-péché, celle qui vous échappe et dont vous devez avoir honte, en sexualité légitime par l'union des âmes et le « ils seront une seule chair ».

D'une part, c'est bien une forme très intense et majeure de rapport à soi, à une certaine idée de ce que l'on se doit à soi-même et de ce que l'on doit aux siens, que la défense séculière des lignages et de l'honneur des filles affirme comme une valeur majeure, face à la disqualification de l'ici-bas et au seul souci de l'au-delà qui est celui de l'Église. Mais surtout, le conflit qui s'est conclu aux XVIe et XVIIe siècles par un compromis, au bénéfice du renforcement de l'autorité des pères, est très loin d'être clos.

On l'a vu, cette autorité des chefs de lignage ne s'impose pas seulement pour défendre les fils et filles de famille contre les menées des intrigants, coupables de rapt de séduction, mais aussi pour affirmer le pouvoir des pères contre la désobéissance des jeunes couples amoureux. Le débat s'ouvre dès le XVIIe siècle, on le perçoit bien chez Molière, grand défenseur de la légitimité des amoureux (au demeurant dépeints comme fort sages et aux inclinations conformes aux règles sociales) contre les abus de pouvoir des vieux barbons.

Mais c'est au XVIIIe siècle, avec le développement du libertinage et surtout l'écho croissant de la philosophie des Lumières, que va peu à peu progresser l'idée qu'il existe une autre façon de chercher une certaine authenticité personnelle dans la sexualité que celle qui est tournée vers le salut de l'âme. C'est celle qui va trouver, contre les affirmations les plus essentielles de la théologie chrétienne sur le péché de chair mais sans doute grâce à la problématique de « vérité de soi » (la valeur d'authenticité, dirait le philosophe Charles Taylor[28]) qu'il lui a léguée, la possibilité d'une première phase de *réhabilitation du désir et du plaisir*. Ceux-ci ne sont pas forcément le signe de la Chute ou l'œuvre du diable. Ils peuvent aussi signifier le meilleur de l'individu, dans un mouvement puissant d'affirmation de l'innocence de la *nature humaine*.

Ainsi la première révolution du consentement a pavé la route vers la deuxième : celle qui, avec les révolutions démocratiques du XVIIIe siècle et la fin de la société des ordres de naissance, voit l'avènement du mariage civil et de l'idéal moderne du mariage d'amour.

28. Charles Taylor, *Les Sources du moi. La formation de l'identité moderne* [1998], Paris, Seuil, coll. « Points-Essais » n° 848, 2018.

MOI AUSSI, 1

Comment j'ai appris à être minoritaire

—

Pourquoi est-il important de situer le présent dans le temps long de l'histoire ? Pourquoi cela change-t-il profondément notre façon habituelle de voir l'ici et maintenant ? Et surtout, pourquoi cette approche soucieuse de construire sur notre présent un « regard éloigné », selon une démarche très classique en anthropologie sociale et historique, est-elle aujourd'hui si peu partagée lorsqu'il est question des sexes et du genre ?

On a beaucoup critiqué la « théorie du genre » depuis que l'Église de Rome a créé et largement diffusé cette notion en 2011[29]. En effet, comme cela a été amplement démontré, cette notion-repoussoir se résume en fait à un ensemble d'allusions et de bribes hétéroclites rassemblées autour du mot « genre », alors que celui-ci n'est rien d'autre qu'un substantif unique signifiant « la distinction masculin/féminin en tant qu'elle est sociale ». Mais ce qu'on sait moins, et qui est bien plus important, est que cette supposée grande théorie du genre a contribué puissamment à masquer un fait aussi

29. Voir en particulier : Céline Béraud, « Quand les questions de genre travaillent le catholicisme », *Études*, 414 (2), 2011, p. 211-221 ; Odile Fillod, « L'invention de la "théorie du genre" : le mariage blanc du Vatican et de la science », *Contemporary French Civilization*, janvier 2014 ; Michael Stambolis-Ruhstorfer et Josselin Tricou, « La lutte contre la "théorie du genre" en France : pivot d'une mobilisation religieuse dans un pays sécularisé », *in* Roman Kuhar et David Paternotte (dir.), *Campagnes anti-genre en Europe. Des mobilisations contre l'égalité*, Lyon, Presses universitaires de Lyon, 2018.

important qu'ignoré : il existe bel et bien, dans le monde académique, des approches théoriques et empiriques diverses et même opposées des rapports sociaux de sexe et de la distinction masculin/féminin.

Comme sociologue, j'appartiens depuis longtemps à un courant théorique *minoritaire* au sein de la partie des études de genre étudiant nos sociétés ici et maintenant, et j'ai vécu très souvent ce paradoxe : les résultats de mes recherches sur tel ou tel sujet sont plutôt reconnus en France, mais la démarche qui les guide est en général ignorée, quand elle n'est pas déformée sciemment par quelques représentants particulièrement agressifs de l'approche dominante. C'est le lot des minoritaires, et il ne m'a jamais découragée. Évoquant à ce propos mon expérience personnelle, j'aimerais bousculer un peu la façon dont #MeToo a fait resurgir la très ancienne question du rapport entre féminisme et sciences sociales, alimentant des débats parfois virulents sur l'engagement, la science et le militantisme.

La question s'est posée pour moi au tout début des années 1980 quand, après une formation purement littéraire et quelques années d'enseignement au collège, j'ai décidé de bifurquer et de devenir sociologue. À l'instar d'historiennes comme Michelle Perrot, Michelle Zancarini-Fournel, Nicole Loraux ou Éliane Viennot, de philosophes comme Geneviève Fraisse, de juristes comme Odile Dhavernas, d'anthropologues comme Agnès Fine, Nicole Lapierre ou Véronique Nahoum-Grappe, de sociologues comme Nadine Lefaucheur, Margaret Maruani ou Marie-Blanche Tahon, je voulais prolonger mon engagement de jeune femme dans le Mouvement de libération des femmes (MLF) par autre chose que du militantisme. Je souhaitais moi aussi contribuer à une meilleure connaissance scientifique de la réalité sociale, capable de sortir la condition des femmes et les rapports sociaux de sexe d'une certaine invisibilité, et forger des outils conceptuels à la mesure de ce que nous tenions, nous, les féministes de la deuxième vague, pour une immense révolution en marche, sans exemple dans l'histoire de l'humanité : l'avènement de l'égalité de sexe comme une valeur cardinale des sociétés démocratiques.

Au départ, j'ai pensé qu'assurer la validité d'une telle démarche en sociologie supposait avant tout d'appliquer des méthodes scientifiques rigoureuses à l'étude des sujets qui m'importaient. La question de la famille était une épine dans le pied de nombreux courants féministes qui y voyaient la ruse suprême de la classe des hommes pour opprimer la classe des femmes en les amenant, au nom de l'amour, à faire un immense travail gratuit et à coopérer avec empressement à leur propre domination. La thèse avait été poussée à une sorte de paroxysme du « dévoilement » par le féminisme matérialiste de *Questions féministes*, avec la théorie de Colette Guillaumin sur le sexage, présentant toute femme vivant en famille hétéroparentale comme, au minimum, « une serve »[30]. Ainsi, ces courants reformulaient à leur manière, dans une perspective matérialiste marxiste, le mot d'ordre de David Cooper et de l'antipsychiatrie : « Mort de la famille ».

Pour ma part, je n'avais jamais été tentée par aucune des formes de l'antifamilialisme alors en vogue, d'autant moins que je m'étais rapidement débarrassée de toute illusion sur les utopies communautaires alternatives qui fleurissaient ici et là dans les années 1970. Il faut dire qu'en 1972, peu après mon arrivée à Paris pour y poursuivre mes études à l'ENS de Fontenay, j'avais découvert les charmes puissants de la radicalité politique qui passait en milieu étudiant pour la forme suprême d'une intelligence du monde sans concessions ni

30. Colette Guillaumin, « Pratique du pouvoir et idée de nature. L'appropriation des femmes », *Questions féministes*, 2, 1978, p. 5-30.

compromissions. Je m'étais engagée dans une petite organisation d'extrême gauche proche de la Ligue communiste révolutionnaire, et étais allée jusqu'à vivre quelques mois dans une communauté du Xe arrondissement.

Jusqu'au jour où j'avais été convoquée devant le tribunal-du-peuple maison, car on me trouvait beaucoup trop occupée par ma rencontre, au sein du Comité Chili, avec un beau militant, qui est toujours aujourd'hui mon amoureux : « C'est nous ou la passion bourgeoise » (*sic*). J'avais répondu, avec un panache qui me ressemble si peu que je m'en étonne encore à ce jour : « Eh bien, je crois que ce sera la passion bourgeoise », avant d'empoigner théâtralement les sacs plastique où j'avais fourré les quelques vêtements et livres que je possédais et de quitter, avec un jubilatoire sentiment de libération, l'immense appartement communautaire « sans appropriation privée de l'espace », pour un lumineux studio sous les toits.

La famille, que ma génération aimait à décrire comme une engeance intrinsèquement pétainiste, était objectivement difficile à penser dans une perspective féministe. Je n'avais jamais cessé d'aimer celle où j'avais grandi, tout en sachant que je ne la reproduirais pas. Ma vie ne serait pas celle de ma mère qui, après de brillantes études (HEC-jeunes filles et les Langues orientales) et un premier emploi, s'était mariée en 1949 avec un jeune professeur de philosophie et était devenue mère au foyer pour élever ses quatre enfants, tout en devenant peu à peu la secrétaire attentive et très impliquée de mon père, avant de « retravailler » bien plus tard comme traductrice, quand ma plus jeune sœur est devenue indépendante. Dès le milieu des années 1960, il était évident pour mes parents que leurs trois filles auraient un métier : le modèle homme pourvoyeur/mère au foyer s'effondrait chez ceux-là mêmes qui l'avaient vécu, pour eux-mêmes, comme incontournable.

De mon côté, plusieurs années d'engagement au MLAC et au MLF m'en avaient convaincue : après la première vague de l'accès aux droits politiques issu des longues luttes des militantes suffragistes, c'est en grande partie dans la vie privée et dans la famille que se jouait déjà et se jouerait demain la nouvelle phase de l'égalité des sexes. C'est pourquoi les grands « dévoilements » antifamilialistes des courants féministes radicaux me paraissaient aussi naïfs que simplistes. Mais qui osait le dire ? Je me sentais bien isolée.

Heureusement pour moi, à la fin des années 1970, j'ai trouvé à *La Revue d'en face*, animée par un petit collectif de femmes émancipées de tous les dogmatismes qui avaient structuré de part en part notre jeunesse révolutionnaire, l'atmosphère de confiance, de liberté et d'humour dans l'engagement féministe dont j'avais besoin après avoir quitté mon organisation politique. J'y ai entamé un tournant assumé et définitif vers le réformisme démocratique de la « deuxième gauche », la gauche antitotalitaire, sans jamais renier mes belles années militantes ni oublier la générosité des engagements collectifs qui nous avaient animés. C'est là que j'ai pu oser répondre à Colette Guillaumin[31] qu'il était peu éclairant de décrire les femmes comme des « serves », m'émanciper à jamais de toutes les approches de la réalité par le « dévoilement », qu'il soit militant ou sociologique, poser les tout premiers jalons de cette réflexion qui m'importait sur l'égalité des sexes et les métamorphoses de la famille, et commencer de cheminer sur une voie qui serait vraiment la mienne.

Ce qu'un pesant héritage culturel et social refusait alors aux filles, parmi bien d'autres choses, c'était l'accès à la

31. Grâce au programme *FemEnRev* de mise en ligne des revues féministes des années 1970, animé par Christine Bard et ses collègues, *La Revue d'en face* est désormais intégralement accessible sur Internet. Tous les articles y sont parfaitement recensés et indexés.

généralité, à la vue d'ensemble des problèmes et de la réalité. On nous cantonnait, et nous nous cantonnions nous-mêmes volontiers, dans une sensibilité exacerbée au personnel, au proche, au détail qui dit tout, à l'introspection – un chez-soi auquel seul le talent littéraire, le talent artistique en général, permet de donner une dimension d'universalité.

Je rêvais pour ma part d'autre chose : m'occuper certes du familier (la vie privée, la famille, les relations sexuées et sexuelles) puisque c'était là que se jouait la nouvelle phase de l'émancipation des femmes, mais le faire en m'autorisant justement à *sortir de chez moi*, à explorer large, à me voir et nous voir de plus loin, de plus haut, en cultivant par-dessus tout la distance à soi. Bref, ouvrir grand mon horizon et m'approprier une pensée du général traditionnellement réservée aux hommes, mais en l'appréhendant par la voie longue de l'étude et de l'enquête : tout le contraire de la voie courte incarnée par l'indécrottable aplomb masculin à juger de tout, dont j'avais pu voir mes camarades militants décliner à satiété toutes les versions possibles.

Voulant étudier scientifiquement le rapport entre l'égalité croissante des sexes et l'évolution des règles et des normes en matière familiale, j'ai renoncé au projet d'une thèse sur Proust. Je voulais passionnément devenir *une sociologue engagée, mais non militante*. Tout en poursuivant mon enseignement en collège, je me suis initiée à la sociologie du droit pour faire, sur « l'usage judiciaire du critère d'intérêt de l'enfant », une thèse bétonnée sur le plan méthodologique.

Après avoir étudié le droit civil de la famille et les procédures judiciaires de divorce, je suis descendue étudier des mois durant des centaines de dossiers archivés dans les sous-sols déserts du Palais de Justice de Paris, au bas d'un escalier moyenâgeux dissimulé derrière une porte et s'enfonçant bien au-dessous du niveau de la Seine. Une unique ligne de téléphone, dont une greffière – inquiète qu'un appariteur zélé ne réinvente par mégarde les oubliettes – vérifiait régulièrement le bon fonctionnement, reliait par un fil cet Hadès fantomatique, éclairé de quelques ampoules nues, au monde des humains. Une fois ma récolte rassemblée, soumise à questionnaire, recopiée, remontée en surface et analysée, je me suis initiée, avec l'aide précieuse de mon père et de mon directeur de thèse Louis Roussel, au codage des données, au maniement des tris croisés et des χ^2, aux analyses factorielles de correspondance. Comme les sociologues du droit étaient alors fort rares en France, un an après ma soutenance présidée par le doyen Jean Carbonnier, j'ai été recrutée au CNRS, tout en bas de l'échelle.

Là, j'ai vite compris à quel point maîtriser une méthodologie d'enquête était insuffisant. Faire vraiment de la sociologie sérieuse supposait aussi d'avoir les idées claires sur le point théorique le plus difficile et le plus disputé depuis l'aube des sciences sociales : qu'appelons-nous « une société » ? Qu'entendons-nous par « social » quand nous disons que l'être humain est « social », que telle relation est « sociale » ou que la différence des sexes est « sociale » ? C'est précisément là qu'on quittait le militantisme des différentes théories féministes de l'action pour rejoindre les élaborations épistémologiques fondamentales de la sociologie et de l'anthropologie. Je souligne ce point car il est celui qui sépare l'approche classique en sciences sociales, que je voulais contribuer à faire vivre et renouveler, des *studies* thématiques américaines qui se définissent au contraire comme des lieux d'expression du mouvement contestataire de la société. Elles sont souvent en pointe sur les nouveaux sujets de société car le militantisme y est très valorisé et les personnes considérées comme les plus qualifiées – voire les seules qualifiées – pour analyser la réalité sont celles qui témoignent de leur expérience personnelle de la discrimination. On n'y discute pas pour savoir ce qu'est le lien social et comment le décrire, mais sur les façons de le critiquer et de le transformer.

Qu'est-ce que la différence des sexes en tant qu'elle est « sociale » ? J'ai commencé à avancer sur cette question complexe en co-organisant en 1989 une année de travail collectif interdisciplinaire intense à propos de *La famille, la loi, l'État, de la Révolution au Code civil*[32]. Cette plongée dans l'histoire avec de formidables spécialistes de la période, m'a permis de voir tout autrement qu'on ne le fait d'habitude ce qui nous semble, vu du présent, une insupportable contradiction : déclarer que « les êtres humains naissent libres et égaux en droit », et affirmer que les femmes sont évidemment subordonnées, au point de les priver du droit de vote et de les soumettre à la puissance maritale.

Tout cela devenait sinon légitime, du moins *intelligible*, si l'on apercevait qu'au tournant du XVIIIe et du XIXe siècle, dans le domaine de la famille et des rapports sexués, la modernité démocratique avait tout simplement prolongé – en le transformant – le mode d'organisation caractéristique de toutes les sociétés traditionnelles : la complémentarité hiérarchique des rôles et des statuts sociaux. Les représentations stéréotypées des femmes et du féminin, qui horrifiaient les jeunes féministes que nous étions, n'étaient pas la *cause*, mais bien plutôt *l'effet* d'un partage sexué des rôles dans la famille et la société reçu en héritage des siècles passés et vu alors comme indépassable. C'est à partir de cette première réflexion sur l'entrée complexe dans la modernité démocratique que j'ai commencé à soupçonner que le vrai problème du rapport entre féminisme et sciences sociales n'était pas

32. Irène Théry et Christian Biet (dir.), *La Famille, la loi, l'État, de la Révolution au Code civil*, Paris, Imprimerie nationale/Éditions du Centre Pompidou, 1989.

seulement notre vision du présent – sur laquelle je m'étais focalisée jusqu'alors –, mais notre attitude à l'égard du passé.

Je n'avais jamais vraiment clarifié théoriquement la fameuse question de la « domination masculine », mais comme tout le monde je m'interrogeais. Puisque aucune société avant nous n'avait vécu sur un principe d'égalité des sexes, comment appréhender la place des femmes et la distinction masculin/féminin dans les sociétés traditionnelles ? Cela avait-il un sens de rechercher une « grande théorie » en donnant la clé ? Trop littéraire pour aimer la sociologie à thèse, trop ignorante pour détenir une réponse étayée, je restais empêtrée dans une sorte de flou hésitant.

Mais je voyais bien que dans les courants féministes déconstructionnistes qui avaient remplacé les thèses du déterminisme biologique par celles du déterminisme social, comme chez les sociologues et anthropologues adeptes du « grand dévoilement » des mécanismes censés nous mouvoir à notre insu, on pensait que la tâche de notre temps était de reconsidérer tout le passé de l'humanité du haut du présent dessillé qui était le nôtre. Plus on ferait un tableau effrayant de la condition servile des femmes, plus on démontrerait l'ampleur de sa perspicacité et la radicalité de son féminisme. D'ailleurs, on n'allait pas tarder à en avoir en France un exemple éclatant avec *La Domination masculine*[33] de Pierre Bourdieu, un petit opuscule qui transformait la société kabyle des années 1950 en « paradigme intemporel » de la pire des dominations machistes. De la part d'un auteur dont j'avais tant admiré les premiers livres (et singulièrement les premières descriptions des hiérarchies kabyles comme « englobements de la valeur contraire »), l'ouvrage me consterna, mais il fut applaudi partout.

33. Pierre Bourdieu, *La Domination masculine*, Paris, Seuil, 1998. J'ai développé ma critique de ce livre dans *La Distinction de sexe*, *op. cit.*, p. 271-279.

Sa grande thèse consistait à *dévoiler*, derrière les trompeuses apparences de la vie en commun de l'un et l'autre sexe, une réalité restée cachée depuis les premières sociétés humaines : l'universelle domination de la « classe des hommes » sur la « classe des femmes », la puissance sans équivalent de cette domination économique et surtout symbolique, le degré insoupçonné d'infériorisation, d'assujettissement et de réification pure et simple des femmes réduites à « des signes fiduciaires » échangés par les hommes, et enfin l'insondable aliénation de la moitié féminine de l'humanité qui, loin de se révolter, avait toujours contribué, avec un empressement aussi stupide qu'énamouré, à renforcer sa propre domination.

Pour moi, Pierre Bourdieu, que j'ai connu ensuite si aimable et qui m'a témoigné dans des moments difficiles pour la discussion universitaire un soutien personnel que je n'oublierai jamais, n'est pas lui-même dans ce petit livre, qu'on sent motivé par le désir polémique – très masculin et condescendant, pour le coup – d'en remontrer à ses collègues historiennes qui avaient entrepris d'écrire l'*Histoire des femmes en Occident*[34].

C'est alors que j'ai eu la chance de rejoindre l'EHESS et de découvrir par moi-même l'aménité de ses chercheurs et chercheuses, et la magie de ses couloirs. Bureaux petits, couloirs larges, lieux de rencontres sans formalité, où l'un vous fait connaître l'autre, où les réseaux de connaissances et d'affinités électives se jouent du cloisonnement disciplinaire, et où l'on n'en revient pas de trouver justement, au coin de la conversation, ce qu'on cherchait sans le savoir. La sérendipité humaine, choyée au quotidien comme un bienfait, travaillée comme un art, élevée à la hauteur d'une forme de vie. Elle

34. Georges Duby et Michelle Perrot (dir.), *Histoire des femmes en Occident*, cinq volumes, Paris, Plon, 1992.

était démultipliée à l'EHESS par la pratique rituelle d'un autre espace : celui de la vaste salle de cantine où se tenaient, certains week-ends de l'année, les assemblées générales pour les élections de nouveaux collègues. Expérience unique, extraordinairement formatrice, où, à travers l'examen des candidatures, chacun pouvait voir les disciplines d'à côté vivre et vibrer sous ses yeux, non sans tensions parfois (toujours instructives), avant d'échanger à la pause, avec telle ou tel collègue proche, des avis chuchotés.

Il n'y avait pas seulement, dans les laboratoires de notre École, des sociologues célèbres, mais aussi de nombreux anthropologues renommés, savantes et savants qui croyaient toujours à l'importance d'aller dans les sociétés les plus différentes des nôtres pour tenter de comprendre leurs façons de vivre et recueillir le témoignage précieux des évolutions de leurs institutions et de leurs mœurs traditionnelles, avant qu'elles ne soient définitivement détruites. Quand tant d'autres se convertissaient à l'ethnologie du présent de nos sociétés, ces anthropologues pas vraiment à l'ancienne (très respectueux des peuples qu'ils apprenaient à connaître, ils mesuraient mieux que quiconque les effets terribles de la colonisation puis de la mondialisation sur leurs modes de vie, et ne cessaient de réfléchir sur leur propre rôle) partaient faire de longs terrains en Inde, en Afrique, en Papouasie-Nouvelle-Guinée, en Amazonie, au fin fond des déserts australiens, du Grand Nord canadien ou sibérien, à Samoa et à Tonga, à Kei et dans les îles Salomon.

En France comme dans le monde académique international, cette anthropologie du lointain avait été profondément transformée, depuis les années 1970, par la volonté de donner toute leur place aux femmes et aux rapports sociaux de sexe. L'humanisme féministe au sens large (entendons par là l'idée simple qu'il n'est nulle « vocation sociale » attachée au fait de naître de l'un ou l'autre sexe), composante désormais majeure de la culture occidentale, y avait décuplé les énergies et profondément transformé l'enquête. Il suffisait, pour savoir ce que ces anthropologues découvraient, de se donner la peine de plonger dans la complexité de leurs ethnographies.

Depuis les ouvrages pionniers de Denise Paulme et de Germaine Tillon, de Mary Douglas et de Sherry Ortner ou encore d'Annette Weiner revisitant les rituels des Trobriand après Malinowski, des centaines, des milliers d'articles et de livres parfois très techniques avaient remis en cause les clichés masculins occidentaux sur « l'Homme-culture et la Femme-nature[35] ». Une nouvelle anthropologie de la distinction de sexe[36] décrivait comme jamais auparavant la dimension sexuée des rituels, des modes de vie, des cosmologies, la hiérarchie des statuts masculins et féminins dans et hors de la parenté[37], le partage de l'autorité et les formes d'exercice du pouvoir, les modalités de négociation et de résolution des conflits, les techniques du corps[38], les façons de naître et de mourir, de faire la guerre et de faire l'amour, le rôle méconnu des femmes dans les initiations masculines[39], la place donnée aux « hommes qui vivent à la manière des femmes[40] », aux garçons ayant « une âme-nom féminine » et aux filles ayant « une âme-nom masculine », bref toute une extraordinaire

35. Nicole-Claude Mathieu, « Homme-culture et femme-nature ? », *L'Homme*, 13-3, 1973, p. 101-113.
36. Catherine Alès et Cécile Barraud (dir.), *Sexe relatif ou sexe absolu ?*, Paris, Maison des sciences de l'homme, 2001.
37. Maurice Godelier, *Les Métamorphoses de la parenté*, Paris, Fayard, 2004.
38. Stéphane Breton *et al.*, *Qu'est-ce qu'un corps ?, Afrique de l'Ouest, Europe occidentale, Nouvelle-Guinée, Amazonie*, Paris, Éditions du musée du Quai Branly, 2006.
39. Pascale Bonnemère, *Agir pour un autre. La construction de la personne masculine en Papouasie-Nouvelle-Guinée*, Aix-en-Provence, Presses universitaires de Provence, 2015. Sous la direction de la même autrice voir aussi *Women as Unseen Characters*, Philadelphie, University of Pennsylvania Press, 2013.
40. Serge Tcherkézoff, *Vous avez dit troisième sexe ? Les transgenres polynésiens et le mythe occidental de l'homosexualité*, Papeete, Au Vent des Îles, 2022. Du même auteur, voir aussi *Tahiti 1768. Jeunes filles en pleurs, la face cachée des premiers contacts et la naissance du mythe occidental*, Papeete, Au Vent des Îles, 2004.

dramaturgie qui loin de figer face à face deux sexes radicalement différents, comme dans la pensée occidentale moderne, se jouait parfois jusqu'au tournis des déploiements et franchissements de la distinction masculin/féminin[41].

Un monde complexe et passionnant s'offrait à moi, comme un immense trésor. Et ce n'est rien de dire que ses élaborations, tant empiriques que théoriques, étaient parfaitement ignorées du grand courant déconstructionniste en *gender studies* qui, de son côté, ne cessait de se développer en Occident, les yeux fixés sur l'expérience identitaire des sujets contemporains et la lutte contre les discriminations.

C'est ainsi que le doute qui avait commencé à prendre forme en moi à propos du grand dévoilement sociologique de l'universelle domination de « la classe des hommes » sur « la classe des femmes » s'est transformé en certitude : un tel rapport au passé et aux sociétés traditionnelles d'ici et d'ailleurs était un grave problème. Gonflé d'excellentes intentions, un présentisme arrogant était en train de s'imposer sans qu'on semble s'en émouvoir. Le féminisme, auquel j'étais pourtant si attachée, pouvait nous entraîner dans des voies indéfendables s'il conduisait à pratiquer, sans même en avoir conscience, une forme radicale de sociocentrisme en nous incitant à nous prendre pour le centre et le sommet de l'univers. On ne pouvait pas justifier, au nom de nos valeurs modernes de liberté et d'égalité de sexe, de traiter les autres sociétés à l'aune de notre point de vue *hic et nunc,* de croire que l'on n'avait rien à apprendre d'elles et tout à leur apporter, en un mot de les condamner comme les témoins d'un stade déficient et malfaisant de l'histoire humaine. Comment la cause des femmes et l'appréhension triomphante du genre comme « construction sociale » avaient-elles pu amener

41. Michael Houseman et Carlo Severi, *Naven ou le donner à voir. Essai d'interprétation de l'action rituelle*, Paris, CNRS/Maison des sciences de l'homme, 1994.

certains courants de pensée à s'éloigner autant des fondamentaux de l'anthropologie sociale et historique ?

Si je devais résumer en quelques mots ce qui a définitivement changé pour moi sur le plan théorique, à partir du moment où j'ai pu me dégager de toute fascination tant pour le « dévoilement » (dans les théories féministes radicales comme dans la sociologie française) que pour le déconstructionnisme identitaire prôné par les *studies* américaines, je ne pourrais faire mieux que de citer la célèbre formule de mon maître Marcel Mauss, génial pionnier dont les travaux les plus récents en anthropologie et histoire des sociétés traditionnelles n'ont cessé de confirmer et de déployer la grande intuition de 1931 :

> *La division par sexes est une division fondamentale*, qui a grevé de son poids toutes les sociétés à un degré que nous ne soupçonnons pas. On peut dire à nos étudiants, surtout à celles et ceux qui pourraient faire des observations sur le terrain, que nous n'avons fait que la sociologie des hommes, et non pas la sociologie des femmes, ou des deux sexes[42].

Les travaux récents, en effet, permettent d'abord de comprendre pourquoi Mauss parle de « division fondamentale ». Dans toutes les sociétés traditionnelles, sans exception, la division par sexes (une formule soigneusement choisie) ne désigne pas de simples *régularités* des comportements respectifs des femmes et des hommes issues d'une sorte d'incorporation inconsciente des stéréotypes de genre, comme l'affirme aujourd'hui l'idéologie individualiste occidentale. *C'est une règle.*

Une règle pour l'action collective, impérieuse, inscrite au cœur des valeurs les plus éminentes et des rituels les plus

42. Marcel Mauss, « La cohésion sociale dans les sociétés polysegmentaires » [1931], repris in *Œuvres 3.*, *op. cit.*, p. 15. J'ai consacré un chapitre à « Marcel Mauss, un chemin de déprise », dans *La Distinction de sexe*, *op. cit.*, p. 97-152.

sacrés des sociétés. Cette règle, d'une complexité que nous avons du mal à concevoir, ne sépare pas l'humanité en deux classes d'individus, mais les distingue pour les lier via de multiples *statuts relationnels* masculins, féminins, neutres ou mixtes que ces individus endossent en référence à des droits, des devoirs et des interdits, et qui permettent très souvent les plus subtils échanges du masculin en elle, du féminin en lui. La division par sexes, qui touche toutes les dimensions de la vie sociale et pas seulement la sexualité ou la parenté, inscrit ainsi la condition commune des humains, sexués et mortels, au cœur des significations et des valeurs d'un monde institué.

Si les divisions « par sexes, par âges, par générations et par clans » sont, comme le soulignait Mauss, les divisions premières qui ordonnent l'action collective dans les sociétés polysegmentaires, il n'y a pas besoin pour l'expliquer d'aller chercher une supposée volonté « des hommes » de s'approprier « les femmes », et il vaut mieux oublier toute idée de dévoilement de mécanismes cachés. La raison d'être de ces distinctions statutaires est *entièrement sous les yeux* et, pour reprendre une célèbre métaphore de Proust sur la littérature comme exploration de la vie humaine, il suffit pour la voir de prendre au sérieux le sens que les gens donnent à leurs propres actes, et de se faire « opticien » en fabriquant les bons verres pour ses lunettes conceptuelles[43].

Ce qu'elle révèle en effet est d'abord que, contrairement à une idée répétée à satiété depuis les Lumières par l'idéologie individualiste de la « complémentarité naturelle » de l'homme et de la femme, *il n'y a pas d'exception sexuelle à l'institution sociale* : la vie en commun de l'un et l'autre sexe ne s'organise jamais « naturellement » dans notre espèce,

43. Marcel Proust, *À la recherche du temps perdu*, Paris, Gallimard, coll. « La Pléiade », tome IV, 1989, p. 489-490.

mais doit être instituée selon des règles et des valeurs, et pour cela mise en signification.

Mais Mauss ne s'arrête évidemment pas là. Il affirme du même mouvement que cette division fondamentale a « grevé de son poids » les sociétés. Avec cette expression forte, il met l'accent sur les questions majeures de la hiérarchie des genres et de l'inégalité des sexes, de l'obéissance exigée et de la violence imposée aux femmes. Plus encore ici, son intuition est confirmée et approfondie par les travaux les plus récents menés dans une perspective féministe, qui n'ont cessé d'explorer de quoi est fait ce « poids » d'oppression des femmes qui a grevé les sociétés traditionnelles. La première chose qu'ils nous démontrent est la moins reconnue aujourd'hui : l'importance de ne pas confondre l'*autorité* avec le *pouvoir*, en les fondant en une seule entité définie comme du pouvoir exacerbé, la « domination ».

On sait depuis très longtemps que la condition des filles et des femmes varie énormément d'une société à l'autre. Sur ce point, le vrai changement issu des travaux anthropologiques et historiques les plus récents est justement d'avoir réveillé une certaine doxa féministe contemporaine de son sommeil dogmatique en creusant simultanément dans *deux directions* qui, à première vue, paraissent totalement contradictoires : tout d'abord, prendre toute la mesure de l'ampleur et de la diversité des formes de violence machiste, d'infériorisation du féminin et d'assujettissement des femmes dans les sociétés traditionnelles où le masculin (lié en général à la guerre et à l'exercice du pouvoir politico-religieux) est considéré comme la valeur englobante ; *mais aussi et du même mouvement* découvrir, dans de très nombreuses sociétés, une valeur véritable du féminin et l'existence de formes d'autorité et de pouvoir des femmes demeurées largement méconnues des historiens ou des anthropologues occidentaux de naguère, restés prisonniers des préjugés sur les femmes et le genre qu'ils avaient importés de leur propre culture.

Cela nous ramène vers l'histoire longue de nos sociétés, et la première révolution du consentement brossée à grands traits dans ce chapitre.

Je sais depuis longtemps que l'approche relationnelle maussienne du genre comme « manière d'agir instituée », que je défends avec bien d'autres, est aujourd'hui minoritaire en études de genre – du moins dans la partie de ces études explorant les sociétés occidentales contemporaines. Celles-ci en effet sont marquées par la domination écrasante d'une approche *ensembliste-identitaire* au sens où Castoriadis[44] employait le mot. Ces études réduisent les sociétés à de simples populations, ou collections d'individus, et expliquent le social par la division de ces populations en classes d'individus, vus comme des sous-groupes identitaires aux intérêts opposés, ayant entre eux des rapports de pouvoir (les hommes *versus* les femmes ; les hétérosexuels *versus* les homosexuels ; les cisgenres *versus* les transgenres ; les Blancs *versus* les Noirs, les valides *versus* les personnes en situation de handicap, etc.). Elles ne se demandent jamais comment nous participons pourtant d'un même monde, ni pourquoi il est toujours possible à l'individu, quel qu'il soit, de contester les manières d'agir instituées ou stéréotypées que d'autres cultivent.

Cela supposerait de revenir vers les enjeux épistémologiques de fond des sciences sociales : qu'est-ce qu'une société ? Quelle est la spécificité d'une relation sociale ? Comment penser à la fois le poids des mœurs, l'intériorisation des valeurs et des significations collectives, et l'autonomie ou liberté personnelle de penser et d'agir de soi-même, caractéristique de tout individu humain ?

44. Cornelius Castoriadis, *L'Institution imaginaire de la société*, Paris, Seuil, 1975.

Il n'est pas grave d'être minoritaire, mais c'est une situation qui rend singulièrement difficile de partager sa manière de voir. Ainsi, très peu de gens savent qu'un des plus grands apports des nouvelles recherches sur la distinction de sexe dans les sociétés traditionnelles est de renouveler profondément la compréhension de ce qu'on nomme une « personne ». Sous ce terme, on doit entendre aussi bien la personne au sens banal de « l'agent concret des actes humains », qui existe partout, que l'idéalité de la personne, qui varie selon les sociétés et les cultures.

Cette exploration renouvelée de la personne est elle aussi un héritage de Mauss, dont la conférence de 1938, « Une catégorie de l'esprit humain : la notion de personne, celle de "moi" », a marqué des générations d'anthropologues[45]. Mais elle émane en particulier d'un ouvrage célèbre sur les échanges cérémoniels dans certaines sociétés de Papouasie-Nouvelle-Guinée, *The Gender Of The Gift*[46]. L'anthropologue anglaise Marilyn Strathern y démontre qu'il est impossible de transférer à la description de ces sociétés l'opposition du « sexe » et du « genre » comme propriétés identitaires de l'individu élaborée dans nos propres sociétés individualistes modernes. Cette opposition repose implicitement sur une certaine représentation occidentale, individualiste et dualiste de la personne en tant que « tout » autarcique ne tenant que de lui-même tout ce qui le fait être et agir, intransposable dans ces sociétés où l'on considère que les personnes sont « relationnelles » et se constituent progressivement, dans et par l'action rituelle, durant toute leur vie, de la naissance à la mort et au-delà.

À partir de cette conception relationnelle de la personne, omniprésente dans les sociétés sociocosmiques, je me suis

45. J'ai analysé ce texte dans « Personne humaine et personne relationnelle », *La Distinction de sexe*, *op. cit.*, chap. IX, p. 413-464.
46. Marilyn Strathern, *The Gender of the Gift*, Berkeley/Londres, University of California Press, 1988.

attachée à retourner vers nous le miroir, en faisant l'hypothèse que nous aussi, Occidentaux modernes, nous sommes probablement des personnes bien plus « relationnelles » que nous ne le croyons. Pendant de nombreuses années, à l'EHESS, j'ai mené avec mes collègues un travail pluridisciplinaire sur « Ce que le genre fait aux personnes[47] », mettant à distance l'opposition habituelle du *moi* et du *corps*, ces deux composantes de l'idéalité de la personne occidentale moderne, issue elle-même de la personne chrétienne.

Et j'arrive enfin là où je voulais en venir, en parcourant le long chemin par lequel j'ai appris à être minoritaire.

C'est tout ce travail sur la personne, impossible à retracer chaque fois que j'écris, bien qu'il soit ignoré des théories dominantes en études de genre (devoir toujours réexpliquer ses bases et ne pouvoir le faire constamment est le casse-tête de tout minoritaire), qui m'a permis de faire l'hypothèse qui a donné ensuite sa forme à ce premier chapitre : lors de la « première révolution du consentement », il n'y a pas eu seulement un affrontement puis un compromis entre deux institutions puissantes, l'Église de Rome et le royaume de France, cherchant l'une et l'autre à régner sur le mariage et à ordonner à leurs fins la vie sexuelle.

À travers cette lutte de pouvoir et de légitimité se jouaient sans doute, aussi, une première remise en question de l'idéalité de la personne chrétienne – composée d'un corps mortel et d'une âme insufflée par Dieu, entièrement tournée vers l'au-delà de la vie immortelle – et le début du mouvement qui allait rapatrier dans le monde d'ici-bas ce corps et cet esprit, pour redéfinir la « personne humaine » en référence à l'idéal moderne d'autonomie.

47. Irène Théry et Pascale Bonnemère (dir.), *Ce que le genre fait aux personnes*, *op. cit.*

CHAPITRE 2

Mariage d'amour, hiérarchie des sexes, division des femmes

(La deuxième révolution du consentement)

—

La deuxième révolution du consentement est celle qui advient en Occident avec les grandes révolutions démocratiques du XVIIIe siècle. Paradoxalement, elle est plus difficile à appréhender que la première. Celle-ci demandait de se projeter dans de tout autres façons de voir que les nôtres : un monde chrétien marqué par la hantise de la Chute, du péché de luxure et du salut de l'âme et par la valeur suprême du renoncement à la chair. Dans ce cadre, une société des ordres revendiquait comme des valeurs majeures la hiérarchie des générations, des sexes et des âges, des naissances et des lignages, et imposait au XVIe siècle un mariage « pacte de famille » soumis au consentement des parents.

En 1789, la Révolution française ouvre une période qui nous paraît terriblement contradictoire, tant elle nous est à la fois proche et étrangère. D'un côté, avec la Déclaration des droits de l'homme, elle inaugure la pensée démocratique moderne et porte au plus haut les valeurs de liberté, d'égalité et d'autonomie. De l'autre, elle admet comme évidentes la hiérarchie des sexes et l'inégalité de leurs droits, tant politiques que civils. D'un côté, elle instaure une légitimité nouvelle au désir sexuel, invente le mariage d'amour et institue en 1792 le mariage civil fondé sur le libre choix du conjoint : le consentement change de sens. De l'autre, le Code Napoléon de 1804 définit le mariage comme « le plus saint des contrats », organise la dépendance et l'obéissance de la femme à son mari et limite le divorce, qui sera finalement aboli en 1816. Ainsi, la deuxième révolution du consentement instaure un *ordre sexuel matrimonial sécularisé*, dans lequel le permis est centré sur la sexualité reproductive et son prolongement en famille légitime.

Du côté de l'interdit, le XIXe siècle s'efforce de s'émanciper de la vision religieuse des péchés de luxure mais la société, qui reste très majoritairement de culture judéo-chrétienne semble surtout s'attacher à les repeindre en vices individuels et en perversions pathologiques. Non seulement le Code civil reconduit la double morale sexuelle masculine et féminine, opposant une *sexualité masculine de conquête* et une *sexualité féminine de citadelle*, mais il l'aggrave en instituant en droit, face au principe de surresponsabilité des femmes, un principe d'irresponsabilité totale des hommes en cas de naissance hors mariage. Ce qui ouvre des carrières inespérées aux séducteurs, abuseurs et violeurs de tout poil, et creuse encore la division entre les dignes épouses et mères de famille, d'un côté, et les filles perdues, gourgandines et prostituées de l'autre. Enfin, les mœurs dégradent la morale aristocratique de l'honneur en obsession bourgeoise de la réputation et font du secret de famille une pièce maîtresse de la vie sociale. L'homosexualité devient une identité contre-nature vouée au secret. Les familles cachent tout : les adultères, les avortements clandestins, les filles enceintes envoyées en institution religieuse, les abandons d'enfant, les amours lesbiennes, les enfants donnés ou reçus, les incestes. Ce n'est que très lentement, très difficilement que commencera à se soulever la chape de plomb sur les violences faites aux femmes et aux enfants dans l'ombre de la vie privée.

Cependant que les nouvelles règles de civilité sexuelle exhibent la valorisation bourgeoise de la différence des sexes, l'accusation de « promiscuité sexuelle » devient un marqueur social de la barbarie, un état proche de l'animalité nourrissant toutes les peurs et vouant à l'opprobre les mendiants, les errants, les fous, les saltimbanques, les paysans pauvres, le nouveau prolétariat industriel et les populations indigènes colonisées de l'empire.

Décrire ces changements nous confronte à deux difficultés. La première est de dépasser notre sentiment spontané d'une contradiction ou d'une imposture. Contradiction et imposture souvent dénoncées – ce qui est très logique – dans les discours des féministes qui défendent l'émancipation des femmes et l'égalité des droits dès la Révolution et tout au long du XIXe siècle, se heurtant à mille obstacles et d'abord au plus insidieux de ceux-ci : la *condescendance*, cette forme typiquement masculine de la bêtise. La tâche des sciences sociales n'est pas de reproduire ces discours politiques de critique et de lutte, mais de les remettre en perspective afin de donner à comprendre pourquoi ils étaient si minoritaires, considérés comme des absurdités, moqués et ridiculisés jusque dans les sphères progressistes ; pourquoi le mouvement féministe (qui fut animé depuis le début non seulement par des femmes, mais aussi par des hommes alliés) a eu autant de mal à imposer des changements qui nous paraissent aujourd'hui aussi évidents que le droit de vote des femmes ou l'égalité des sexes dans le couple.

La deuxième difficulté est liée à la première et tient aux ambiguïtés contemporaines sur la question de la nature. On sait que la difficulté majeure qu'ont rencontrée les féministes de l'époque, et qui explique que leur mouvement a toujours été traversé de vives tensions entre « universalistes » et « différentialistes », est la *naturalisation* de la condition sociale et politique des femmes. Mais il importe de ne pas confondre, comme on le fait si souvent aujourd'hui, la nature et la biologie. En effet, la naturalisation de la condition sexuée et sexuelle des individus n'a rien à voir avec l'opposition d'un moi dit « social » et d'un corps dit « biologique ». Elle s'oppose, très précisément, à l'institution : *la naturalisation est le déni du caractère institué de la vie humaine en général, et de la vie sexuelle en particulier.*

On montrera qu'avec le XIXe siècle, cette naturalisation passe non seulement par une « biologisation », mais aussi et surtout par une psychologisation massive des normes régissant la condition sexuée et sexuelle, tant du côté du permis, de l'accepté et du valorisé, que du côté de l'interdit, du stigmatisé et du sanctionné.

L'INVENTION DU MARIAGE CIVIL

Les théologiens chrétiens avaient élaboré la distinction entre amour de concupiscence et amour d'amitié, *amicitia.* Ils s'appuyaient sur Jérôme : « Adultère est aussi l'amoureux trop ardent de sa femme. » Et de répéter que « rien n'est plus honteux que d'aimer son épouse comme une maîtresse ». Pour Pierre Lombard, la moins honnête des raisons qui entraînent au mariage est « la beauté de l'homme ou de la femme qui pousse souvent les cœurs enflammés par l'amour à rechercher la possibilité de rassasier leurs désirs ».

Une telle conception était fondamentale à la définition de la *societas maritalis* comme forteresse contre le désordre des passions, et du mariage comme institution sacramentelle vouée au salut des âmes. Comme nous l'avons vu, cette morale conjugale convenait parfaitement au mariage pacte de famille, où les individus sont entièrement soumis aux intérêts du lignage, et trouva une forme de validation séculière au XVIe siècle, lors de la première révolution du consentement. La hiérarchie des sexes entérinée par la théologie avait pour pendant dans le monde laïque une vision de la sexualité certes différente, qui faisait de l'honneur féminin le garant de celui des lignages et lui opposait l'évidence de la liberté masculine, signe et facteur de la virilité guerrière.

Toute la société du Moyen Âge a ménagé ainsi une place importante à la paillardise, au libertinage et à la prostitution, par division entre plusieurs catégories de femmes. Il y a ici une continuité remarquable avec l'Antiquité. Le mariage « pacte de famille » ne visait pas seulement à se protéger des séducteurs sans foi ni loi : il signait la tutelle absolue des pères sur les risques que les passions de leurs propres enfants (jusqu'à 30 ans pour les hommes, 25 pour les femmes) faisaient courir au système des alliances. C'est de la révolte des fils contre les pères et de la montée du mariage d'amour que naîtra, avec le désenchantement du monde, l'effondrement de la société d'Ancien Régime et l'émergence de la société démocratique, la deuxième révolution du consentement.

La valorisation du mariage d'amour au XVIIIe siècle

La recherche de l'amour, du fol amour, n'est pas neuve[1]. Elle a, d'une certaine façon, toujours existé. Dans la tradition des troubadours, l'amour est magnifié mais comme une passion impossible, n'ayant aucune place dans la vie sociale,

1. J'ai présenté une analyse des changements de cette période dans *Le Démariage*, *op. cit.* J'en reprends ici certains courts passages.

vouant Tristan et Iseut à la désaffiliation[2] la plus absolue. La passion devient la trame principale des romans et du théâtre au XVIIe siècle quand cette recherche de l'amour commence à interroger le mariage. Il suffit de lire *La Princesse de Clèves* pour s'en convaincre : de quoi meurt Monsieur de Clèves, sinon de n'avoir obtenu de sa femme que l'*amicitia* prescrite par les théologiens ? Et que fait le théâtre de Molière, sinon ridiculiser le pouvoir des parents de marier leurs filles à des vieux barbons, tout en prenant la défense des jeunes amoureux ?

Il faudra cependant attendre le XVIIIe siècle pour que l'idée que le désir et l'amour charnel peuvent être des valeurs fondatrices du lien conjugal prenne toute sa dimension sociale et politique. Les écrivains et les philosophes, au nom de la nature et du bonheur individuel, contestent la vision religieuse du péché de chair, la tyrannie parentale et domestique, ainsi que les désordres sociétaux dont le joug du mariage imposé est perçu comme la source. Comme le dit André Burguière :

> S'affirme l'idée que la liberté et l'amour sont les seuls fondements acceptables du mariage, une idée qui était depuis 1730 le thème dominant du théâtre et ensuite du roman, incarnant dans l'imaginaire le besoin d'une nouvelle morale du mariage et qui devient dans la seconde moitié du siècle un argument philosophique pour réformer le droit et les mœurs[3].

Cette aspiration au bonheur et l'affirmation croissante, contre la sexualité pécheresse du christianisme, qu'une sexualité innocente et heureuse est possible se précisent chez les philosophes des Lumières et les juristes de l'école

2. Robert Castel, « Le roman de la désaffiliation. À propos de Tristan et Iseut », *Le Débat*, 61 (4), 1990.
3. André Burguière, « La famille et l'État, débats et attentes de la société française à la veille de la Révolution », *in* Irène Théry et Christian Biet (dir.), *La Famille, la loi, l'État*, *op. cit.*, p. 150.

du droit naturel moderne, avec la recherche de fondements du lien social humain hors de toute Révélation, dans l'état de nature. Avec eux s'engage, contre la théologie du péché de chair, une certaine *réhabilitation de la sexualité affirmant une connivence profonde du désir sexuel et de l'amour dans la nature humaine*. Rousseau est en France le grand théoricien de cette réhabilitation, enthousiasmant les lectrices qui ont fait le succès de *La Nouvelle Héloïse*. Un mouvement puissant de défense du mariage d'inclination s'accentue au fil du siècle, au fur et à mesure que les injustices de la société aristocratique, l'arbitraire de la monarchie de droit divin, les abus de la puissance paternelle et ceux du marché des dispenses papales exaspèrent l'opinion.

Un nouveau type de consentement

Avec la Révolution, un espace immense s'ouvre soudain à l'imagination sociale et politique. Dès lors que le droit proclame la liberté de conscience et la liberté des cultes, la religion, qui était la substance et l'horizon de tous les rapports sociaux, se sépare du politique et devient une affaire de conscience personnelle. Il faut refonder toutes les institutions de la vie en commun. Comment aurait-on pu conserver à l'Église catholique le monopole du mariage, alors que depuis la révocation de l'édit de Nantes les protestants sont contraints de se marier « au désert », et leurs enfants considérés comme des bâtards ?

Dès 1787 est proclamé un édit de tolérance sur le mariage des protestants. En 1791, la Constitution proclame : « La loi ne considère le mariage que comme un contrat civil », et ouvre une période de débats passionnés. L'affaire Talma, du nom du célèbre acteur de la Comédie-Française que le curé de Saint-Sulpice refuse de marier en raison des « mœurs infâmes » des comédiens, précipite les choses. Il faut donner un contenu à ce mariage-contrat que l'on vient de proclamer. Le 20 septembre 1792, les lois sur l'état civil et sur le divorce définissent le mariage civil comme un contrat dont le consentement des époux est plus que la condition : l'essence même.

« C'est la gloire cachée de la Révolution française que d'avoir donné valeur constitutionnelle au mariage civil », disait le doyen Carbonnier en 1989[4]. On mesure mieux aujourd'hui le basculement immense qui s'est produit quand fut institué ce mariage civil commun à tous, célébré publiquement en mairie par l'officier d'état civil, qui est en France la condition pour célébrer ensuite de façon privée, selon sa foi, un mariage religieux[5]. Il devient la pièce maîtresse du nouvel ordre normatif distinguant en matière sexuelle d'un côté les bonnes mœurs, le permis et le valorisé, et de l'autre le mal vu, l'interdit et le condamné. La loi civile abaisse à 21 ans la majorité civile, et à 18 ans (pour les jeunes hommes) et 15 ans (pour les jeunes filles) la majorité matrimoniale. Quand elle indique « il n'y a pas de mariage là où il n'y a pas de consentement », il s'agit désormais du consentement des époux, et non plus de celui des ascendants.

Avec le mariage civil, *le consentement change donc de signification* : on voit s'élaborer le nouvel idéal d'une fusion entre consentement sexuel, consentement amoureux et consentement matrimonial. Comme si la socialisation sexuelle du côté du permis et du prescrit trouvait sa forme unique : un ordre sexuel matrimonial. La notion de couple acquiert une définition nouvelle quand le mariage n'est plus ce qui fait chaînon entre deux lignages (alliance entre les familles

4. Jean Carbonnier, « Sur un air de famille », *in* Irène Théry et Christian Biet (dir.), *La Famille, la loi, l'État*, *op. cit.*, p. XIII.
5. Voir Irène Théry, « Mariage religieux et mariage civil : les christianismes et la laïcité », *in* Martine Gross, Séverine Mathieu et Sophie Nizard (dir.), *Sacrées familles ! Changements familiaux et changements religieux*, Paris, Érès, 2011.

respectives de l'épouse et de l'époux), mais ce qui lie deux individus, un homme et une femme, en leur permettant de s'émanciper de leur famille d'origine afin de créer à leur tour une famille conjugale, par une sorte de majorité civile doublant la majorité politique.

L'institution du couple légitime comme formant un « tout » devient le socle du nouvel ordre. La complexité de ce nouveau modèle est toute dans la signification qu'elle donne à la « bonne » vie sexuelle : hétérosexuelle, reproductive, exclusive. La nouvelle morale allie de façon complexe l'héritage chrétien, le droit naturel moderne, le naturalisme philosophique des Lumières, et prétend assurer à la fois le bonheur des individus, la régulation de la vie sexuelle et la reproduction de l'ordre social.

Le régulateur majeur de la sexualité à présent, ce n'est plus la peur des flammes de l'enfer, *c'est l'amour*, et plus précisément l'amour conjugal. Entre la sexualité permise et la sexualité prohibée, il fait toute la différence : l'amour n'est plus cette concupiscence qui entraîne au péché, il est ce sentiment puissant qui *fixe le désir sur un seul objet*. Le mariage acquiert sa nouvelle fonction sociale, celle de transformer l'élection amoureuse en engagement de vie commune et fondement de la famille conjugale. Ainsi l'amour, qui protège de la « débauche » sexuelle et fait les affections durables, peut devenir un facteur majeur d'ordre social. Mais l'amour, aussi, peut détourner des devoirs du mariage les époux atteints par les flèches de Cupidon. Face à cette ambiguïté de l'amour, facteur d'ordre et de désordre, les révolutionnaires choisissent d'accorder le plus possible à la liberté individuelle, et instituent un divorce extrêmement libéral, en référence à l'issue nécessaire face aux abus de la puissance maritale, à la recherche légitime du bonheur et à la liberté individuelle « dont un engagement indissoluble serait la perte ».

Le divorce est permis non seulement pour faute ou par consentement mutuel, mais aussi pour simple incompatibilité d'humeur. Le consentement personnel doit en quelque sorte être réitéré tout au long de la vie : il n'est plus seulement la condition du mariage, mais son essence même. Les premiers projets de Code civil accentuent encore la référence majeure à la liberté individuelle.

Le plus saint des contrats

Mais l'utopie révolutionnaire ne dure pas et après la Terreur s'amorce, avec Thermidor puis le Consulat, une période de vigoureuse reprise en main, dont l'aboutissement est le Code Napoléon de 1804[6]. Il conserve le mariage civil et d'autres acquis essentiels de la Révolution comme l'égalité des sexes face à l'héritage, mais rompt aussi avec l'individualisme du droit révolutionnaire, accusé d'avoir tenté de détruire la famille. L'article 4 du préambule de la Constitution du 5 fructidor an III fait de la famille nucléaire l'atome naturel de la vie sociale et politique et en souligne la hiérarchie en s'adressant uniquement aux hommes : « Nul n'est bon citoyen s'il n'est bon fils, bon père, bon frère, bon ami, bon époux. » Jean-Étienne M. Portalis, l'un des principaux rédacteurs du Code civil, le souligne avec force dans son célèbre *Discours préliminaire* : « Nous avons voulu promouvoir l'esprit de famille qui est si favorable, quoi qu'on en dise, à l'esprit de cité »[7].

Celui-ci accorde la place centrale au mariage, seule institution inscrite dans la nature humaine elle-même : « Le mariage n'est ni un acte civil, ni un acte religieux, mais *un*

6. Je me permets de reprendre ici, sous une forme résumée, certains développements présentés dans mon article « Famille, sexes et genres dans le Code civil : de Napoléon à aujourd'hui », *AOC*, 11 mai 2021.
7. Pour une analyse détaillée, voir Irène Théry et Christian Biet, « Portalis ou l'esprit des siècles, la rhétorique du mariage dans le Discours préliminaire au projet de Code civil », *in* Irène Théry et Christian Biet (dir.), *La Famille, la loi, l'État*, *op. cit.*, p. 104.

acte naturel, qui a attiré l'attention des législateurs et que la religion a sanctifié. » On comprend que le mariage, source unique de la famille conjugale, est ce qui distingue la sexualité véritablement conforme à la nature humaine, celle où « tout s'épure et s'ennoblit », du pur instinct physique qui ravale les individus débauchés à l'animalité de la « promiscuité sexuelle ».

Parce que le mariage est le fondement de la famille, ce contrat est « perpétuel par destination », insiste Portalis. Les rédacteurs du Code civil considèrent que rien dans l'essence du mariage, dont le but est d'assurer la solidarité des époux tout au long de la vie et la continuité des liens entre les générations, n'implique la possibilité du divorce. Celui-ci n'est conservé en 1804 que pour des raisons politiques, liées à la liberté des cultes (les protestants et les juifs admettent la dissolution du mariage), et réduit dans ses causes possibles. Un tel recul sur le principe de dissolubilité du lien matrimonial signe l'avenir : dès 1816, la Restauration abolira le divorce pour presque un siècle. Bien que cet enjeu paraisse neutre au regard du sexe et du genre, il ne l'est pas : les victimes en seront les épouses, dont l'assujettissement à la *puissance maritale* dans un mariage malheureux n'aura plus d'issue (hors une « séparation de corps » sans autonomie retrouvée).

Le mariage ainsi défini est l'institution qui organise les rôles masculins et féminins dans la vie sexuelle reproductive, et les inscrit dans la parenté en *donnant un père aux enfants que les femmes mettent au monde*. Son cœur est la présomption de paternité. L'adultère féminin est puni comme un crime sans commune mesure avec l'adultère masculin. Ainsi, le Code Napoléon est dédié à la défense d'un modèle unique de la famille : nucléaire, légitime, stable, hiérarchique. « Moralisant » la sexualité en l'inscrivant dans le lien conjugal et la liant à la procréation et à la filiation, il est réputé seul conforme au droit naturel. Les caractères respectifs attribués à l'homme (supérieur en force et en raison, seul apte à gouverner) et à la femme (supérieure en altruisme, sensible au plus faible que soi) justifient la partition des rôles : il gouverne, protège et entretient sa famille ; elle administre et doit « obéissance » à son époux. La puissance maritale fait de la femme une éternelle mineure.

Surtout, l'homme est considéré comme par nature moins asservi à la différence physique et sexuelle que la femme : « le mâle n'est mâle qu'en certains instants, la femelle est femelle toute sa vie », dit Rousseau dans l'*Émile*. Ainsi la *complémentarité hiérarchique*, que l'anthropologue Louis Dumont a définie comme « englobement de la valeur contraire[8] », et qui est le principe d'organisation des sociétés traditionnelles holistes, se poursuit dans le monde individualiste moderne en faisant de la famille et des rapports de sexe une « exception justifiée » aux nouvelles valeurs démocratiques. Le mari et père a le statut de représentant de la famille tout entière, justifiant que lui seul ait le droit de vote[9].

Bref aparté sur la hiérarchie

Pour prendre toute la mesure de l'importance de cette notion décisive de hiérarchie dans une analyse de sciences sociales, il importe de ne pas la confondre avec l'inégalité. L'inégalité mesure un « plus » ou un « moins » dans la possession d'un bien ou d'une valeur : on est égaux ou inégaux par exemple dans l'accès à l'éducation, ou dans le montant des salaires, ou dans l'espérance de vie. La hiérarchie est *tout autre chose* : c'est un rapport d'englobement entre deux valeurs opposées. Pour se la représenter, il faut imaginer de

8. Louis Dumont, *Homo hierarchicus*, *op. cit.*

9. Anne Verjus, *Le Cens de la famille. Les femmes et le vote, 1789-1848*, Paris, Belin, 2002.

placer une valeur dans chaque main, par exemple la liberté dans la main droite et l'égalité dans la main gauche : hiérarchiser ces valeurs ne consiste pas à mettre l'une au-dessus et l'autre au-dessous (cela, c'est l'inégalité), mais à englober un de ses poings dans l'autre. La valeur englobée est bien réelle, mais elle ne s'exprime qu'autant que la valeur englobante le lui permet.

Ainsi, la grande historienne de l'Antiquité Nicole Loraux a montré que dans la Grèce du Ve siècle avant J.-C., fondée sur l'opposition entre « le lit et la guerre », les deux valeurs ultimes qui organisent la société sont la « remplaçabilité » et l'« irremplaçabilité » des individus[10]. La remplaçabilité va avec la vie politique, la guerre, la mort, le sacrifice pour son pays, elle est incarnée par les valeurs masculines d'héroïsme combattant : il faut accepter de mourir, d'être remplaçable en tant que mortel, pour mettre plus haut que sa vie la continuité du monde signifiant qu'est le « nous, les Grecs, nous les Humains » dont on est une partie, et pour tenter d'accéder, par ses hauts faits guerriers, à une forme d'immortalité héroïque dans le souvenir des générations suivantes. À Athènes, une cérémonie anonyme célèbre chaque année les guerriers morts pour la patrie et leur remplacement par une nouvelle génération préparée au combat.

L'irremplaçabilité, quant à elle, va avec le lit, la vie privée et le risque pris par les femmes pour la perpétuation de la vie du groupe à chaque enfantement. Elle est incarnée par les valeurs féminines d'attachement et de singularité : l'amour maternel rend les êtres irremplaçables. Quand (lors d'une cérémonie privée, qui se déroule au centre de la ville, en parallèle de la cérémonie civique des hommes qui se tient près de ses murs) les mères pleurent leur fils tué à la guerre,

10. Nicole Loraux, *Les Expériences de Tirésias. Le féminin et l'homme grec*, Paris, Gallimard, 1990, spécialement le chapitre « Le lit, la guerre » ; voir aussi Nicole Loraux, *Les Mères en deuil*, Paris, Seuil, 1990.

qui jamais ne reviendra et jamais ne sera remplacé, elles permettent que la société grecque reste une société humaine digne de ce nom.

L'englobement hiérarchique signifie qu'il y a bel et bien des valeurs fondamentales associées aux statuts et aux rôles féminins, mais que ces valeurs sont considérées comme subordonnées aux valeurs masculines associées au monde politique, à la guerre et à la perpétuation de la société grecque. Nul doute que dans la « cité des hommes[11] » le masculin l'emporte sur le féminin et que l'exercice du pouvoir politique, associé directement à la guerre, s'accompagne aussi de formes multiples de domination, de pouvoir et de violence exercées par les hommes. Mais croire que la domination serait la vérité cachée de la hiérarchie, c'est simplement confondre l'autorité et le pouvoir, une confusion typiquement individualiste contemporaine.

La véritable question est le glissement toujours possible de la hiérarchie des statuts sociaux à une hiérarchie ontologique des êtres, et elle menace tout particulièrement les sociétés individualistes, qui s'imaginent que les statuts sont comme des vêtements que l'on met et qu'on enlève, alors que seuls les individus seraient « réels ». Un individualisme qui vient de très loin. Ainsi, comme l'a souligné Louis Dumont, la hiérarchie des êtres est parfaitement incarnée dans la Bible par le couple d'Adam et Ève : Adam, au début, représente l'humain à lui tout seul. Puis Ève naît de son flanc : il devient la valeur englobante, à la fois homme au sens de *homo* (il représente les humains des deux sexes) et homme au sens de *vir* (il représente la moitié masculine de l'humanité), alors qu'elle n'est que la valeur englobée, la moitié féminine de l'humanité appréhendée par sa différence sexuée et sexuelle.

11. Nicole Loraux, *Les Enfants d'Athéna. Idées athéniennes sur la citoyenneté et la division des sexes*, Paris, Maspero, 1981, rééd. augmentée d'une postface, Paris, Seuil, coll. « Points-Essais » n° 214, 1990.

Au point qu'on nommera souvent les femmes ainsi subordonnées « le sexe[12] ».

Les stéréotypes de genre

Grâce à la notion de hiérarchie, on comprend qu'avec l'entrée dans la modernité individualiste, la partition traditionnelle du masculin et du féminin dans la société n'a pas été véritablement remise en cause. Tout s'est passé comme s'il avait été possible d'imaginer de renverser la hiérarchie des naissances de la société aristocratique et d'affirmer l'égalité fondamentale des individus en général, mais qu'en revanche le principe de complémentarité hiérarchique avait semblé indiscutable dans les rapports entre hommes et femmes, car ancré dans une différence de nature qui rendait « impensable » de remettre en question le partage sexué des rôles et des statuts que l'on avait toujours connu.

Ainsi, contrairement à une idée dominante aujourd'hui en études de genre, le cœur de la hiérarchie n'est pas d'abord dans les représentations stéréotypées du masculin et du féminin, comme si ces stéréotypes étaient une sorte de cause première du social. Elle est d'abord inscrite dans les pratiques, dans le monde social et historique concret divisé en deux, dans le partage des rôles et des manières d'agir attendues de chaque sexe. Les représentations stéréotypées du masculin ou du féminin *n'en sont pas la cause mais l'effet*.

Au XIXe siècle, les hommes doivent exprimer leur excellence propre dans le monde public et masculin de l'art, de la science, de l'entreprise, de la politique et de la guerre. Ce monde masculin englobe le monde privé et féminin de la vie familiale et domestique, de la sociabilité et des soins aux enfants, aux malades et aux personnes âgées, au sein duquel

12. Louis Dumont, *Homo hierarchicus*, *op. cit.*, tout particulièrement p. 397.

les femmes doivent cultiver leur excellence propre (ce monde féminin a inclus le travail des femmes, dans le monde paysan et dans celui des boutiques, avant que le choc du traitement dégradant des femmes dans le prolétariat industriel mixte – pensons aux hercheuses de *Germinal* – ne diffuse dans les classes populaires l'idéal bourgeois du couple liant l'homme pourvoyeur et la femme au foyer).

Selon ce grand partage sexué des deux mondes : à eux l'idéal masculin et public de la gloire ; à elles l'idéal féminin et privé du bonheur. Bien des femmes pensent au XIXe siècle que ce partage ne peut pas être remis en question sans nier les sexes eux-mêmes, et ne sont pas loin de se dire, comme le fit avant elles Mme de Staël, que dans ce grand partage, elles ne sont pas si mal loties : la gloire n'est-elle pas « le deuil éclatant du bonheur » ? Peut-on imaginer une *conscription des femmes* leur imposant d'aller exposer en masse leur vie à la guerre ?

Voilà pourquoi le féminisme aura tant de difficultés à se constituer et à se faire entendre : par-delà la contestation de telle représentation dépréciative des femmes ou de telle inégalité de droits, par exemple dans l'accès à l'éducation ou à certains métiers, il ouvre inévitablement au-delà, vers un questionnement sur la règle de partition sexuée des rôles dans le monde social et son ancrage au cœur même du couple marié. Changer cette règle semble à l'époque aussi « impossible » que changer la société en une autre société et, comme l'a montré Geneviève Fraisse, sa seule évocation fait surgir le spectre de l'indifférenciation des sexes[13].

Cela n'empêche pas les progrès du féminisme car, sans aller jusqu'à remettre en question le principe de complémentarité hiérarchique, chacun peut voir à quel point le statut

13. Geneviève Fraisse, *Muse de la Raison. Démocratie et exclusion des femmes en France* [1989], Paris, Gallimard, Folio, 1995.

masculin institué dans la société et la famille peut nourrir des comportements de pure domination et de pure violence chez de nombreux hommes. La Troisième République apporte des aménagements aux « excès » du modèle familial hiérarchique : le divorce pour faute est rétabli en 1884, le droit de correction inhérent à la puissance paternelle est limité. Mais les revendications féministes exigeant le droit de vote n'aboutissent pas. Ce n'est qu'en 1938 que la puissance maritale et l'incapacité juridique de la femme mariée seront abolies, avant que le régime de Vichy, les enjeux de la guerre puis de la reconstruction ne renvoient à plus tard le droit de vote des femmes (1945) et toute réforme de la famille (1964-1975).

LA PETITE FAMILLE ORIGINELLE

Les changements que l'on vient de résumer portent sur des *institutions* sociales et historiques : le mariage, la famille, les statuts sociaux masculins et féminins. Mais ils ont été perçus par les acteurs du temps comme des façons de respecter simplement la nature humaine divisée en deux sexes aux propriétés différentes. Pour apercevoir de façon synthétique d'où procèdent les discours de naturalisation des normes en matière sexuée et sexuelle, il faut aller au-delà de la différence entre le droit révolutionnaire et le Code Napoléon, et voir quel fonds commun de représentation de la petite famille conjugale comme *entité naturelle* ils partagent.

Pour cela, rien n'est plus éclairant que de revenir à notre mythe originel[14]. En effet, la société individualiste moderne a, comme toutes les sociétés, sa mythologie des origines, celle qui énonce en quelque sorte les « indisponibles » fondamentaux à partir desquels il est possible aux humains de

14. Pour une analyse approfondie voir Irène Théry, *La Distinction de sexe*, *op. cit.*, en particulier chap. II. Les pages qui suivent reprennent certains éléments de cette analyse.

se situer dans une cosmologie qui les englobe, de raisonner et d'agir en référence à de grands prérequis communs. Le mythe originel de l'individualisme démocratique est bien connu, c'est celui du *contrat social*. Les individus humains, dispersés à l'état de nature, échangent leur liberté naturelle contre la sécurité de la vie en groupe et passent un « contrat social » pour s'associer en une société.

Le point majeur, en général occulté par les sciences politiques, est que toutes les versions de ce mythe fondateur considèrent qu'*avant* le moment du contrat social comme association politique, il y a nécessairement une autre société, primitive, la petite famille conjugale issue de l'union de l'homme et de la femme, « la première des sociétés et la seule naturelle » (Rousseau). Cette famille ressemble à s'y méprendre aux familles animales à ceci près que les comportements qui prolongent la sexualité reproductive en soins durables aux petits sont ceux d'êtres humains dotés de raison et d'empathie. Relevant de l'état de nature, autrement dit de la nature humaine dépouillée des artifices sociétaux qui l'ont défigurée, le groupe père-mère-enfant précède logiquement le contrat social lui-même.

Une telle conception de la petite famille humaine originelle suppose, comme la philosophie du contrat social en général, une rupture profonde avec l'ordre ancien, que nous avons peine à nous représenter aujourd'hui. Elle exprime un tout autre monde : en rupture avec la logique analogique d'une cosmologie religieuse considérant la société comme le macrocosme dont la famille était le microcosme et légitimant le roi comme le père de ses sujets ; en rupture avec l'ordre du lignage fondé sur la prééminence de l'identité de sang sur l'identité de sexe et faisant de la société aristocratique un univers où n'existait aucune « texture d'humanité » commune entre toutes les femmes ou entre tous les hommes, tant l'ordre des naissances avait creusé un abîme infranchissable entre différentes castes d'humains ; en rupture avec la prééminence absolue de l'axe de la filiation sur celui de l'alliance, conférant au *paterfamilias* la toute-puissance sur le mariage de ses enfants ; en rupture avec plus de mille ans de théologie du péché de chair faisant de tout acte sexuel issu de l'impétuosité du désir le signe de la déchéance de l'humanité ; en rupture enfin avec la conception sacramentelle du mariage comme institution du salut des âmes dans l'Église catholique, qui devient une question de foi privée quand s'imposent le principe de liberté de conscience et la séparation du politique et du religieux.

Toutes ces ruptures ont rendu possible la construction d'un mythe moderne des origines dans lequel le caractère premier et originel de « la société de l'homme et de la femme » est capital car il leste en quelque sorte de son poids de nature indisponible l'artifice du contrat social. L'association politique entre sociétaires « indépendants » *n'est jamais une association entre individus isolés* car ceux-ci sont par hypothèse toujours-déjà membres d'une famille, constituée du père, de la mère et des enfants. Cela a un corollaire très concret : les individus qui contractent pour former une société le font au nom de leur entité familiale et ce rôle ne peut revenir qu'à ceux que l'on a décrits comme les chefs et les protecteurs naturels de ces familles, les époux et pères. C'est dans les *statuts familiaux relationnels* (et non dans une simple comparaison des caractères respectifs attribués à chaque sexe) que s'enracine, comme l'a remarquablement montré Anne Verjus dans son livre *Le Cens de la famille*[15], l'évidence de l'attribution du droit de vote aux seuls chefs de famille, puis aux seuls hommes.

Il est donc capital de comprendre que la naturalisation des sexes et de la sexualité ne repose pas seulement sur

15. Anne Verjus, *Le Cens de la famille*, *op. cit.*

l'attribution aux hommes et aux femmes de tel ou tel caractère « naturel » : pour eux la force, l'intelligence, la capacité à gouverner ; pour elles la sensibilité, le cœur, l'altruisme. Ces stéréotypes sont certes omniprésents dans le débat social, et ils vont hanter tous les combats du féminisme sur la supposée infériorité naturelle des femmes. Ils vont aussi irriguer les savoirs scientifiques et médicaux avec la fin de la médecine des humeurs. Ainsi, comme l'a montré Sylvie Steinberg, prolongeant et corrigeant les travaux de Thomas Laqueur[16], la représentation chrétienne de l'homme et de la femme – vus comme deux créatures de Dieu, l'une plus parfaite et l'autre moins parfaite en humanité – était une différence de degrés. Elle laisse place à l'idée qu'il existe deux catégories d'êtres naturels incommensurablement différents, et dont toute l'identité corporelle et psychologique masculine ou féminine se recompose désormais à partir d'un centre originel : l'appareil génital de l'individu.

Cette vision prétendument scientifique de la « différence incommensurable des sexes » aura les conséquences les plus dramatiques sur les personnes *intersexuées* (que l'on dit alors hermaphrodites), transformées en monstres, et sur les personnes *transgenres*, transformées en malades mentales et internées. Mais encore une fois ces classifications ne viennent qu'en second, car le problème à la source de tous les autres est d'avoir commencé par placer les relations sexuées et sexuelles hors du social, dans le monde de la nature, et *d'avoir fait de la sexualité reproductive la clé du passage de la nature à la culture*. Il est d'avoir appréhendé les deux sexes par une relation et une seule : la relation de couple conjugal, et d'avoir fait de cette relation le lien naturel primitif liant l'instinct sexuel à la procréation et à

16. Sylvie Steinberg, « Sexe et genre au XVIIIe siècle. Quelques remarques sur l'hypothèse d'une fabrique du sexe », *in* Irène Théry et Pascale Bonnemère (dir.), *Ce que le genre fait aux personnes*, *op. cit.*

l'attachement, faisant de la famille une entité sociale naturellement durable.

Les mots « homme » et « femme », dès lors, signifient toujours deux choses à la fois : *les deux moitiés de l'humanité, les deux moitiés d'un couple conjugal.* Le mot « moitié » est fondamentalement ambigu. Quand il désigne les deux moitiés de l'humanité, il vise le simple classement de l'ensemble des individus en deux sous-ensembles, les hommes et les femmes, en fonction de telle propriété physique ou sociale de ceux-ci (par exemple l'aspect de leurs organes génitaux externes, ou encore leur apparence une fois vêtus, etc.). Quand il désigne les deux moitiés d'un couple conjugal, il désigne les deux parties d'un tout relationnel, et dans ce cas il est strictement impossible de poser les termes avant le rapport : dans la relation époux/épouse, être un époux ou une épouse n'est pas une propriété intrinsèque de l'individu mais un *statut* issu de la relation, que l'individu endosse pour agir « en tant que » en référence à des règles et des attentes sociales.

De cette confusion logique majeure, classique de la pensée individualiste, naît une tendance extraordinairement prégnante, car jamais repérée comme telle, à rabattre les règles sur des régularités, les devoirs sur des capacités, les statuts sur des identités, et les attributions sur des attributs. Elle pèse encore aujourd'hui très lourd dans ce que Cornelius Castoriadis[17] nomme la vision « ensembliste-identitaire » qui l'emporte dans les sociétés individualistes déniant le rôle de l'institution, une vision qui, par exemple, organise la perception actuellement dominante du *genre* comme une propriété identitaire (innée et/ou acquise) de l'individu.

17. Cornelius Castoriadis, *L'Institution imaginaire de la société, op. cit.*

LA DOUBLE MORALE SEXUELLE

Si l'on admet que la deuxième révolution du consentement est l'institution par la Révolution puis le Code civil de 1804, en France, d'un *ordre sexuel matrimonial sécularisé*, fondé sur l'idée que la famille nucléaire légitime est une entité naturellement hiérarchisée, antérieure à toute convention et dont le législateur n'aurait eu qu'à « respecter » les composantes, il devient possible de prendre toute la mesure d'un fait qui reste incompréhensible tant que l'on confond la nature avec la biologie : en matière sexuelle, la conséquence immédiate de cet ordre fut *une aggravation majeure de l'inégalité des sexes et du risque d'assujettissement des femmes.*

La disqualification de l'hétérosexualité hors mariage

On parle souvent aujourd'hui d'« hétérosexisme » avec l'idée de désigner le statut dominant de l'hétérosexualité quand l'homosexualité fut renvoyée du côté de la contre-nature, et chacun voit bien l'importance capitale de souligner et de critiquer l'opposition pluriséculaire qui fut reconduite entre une orientation sexuelle dite « normale » et une autre dite désormais « pathologique ».

Le problème cependant est que cette vision identitaire ne nous apprend strictement rien sur l'hétérosexualité comme pratique sociale. Au contraire, elle empêche de voir à quel point, pendant des siècles et jusque très récemment, les différentes pratiques hétérosexuelles, loin de former un tout supposé « dominant », étaient *radicalement divisées* et *opposées* du point de vue des mœurs, des représentations, des valeurs et des droits. Selon qu'elles avaient lieu dans le mariage ou hors du mariage, tout changeait : un véritable abîme coupait en deux l'espace social et opposait comme le jour et la nuit, la vertu et le vice, l'honneur et la honte, la dignité et la perdition, la famille et le sexe.

Cette opposition entre les deux formes de l'hétérosexualité n'apparaît jamais aussi clairement qu'à travers le statut social donné par le Code civil aux enfants illégitimes, qu'on nomme alors les bâtards. On ne le sait pas toujours, mais la société démocratique a rendu leur sort *encore pire* que sous l'Ancien Régime[18]. Dans la société aristocratique, une certaine place leur était réservée, leur statut n'était pas celui de réprouvés et leur légitimation était possible. On sait l'importance des bâtards des rois quand la logique du « sang » était une référence majeure. Comme on l'a rappelé dans le chapitre précédent, lorsqu'une fille était enceinte, on considérait que le devoir de l'homme de reconnaître sa paternité était une « obligation naturelle indépendante de l'état civil » (Fournel).

Avec le Code Napoléon, tout cela disparaît et les bâtards deviennent de véritables parias sociaux. Ils incarnent par leur personne même *cette part honteuse de sexualité animale qu'il y a en l'humain* quand sa vie sexuelle n'est pas « épurée » par le mariage, cette nature « des bêtes » dont on dit qu'elle a présidé à leur conception. Ils sont à la fois le signe du déshonneur, la trace indélébile de la honte, et la personnification de cette forme très particulière d'errance dans les limbes du social qu'est l'absence d'état familial. Ainsi les bâtards sont rejetés hors de la société, vers ce d'où ils sont censés provenir : la jungle des passions, des vices et du désordre, la descente vers une sorte d'infra-humanité asservie à ses plus bas instincts, proche de l'animalité. On l'a dit, cette accusation de « promiscuité sexuelle » renvoyant à l'animalité est avant tout un *marqueur social*, singulièrement violent, qui stigmatise les mendiants et les errants, les folles et les fous, les classes laborieuses et les peuples colonisés. Mais, dans ce cadre, le déshonneur est pour qui ? L'avilissement est pour qui ? Pour les femmes. Jamais pour les hommes.

18. Sur la période XVI-XVIIe siècle, voir Sylvie Steinberg, *Une tache au front*, *op. cit.*

La séduction aggravée

On ne peut rien comprendre aux normes sexuelles du XIXe siècle et du début du XXe siècle si, faisant preuve d'anachronisme, on sépare *a priori* la sexualité de la procréation dans les relations entre hommes et femmes[19]. En effet, la grossesse possible après un rapport sexuel est alors « la » grande question, au cœur du système divisant le permis et l'interdit sexuels. Jamais l'inégalité entre les sexes n'est aussi forte que lorsqu'une naissance non voulue se profile hors du mariage. Dans ce cas, deux situations radicalement opposées se font face selon que l'on est homme ou femme.

L'homme géniteur de l'enfant ne sera en aucun cas amené à admettre sa part dans la procréation et à se reconnaître « père » s'il ne le souhaite pas, il peut donc s'éclipser tranquillement en faisant comme si sa relation sexuelle et procréative à la femme qui a donné naissance à l'enfant n'avait jamais existé. C'est la situation extraordinaire créée par l'article 340 du Code civil qui *interdit la recherche en paternité*, au motif que de dignes pères et fils de famille pourraient être accusés faussement d'être le géniteur de l'enfant par des dévergondées cherchant à se faire épouser ou à tout le moins à bénéficier de leur argent. Au nom du « mystère à jamais impénétrable de la paternité », et au motif que des femmes peuvent mentir, on institue un principe général d'irresponsabilité masculine dans les relations hétérosexuelles hors mariage.

C'est un immense recul par rapport à la situation dans l'ancienne France où non seulement la procédure en déclaration de paternité était possible, mais où une confiance en la parole féminine s'appuyait sur l'adage voulant qu'une jeune fille ou une jeune femme se découvrant enceinte ne mente

19. Je poursuis ici une analyse dont une première formulation figure dans Irène Théry, *Des humains comme les autres. Bioéthique, anonymat et genre du don*, Paris, Éditions de l'EHESS, 2010.

pas sur l'auteur de sa grossesse à la veille de risquer sa vie dans les douleurs de l'enfantement et d'affronter peut-être le Jugement dernier. L'article 340 renvoie cette logique au passé, fonde la paternité sur la seule *volonté de l'homme*, et va ouvrir dès lors de magnifiques carrières de séducteurs, d'agresseurs et parfois de violeurs, à des coqs de village, des maîtres de maison, des patrons d'usine, des employeurs, des boutiquiers, des soldats, des fermiers, des chefs de clinique, des curés, bref à tous les hommes en situation de pouvoir sur une ou plusieurs femmes et qui sont prêts à en profiter.

Face à l'homme géniteur, la femme génitrice est celle pour qui, au contraire, le droit n'autorise aucun jeu avec la vérité de la procréation et qui va subir la totalité du stigmate lié à la sexualité hors mariage en devenant une incarnation du vice et de la honte. L'empire de la vérité de l'accouchement ne laisse à la femme qu'un choix : devenir la mère au sens statutaire de la filiation, ou bien abandonner l'enfant. Il ne crée dès lors qu'une tentation : se débarrasser du nouveau-né par tous les moyens. Dans un vigoureux pamphlet sur le mariage publié en 1867, l'historien et féministe Paul Lacombe, qui fut un ami de George Sand, décrit les effets dramatiques d'un ordre sexuel matrimonial qui fait porter à la seule fille-mère le poids de la stigmatisation sociale :

> À l'heure qu'il est, quand les statisticiens font leurs comptes au bout de l'an, c'est par milliers qu'ils recensent les enfants naturels qui ont été jetés sur les chemins, dans des caves, dans des fosses d'aisances, comme des petits chiens, ou coupés par morceaux afin de les cacher plus sûrement, ou enterrés après avoir été étouffés à peine, ou brûlés, vaporisés dans des cheminées, des poêles, des fours, etc. [...] Il faut le dire, ces filles sont folles, folles de la peur du mépris public, quand elles ne le sont pas par vingt autres causes : solitude, dénuement, jalousie, indignation, etc. [...] Imaginez cette gamine de 18 ans à peine, qui ne sait rien

de rien, qui n'a que des appréhensions, des imaginations, des pressentiments [...] au moment où elle voit qu'elle va devenir la cible du mépris et des colères universelles. Parents, amis, voisins, et les passants même, tous, les connus et les inconnus, vont se déclarer contre elle. Elle seule d'un côté, et tout le reste des hommes de l'autre [...] Jamais aucun homme ne s'est trouvé dans une situation absolument semblable, car pour qu'elle le fût, il faudrait changer la nature masculine en la féminine[20].

La séduction : un quasi-délit

L'historienne du droit Karen Fiorentino[21] a étudié dans un bel article l'intense débat que l'article 340 a suscité à partir des années 1850. Face aux défenseurs de « la paix des familles honorables » que des accusations pourraient venir troubler, les féministes, menées par Julie Daubié et Marie d'Abbadie d'Arrast, et leurs alliés masculins, au premier rang desquels Léon Richer, partent en guerre contre la nouvelle impunité du séducteur, que Jules Faivre nomme « la honte de la civilisation ». Ils soulignent que la séduction, cette façon de circonvenir une femme pour la faire tomber dans ce qu'on appelle désormais la débauche, est comme légalisée dès lors que le droit lui-même délie les séducteurs de toute responsabilité et les encourage de fait à traiter les femmes avec cynisme, mépris et violence.

Juristes, hommes politiques, romanciers, dans la seconde moitié du XIXe siècle de très nombreux auteurs se sont engagés avec les féministes pour la cause des « filles séduites ». Tous montrent comment l'inégalité entre les sexes et l'inégalité

20. Paul Lacombe, *Le Mariage libre*, Paris, La Librairie des Auteurs, 1867, p. 12-13. Pour une analyse plus approfondie voir ma contribution et celle d'Agnès Martial, *in* Agnès Fine et Nicolas Adell (dir.), *Histoire et anthropologie de la parenté. Autour de Paul Lacombe*, Aubervilliers, CTHS, 2012.
21. Karen Fiorentino, « Condamner l'impunité légale du séducteur dans l'intérêt de l'enfant : les critiques émises à l'encontre de l'article 340 du Code civil », *Revue historique de droit français et étranger*, 91 (1), janvier-mars 2013, p. 53-100.

sociale se nourrissent l'une l'autre dans des spirales tragiques, quand des filles du peuple sont victimes de bourgeois qui, une fois pris leur plaisir, les abandonnent en les condamnant au pire : la misère, la faim, la prostitution, l'abandon d'enfant, l'infanticide, le suicide. Face à la multiplication des scandales et à l'idée croissante qu'il y a là une injustice majeure, la jurisprudence reconstruit le concept de séduction qui devient un « quasi-délit » en droit civil, susceptible de dommages et intérêts quand on peut démontrer le dol, la fourberie, l'abus de faiblesse, la manipulation[22]. Lorsqu'une fille séduite et abandonnée se retrouve elle-même devant une cour d'assises pour avoir tué ou tenté de tuer son séducteur, ou qu'elle est jugée pour avortement ou infanticide, la clémence des jurés témoigne du sentiment populaire que celle qu'on désigne comme une coupable doit être vue aussi, et sans doute d'abord, comme une victime.

Cependant, malgré l'évolution très nette de l'opinion à l'égard des conséquences de l'article 340, celui-ci continue d'être largement défendu comme un droit fondamental des hommes en l'absence de preuves de la procréation masculine, et il faudra attendre 1912 pour que la recherche en paternité soit autorisée. Parmi les raisons de cette immobilité du droit, la question majeure qui redouble l'inégalité des sexes est celle de la prégnance d'une morale bourgeoise dans laquelle l'obsession des bienséances et la peur du scandale ont fait du « secret de famille » la pièce maîtresse de l'ordre sexuel.

Division des femmes, réputation et secret de famille

Si l'on veut comprendre pourquoi le principe d'irresponsabilité sexuelle des hommes hors du mariage a pu perdurer si longtemps alors même qu'il était dénoncé avec force

22. *Ibid.*, p. 61.

par les républicains dans sa double dimension d'inégalité de sexe et d'inégalité sociale, il faut prendre toute la mesure de la question de la « bienséance » dans l'attitude des classes supérieures de la société à l'égard de la sexualité. Partant du principe qu'il existe une différence de nature entre la *sexualité de conquête* des hommes et la *sexualité de citadelle* des femmes, et donc de la présomption d'une faute morale entièrement portée par les femmes si elles sortent du cadre matrimonial, la bourgeoisie organise d'un même mouvement la séparation et la relation étroite entre la bienséance dans la famille et la débauche au-dehors : un système qui ne fonctionne que sur la duplicité, le silence et le secret.

En effet, dans le monde bourgeois qui s'affirme au XIXe siècle, tout se passe comme si l'ancienne logique aristocratique de l'honneur se recomposait en obsession sociale des convenances et des réputations. Celle-ci est un véritable *ethos de classe*, qui la distingue des classes moyennes et de ce qu'elle voit, au loin, comme le bas peuple. Cet ethos passe, une fois encore, par une double morale pour les hommes et pour les femmes, et un grand principe de division des femmes sans aucun équivalent pour les hommes. Les deux figures de la digne épouse et mère de famille, d'une part, et de la fille perdue et femme de mauvaise vie, grisette, cocotte ou prostituée, d'autre part, occupent deux espaces sociaux séparés entre lesquels les hommes peuvent (et même doivent) circuler, à la seule condition que ce soit en douce.

S'opposent ainsi la façade haussmannienne de la famille, sanctuaire silencieux des bonnes mœurs hanté par les miasmes de la sexualité infantile et adolescente, et l'arrière-cour conduisant à l'espace de la débauche « tolérée » où les fils de famille vont s'initier à la sexualité au bordel, cependant que les pères de famille austères goûtent aux délices de la jouissance clandestine dans les bras des femmes légères et aux mâles frissons de la rencontre homosexuelle dans les vespasiennes[23] des grandes villes. Freud n'a pas seulement inventé la psychanalyse, ses méthodes, ses concepts, et certains de ses dogmes : il a été aussi le génial explorateur des effets sur le psychisme individuel de l'intériorisation d'une morale sociale aussi clivée, susceptible de faire regretter aux bourgeoises honnêtes le temps béni de l'hétéronomie, quand l'ordre divin inaccessible devait bien s'accommoder de la part prépondérante de la faiblesse humaine dans la vie terrestre.

Dans un chapitre célèbre du *Monde d'hier*[24], écrit en 1941 dans son exil de Buenos Aires peu avant son suicide, Stefan Zweig a analysé les effets pervers de cette morale sur l'ensemble de la jeunesse bourgeoise, garçons et filles. « Quand je me remémore ma jeunesse, dit-il, j'ai l'impression d'avoir mille ans », tant l'on ne peut même plus imaginer ce qu'a été la violence inhérente à l'attitude dissimulée et malsaine de la bourgeoisie victorienne envers la sexualité. « La crainte de tout ce qui est naturel avait pénétré les classes les plus élevées avec la véhémence d'une véritable névrose. » Avec la bienséance, l'obsession de l'inconvenant commande le silence : on ne doit pas parler de la sexualité, on étouffe tout ce qui peut y faire songer, on enferme tout ce qui s'y rapporte dans le secret et la dissimulation. Mais, tout en n'en parlant jamais (à voix haute), on y pense tout le temps, de manière obsessionnelle.

Les sexes sont différenciés et séparés dans les classes supérieures comme ils ne le seront jamais dans la paysannerie ou le monde ouvrier. Les jeunes filles de bonne famille sont préservées du monde et élevées dans une ignorance d'oies

23. Voir Marc Martin, *Les Tasses. Toilettes publiques, affaires privées*, Paris, Agua, 2019.
24. Stefan Zweig, *Le Monde d'hier. Souvenirs d'un Européen*, Paris, Belfond, 1996. Les expressions entre guillemets des paragraphes suivants sont toutes extraites du chapitre « Eros matutinus » de ce livre, à l'exception de la lettre du jeune Proust.

blanches qui confine à la stupidité et leur donne « un air perpétuel d'égarement ». Les relations lesbiennes sont un tabou absolu, vécues dans le secret des pensionnats et dont on déclare qu'elles n'existent pas. Quand ces jeunes filles protégées des hommes arrivent vierges au mariage, beaucoup ne savent rien de ce qui les attend.

Les jeunes garçons, de leur côté, expérimentent la règle masculine de duplicité. Ils doivent considérer les jeunes filles chastes de leur entourage comme des lys et des roses et songer romantiquement à leur future épouse, mais on admet parfaitement en parallèle que leur sexualité impétueuse les travaille tant et plus et qu'il faille bien aller « se vider » plutôt que de se démolir la santé à force de masturbation (je reprends ici le verbe et les mots crus utilisés par le jeune Marcel Proust dans une lettre à son grand-père[25], où il lui demande 13 francs pour un tour au bordel). Les pères et les médecins les incitent à « jeter leur gourme » auprès des cousettes et autres jeunes ouvrières supposées peu regardantes.

À l'ombre d'une morale de la dissimulation qui « confine au cauchemar » fleurit pour ces messieurs une prospère industrie pornographique « de la plus triviale indécence ». Enfin, après l'épreuve de la nuit de noces, les dignes épouses traumatisées sont supposées ne subir que dans l'ombre le devoir conjugal, cependant que les maris frustrés se ruent chez les filles publiques expertes en art du plaisir. L'immense armée de la prostitution, avec ses catégories allant des plus basses des clandestines de fossés aux plus huppées des demi-mondaines, en passant par les filles encartées des maisons closes, envahit les rues des grandes villes où il est plus facile, dit Zweig, de se payer une fille que d'acheter un paquet de cigarettes.

Ainsi, jusqu'à la Première Guerre mondiale, le même monde bourgeois admet d'organiser pour ses mâles un

25. Lettre du 18 mai 1888. Marcel Proust est âgé de 16 ans.

couloir permanent allant de la belle maison de famille aux « cloaques » où se répand la syphilis, et hurle d'horreur à la seule idée qu'une jeune fille bien élevée pourrait monter à bicyclette.

Médecins, hygiénistes et psychanalystes

Les traits essentiels de la description que Zweig avait faite de l'Autriche du XIXe siècle ont été largement confirmés et développés pour la France par les historiens et les historiennes de la famille, du genre et des sexualités, qui ont montré comment les péchés furent reconvertis en vices et en pathologies. Alain Corbin, qui fit une histoire pionnière de la prostitution dans *Les Filles de noce*[26], a souligné le rôle croissant de la médecine dans l'appréhension de la vie sexuelle et de sa double version masculine et féminine, que ce soit par les explications de la pulsion sexuelle ou le classement des sexualités pathologiques :

> Pour les médecins, la sexualité (masculine) est un « instinct génésique », une force violente nécessaire à la reproduction, théorie qui justifie la double morale des hommes : il faut bien qu'ils satisfassent leur instinct dévorant. Les médecins dénoncent les conduites déviantes, la femme hystérique, l'homosexualité, la sexualité juvénile, toutes ces aberrations de « l'instinct génésique ». La masturbation suscite leur effroi. Elle conduit, disent-ils, à un lent dépérissement. Le plaisir solitaire de la femme, c'est du vice à l'état pur. Jusqu'alors on pensait que le plaisir féminin était lié aux nécessités de la reproduction. Soudain, en découvrant les mécanismes de l'ovulation, on réalise que ce n'est pas le cas. Il semble donc superflu, inutile, comme le clitoris. Là encore, les médecins justifient l'égoïsme masculin. Le mot « sexualité » (qui marque la naissance de la *scientia sexualis*)

26. Alain Corbin, *Les Filles de noce. Misère sexuelle et prostitution au XIXe siècle*, Paris, Flammarion, 2015.

apparaît en 1838 pour désigner les caractères de ce qui est sexué, puis est utilisé à partir de 1880 au sens de « vie sexuelle »[27].

Péchés, crimes et délits

Comment passe-t-on d'un monde chrétien dans lequel la cosmologie religieuse englobait le politique et les péchés de luxure donnaient sens aux crimes sexuels, à un monde laïcisé où la libre pensée progresse, mais dont l'immense majorité de la population est catholique ? Le Code pénal de 1791 rompt avec l'Ancien Régime, et les « crimes imaginaires » punis par la religion sont dénoncés vigoureusement par le rapporteur Louis-Michel Lepeletier de Saint-Fargeau dont chacun sait alors qu'il est, comme Cambacérès, un franc-maçon. *On efface ainsi du droit pénal laïcisé les crimes jugés naguère par les officialités :* le sacrilège, le blasphème, la sodomie, la bestialité, le suicide et l'inceste.

Ils n'y reviendront pas avec le Code pénal de 1810 et désormais soit ces crimes et délits disparaîtront (comme le blasphème), soit ils demeureront mais ne seront saisis par le droit *qu'indirectement.* Ainsi l'interdit de l'inceste, qui demeure institué en droit civil à travers les prohibitions matrimoniales qui organisent le nouveau droit de la parenté, disparaît en tant que péché, car le droit sécularisé ne se mêle pas de la vie privée entre adultes libres et consentants ; mais comme nous le verrons il reparaîtra indirectement en droit pénal à travers la notion d'aggravation des crimes et délits sexuels (agressions, viols) quand ils sont commis par des ascendants.

Gabrielle Houbre a montré comment la notion d'« attentat aux mœurs », succédant à l'ancienne luxure, permet de réorganiser les crimes et délits :

27. Alain Corbin, « C'est le temps des oies blanches et des bordels », entretien avec Dominique Simonnet, *L'Express*, 1er août 2002.

Le Code pénal de 1810 a regroupé l'ensemble des actes d'offense et de violence sexuelles sous un même chapitre intitulé « Les attentats aux mœurs » que l'on peut considérer comme une version un peu modernisée des anciens crimes de luxure, le terme de « mœurs » désignant ici explicitement la sexualité. Attenter aux mœurs, c'est donc créer un préjudice social par une immoralité sexuelle : c'est atteindre les personnes dans leur sécurité morale, provoquer un dommage par une attaque corporelle. On y trouve l'outrage, l'attentat à la pudeur, le viol, mais aussi l'adultère, l'excitation à la débauche et la bigamie[28].

La conséquence la plus importante de cette évolution est le passage d'une morale religieuse des actes à une morale laïcisée des vices et des pathologies. Le développement de la *scientia sexualis* devient le cœur de la reformulation sécularisée des normes sexuelles, et fournit des étiologies, des typologies d'individus, cependant que les comportements autorisés ou prohibés sont redéfinis en normaux ou pathologiques : la *psychologisation* est la forme privilégiée de naturalisation des normes sexuelles dans la société individualiste, et elle ne cessera de progresser jusqu'à aujourd'hui.

Cette *scientia sexualis* au sens large fournit divers modèles du développement « normal » qui doit aboutir à l'hétérosexualité, parmi lesquels ceux de la psychanalyse, via les notions d'interdit, d'inconscient, de refoulement et de surmoi, fourniront tout un appareillage d'hypothèses cliniques ancrant la construction « normale » de l'identité sexuée sur celle de l'identité sexuelle.

Michel Foucault a su dire avec une grande force à quel point la confusion entre l'identité sexuée et l'identité sexuelle des individus, centre de la *scientia sexualis*, se traduit par la constitution des homosexuels en « une espèce » qu'on

28. Gabrielle Houbre, « Violences et crimes sexuels entre déni et condamnation », *in* Sylvie Steinberg (dir.), *Une histoire des sexualités*, Paris, PUF, 2018, chap. V, p. 334.

nomme alors « invertie », considérée à la fois comme une pathologie personnelle et un vice menaçant pour les bonnes mœurs, condamnée à la clandestinité :

> L'homosexuel du XIXe siècle est devenu un personnage : un passé, une histoire et une enfance, un caractère, une forme de vie ; une morphologie aussi, avec une anatomie indiscrète et peut-être une physiologie mystérieuse. Rien de ce qu'il est au total n'échappe à sa sexualité. Elle lui est consubstantielle moins comme un péché d'habitude que comme une nature singulière. L'homosexualité est apparue comme une des figures de la sexualité quand elle a été rabattue de la pratique de la sodomie sur une sorte d'androgynie intérieure, un hermaphrodisme de l'âme. Le sodomite était un relaps, l'homosexuel est devenu une espèce[29].

La notion de « perversion », qui se développe alors en prenant appui implicitement sur les normes sociales de bonnes mœurs, permet en effet l'élaboration d'une normativité psychologisante, désormais fondée sur une construction savante de la déviance et de la dangerosité, qui aura deux grands types de conséquences. La plus connue est la relégation dans l'ombre de différents espaces de confinement, de réclusion et de répression des personnes homosexuelles, transgenres, intersexuées, ainsi que des filles perdues et des prostituées. De nouvelles attentes sociales et culturelles, plus que de nouveaux savoirs, permettront d'interroger les présupposés de ces catégories « scientifiques » au fur et à mesure de l'implosion de l'ordre sexuel matrimonial.

De très nombreux travaux s'efforcent aujourd'hui de rendre compte de cette part longtemps méconnue du traitement des comportements interdits, pathologisés et réprouvés, dans la civilité sexuelle au XIXe et au XXe siècle. L'autre conséquence

29. Michel Foucault, *Histoire de la sexualité, 1. La Volonté de savoir*, Paris, Gallimard, 1976, p. 59.

est la psychologisation de la figure du criminel, en particulier du violeur pédophile et assassin, dont la science criminologique définit les troubles, recherche l'hérédité, les traits typiques, évalue la dangerosité, le risque de récidive. Cette nouvelle figure du Mal, qui s'affirme entre la fin du XIXe siècle et le premier tiers du XXe[30], a conforté par contraste l'aveuglement social à l'immense continent de la violence sexuelle cachée au creux des maisons, dans les familles ordinaires, ces « sanctuaires de la morale publique ».

On exposera dans les chapitres suivants, quand on s'efforcera d'éclairer leurs transformations contemporaines, l'histoire des catégories d'incrimination des différentes formes de violences sexuelles.

LE PRINCIPE D'ASYMÉTRIE ENTRE HOMMES ET FEMMES

« Le repos du mariage, l'intérêt qu'a chaque citoyen, chaque époux, chaque père de famille, à ce que sa réputation soit pure et à ce que les êtres liés à lui par les affections les plus tendres ne le soupçonnent point d'une honteuse dépravation[31] » : voilà l'impératif majeur au nom duquel Benjamin Constant, qui siégea parmi les rédacteurs du Code Napoléon, défendit le principe d'irresponsabilité masculine inscrit dans l'article 340 du Code civil. Face à l'idée que les femmes pourraient au moins, sans en faire un père, désigner le géniteur dans l'acte de naissance, la bataille qu'il mena révèle bien

30. Voir en particulier Anne-Claude Ambroise-Rendu, *Histoire de la pédophilie*, Fayard, 2014. Pour une présentation synthétique et l'histoire de la distinction entre les catégories « pédophile » et « pédocriminel », voir le *Rapport sur les violences sexuelles à caractère incestueux sur mineur.e.s*, issu d'un groupe de travail piloté par Sylvie Cromer pour le CNRS et remis le 27 avril 2017 à la ministre de la Famille Laurence Rossignol.

31. Opinion du tribun Benjamin Constant contre le projet, *in* Pierre-Antoine Fenet, *Recueil complet des travaux préparatoires du Code civil*, tome 8, Paris, Videcoq, 1836.

que ce qui se présente au départ comme une simple question de *preuves* de la paternité engage en fait l'opposition entre la « réputation pure » et la « honteuse dépravation », des mots visant traditionnellement toujours les femmes, et qu'il choisit d'appliquer à l'homme père de famille par un artifice rhétorique assez osé.

Ce que le Code institue, en réalité, est un système général d'organisation de la vie sexuelle reposant sur une triple opposition : opposition entre l'intérieur de la famille légitime, sanctuaire unique des bienséances, et le dehors, lieu des mauvaises mœurs et de la débauche ; opposition entre la sexualité des hommes, trop naturellement ardente pour se satisfaire de la règle familiale et qui exige des satisfactions au-dehors, et la sexualité des femmes qui ne doit être éveillée que par l'homme dans le cadre du mariage ; opposition enfin entre deux catégories de femmes, les honorables qu'on épouse en tout bien tout honneur et les dépravées qui sont au service des jouissances masculines.

L'obsession de distinction sociale, dans une société où l'égalité juridique des conditions se conjugue avec l'attachement aux différences d'origine, de fortune, de mœurs et de nom, et où les populations les plus démunies sont supposées incapables de dépasser vraiment le stade des instincts animaux et de la « promiscuité sexuelle », parcourt de façon transversale l'ensemble du spectre. En plaçant au centre de son argumentation le risque que des « femmes sans mœurs » pourraient faire courir aux familles honorables en salissant la réputation d'hommes innocents, Constant révèle bien que l'enjeu majeur de l'article 340 n'est pas autre chose que la défense simultanée de la famille bourgeoise et de la liberté masculine d'en enfreindre la morale affichée.

On a tenté de montrer ici que la société française issue de la Révolution et du Code Napoléon s'éclaire, si on adopte la perspective anthropologique héritée de Marcel Mauss, en distinguant clairement deux notions souvent confondues, l'inégalité et la hiérarchie. Louis Dumont a retracé, dans ses *Essais sur l'individualisme*[32], l'origine chrétienne de la révolution moderne des valeurs, qui se traduit par le passage d'une société traditionnelle « holiste » – pour laquelle la valeur ultime est le Tout de la société dont chacun est une partie – à une société moderne « individualiste » – pour laquelle la valeur ultime est l'idéal de l'Individu autonome.

Si l'on reprend cette distinction majeure en donnant toute l'importance qu'elle mérite à la question des sexes, il paraît clair que la société issue de la Révolution française et du Code civil n'est pas une société individualiste. Elle est bien plutôt un état intermédiaire, que l'on peut définir comme un combiné stable d'individualisme et de holisme : sous l'égide de la Déclaration des droits de l'homme affirmant l'égalité de tous les humains en droit, un holisme sexué est ancré au cœur même des institutions les plus fondamentales de la société (droit civil, système de parenté). Ce régime de vie sociale, fondé sur la complémentarité hiérarchique des sexes, n'a été véritablement remis en cause en France qu'après la Seconde Guerre mondiale avec ce premier pas majeur qu'est l'accès des femmes au droit de vote (1945).

La norme nouvelle issue de la deuxième révolution du consentement repose sur l'institution du mariage civil hiérarchique défini par le Code Napoléon ; mais elle est décrite comme le simple effet de différences naturelles dans les propriétés et les aptitudes respectives de l'Homme et de la Femme, confondus avec l'époux et l'épouse. Du côté des interdits, l'opposition entre une sexualité féminine de citadelle et une sexualité masculine de conquête se perpétue, allant jusqu'à

32. Louis Dumont, *Essais sur l'individualisme*, Paris, Seuil, 1983.

rendre invisible, tant elle est « naturelle », la pratique des viols de guerre[33].

Dans la société, l'édiction d'une morale sécularisée combattant les « mauvaises mœurs » définit de façon nouvelle les délits et les crimes sexuels, mais se donne comme le simple effet de la division de la population en sous-populations « honnêtes » ou « criminelles », « normales » ou « pathologiques », distinguées par des caractères communs, innés et acquis. Une telle psychologisation des normes est l'amorce de ce qu'on nommera plus tard une politique des identités. Mais le cœur du problème est d'abord dans le principe juridique d'asymétrie des responsabilités masculines et féminines dans l'ensemble de la sexualité hors mariage, qui connaît une aggravation sans précédent.

Tout cela permet de comprendre ce qu'on peut appeler le paradoxe de l'égalité : c'est au moment où l'on proclame l'égalité de tous en droit que se déploie ce XIXe siècle que les historiennes et les historiens ont décrit comme l'« âge d'or de l'ordre masculin »[34] et du « triomphe de la virilité »[35]. Dans les siècles antérieurs, les distinctions statutaires de sexe et de genre étaient toujours englobées par principe dans des distinctions considérées comme plus essentielles, celles de la naissance et de l'appartenance de caste : une femme de l'aristocratie était supérieure par principe à tous les hommes de la bourgeoisie et *a fortiori* du peuple. Elle pouvait se baigner nue devant ses serviteurs masculins, car leur regard ne comptait pas plus que celui d'un animal domestique.

33. La question des viols de guerre, longtemps occultée, fait désormais l'objet d'une attention croissante des sciences sociales. Voir en particulier Raphaëlle Branche et Fabrice Virgili (dir.), *Viols en temps de guerre*, Paris, Payot, 2011 ; Stéphane Audoin-Rouzeau, *L'Enfant de l'ennemi. Viol, avortement, infanticide pendant la Grande Guerre*, Paris, Champs Histoire, 2013.

34. Éliane Viennot, *L'Âge d'or de l'ordre masculin. La France, les femmes et le pouvoir 1804-1860*, Paris, CNRS éditions, 2020.

35. Alain Corbin, Jean-Jacques Courtine et Georges Vigarello (dir.), *Histoire de la virilité, 2. Le triomphe de la virilité. Le XIXe siècle*, dirigé par Alain Corbin, Paris, Seuil, coll. « Points-Histoire » n° 502, 2015.

Quand on met à bas la société des ordres, la seule hiérarchie qui demeure au cœur des institutions les plus fondamentales (droit politique, droit de la famille) est celle qui oppose le statut de tous les hommes au statut de toutes les femmes. Le très ancien principe de division des femmes en deux (les « mamans » et les « putains ») prend un nouveau sens et un nouvel essor : la civilité sexuelle bourgeoise fondée sur le secret de famille articule les distinctions sociales de classe et de sexe et fait de chaque fille du peuple une proie sexuelle possible pour celui qui est placé au-dessus d'elle sur l'échelle sociale.

Si la clé du passage de la première révolution du consentement à la seconde est la révolte des fils contre les pères, nul doute que la clé du passage de la seconde à la troisième est sinon la révolte des femmes contre les hommes, du moins la révolte des femmes contre leur sort. Elle prendra des chemins plus longs, plus complexes. Le processus qui se précipite (au sens chimique) dans les années 1960 s'enracine fort loin dans l'histoire sociale. Le tournant des années 1930 en matière de mœurs dont témoignent la littérature et le cinéma sera interrompu par la période de Vichy et par la guerre, mais il amorce une dynamique qui après la Libération aboutira en France à la grande refonte du Code civil. Les réformes qui vont se succéder de 1964 à 1975 bouleverseront de fond en comble la logique matrimoniale du Code Napoléon.

Mais comme nous allons le voir, dans ces années où l'on modernise la famille avec la certitude que le mariage, « institution florissante », ressortira conforté de l'égalité des conjoints, de l'égalité des enfants naturels et légitimes et de la liberté du divorce, personne ne se doute que s'amorce déjà le temps du *démariage*[36] et avec lui l'émergence d'un tout autre monde.

36. Irène Théry, *Le Démariage*, *op. cit.*

MOI AUSSI, 2

Ma grand-mère n'entrait pas dans les cases

—

J'ai choisi de construire une présentation de l'ordre sexuel matrimonial issu de la deuxième révolution du consentement guidée par le fil rouge de l'article 340 du Code civil, car je pense que rien ne fait mieux ressortir le principe de sous-responsabilisation des hommes et de sur-responsabilisation des femmes qui a organisé toute la morale sexuelle du XIXe et d'une bonne partie du XXe siècle, et au sein duquel prend place un certain traitement de la transgression des normes. Il me semble aussi que c'est sous cet angle que le recul historique éclaire le mieux notre présent.

Mais pas seulement. Dans ce chapitre s'est glissé secrètement autre chose, dont je dirai quelques mots.

Je me souviens très bien de la première fois où j'ai entendu parler de l'article 340 du Code civil : mon oncle Jacques avait placé un article d'histoire du droit à ce sujet dans l'édition originale du Code Napoléon qu'il venait de m'offrir. C'était en 1985 et nous en avions discuté enfin ouvertement : ma grand-mère maternelle qui venait de mourir était née « de père inconnu ». Je n'avais jamais osé en parler avec elle. J'étais trop jeune et il n'y a rien de plus intimidant que les secrets de famille qu'on se souffle à l'oreille. Et puis elle avait « cet air allègre, positif, indifférent et brusque de chirurgien pressé » dont Proust dit qu'il est le visage de la vraie bonté, que je voyais aussi comme un obstacle à toute confidence.

Mais je savais que c'était la grande douleur de sa vie et j'aurais voulu consoler ma Mémé, lui rendre un peu des gentillesses étonnamment désuètes qu'elle me prodigua dans mon enfance et mon adolescence, et dont j'ai compris trop tard la signification : « Ma petite-fille, viens voir, j'ai trouvé pour toi ces beaux torchons de lin (cette théière, ces fourchettes en argent, ce joli couteau à beurre), c'était une affaire, alors je me suis dit : comme je ne serai peut-être plus là, c'est une petite avance pour ton trousseau. »

Les regrets me sont de nouveau montés à la gorge beaucoup plus tard, un samedi de 2011. J'étais allée chez mon cousin, le fils de Jacques, qui à sa mort avait hérité des papiers de famille, car je voulais en savoir plus sur notre arrière-grand-mère. C'est chez lui que j'ai vu pour la première fois la magnifique photo d'elle qui figure maintenant sur un des petits décors de cartons et de bouts de ficelle devant lesquels s'animent les marionnettes du film de Mathias Théry et Étienne Chaillou, *La Sociologue et l'Ourson*, où personne ne peut la remarquer, sauf nous.

J'ai trouvé dans les archives quelques documents d'état civil, mais rien pour préciser ou contredire le récit familial chuchoté depuis toujours. Elle était née à Cussy-en-Morvan, petit village d'une région très pauvre. Employée comme lavandière dans une grande famille bourgeoise, elle fut mise enceinte par son patron, qui bien entendu n'a jamais reconnu l'enfant. Sa fille dans les bras, elle est retournée dans son village, a fait face aux commérages et est devenue de plus en plus catholique, de plus en plus austère et même sévère. Hors de la maison, il n'est pas difficile d'imaginer que sa petite fille apprit dès l'âge tendre ce qu'il pouvait vous en coûter, à l'école ou sur les chemins, d'être une bâtarde.

Les chercheurs de ma génération ne parlent pas volontiers des raisons privées qui les poussent à choisir tel sujet de travail et d'enquête. D'abord, on ne doit pas mélanger les genres. Ensuite, c'est s'exposer au soupçon de parti pris. Quand je commence à raconter cette histoire, on peut se dire que je ne serai pas objective, que je vois forcément mon arrière-grand-mère comme une victime… Et si c'était une histoire d'amour ? C'est vrai, de ce qui s'est passé entre elle et son patron, personne dans la famille n'a jamais rien su. La pierre des tombeaux est muette à jamais, mais peu importe au fond, car nous avons compris l'essentiel de ce qui nous regarde : ce qui a transi mon arrière-grand-mère dans l'eau bénite et la sévérité, et transformé ma grand-mère en militante active de l'Union féminine civique et sociale, c'est *l'injustice* de l'article 340. Dans son grand âge, Mémé avait parlé un jour de cette injustice à mon oncle qui chercha et trouva une analyse juridique de l'interdiction de recherche en paternité, et finalement la glissa dans son cadeau pour moi avec l'espoir que, puisque désormais je me tournais vers le droit…

Voilà comment la vie privée a servi de moteur à la recherche, puis a aiguisé ma sensibilité de sociologue sur le rôle de cet article dans une architecture d'ensemble qui a fini par me paraître évidente : entre le permis et l'interdit sexuels, entre l'honneur et la honte, on ne comprend rien si l'on ne voit pas le système des « secrets de famille », le couloir de l'arrière-cour emprunté par les hommes, et le risque pesant sur chaque jeune fille du peuple, employée de maison ou pas, de se retrouver un matin du côté des filles perdues.

Je n'appelle pas cela une « culture du viol », parce que ce n'est pas mon vocabulaire, que je ne veux pas oublier qu'au XIXe siècle le viol est un crime grave puni par le Code pénal et qu'à mon sens aucune description sociologique sérieuse ne peut omettre que, dans leur grande majorité, les hommes ont intériorisé l'interdit et n'ont jamais violé personne. Mais je l'appelle, en effet, un système de normes injuste, sexiste, masculiniste, dans lequel les femmes sont par principe maltraitées quand elles portent seules le stigmate et les conséquences d'une relation hors mariage, et où tout conduit les hommes veules et sans scrupules, qu'ils agissent seuls ou dans une logique machiste de groupe, à la possibilité du viol et de son impunité : pas vu, pas pris.

Qu'un sujet de recherche vous touche personnellement – et il y en eut plus d'un dans ma carrière universitaire –, je n'ai jamais eu l'impression que cela menace ce qu'on nomme l'objectivité. Tout est dans le rapport que vous avez à la sociologie. Concerné ou pas, si vous la pratiquez en vous posant en représentant attitré de telle ou telle cause, il est clair que ni l'objectivité ni *a fortiori* l'exploration de la part d'inconnu et d'étrangeté qu'il y a dans la vie sociale ne sont votre but et vous ne donnerez que des faux-semblants de sociologie. On reconnaît aisément ces sociologues militants (qui très souvent ne sont pas de réels militants, mais plutôt les représentants autoproclamés de mouvements sociaux où d'autres qu'eux vont au charbon et expérimentent les divisions internes au monde associatif, avec tout ce que cela vous apprend de la vie) : ce sont *ceux qui ne changent jamais d'analyse*. Ils n'apprennent jamais rien de leurs recherches – quand ils en font –, car ils avaient déjà leur interprétation toute faite avant de les commencer.

Mais si vous pratiquez la sociologie par conviction que la connaissance de la réalité sociale en mouvement vaut pour elle-même, que contribuer à la construire changera votre perception des choses et que la vérité des faits – même si elle bouscule vos anciennes certitudes – sera toujours la meilleure alliée des combats pour la justice, l'implication personnelle peut donner une certaine qualité à votre recherche de l'objectivité en vous aidant à confronter le discours général au cas particulier. Pas de justice sans justesse. Dans mon cas, je crois que le lien entre l'expérience vécue en privé et le travail de connaissance a surtout aiguisé le sens de la singularité des situations et des personnes, me rendant définitivement allergique au déterminisme des généralisations sociologiques par la constitution de classes et sous-classes d'individus supposés être mus par les mêmes mécanismes et partager une même identité.

Ma grand-mère a souffert de la tache au front, ce stigmate de la bâtardise, mais elle y a trouvé une force hors du commun et a pris sa vie en main comme personne. Elle s'est mariée avec un homme discret et gentil et, sans jamais effacer la blessure intime, ce mariage lui a donné le statut social honorable qui lui fut refusé à la naissance. Après avoir quitté son village et rejoint mon grand-père dans la banlieue parisienne où il travaillait « dans les assurances », elle a eu sept enfants en tout bien tout honneur. De ce qu'elle maîtrisait le mieux – s'occuper d'une maison – elle a fait son métier. Avec une énergie sans pareille, elle a tenu à Fontenay-aux-Roses, puis à Sceaux, une grande « pension de famille », sorte d'hôtel avec le stupre en moins.

Avant la guerre, tous ses enfants ont fait des études qu'elle a financées à la sueur de son front, tant c'était important pour elle qui n'était pas allée au-delà de l'école primaire. En 1942 puis en 1944, elle affronta stoïquement la mort de deux de ses fils, l'un des suites de la guerre et l'autre de la tuberculose. Malgré le différend sur la religion, elle aimait bien les communistes, sensibles comme elle à l'abîme qui sépare ceux qui naissent avec une cuillère d'argent dans la bouche et ceux qui n'ont que leurs deux bras pour s'en sortir, et je suis sûre qu'elle ne fut pas mécontente que ma tante Jeannette épouse à la Libération un jeune FFI, membre du cabinet de Marcel Paul.

La vie sociale la passionnait. Elle ne s'arrêtait jamais, mais quelquefois elle déployait des journaux à terre pour « faire son sol » et on la retrouvait à quatre pattes, plongée dans la lecture. J'adorais quand elle m'emmenait au Bon Marché pour la rituelle « semaine du blanc » et qu'après un petit tour par une chapelle située derrière le magasin pour m'arracher un instant à mon enfance mécréante, elle m'emmenait boire un chocolat et en profitait pour me faire, l'air de rien, une petite leçon de vie ou de morale. Et je me souviens toujours de celle-ci, qui n'a eu aucun effet sur moi mais m'a donné la clé de sa formidable résilience : « Tu vois ma petite-fille, le monde est dur, il y a des guerres, des injustices, on ne peut pas y faire grand-chose. Mais il y a un endroit où tout dépend de nous. *Une femme est reine dans sa maison*. N'oublie jamais ça. »

Ma grand-mère n'entrait pas dans les cases. On aurait bien de la peine à rendre compte de son histoire et de ses convictions selon la démarche « ensembliste-identitaire » qui a gagné du terrain à l'université depuis vingt ans et oppose par exemple les homosexuels et les hétérosexuels, en supposant que ces derniers forment le groupe des « dominants ». Une telle reconstruction efface purement et simplement les trois caractéristiques historiques majeures des relations hétérosexuelles qui ont marqué la vie de mon arrière-grand-mère et de ma grand-mère : l'opposition totale entre les relations valorisées dans le mariage et les relations stigmatisées hors du mariage ; l'inégalité drastique entre hommes et femmes face à cette opposition ; le rapport entre domination masculine, ethos de classe et reconduction impitoyable des inégalités sociales. Sans même parler du fait qu'elle rabat le statut social conféré aux individus, via des droits, des devoirs et des interdits, sur une identité personnelle.

Cet enjeu du statut n'est plus vraiment compris aujourd'hui, au point que des juristes peuvent en arriver à confondre un enfant naturel, ce qui fut le statut de ma grand-mère, avec un enfant « biologique ». Je remercie ma piété filiale de m'avoir aidée à garder les pieds sur terre et à résister aux artifices rhétoriques d'un pamphlet qui eut un certain succès en France au début des années 2000, et dont j'aperçus vite l'étonnante construction.

Dans *L'Empire du ventre*[37], Marcela Iacub avait entrepris d'écrire « une autre histoire de la maternité ». L'entreprise a fait parler d'elle à cause de sa passion – disons extrême – de prendre le contrepied de tout ce qu'on pensait et écrivait dans une perspective féministe, pour l'accabler de commisération et d'ironie :

> De nos jours, l'histoire de la filiation se raconte comme l'épopée des filles-mères et des enfants naturels se libérant peu à peu de l'oppression du mariage. Ce monde injuste et artificiel, composé de pères despotiques, d'épouses soumises, d'orphelins sans avenir, de filles-mères séduites et abandonnées, figures paradigmatiques des rigueurs du Code civil, aurait, pour le plus grand bien de tous, péri sous les coups d'une révolution juridique de grande ampleur, intervenue au nom de tous ces malheureux. L'État socio-républicain [...] aurait finalement eu raison de l'institution matrimoniale elle-même, rempart de préservation des inégalités et des injustices structurelles[38].

Pour mettre à bas ces sornettes et conter « une autre histoire », celle de la défaite du temps heureux des fictions du droit et du triomphe contemporain du « biologisme », Marcela Iacub oppose l'enfant naturel nommé « l'enfant du sang » et l'enfant légitime nommé « l'enfant du droit ». Or cette opposition est issue d'une confusion que l'on n'aurait jamais pensé trouver chez une juriste. Marcela Iacub nomme l'enfant naturel

37. Marcela Iacub, *L'Empire du ventre. Pour une autre histoire de la maternité*, Paris, Fayard, 2004.
38. *Ibid.*, p. 16.

un enfant « biologique » *sans jamais s'aviser qu'être un enfant naturel est un statut juridique*. L'enfant né hors mariage n'est pas moins social et son état n'est pas moins institué que celui de l'enfant né dans le mariage : les droits qu'il a ou qu'il n'a pas, la façon d'établir ou pas sa filiation sont entièrement prévus par le droit.

La confusion culmine quand il s'agit d'en venir à cette révolution immense que fut l'égalisation des statuts d'enfant naturel et légitime en 1972, qui est à mes yeux la réforme pivot de la remise en cause du Code Napoléon, l'apport majeur du doyen Carbonnier au droit de la famille, et que le livre présente comme « la victoire du sang contre l'institution » et l'avènement de « l'empire du ventre ».

Elle ne voit pas que le changement du droit n'a *rien à voir* avec le fait que la filiation naturelle serait plus « biologique », plus « vraie » que l'autre[39]. En cas de conflit de paternité, dans le Code Napoléon le mari l'emportait par principe sur l'amant parce que la filiation légitime était supérieure à la filiation naturelle. C'était le principe de l'ordre sexuel matrimonial. Depuis que les filiations sont égales, personne ne l'emporte *a priori*, et c'est pourquoi selon les circonstances le conflit de paternité peut être tranché aussi bien en faveur de l'amant que du mari.

Quant à l'hypothèse d'un mouvement historique de naturalisation des filiations (confondue avec une « biologisation »), comme l'ont remarquablement montré Agnès Fine et Agnès Martial[40], elle s'oppose à tout ce que nous apprend, sur le monde contemporain, l'observation socio-anthropologique. On n'a jamais autant valorisé la filiation fondée sur la

39. La confusion juridique de *L'Empire du ventre* est aussi à la base du livre, sur lequel on reviendra, de Daniel Borrillo, Éric Fassin et Marcela Iacub (dir.), *Au-delà du Pacs. L'expertise familiale à l'épreuve de l'homosexualité*, Paris, PUF, 1999.
40. Agnès Fine et Agnès Martial, « Vers une naturalisation de la filiation ? », *Genèses*, 78 (1), 2010.

procréation, comme en témoigne l'essor sans précédent de la lutte contre l'infertilité, et simultanément on n'a jamais autant valorisé la filiation fondée sur l'engagement parental, comme en témoignent à partir de 1966 l'essor de l'adoption plénière et à partir de 1973 celui de l'engendrement avec tiers donneur, cœur de tous les débats récents sur l'ouverture de la PMA à toutes les femmes.

Ce qui se passe dans le droit de la filiation n'est pas un « plus » ou un « moins » de biologique, mais l'institution progressive d'une forme nouvelle de *pluralisme* dans la façon de devenir parent et de construire une famille. Ce pluralisme est dénié simultanément par les extrêmes opposés qui prétendent définir, les uns par le corps et les autres par la volonté, ce que serait un « vrai » parent. Il est pourtant l'une des expressions majeures du grand changement social lié à l'égalité des sexes et à la troisième révolution du consentement.

CHAPITRE 3

Se dire oui : couples et sexualités au temps du démariage

(La troisième révolution du consentement)

—

La troisième révolution du consentement est celle dans laquelle nous sommes plongés. Nous ne voyons plus de la même manière que nos grands-parents ni la sexualité, ni les sexes, ni les statuts masculins et féminins. Pensant au temps de leur enfance dans les années 1945-1965, ces vingt glorieuses de la famille légitime marquées par la partition stricte des rôles sexués, la hiérarchie des époux dans le mariage, la puissance paternelle sur les enfants, l'interdiction de l'avortement et de la contraception, les familles nombreuses, la divortialité rare et stigmatisée, la séparation des filles et des garçons du cours préparatoire à l'université, le flirt des jeunes gens en cachette et dans la hantise d'une grossesse non voulue, l'homosexualité pathologisée et enfermée dans le secret, et l'omerta sur les violences sexuelles exercées par des proches, la génération du *baby-boom* pourrait dire, comme Stefan Zweig : « Le monde d'hier a disparu, et quand je me tourne vers mes souvenirs, j'ai l'impression d'avoir mille ans. »

Pourtant ces années-là, nous le verrons, préparaient déjà silencieusement les suivantes. Encore inachevée, la troisième révolution du consentement que nous vivons aujourd'hui suscite de nombreux débats, mais paradoxalement elle n'est toujours pas reconnue comme telle. Bien sûr, chacun sait que depuis trente ans la répression des violences sexuelles a pris une place croissante dans notre droit et que le mouvement #MeToo a placé cet enjeu du consentement au centre de ses revendications. Mais nous ne partageons pas de vision globale de ce qui se passe.

Dans la perspective sociologique suivie ici, centrée sur l'histoire du droit et des relations instituées et nourrie par le recul que donne l'anthropologie comparative et historique, le point essentiel est le suivant : nous avons tendance de nos jours à isoler la question des violences sexuelles, ce qui paraît très logique quand un véritable continent caché d'agressions, de viols, de pédocriminalité et d'incestes est dévoilé. Pourtant cela nous empêche de voir toute une partie de la réalité sociale : notre attention nouvelle au consentement (et aux atteintes à celui-ci) participe en réalité d'un changement bien plus large : une *recomposition globale des normes du permis et de l'interdit* sexuels. La mise en perspective des deux premières révolutions du consentement, celle du XVIe siècle et celle du début du XIXe siècle, permet en effet d'avancer trois grandes hypothèses sur la période actuelle.

La première est celle du *démariage* : le fait majeur n'est pas l'émergence du consentement, mais que cette norme, qui était depuis l'Antiquité gréco-romaine et le christianisme primitif portée par le mariage, s'en est détachée. Qui aurait l'idée aujourd'hui de dire que pour qu'une relation sexuelle soit socialement permise, il faut que les partenaires soient mariés ? Quelque chose d'inédit dans l'histoire se produit quand le mariage, qui était l'horizon indépassable des rapports entre hommes et femmes et le cœur du partage sexué des rôles dans l'ensemble de la société, devient une question de conscience personnelle. L'opérateur de la distinction entre le permis et l'interdit, désormais, c'est le consentement à l'acte sexuel lui-même, quel que soit le statut matrimonial des personnes. La vision de la sexualité en est profondément transformée.

La deuxième hypothèse est celle de l'*égalité de sexe* : le moteur majeur du changement n'est pas, comme on le dit souvent, « l'individualisation », qu'on la perçoive positivement comme progrès de la subjectivité ou négativement comme déclin vers l'égotisme, mais *l'émancipation des femmes* et le fait que, pour la première fois dans l'histoire humaine, nos sociétés démocratiques abandonnent le principe de complémentarité hiérarchique et veulent vivre selon la valeur d'égalité de sexe. Cette valeur ne signifie pas simplement plus de droits ou plus d'opportunités pour les femmes, comme on le pense dans une perspective comparative. Elle transforme radicalement le monde commun, autrement dit la *règle du jeu social*, et amène à redéfinir tout un ensemble des relations instituées, à commencer par celles de couple et de mariage.

Dans ce contexte, les féministes et leurs alliés dénoncent la persistance des violences sexuelles faites aux femmes et aux enfants, et remettent en cause l'évidence traditionnelle de la dissymétrie entre une sexualité masculine de conquête et une sexualité féminine de citadelle : le sens même du consentement en est changé. Enfin, la remise en cause de l'ordre sexuel matrimonial hérité du Code Napoléon ne saurait se borner seulement aux femmes ni aux hétérosexuels des deux sexes, elle implique directement toutes celles et ceux que cet ordre matrimonial repoussait dans la « contre-nature » quand ce n'est pas la monstruosité ou la psychose : les lesbiennes, gays et bisexuels de l'un et l'autre sexe, mais aussi les personnes intersexuées et les personnes transgenres.

La troisième hypothèse est celle de la *métamorphose des institutions du monde commun* : loin que ce qui se passe soit un effacement ou une crise des institutions (ce que nombre de savants nomment une « désinstitutionnalisation », mais qui est un terme privé de sens car il n'y a jamais « moins » d'institution dans une société humaine), ce que nous vivons est une transformation majeure de celles-ci, qui révèlent une étonnante vitalité. Nos sociétés s'emploient à redéfinir la *règle du jeu sexué et sexuel*, car pas plus aujourd'hui ou demain qu'hier les relations entre hommes et femmes, entre hommes et entre femmes ne s'organiseront naturellement.

Pas plus qu'hier la vie sexuelle ne sera régulée par la nature comme elle l'est dans d'autres espèces animales, et donc pas plus qu'hier la société ne se passera de définir ce qu'elle considère comme la règle du jeu permettant que se déploie une *civilité sexuelle*. Aussi bien dans la redéfinition du permis, allant du simplement accepté jusqu'au plus valorisé, que dans celle des interdits, allant du « mal vu » et du critiqué jusqu'aux délits et aux crimes.

Tout le paradoxe est que cette transformation majeure des institutions du monde commun se fait dans le contexte d'une société individualiste qui se prend pour une simple collection d'individus et tend à nier justement sa dimension instituée, dans la double dimension de l'« institution imaginaire de la société[1] » et des « institutions du sens[2] ».

Dès lors, ce qui domine tous les débats de société est l'affrontement éternellement recommencé entre une idéologie

1. Cornelius Castoriadis, *L'Institution imaginaire de la société*, *op. cit.*
2. Vincent Descombes, *Les Institutions du sens*, Paris, Minuit, 1996.

progressiste attachée aux droits des individus (désormais sous la forme de la défense de telle ou telle classe identitaire d'individus auparavant discriminée), mais qui disqualifie l'enjeu des institutions communes, et une idéologie traditionaliste attachée très souvent à l'idée d'institution mais assimilant celle-ci au seul modèle napoléonien ou victorien (éventuellement modernisé) et déplorant à hauts cris ce qui se passe comme une choquante destruction des institutions sous les coups de l'« individualisation » et du triomphe du sujet-roi. D'où un *écart permanent* entre ce qui se passe, en particulier en droit, et qui engage la métamorphose des institutions du monde commun et les affrontements idéologiques qui se développent à la faveur de ces changements, où cet enjeu n'est pas repéré. Pour proposer une analyse synthétique de cette troisième révolution, trois étapes seront nécessaires.

La première, autour des redéfinitions du couple comme manière privilégiée de lier amour et sexualité, montre le lien direct entre métamorphoses du couple hétérosexuel, démariage et reconnaissance du couple homosexuel au sein d'un nouveau pluralisme de la parenté (encore inachevé). Non plus une, mais trois modalités d'institution du couple sont reconnues en droit (civil et/ou social) : union libre, Pacs, mariage ; non plus une, mais trois modalités d'institution de la filiation sont reconnues selon que le lien est déclaré fondé sur la procréation, l'adoption ou l'engendrement avec tiers donneur (institution encore partielle).

La deuxième, sur la notion de « civilité sexuelle », la fin de l'ordre sexuel matrimonial, les nouvelles formes de distinction permis/interdit et le sens de #MeToo, situe la question des violences sexuelles dans le contexte plus large de la remise en cause du principe pluriséculaire de dissymétrie entre une sexualité masculine de conquête et une sexualité féminine de citadelle et de l'élaboration d'une nouvelle civilité sexuelle du consentement.

La troisième, sur la reformulation des rapports entre les âges et les générations par l'institution d'une barrière sacrée des âges devenant la nouvelle pièce maîtresse de l'ordre sexuel, permet de replacer les enjeux de la lutte contre la pédophilie, la pédocriminalité et l'inceste en rapport avec la façon dont la société se doit d'accompagner le mouvement ordinaire d'autonomisation progressive des jeunes sur le plan sexuel.

Commençons par la révolution redéfinissant les normes et règles régissant le rapport entre sexualité, amour et couple, en nous centrant sur le changement radicalement inédit de ce qui fut toujours le grand organisateur de la vie sexuelle instituée : le mariage. Rien ne démontre mieux la logique d'ensemble des changements que le phénomène social majeur du *démariage*.

L'ÉMERGENCE DU COUPLE DUO

Le meilleur livre pour comprendre où s'enracine en profondeur, dans notre imaginaire collectif, le lien entre égalité des sexes, valorisation nouvelle de la sexualité et de l'amour, transformation des idéaux du couple et « démariage », n'est pas un livre d'historien ou de sociologue mais un livre de philosophe amoureux du cinéma. Dans *À la recherche du bonheur*[3], Stanley Cavell analyse ces contes de fées modernes que sont les grandes comédies hollywoodiennes des années 1930 et 1940[4]. Il montre que ces comédies révèlent un changement culturel majeur en général inaperçu : c'est à ce moment-là, en pleine grande crise économique et juste avant la Seconde Guerre

3. Stanley Cavell, *À la recherche du bonheur. Hollywood et la comédie du remariage*, Paris, Les Cahiers du cinéma, 1993.

4. J'ai présenté pour la première fois une analyse de ce livre, que je me permets de reprendre ici sous forme résumée, dans « L'énigme de l'égalité. Mariage et différence des sexes dans "À la recherche du bonheur" », *Esprit*, mai 1999.

mondiale, qu'a commencé à se dessiner, avec les débuts du cinéma parlant, un nouvel idéal du couple en Occident.

Cet idéal prend au départ la forme d'un *conte de fées*, inaccessible, mais il s'est peu à peu démocratisé au cours du XXe siècle, au fur et à mesure que les transformations concrètes de la société (éducation des filles, urbanisation, tertiarisation, contraception et droit à l'IVG, etc.) le rendaient possible, pour devenir aujourd'hui notre idéal commun le plus ordinaire. De quoi s'agit-il ?

Ces comédies forment un ensemble cohérent, le genre du remariage, entendu en un sens inhabituel : le *remariage des mêmes*. En effet, dans tous ces films, « la visée principale de l'intrigue n'est pas d'unir le couple central mais de les remettre ensemble, de les réunir à nouveau. La réalité conjugale y est donc subordonnée à la réalité ou à la menace d'un divorce[5] ». En cela, ils rompent avec le schéma classique de la comédie où l'on voyait se déployer les efforts d'un jeune homme pour triompher des obstacles que suscite une figure de vieillard contre son mariage avec la jeune femme de son choix.

En posant la question « Ce couple va-t-il divorcer ou se réconcilier ? », le genre provoque des discussions philosophiques sur la nature même du mariage et fait apparaître ce que l'amour pourrait être si l'on s'émancipait vraiment du modèle pluriséculaire de la hiérarchie des sexes. Dans ces comédies, en effet, le moteur de toute l'intrigue est la création d'une nouvelle femme, c'est pourquoi Cavell les nomme « comédies de l'égalité » : « Un des buts essentiels du récit est de faire l'éducation de la femme, et cette éducation s'avère signifier pour elle qu'elle reconnaît son propre désir, ce qui ensuite sera pensé comme sa création, en tout cas son émergence comme être humain autonome[6]. » Cette émergence, cette naissance de

5. Stanley Cavell, *op. cit.*, p. 10.
6. *Ibid.*, p. 83.

la femme à elle-même, bouleverse les relations des hommes et des femmes, redéfinit les enjeux de l'amour, et c'est là que la comédie prend toute sa dimension : il s'agit de poser cette question de l'égalité comme la question même du bonheur.

Soulignons les *cinq traits majeurs* qui caractérisent le nouvel idéal du mariage tel que ces comédies l'ont mis en scène, faisant rêver des millions de gens bien au-delà de l'Amérique. Parce que la découverte d'une libre interlocution en est le cœur, j'ai proposé de le nommer le mariage-conversation.

Les cinq traits du mariage-conversation

Le premier trait de ce mariage est un trait négatif, une absence : celle des enfants. « L'absence d'enfants épure la discussion du mariage. Il s'ensuit directement que, si le mariage demeure peut-être l'acte qui autorise à avoir des enfants, les enfants ne constituent pas une authentification du mariage[7]. » Le mariage est et demeure une affaire de couple, au sens où celui-ci doit pouvoir poursuivre, au sein d'une (éventuelle) famille, son histoire amoureuse propre.

Le deuxième trait du mariage-conversation est que sa validité réelle ne lui est pas conférée d'emblée mais qu'il doit faire en chemin l'épreuve de sa légitimité. Ce n'est pas l'union qui fait le mariage, mais la « ré-union ». Autrement dit, être vraiment marié, c'est non seulement être remarié mais être disposé à faire encore une fois l'épreuve de la crise, de la mort et de la résurrection. De là un renouvellement majeur du modèle matrimonial. Désormais, le mariage n'est plus ce qu'il était dans les contes de fées d'autrefois, c'est-à-dire la fin de l'histoire, à tous les sens du terme : « Ils se marièrent et eurent beaucoup d'enfants. » À l'inverse, dans le mariage-conversation, le roman du couple n'a pas de fin :

7. *Ibid.*, p. 59.

« ils se marièrent, et se remarièrent, et se remarièrent, et se remarièrent », etc. L'idéal du mariage-conversation est l'*éternel remariage*.

Le troisième trait de ce modèle du mariage est que la conversation n'est possible que si la femme n'est pas « une compagne muette et sans âme » mais *une véritable interlocutrice de l'homme*. C'est en cela qu'il suppose une « nouvelle Ève », une Ève parlante et autonome, une Ève sujet. Le mariage-conversation est le mariage de l'égalité. La conversation, au double sens du dialogue parlé et de l'entente amoureuse et sexuelle, est la substance même du lien conjugal.

Elle est ce qui accompagne de ses rires et chuchotements la complicité d'une entente, et en ce sens elle est le signe d'une privatisation du mariage quand le désir et le plaisir s'émancipent du sacro-saint « devoir conjugal ». Mais elle est aussi ce qui permet la mise en question, l'interrogation, l'exploration, l'explication, la contestation, la réconciliation à propos de tout ce qui, dans une vie commune, vient bousculer le consentement au contrat initial. Il n'est pas d'interlocution qui vaille si elle est bouclée d'avance par la prééminence de la voix du mari, pas d'échange réel sans le risque des cris, du désaccord et de la crise. L'art du mariage-conversation est, au plus haut sens du terme, un *art de la dispute*. C'est pourquoi le mariage est un apprentissage, non sans risques : celui d'une reconnaissance mutuelle. La conversation signifie que le mariage à la fois sépare et lie deux êtres égaux et différents et donne son sens à l'éternel remariage : c'est une aventure, l'aventure de l'égalité.

Le quatrième trait de ce nouveau mariage est indissociable du précédent. C'est le risque du divorce. L'aventure du mariage est romanesque, et donc pleine d'embûches, de mise à l'épreuve, de chausse-trapes, d'événements imprévus, de retournements de situation. Rien n'est jamais acquis. Le statut matrimonial n'est plus la garantie d'un *statu quo*. La possibilité du divorce est désormais ce qui authentifie le mariage, fondamentalement dissoluble, donc fondamentalement contractuel. Le risque de la rupture est ce qui donne son sens profond à l'engagement. La promesse matrimoniale est celle de la fidélité, mais dorénavant il s'agit surtout d'une fidélité à l'espoir mis dans l'union, à l'exigence à l'égard de la conversation.

Ainsi le mariage n'est plus ce qui fixe le temps, mais ce qui construit le temps comme une aventure et un itinéraire. Tout peut se terminer en divorce. Mais le conte de fées de l'éternel remariage est optimiste, car son pari majeur est qu'un couple amoureux peut « passer par la mort et la résurrection », renouer autrement son contrat et faire du temps son allié. L'humour n'est certes pas la caractéristique majeure de Roméo et Juliette mais il peut être le privilège de ceux qui ont appris avec le temps à cultiver non seulement l'amour et le désir mais la part de distance à soi, d'amitié et de camaraderie que recèle secrètement l'amour durable.

Enfin, le dernier trait du mariage-conversation est son caractère fondamentalement privé, intime et érotique. Le chez-soi du couple est un espace hors de la cité, abrité à la fois de la présence et des regards des autres. Il signe *la fin de la condamnation pluriséculaire de la sexualité* comme péché ou « mauvaises mœurs ». Conséquence de l'intimité sexuelle au cœur du couple : personne, sinon les premiers intéressés, ne peut juger d'un mariage, et le fait de savoir s'il est vivant ou s'il n'est plus qu'une coquille vide est devenu une affaire de conscience personnelle.

Ainsi, les contes de fées du remariage ne mettent pas en scène des vies extraordinaires : ils n'ont pour objet que de magnifier la vie ordinaire. La civilité y est réinventée et exige l'alliance complexe du brio, du sens de la répartie, de la tendresse, de l'inventivité et du plaisir de jouer. Mais comme l'amour en est l'enjeu, elle exige surtout de l'attention, de la bienveillance affectueuse, de la capacité de parler, d'écouter aussi. En amour comme en musique, le manque d'oreille ne pardonne pas.

Les traits fondamentaux du mariage-conversation forment un tout et dessinent une autre cohérence de la recherche du bonheur. Tels que la lecture de Cavell permet de les distinguer et de les lier les uns aux autres, ils démontrent de façon très forte que ce qui s'est joué dans la culture américaine – et dans la culture occidentale en général, si on pense à la fois à l'audience exceptionnelle de ces films et à l'origine des scénaristes dont beaucoup avaient fui l'Europe et la menace nazie – est véritablement l'amorce d'une refondation de l'idéal amoureux et sexuel à la fin du premier tiers du XXe siècle. Cette refondation met à l'ordre du jour un nouveau modèle du couple.

Le duo : un nouvel idéal du couple

À chacune des trois révolutions du consentement a correspondu un nouvel idéal de couple. Avec la première révolution, au XVIe siècle, contre l'exclusivité de la vision chrétienne du couple marié comme récipiendaire du mystère de l'« *una caro* » échappant au péché de chair et permettant le salut de l'âme s'impose l'idéal du « couple chaînon ». Il fait alliance entre deux lignages et inscrit la vie sexuelle procréative non seulement dans la perspective de l'au-delà, mais aussi dans le monde humain de l'ici-bas où elle acquiert une nouvelle valeur positive quand elle fait vivre ce monde selon les valeurs majeures de la société aristocratique : le nom, le rang, la fécondité, la lignée, la transmission, les biens, l'honneur.

Avec la deuxième révolution et le Code Napoléon de 1804 advient le nouvel idéal du couple, formé d'un homme et d'une femme s'émancipant de la tutelle des ascendants et du lignage pour devenir le socle d'une nouvelle famille conjugale. Selon le principe holiste de la complémentarité hiérarchique, ce couple est un « tout » idéalement indissoluble : *ce qui avec deux ne fait qu'un*. L'unité du couple est assurée par l'englobement des valeurs féminines dans les valeurs masculines, et la prééminence statutaire de l'homme, comme époux et comme père. Né idéalement de l'inclination, le couple conjugal s'abolit dans le couple parental et se prolonge dans le devoir et la dépendance : il doit ne parler que d'une seule voix, ne marcher que d'un seul pas. Tout désaccord potentiel est réglé d'avance par la primauté du mari.

Avec les années 1930-1940 commence à se profiler, avec les cinq traits du mariage-conversation, un troisième idéal toujours vivant aujourd'hui : celui du couple duo. Le couple n'est plus « ce qui avec deux ne fait qu'un », mais « ce qui avec un et un fait deux ». Les notions de duo et d'égalité des sexes sont indissociables. Pour les femmes, être des égales signifie devenir enfin des interlocutrices au plein sens du terme : *des voix autonomes, et qui comptent*. Comme en musique, il ne s'agit plus de parler d'une seule voix, mais bien à deux voix qu'il s'agit d'accorder.

Ainsi l'égalité, quand l'amour est en cause, se vit comme une conquête et une célébration de l'altérité. Une altérité non pas imposée « naturellement » par la complémentarité hiérarchique des sexes, comme dans les sociétés de tradition, mais une altérité rendue possible par la dynamique même de l'égalité et qui se joue sur le plan le plus personnel qui soit. L'enjeu du couple duo est très exactement la capacité de chacun de reconnaître l'autre comme un individu unique et différent de lui, et de faire de cette reconnaissance le principe même du désir amoureux.

Pour cela, il ne suffit pas que naisse une nouvelle femme : *il faut aussi la naissance d'un nouvel homme* capable de jouer sa partie dans ce nouveau jeu de l'amour et du temps. La question de ce qui est masculin ou féminin cesse d'être une évidence et devient une énigme, l'énigme du désir. Le couple duo sépare l'amour de la procréation et la révolution du couple hétérosexuel permet logiquement l'intégration sociale d'une autre révolution, celle du couple homosexuel : en effet, l'idéal amoureux du désir et de la conversation, et l'idéal érotique de célébration d'une libre altérité individuelle, peut tout aussi bien être celui de deux femmes ou de deux hommes que celui d'un homme et une femme.

Le couple duo, enfin, met en œuvre *une vision radicalement nouvelle du consentement* : il s'agit désormais d'un consentement amoureux dans lequel l'épanouissement sexuel a pris pleinement sa place, et qui devra poursuivre au sein de la famille son aventure propre, sans s'abolir dans la parentalité. Le rapport au temps en est bouleversé. Le rêve de l'amour-toujours n'a aucunement disparu, mais vieillir ensemble n'est plus acquis d'avance, et comme la vie vraiment vécue inclut des moments de crises, il faudra réitérer le consentement sur des bases renouvelées. Ainsi, il ne s'agit plus de consentir une fois pour toutes, mais de pouvoir consentir à nouveau. Mais combien y parviennent ? Le risque majeur du couple s'est radicalement inversé : hier, c'était la perpétuité obligée du lien matrimonial, y compris en cas de violences ou de conflit ; aujourd'hui au contraire la menace principale qui pèse sur la vie personnelle de chacun est la rupture toujours possible de l'union qu'on rêvait durable.

REDÉFINITION DU COUPLE ET DÉMARIAGE

Il a fallu du temps et des changements sociaux importants pour que l'idéal du couple duo passe des contes de fées hollywoodiens aux vies concrètes des individus, prenne peu à peu chair et se démocratise. Les épreuves de la Seconde

Guerre mondiale, puis l'élan de la reconstruction, ont fait de la famille conjugale légitime et stable un repère, et remis à plus tard les transformations des relations sexuées.

Pourtant les décennies 1945-1965 sont bien moins immobiles qu'il n'y paraît. Ayant obtenu le droit de vote en 1945, les femmes ont gagné peu à peu les bases indispensables à une autonomie concrète, au fur et à mesure des progrès de l'éducation des filles, de l'urbanisation, de la tertiarisation, des nouvelles technologies les libérant de labeurs pluriséculaires, enfin et surtout du développement de la contraception et du planning familial. Ces mères au foyer qui ont eu leurs enfants dans les années 1945-1965 ont trouvé ensuite évident de préparer leurs filles à avoir un métier. Ces parents apparemment traditionnels, qui pour leur compte ont tout misé sur le couple comme unité supérieure et se voyaient comme « les deux parties d'un tout », ont aussi eu l'idée qu'il était temps de faire pénétrer les valeurs de liberté, d'égalité et d'autonomie personnelle dans la famille : c'est ce que révèle le large consensus social qui accompagne, à partir du milieu des années 1960, la révolution de velours du Code civil.

La révolution de velours du Code civil

Sur le plan du droit, la première phase de la nouvelle révolution du consentement a lieu en France dans les années 1960 et 1970 quand, sous l'égide du grand civiliste Jean Carbonnier, une série de réformes majeures défait, point par point, l'ancienne cohérence du Code Napoléon. *C'est un tournant capital.* Réformes des régimes matrimoniaux (1964), institution de l'adoption plénière qui fonde la filiation sur l'engagement (1966), remplacement de la puissance paternelle par l'autorité parentale plaçant les deux parents à égalité de responsabilité (1970), réforme de la filiation reconnaissant la famille naturelle et posant le principe d'égalité entre enfants naturels et légitimes (1972), réforme du divorce réinstaurant le divorce par consentement mutuel (1975).

Toutes ces lois, proposées par des gouvernements de la droite libérale sous la présidence de Georges Pompidou puis de Valéry Giscard d'Estaing, sont appuyées par la gauche et ne suscitent l'opposition résolue que de la fraction la plus conservatrice des secteurs familialistes, souvent catholiques. On a parlé à leur propos de « révolution de velours ». Seule la loi légalisant en 1975 l'interruption volontaire de grossesse, issue de la mobilisation massive des nouvelles générations féministes autour du Mouvement pour la liberté de l'avortement et de la contraception (MLAC) puis portée par Simone Veil au Parlement, suscita une opposition violente : en osant sortir de l'hypocrisie et des malheurs de l'avortement clandestin, en mettant en avant le droit des femmes à disposer d'elles-mêmes dans le cadre fixé par la loi, *elle ouvrait une ère de nouveaux conflits entre la loi civile et la loi religieuse* que l'on retrouvera plus tard à propos du Pacs, puis du mariage pour tous, de la PMA et de la fin de vie.

La liberté de la contraception et la légalisation de l'avortement bouleversent l'hétérosexualité en général, et tout particulièrement l'hétérosexualité féminine : avec la fin de la terreur permanente de la grossesse non voulue, c'est véritablement l'entrée dans un autre monde pour les femmes, comme l'a souligné récemment Mona Ozouf qui oppose à ce sujet un « ancien régime » et une « révolution » de la vie sexuelle[8].

8. Voir la conversation entre Mona Ozouf et Michelle Perrot lors de l'émission *La Grande Librairie*, France 5, 9 mars 2022. Pour une remarquable évocation littéraire et féministe du temps d'avant la pilule et l'IVG, voir le premier tome des mémoires de Nuala O'Faolain, *On s'est déjà vu quelque part ?*, Paris, Sabine Wespieser, 2002.

Baisse du mariage, montée de l'union libre et du divorce

Sur les réformes du droit de la famille, le paradoxe est qu'on ne perçut pas d'emblée toute la portée de cette révolution sociétale en marche. Certes, on voulait que la famille cesse d'être une exception aux valeurs de liberté et d'égalité et on promouvait les droits de l'enfant. Certes, le législateur était allé très consciemment à l'essentiel : en supprimant tout ce qui donnait à l'homme l'exclusivité dans la direction de la famille et en accordant une dissolubilité de principe au lien matrimonial, on posait les bases de l'institution du couple duo égalitaire. Mais on pensait simplement « moderniser » la famille nucléaire qui avait triomphé dans les années 1945-1965, marquées par une forte nuptialité, une forte fécondité et une faible divortialité.

Ainsi, au moment où l'on rompait avec tout le système traditionnel d'opposition de l'honneur et de la honte en instituant, par la loi de 1972, une famille hors mariage où l'enfant naturel serait à égalité de droits de l'enfant légitime, on pensait que les « filles-mères » étaient un phénomène résiduel lié à la pauvreté. « Le mariage ne s'est jamais si bien porté », affirma encore à la tribune de l'Assemblée, statistiques démographiques à l'appui, le garde des Sceaux Jean Lecanuet lorsqu'il vint en 1975 y défendre la réforme du divorce.

Or c'est justement là que l'aspiration des nouvelles générations à l'émancipation sexuelle et à l'égalité de sexe était déjà en train de changer la donne. À partir de la fin des années 1970, la surprise des démographes est d'apercevoir que toutes les courbes antérieures s'inversent, et que cela a commencé dès 1965. La nuptialité et la fécondité chutent, la cohabitation des jeunes, puis le concubinage et les naissances hors mariage ne cessent de progresser, le divorce explose, suivi par l'augmentation des familles monoparentales et recomposées.

L'explication de tous ces faits par la thèse de l'*individualisation* ne tarde pas à s'imposer dans l'opinion. Les partisans du changement y voient la preuve de l'émancipation du moi par rapport aux conventions sociales et aux institutions qui bridaient et brisaient son autonomie, et certains courants de l'extrême gauche radicale ou du mouvement féministe vont jusqu'à déclarer que la famille est par définition une entité réactionnaire et oppressive dont il faut se débarrasser. Les opposants au changement, de leur côté, y voient la preuve de la montée inquiétante de l'individu-roi : obsédé de lui-même, incapable d'engagement et de dévouement, esclave consentant du sexe, de la technique et du marché, il *détruit la famille*, sacrifiée à la toute-puissance de son désir égoïste.

Cette alternative entre émancipation du Moi et triomphe du Sujet-roi est une expression directe de l'idéologie individualiste pour laquelle la société se réduit à une population (une collection d'individus), qui modèle encore largement nos débats de société. Mais l'approche sociologique relationnelle suivie dans ce livre, attachée à observer la métamorphose des mœurs et des institutions, amène à voir les choses différemment. En effet, prendre en compte les progrès de l'émancipation des femmes et de l'égalité de sexe et leur traduction dans le nouvel idéal du couple duo éclaire tout autrement les bouleversements qui commencent à se manifester dans tout l'Occident durant les années 1970 et se poursuivent jusqu'à aujourd'hui.

On comprend d'une autre façon la *montée de l'union libre* : elle n'est pas un « refus de l'engagement » mais bien plutôt une manière d'exprimer l'idéal du couple duo comme conversation privée, sans filets, qui n'a que faire des « papiers du mariage ». Il existe certes des concubinages qui se veulent plus ou moins provisoires, en particulier chez les jeunes adultes, et ces « couples au présent » ont désormais toute leur place dans la société. Mais à partir d'un certain âge, l'immense majorité des concubins d'aujourd'hui n'a pas un idéal d'amour durable différent des mariés : ils ont exactement le même. Simplement les mariés pensent que cet idéal d'amour-toujours peut parfaitement s'inscrire dans le cadre du mariage contemporain (à présent libre, égalitaire, dissoluble de la commune volonté des parties), alors que les concubins redoutent que l'officialisation de l'union par un mariage ne menace la dynamique privée de leur conversation amoureuse, seule à même de faire durer le couple duo de façon signifiante.

Mariage et concubinage s'opposent si peu sur le fond qu'on peut aisément passer d'un statut à l'autre au fil de son itinéraire biographique, d'autant plus que le choix du mariage ou de l'union libre n'a aucune conséquence pour la famille, puisque depuis 1972 la filiation des enfants est totalement indépendante du statut matrimonial de leurs parents. Quand on se souvient qu'être mariées ou non a, pendant des siècles, séparé radicalement les femmes enceintes en deux groupes, les unes fêtées au sein du monde de l'honneur et les autres renvoyées dans celui de la honte, on perçoit à quel point nous sommes dans un tout autre univers que celui du XIXe siècle et de la première moitié du XXe siècle.

On comprend autrement la *montée du divorce* : elle traduit le *risque* totalement nouveau issu de la généralisation du couple duo. Dans le passé, le risque majeur des partenaires d'un couple était de rester quoi qu'il arrive enchaînés l'un à l'autre comme deux bœufs à la charrue, par le « joug matrimonial ». Aujourd'hui, ce risque n'existe simplement plus. En revanche, personne n'est à l'abri du risque de s'entendre dire un beau matin « je m'en vais » et de voir sa vie s'effondrer. On voit ici à quel point changer d'idéal collectif, ce n'est jamais supprimer les problèmes : c'est se débarrasser des anciens et en acquérir de nouveaux. L'idéal de liberté et d'égalité du couple duo a fait surgir, très logiquement, de nouveaux désarrois, de nouveaux dilemmes et de nouveaux risques. Si légitime soit le droit de partir, le drame de la séparation et parfois la violence de l'abandon n'en sont pas moins intensément vécus. Ils peuvent en outre être redoublés par de nouvelles formes d'inégalités entre les sexes qui prospèrent après la rupture[9].

Inégalité entre le père et la mère divorcés, au détriment de la femme et des enfants qui peuvent s'appauvrir drastiquement dans la famille monoparentale quand le père abandonne ses devoirs, mais aussi au détriment de l'homme dont l'exercice concret de la paternité est encore loin d'être aussi légitime que celui de la maternité, qui peut être évincé et perdre totalement le lien à ses enfants. Dissymétrie aussi entre les sexes face au temps qui passe, au détriment de la femme, souvent quittée pour une plus jeune, et qui après 40 ans risque bien davantage que l'homme de rester seule sans l'avoir voulu.

L'émergence progressive, puis l'institution en droit, du principe de *coparentalité* post-divorce est la première réponse institutionnelle à la hauteur de certains de ces problèmes, mais sa mise en œuvre est encore très loin d'avoir enrayé ces nouvelles inégalités, surtout quand elle sert de prétexte à ne pas payer une pension alimentaire qui serait justifiée. On constate aujourd'hui un écart croissant entre les catégories sociales les plus privilégiées, qui font face à ces nouveaux risques et apprennent à chercher d'autres issues aux crises du couple que la séparation, et les classes les plus populaires où l'éclatement rapide de la famille, la pauvreté des mères, la disqualification et l'errance des pères, les difficultés majeures d'éducation des enfants dans les familles monoparentales et de graves problèmes de logement et de chômage propagent la misère et balaient parfois tout espoir

9. Collectif Onze, *Au tribunal des couples, enquête sur des affaires familiales*, Paris, Odile Jacob, 2014.

d'ascension sociale, dans un contexte où le ménage à deux salaires est devenu la norme.

On comprend aussi autrement la *diversification des formes de couples* et le développement d'une période longue entre l'adolescence et l'engagement dans un couple durable. Dans le contexte d'un allongement important de l'espérance de vie qui transforme l'ensemble du calendrier biographique (à tous les âges, on est désormais plus « jeune » qu'autrefois), la possibilité donnée non seulement aux jeunes hommes, mais aussi aux jeunes femmes, de vivre une vie sexuelle et amoureuse sans condamnation sociale *a priori* a remplacé l'ancien système opposant la norme féminine de la virginité jusqu'au mariage à la norme masculine de l'initiation sexuelle auprès des prostituées et des femmes de « petite vertu ». Elle permet aux nouvelles générations de repousser le moment de se lancer dans la construction d'une union stable et d'une famille.

Les jeunes sont désormais socialement autorisés à expérimenter de nouvelles façons de vivre la sexualité, en particulier via des formes de couples passagères avec le « petit ami » ou la « petite amie », qui ne sont plus dissimulées aux parents. Prudents, ces derniers, qui naguère disaient « pas de ça à la maison », préfèrent aujourd'hui accueillir chez eux, la nuit, le couple post-adolescent et le retrouver au petit déjeuner, en une sorte de « familialisation » des amours des jeunes qui ne dit pas son nom, qui tranche avec l'idée classique que l'amour et le sexe sont la voie majeure pour prendre son autonomie affective par rapport à ses parents, et sur laquelle peu de réflexions ont encore eu lieu. Ces nouvelles libertés font inévitablement surgir de nouveaux problèmes ou de nouveaux défis, dont on parlera au chapitre suivant.

Retenons ici simplement qu'à la double morale pré-conjugale (virginité et névrose pour elle, initiation au bordel ou auprès des filles dites faciles pour lui) se substituent la coexistence et la complémentarité entre deux façons de s'inscrire dans la temporalité : celle des couples « au présent[10] », fréquents chez les jeunes, mais aussi chez les plus âgés après une séparation, un divorce, et parfois un veuvage, et celle des couples qui s'inscrivent dans la durée et les projets de long terme, qu'ils soient mariés ou non, avec enfants ou non. Entre le présent et le temps long, tout un dégradé est désormais possible et la nouvelle sagesse de l'amour est de passer de l'un à l'autre avec la plus grande douceur.

On comprend enfin la légitimité croissante de *la sexualité hors de toute dimension amoureuse ou de couple*. Au tout début des années 1970, les jeunes filles avaient cessé de penser que les rapports hétérosexuels supposaient forcément le couple durable ou le mariage, mais le critère pour sauter le pas et « coucher » était le plus souvent : être amoureuse. Les garçons n'avaient pas le même héritage culturel à porter et pour les hétérosexuels un champ immense s'est ouvert quand toutes les femmes, et pas seulement « celles qu'on n'épouse pas », sont devenues potentiellement disponibles à une relation sexuelle. Avec la libération sexuelle permise par la contraception et l'IVG, les relations sexuelles sans lendemain se sont répandues et de plus en plus de filles les ont pratiquées. Dans la vie homosexuelle aussi, les différences traditionnelles entre les gays, qui ont toujours valorisé à la fois la sexualité hors de tout enjeu amoureux et le couple, et les lesbiennes, plus attachées à une sexualité « relationnelle », se sont atténuées.

En bref, pour tous les individus, par-delà leur sexe, leur genre et leur orientation sexuelle, avec des différences issues d'une longue histoire, la valorisation d'une sexualité hors de tout enjeu amoureux fait dorénavant partie de la gamme

10. La notion de « couple au présent » vient d'Anca Dohotariu, *Le Couple non marié en Roumanie et en France : une approche de sociologie comparée*, thèse de sociologie (sous la direction d'Irène Théry), EHESS, 2010.

des possibles. C'est à cela peut-être que l'on peut mesurer le plus clairement l'immense chemin parcouru depuis les temps hantés par le péché de chair. À chacun de voir comment il va conduire sa vie, entre relations sexuelles sans amour, relations sexuelles et amoureuses au présent, couples au présent, couples engagés dans la durée. Sans oublier la possibilité de ne pas s'intéresser à la vie sexuelle, revendiquée désormais – contre les nouvelles normes de l'épanouissement sexuel obligatoire – par celles et ceux qui s'identifient comme « asexuels », formant un sous-groupe de plus dans la logique de classement identitaire des individus qui domine aujourd'hui.

Le démariage

Enfin, pour avoir une vision d'ensemble de tous ces changements, il faut se tourner vers ce qui fut naguère le cœur du système : le mariage. À la fin du XXe siècle, un phénomène social radicalement inédit, et qui reste encore aujourd'hui largement méconnu, a commencé à transformer l'institution familiale : je l'ai nommé le « démariage[11] ». Le mot ne signifie pas seulement que l'on se marie moins (plus de 60 % des enfants naissent aujourd'hui de parents non mariés) et que la divortialité explose, touchant aujourd'hui un couple sur deux. Plus profondément, le concept de démariage désigne ce qui s'est passé dans la société avec l'avènement du couple duo : *se marier ou non, se démarier ou non, est devenu une question de conscience personnelle.*

Dans l'ordre privé et familial, c'est une révolution aussi importante que ce qui se passa il y a un peu plus de deux siècles dans l'ordre politique, quand la religion cessa d'être l'horizon

11. Irène Théry, *Le Démariage*, *op. cit.* ; voir aussi, pour une présentation du démariage qui intègre l'apport de Stanley Cavell, Irène Théry, « Vie privée et monde commun. Réflexions sur l'enlisement gestionnaire du droit », *Le Débat*, 85 (3), 1995, p. 110-126.

obligé de la vie sociale et que les religions (ainsi que le droit de ne pas croire) entrèrent à l'intérieur des consciences privées : il fallut refonder toutes les institutions de la vie politique. Que se passe-t-il pour le droit de la vie privée quand le mariage ne peut plus être l'horizon indépassable des rapports sexués et sexuels, cette institution pivot sur laquelle s'édifiaient tout le droit de la famille, tout l'ordre sexuel du permis et de l'interdit, et toute l'organisation sexuée de la vie sociale ?

Le mariage change de sens et cesse d'être l'institution fondatrice de la seule famille reconnue. La conjugalité vaut désormais comme lien d'amour entre deux personnes, indépendamment de tout enjeu de filiation. Le couple lui-même change de sens et cesse d'être assimilé au seul couple hétérosexuel. Parallèlement, l'axe du droit commun de la famille se déplace du mariage vers la filiation qui est à présent *le seul lien social idéalement inconditionnel et indissoluble.* Plus valorisée que jamais, refuge de tous nos besoins de liens non négociables et destinés à durer toute la vie, la filiation devient le lien de parenté commun à tous, au fur et à mesure que les droits et devoirs qui la définissent deviennent identiques pour tous les enfants, que leurs parents soient mariés ou non, unis ou séparés, de sexe différent ou de même sexe.

Une nouvelle cohérence du Code civil s'impose ainsi peu à peu. Son rôle n'est plus la défense d'un modèle unique de « la » famille légitime, seul lieu de la sexualité autorisée et valorisée. Il intègre désormais toute une diversité de configurations familiales dès lors qu'elles respectent les nouvelles valeurs communes de liberté individuelle, d'égalité des sexes et de responsabilité générationnelle définissant le lien familial contemporain[12].

12. Sur ce changement qui fait de la filiation (et non plus du mariage) l'axe d'un droit commun de la famille, et les questions dès lors ouvertes, voir le travail collectif réalisé à la demande de la ministre de la Famille Dominique Bertinotti par une commission pluridisciplinaire de vingt-quatre spécialistes, et exposé dans Irène

INSTITUER LE COUPLE DE MÊME SEXE

Si l'on reconnaît qu'elle participe directement de la troisième révolution du consentement et prolonge ses trois grandes composantes – égalité des sexes, démariage, métamorphose des institutions de la parenté – vers la réfutation de toute idée d'identités « contre-nature », on analysera autrement qu'on ne le fait d'ordinaire la montée des revendications homosexuelles à partir des années 1970 et ce qu'elle implique dans la redéfinition globale du permis et du valorisé en matière sexuelle.

D'une part, on insistera sur l'historique du changement : ces revendications ont très rapidement et très fortement évolué au cours des quarante dernières années, au fur et à mesure que de nouveaux possibles et de nouveaux souhaitables apparaissaient pour les couples gays et lesbiens et favorisaient l'émergence de familles homoparentales, en convergence directe avec l'évolution des mœurs et des valeurs des couples hétérosexuels eux-mêmes. Sans cette convergence, il n'est pas sûr que la société aurait été capable d'intégrer des changements aussi profonds à une telle rapidité à l'échelle historique. De fait, le contre-modèle qui a été combattu n'est pas l'« hétérosexualité » ou l'« hétérosexisme » mis en avant dans une perspective ensembliste-identitaire (comme si les hétérosexuels étaient par définition des « dominants » partisans de l'ordre établi, qu'il n'y avait pas eu une hétérosexualité stigmatisée au XIXe siècle et la plus grande partie du XXe siècle et que l'hétérosexualité ne vivait pas elle aussi aujourd'hui sa révolution des valeurs), mais *le modèle matrimonial napoléonien/victorien dans sa dimension homophobe.*

Théry et Anne-Marie Leroyer, *Filiation, origines, parentalité. Le droit face aux nouvelles valeurs de responsabilité générationnelle*, rapport à la ministre de la Famille, Paris, Odile Jacob, 2014.

D'autre part, on comprendra qu'il ne s'agissait pas seulement d'en finir avec les discriminations et de reconnaître les droits d'une minorité, mais plus profondément de *transformer le cœur même des institutions communes de la parenté*, afin qu'elles intègrent le couple de même sexe comme une façon parfaitement normale de vivre sa sexualité et sa vie amoureuse. Cet enjeu a semblé très souvent inaperçu ou dénié par les politiques qui ont porté les réformes en répétant qu'ouvrir des droits aux homosexuels « ne changeait rien » pour les autres. Même si l'on comprend bien l'intention rassurante d'une telle formule – souligner que ceux qui ont déjà des droits n'en perdront aucun –, affirmer qu'on « ne change rien » au moment même où l'on redéfinit *pour tous* des institutions aussi capitales que le couple, le mariage ou la filiation démontre à quel point la notion d'institution commune s'est étiolée dans la culture politique ordinaire.

Pourtant, c'est bel et bien à la complexité de ce changement de notre droit commun que les militants, les politiques et au-delà d'eux l'ensemble des citoyens ont dû faire face, qu'ils le reconnaissent ou non. C'est même précisément là que s'est concentré l'essentiel des conflits et des dissensions, jusqu'à aujourd'hui inclusivement.

Cette métamorphose des institutions de la parenté est encore à ce jour inachevée, mais on peut en dresser un premier bilan. Elle s'est faite en France en trois grands « moments politiques ». Le premier, entre 1997 et 1999, avait pour enjeu la redéfinition du couple en droit par l'institution du couple de même sexe, et s'est concentré sur le vote du Pacs. Le deuxième, en 2012-2013 avait pour objet la redéfinition du mariage par le « mariage pour tous », et liait couple et filiation adoptive de même sexe. Le troisième, en 2018-2021 avait pour objet l'institution de l'engendrement avec tiers donneur, et portait sur l'ouverture de la PMA à toutes les femmes. On se bornera ici à présenter les deux premiers débats, qui participent directement de l'institution de nouvelles normes en matière de vie sexuelle par la troisième révolution du consentement : sur le Pacs et la redéfinition du couple, puis sur la « différence des sexes » et la redéfinition du mariage.

Il y a toujours eu en Occident une vie homosexuelle indépendante de tout lien amoureux, des couples de femmes et des couples d'hommes unis par le désir et l'amour, et des personnalités homosexuelles, gays ou lesbiennes, jouant un rôle important en art, sciences, entreprise et politique. Mais les différents modèles d'organisation du permis et de l'interdit sexuels que l'on a rappelés les avaient toujours violemment rejetés du côté de l'interdit et de la clandestinité. Le christianisme condamnait la sodomie comme l'un des plus graves péchés de luxure, puni de mort par le feu.

Avec la Révolution et la sécularisation du droit, l'homosexualité a été décriminalisée en France mais sa condamnation morale comme vice, sa redéfinition pseudo-scientifique comme pathologie et sa poursuite policière au nom des bonnes mœurs l'ont cantonnée dans la clandestinité. De très nombreux travaux en sciences sociales s'attachent depuis quelques décennies à sortir de l'ombre cette part de la vie humaine longtemps occultée, insistant à la fois sur la répression spécifique frappant les gays et sur les formes d'invisibilité et de déni frappant tout particulièrement les lesbiennes[13].

De la sortie du placard à la tragédie du sida

À partir des années 1970 et de ce qu'on a nommé la « révolution sexuelle », tout un pan de l'existence humaine relégué

13. Pour une présentation synthétique voir les contributions de Christine Bard, Sandra Boehringer, Gabrielle Houbre et Didier Lett, *in* Sylvie Steinberg (dir.), *Une histoire des sexualités*, *op. cit.* Sur l'invisibilité des lesbiennes : Marianne Schulz, « Lesbiennes, les silences du droit », *Les Temps modernes*, 598, mars-avril 1998, p. 113-155.

pendant des siècles dans la honte et le scandale s'est affiché en public, a diffusé son langage, son look, son goût de la provocation, et envahi les rues de ses immenses manifestations de fierté. Dans un premier temps, l'enjeu majeur est « la sortie du placard ». Elle allie un refus et une exigence, en référence à une morale personnelle forte, que certains clichés conservateurs sur les mœurs « soixante-huitardes » – réduisant la libération sexuelle à l'apothéose du désir déréglé de l'individu hors de ses gonds – empêchent parfois de voir.

Le refus, c'est celui de la logique des secrets de famille, dont on a vu à quel point elle fut consubstantielle à la morale bourgeoise victorienne. Longtemps les homosexuels hommes et femmes ont dissimulé leur sexualité soit dans un célibat voué – ou prétendument voué – à l'abstinence, soit dans un mariage avec une personne de l'autre sexe, leur permettant de connaître les joies de la paternité ou de la maternité – le désir d'enfant n'ayant jamais été réservé aux personnes hétérosexuelles –, mais les condamnant à une double vie. Le personnage de Robert de Saint-Loup, ami du narrateur et époux de Gilberte Swann dans *À la recherche du temps perdu*, alliant l'aisance de l'homme sûr de son charme, les qualités d'un excellent père, le courage d'un dreyfusard engagé contre sa caste sociale, la virilité du militaire qui mourra au combat, et la pratique secrète et assidue d'un bordel pour hommes entre eux, est un des grands exemples de cette double vie, témoignant de l'audace littéraire de Proust.

Ne plus sacrifier aux apparences du mariage ordinaire, ne plus cacher son homosexualité à ses proches et enfin s'affirmer ouvertement, voire publiquement, comme gay ou lesbienne sont les étapes d'un cheminement qui repose sur une valeur forte : celle d'*authenticité*, dont le philosophe Charles Taylor[14] a montré toute l'importance dans la société individualiste

14. Charles Taylor, *Les Sources du moi*, *op. cit.*

contemporaine. Cette exigence morale, signifiant « ce que l'on se doit à soi-même », impliquait dans le contexte social des années 1970 et 1980 de prendre des risques personnels importants pour s'émanciper de la honte liée au stigmate et participer concrètement au mouvement collectif de valorisation de l'homosexualité. Elle donnait un guide et une ressource pour faire face aux difficultés et aux dangers que recèle le processus de sortie du placard.

Ce mouvement, comme l'a montré Michael Pollak dans un célèbre article sur « l'homosexualité masculine, ou le bonheur dans le ghetto[15] », se traduit dans un premier temps chez les gays par le développement de nouveaux lieux de rencontre, de nouvelles publications et d'une contre-culture alternative dont l'objet principal est de s'émanciper de la morale sexuelle héritée. La principale revendication en droit est alors la suppression de l'incrimination de « détournement de mineur » visant les relations homosexuelles d'un majeur avec un jeune de moins de 21 ans, puis de moins de 18 ans, alors que la majorité sexuelle est fixée à 15 ans pour les relations hétérosexuelles. À l'arrivée de la gauche au pouvoir, le garde des Sceaux Robert Badinter supprime cette discrimination (1982).

Cependant la valorisation d'une séparation possible ou souhaitable du sexe et de l'amour, particulièrement forte chez les gays, n'a jamais signifié pour eux le renoncement à une vie amoureuse durable et à la formation de couples. Moins flamboyant en apparence que la multiplicité des rencontres sexuelles, ce « bonheur domestique[16] » qui se conquiert à la force du désir et de l'amour, de la conversation et du quotidien

15. Michael Pollak, « L'homosexualité masculine, ou le bonheur dans le ghetto ? », article repris *in* Michael Pollak, *Une identité blessée*, Paris, Métailié, 1995.
16. Philippe Adam, « Bonheur dans le ghetto ou bonheur domestique ? Enquête sur l'évolution des expériences homosexuelles », *Actes de la recherche en sciences sociales*, 128 (3), 1999, p. 56-67.

partagé a lui aussi son prix immense : aimer vraiment, vouloir se lier, et s'inscrire dans le temps.

Loin qu'elle se résume à « singer les hétéros » (comme cela fut parfois dit à l'époque), on peut considérer que cette façon de vivre l'homosexualité participe activement de la grande invention du couple duo, libre et égalitaire, au temps du démariage[17]. Finalement, sans supprimer ni dévaloriser les lieux de drague et les frissons de la contre-culture, c'est là que va se concentrer la révolution homosexuelle : il ne s'agit rien de moins que de quitter l'*assignation aux marges* de la vie sociale et de conquérir aussi le cœur des institutions de la parenté.

Dans la seconde moitié des années 1980, avec l'épidémie de VIH, le couple duo de même sexe considéré jusqu'alors comme un lien purement privé devient rapidement un enjeu social et politique. L'homophobie redouble dans les premiers temps du sida, et les compagnons des malades font la dure expérience de leur absence de droits, quand la famille d'origine les rejette et se présente comme la seule interlocutrice des médecins, quand elle va jusqu'à les écarter des obsèques, se jeter sur l'héritage, les spolier des biens communs et leur voler des objets d'une grande valeur affective, quand le bailleur les chasse de l'appartement commun.

Même dans les cas où tout se passe bien avec la famille et avec les médecins, l'absence de toute existence juridique creuse un abîme entre la vie concrète des couples unis jusqu'au dernier jour et leur inexistence sur le plan institutionnel, comme si l'assignation au privé était le nouveau ghetto. Dès septembre 1984, après la mort de Michel Foucault, son compagnon Daniel Defert sut concevoir que le mouvement gay devait être capable d'affronter un approfondissement décisif

17. Jérôme Courduriès, *Être en couple (gay). Conjugalité et homosexualité masculine en France*, Lyon, Presses universitaires de Lyon, 2011.

de ses combats et osa dire qu'il n'y a pas que le sexe dans la vie. Le croire serait accepter implicitement le retour à la famille d'origine comme seul refuge quand se profilent la maladie, la vieillesse et la mort. En témoigne la lettre, d'un anticonformisme bouleversant pour l'époque, qu'il envoie aux amis qu'il sollicite pour fonder ce qui deviendra la grande association Aides :

> La libération des pratiques sexuelles n'est pas l'alpha et l'oméga de notre identité. Il y a urgence à penser nos formes d'affection jusqu'à la mort, ce que les hétéros ont institutionnalisé depuis longtemps. Je ne retournerai pas mourir chez maman. Nous risquons de nous laisser voler une part essentielle de nos comportements affectifs. Défamiliarisons notre mort comme notre sexualité. [...] Il y a d'autres intensifications affectives à promouvoir au sein de la culture gaie. Je dis que c'est un problème culturel, donc il y a des aspects psychologiques, matériels, et légaux. Il faut les aborder de front. C'est mieux que la panique ou la moralisation. Face à une urgence médicale certaine et à une crise morale qui est une crise d'identité, je propose un lieu de réflexion, de solidarité et de transformation, voulons-nous le créer[18] ?

Ces mots lancent à la contre-culture gaie un défi : innover pour s'approprier une dimension de la vie instituée qu'on avait crue jusqu'alors réservée aux couples de sexe différent. Face aux ravages de l'épidémie, le monde associatif se transforme et Aides, Arcat-sida, Sida info-service, Act Up, etc., sont les lieux d'un activisme énergique et pluriel, où se nouent des rapports d'une intensité humaine exceptionnelle, et où se construit une solidarité à la fois très concrète et contestataire, qui est une autre façon d'affronter l'épidémie. Rendre

18. Daniel Defert, *Lettre proposant la création de Aides*, 29 septembre 1984.

leur situation publique demande aux personnes séropositives un courage dont nous n'avons plus idée[19].

Personne ne peut imaginer, au début, que la conséquence de tous ces courages individuels sera à la fin un prodigieux retournement du stigmate. C'est dans ce contexte difficile qu'un premier arrêt de la Cour de cassation (1989) refuse de considérer deux homosexuels vivant ensemble comme des « concubins », au motif que la catégorie viserait la « vie maritale » et que seuls peuvent prétendre à une telle vie les couples qui pourraient se marier. Cette interprétation, qui lie de façon idéologique le *fait social* du concubinage à la *possibilité statutaire* du mariage et prive les survivants des droits les plus élémentaires, scandalise non seulement le mouvement LGBT+ et ses alliés, mais aussi les juristes spécialistes de droit de la famille qui travaillent depuis une décennie sur le développement sans précédent du concubinage et définissent celui-ci comme « une communauté de toit et de lit », communauté de fait génératrice de droits, indépendante de tout enjeu de filiation[20]. Mais la Cour réitère sa jurisprudence en 1997 : la balle est dès lors dans le camp du législateur.

Il est devenu très difficile de se représenter ces années-là sans anachronisme, alors qu'aujourd'hui nous vivons dans un monde social où le couple gay ou lesbien peut être célébré dans la plus belle salle de nos mairies. Mais il importe de comprendre pourquoi, en France, le cheminement vers l'institution du couple de même sexe a été si compliqué. L'idée que l'on défendra ici est qu'il y a eu, à la fin des années 1990, *deux enjeux institutionnels mêlés* : garantir des droits pour les couples homosexuels, qui en avaient un besoin urgent, mais

19. Voir le documentaire audio de Manon Prigent, *Quand la vie privée devient publique*, podcast *LSD*, 3e épisode, « Les années sida : se dire séropo, un geste politique », France Culture, 2022.
20. Jacqueline Rubellin (dir.), *Les Concubinages, 1. Approche socio-juridique*, Paris, CNRS éditions, 2000.

aussi changer la définition pluriséculaire du couple en droit civil, ce qui supposait de faire entrer l'homosexualité dans le domaine de la parenté.

C'est une question que n'ont pas vécue avec autant de difficulté les pays de *common law*, plus pragmatiques, qui pensent plus aisément le pluralisme et abordent différemment les droits des minorités. D'une part, ces pays n'ont jamais eu l'idée de définir le concubinage par la possibilité du mariage, et ont admis d'emblée le concubinage de même sexe. D'autre part, face à la demande de reconnaissance, par le mouvement LGBT+, d'un lien de couple qui ne soit pas seulement un lien de fait mais une union instituée, protectrice, fondée sur un engagement solennel public, ils ont proposé d'emblée une solution juridique très claire : les contrats de partenariat civil, célébrés solennellement en mairie et donnant cent pour cent des droits des mariés en matière de couple, tout en laissant de côté la filiation.

En France, la solution de ces partenariats civils qui étaient institués au même moment dans d'autres pays, y compris de droit codifié comme la Suisse ou l'Allemagne, fut proposée (par moi-même)[21], mais rejetée comme « communautariste ». On peut le regretter en pensant aux quatorze années ainsi perdues (1999-2013) pour certains droits fondamentaux des couples de même sexe, en particulier en matière successorale, mais les faits sont là : une autre voie a été recherchée, celle qui donnera finalement le Pacs, accordant beaucoup moins de droits, de protection et de reconnaissance que le partenariat civil et n'impliquant aucune solennité, mais ouvert à tous les couples « qui ne veulent ou ne peuvent se marier ». Il faut souligner en effet que le grand avantage politique et symbolique de cette « voie française », qui a justifié d'aller moins vite et moins loin concernant les droits concrets accordés,

21. Irène Théry, « Le contrat d'union sociale en question », *Esprit*, 236, octobre 1997.

était de chercher une institution unique pour tous les couples, de sexe différent ou de même sexe.

Le débat sur le Pacs

Le Pacs était supposé répondre à l'interdit posé par la Cour de cassation sur la notion de couple de même sexe et à ses conséquences en termes de droits sociaux en particulier (droit au bail, etc.). Mais comment ? En assumant d'opérer une redéfinition du couple en droit ? En la contournant ? En la refusant ? On ne sait pas assez que sur ce sujet se sont affrontés non pas seulement deux camps, les « pro-Pacs » et les « anti-Pacs », mais bien quatre positions.

Une position de dénonciation du lien : aucun droit ne doit être accordé. Elle procède d'une hostilité ouverte à l'homosexualité. C'est la solution de tous ceux qui souhaitent maintenir l'homosexualité comme une anomalie, un péché, une pathologie qu'il faudrait soigner et à laquelle on devrait tout au plus compassion. La députée Christine Boutin et le représentant de l'Église de France pour le Pacs, Tony Anatrella, prêtre et psychanalyste, sont les deux figures qui ont incarné cette position dans sa version offensive. Elle rassemble une grande partie de la droite qui s'est mobilisée contre le Pacs.

Une position d'effacement symbolique du lien : des droits sociaux réels, mais pas de relation reconnue. Elle peut être interprétée comme une position pragmatique d'évitement des conflits, mais aussi comme le refus de toute publicisation de l'homosexualité : c'est la solution qui fut recherchée par Jacques Toubon lorsqu'il était garde des Sceaux (soulignons cependant qu'il a évolué ensuite, en tant que Défenseur des droits, vers une défense très active du mariage de même sexe). Sa traduction est la proposition d'un « pacte d'intérêt commun » (PIC), élaboré par le juriste Jean Hauser[22] dans l'idée revendiquée de dire non à toute reconnaissance symbolique du couple de même sexe. Cette voie confirme indirectement la jurisprudence de la Cour de cassation définissant le couple comme nécessairement de sexe différent. C'est la position d'une partie de la droite, la plus libérale, qui s'est mobilisée contre le Pacs.

Une position d'institution d'un lien désymbolisé : des droits nouveaux pour les couples non mariés, appréhendés non pas comme des couples, mais dans le cadre plus général de « paires » solidaires (couples, amis, frères et sœurs, personnes âgées, etc.). C'est la solution de tout un ensemble de propositions de contrat d'union civile, avancées par Jan-Paul Pouliquen et Gérard Bach-Ignasse suivis par une partie du mouvement LGBT+ : Partenariat civil (Sénat 1990, Mélenchon), Contrat d'union civile (Assemblée 1992, Autexier, puis Michel), Contrat d'union civile et sociale (Assemblée 1997, Michel)[23].

Cette option cherche à *contourner* l'enjeu du couple. Elle est motivée par l'urgence d'obtenir des droits, par la crainte de constituer des fichiers homosexuels qui pourraient être utilisés en cas de basculement vers un pouvoir autoritaire combattant l'homosexualité ; mais aussi par l'idée que les distinctions symboliques signifiantes au sein des liens humains (par exemple entre les relations qui impliquent la dimension sexuelle, comme le couple, et celles qui l'excluent, comme la fratrie) *n'ont pas d'importance*, la seule « réalité » étant la vie concrète. On voit ici à quel point la notion d'institution peut disparaître de la conscience collective. C'est la position

22. Jean Hauser, « Le Projet de pacte d'intérêt commun », Rapport de la Mission recherche droit et justice, 1er avril 1998.
23. Voir la présentation comparée de tous ces projets dans le dossier juridique réuni par Marianne Schulz en accompagnement de mon article, « Le contrat d'union sociale en question », art. cité.

d'une partie de la gauche socialiste et communiste pro-Pacs. Mais on sait peu qu'en son sein se trouvent deux composantes en réalité *opposées*.

Une partie militante LGBT+, très motivée par les droits des personnes homosexuelles, mais qui ne perçoit pas, du moins au début, que cette solution implique le maintien de la jurisprudence de la Cour de cassation sur le couple. Une autre partie, social-démocrate, très réservée pour sa part à l'égard de la « publicisation » de l'homosexualité et surtout inquiète de lui ouvrir la porte de la famille, qui perçoit que le seul couple en droit restera le couple de sexe différent, et choisit cette solution tout à fait sciemment.

Une position d'institution du couple de même sexe, supposant de remettre en cause la définition pluriséculaire du couple en droit, portée elle aussi par une partie du mouvement LGBT+ et alliés. C'est la position défendue dans le Contrat de vie sociale proposé d'abord par Aides puis Act Up, mais aussi celle du Collectif pour l'union libre qui s'inquiète de voir hiérarchiser en droit deux sortes de concubins, « ceux qui s'engagent » et « ceux qui ne s'engagent pas ». Elle caractérise la proposition de Contrat d'union sociale (Assemblée 1997, Fabius). C'est la position d'une partie de la gauche socialiste et communiste qui, avec le sénateur Robert Badinter, va se mobiliser pour proposer un amendement à la loi sur le Pacs afin qu'elle mette fin explicitement à la jurisprudence de la Cour de cassation. Cette position, au départ minoritaire à gauche, va convaincre les rapporteurs à l'Assemblée Jean-Pierre Michel et Patrick Bloche, et gagner du terrain tout au long du débat jusqu'à devenir clairement majoritaire.

Ces distinctions permettent de comprendre un aspect peu connu et pourtant essentiel du Pacs. À la tribune de l'Assemblée, ses partisans et ses adversaires se sont opposés de façon virulente, ce qui est logique : lors de la discussion d'une loi, en définitive c'est bien avec cette simplicité que les choses se présentent, on vote pour, ou on vote contre. Des débats préparatoires, on retient surtout, et à juste titre, l'attitude violemment hostile de la droite, la manifestation anti-Pacs organisée par Christine Boutin où l'on entendit le slogan « les pédés au bûcher », l'hostilité de l'Église de Rome. Face à la violence de l'opposition, la gauche socialiste (majoritairement réticente au départ, au point que l'absence des députés sur les bancs de l'Assemblée le premier jour avait permis aux opposants de repousser le projet de loi) se convainc progressivement de l'enjeu humain et politique, s'investit, et le jour du vote apparaît comme une victoire historique de la gauche et du mouvement LGBT+.

Pourtant ce jour-là, on ne sait toujours pas si le Pacs concerne un couple ou une paire. Les fratries ont été absentes, puis présentes, puis absentes du texte, sans que ces changements soient explicités. Et surtout jusqu'au dernier jour, la garde des Sceaux Élisabeth Guigou a répété que deux collègues, deux amis peuvent faire un Pacs. Tout cela est lié à la coexistence des deux approches pro-Pacs présentées plus haut. La presse ne perçoit pas ces enjeux et ce n'est que grâce à la mobilisation de quelques personnes que la redéfinition du couple en droit a été assurée par la nouvelle loi.

Tony Anatrella et l'Église de France

Le sénateur Robert Badinter, fin juriste, était très conscient du problème. Il écrit un article important pour soutenir la redéfinition juridique du couple, « Les silences du Pacs », et avec le sens de la formule qui le caractérise énonce l'enjeu fondamental : « Les homosexuels doivent entrer dans le droit par la grande porte du Code civil[24]. » C'est pourquoi

24. Robert Badinter, « Les silences du Pacs », *Le Nouvel Observateur*, 8-14 octobre 1998.

il soumet au Sénat un amendement sur le concubinage permettant de redéfinir le couple en explicitant qu'il peut être de même sexe et de sexe différent.

Cette solution avait été proposée pour la première fois (sous une rédaction différente) dans le rapport *Couple, filiation et parenté aujourd'hui*[25] que j'ai remis à la garde des Sceaux Élisabeth Guigou en mai 1998. À la différence de l'autre commanditaire, la ministre de la Santé Martine Aubry, qui a toujours soutenu ce rapport (et est la seule à s'y être référée peu après, lors de la première « Conférence de la famille »), Élisabeth Guigou n'avait pas du tout apprécié la proposition, car elle y voyait justement ce qu'elle voulait éviter : la redéfinition du couple, la connexion entre homosexualité et parenté, et donc l'ouverture possible vers la famille.

Les députés Jean-Pierre Michel et Patrick Bloche, qui furent à la fois les rédacteurs du projet de Pacs et les rapporteurs de la proposition de loi, prennent au fil du débat parlementaire toute la mesure de l'enjeu d'une redéfinition juridique du couple et soutiennent vigoureusement, à l'Assemblée, l'initiative de Badinter au Sénat. Sans surprise, tout le monde ne comprend pas la portée juridique et symbolique majeure de cet amendement qui met fin à plus de vingt siècles de définition du couple comme formé nécessairement d'un homme et d'une femme. Ainsi, le philosophe Didier Eribon (pourtant militant actif de la reconnaissance du couple de même sexe) moque ce qu'il croit être « le degré zéro de la reconnaissance ».

En revanche, la portée de cet amendement n'échappe nullement aux adversaires les plus déterminés de l'homosexualité. Dans une tribune particulièrement violente intitulée « À propos d'une folie », Tony Anatrella, chargé de la question du Pacs pour l'Église de France, montre qu'il a parfaitement compris

25. Irène Théry, *Couple, filiation et parenté aujourd'hui. Le droit face aux changements de la famille et de la vie privée*, rapport à la ministre de la Santé et à la ministre de la Justice, Paris, Odile Jacob, 1998.

qu'avec la redéfinition du couple via l'amendement sur le concubinage, on bascule dans une autre ère :

> Cette solution est pire que le Pacs, car elle oblige à penser que la réalité du couple, composé de deux personnes de genre différent, un homme et une femme, est semblable à une relation homosexuelle. La négation de l'altérité, c'est-à-dire du masculin et du féminin, au fondement du couple, de la réalité matrimoniale et de la parenté, serait créée dans le Code civil[26].

On ne pouvait pas rêver plus claire reconnaissance du travail accompli.

Quant au Pacs, il faudra attendre un arrêt du Conseil constitutionnel pour qu'il soit clarifié dans le sens espéré par beaucoup : un lien de couple, qui ne concerne ni les amis, ni les collègues (ni les prêtres, au grand soulagement sans doute de l'Église). L'institution du couple de même sexe est ainsi consacrée une deuxième fois. Cependant, le sens social du Pacs, signé sans formalité au guichet des cartes grises, resta longtemps incertain. Était-ce une union d'un nouveau type, ou un intermédiaire entre concubinage et mariage n'ayant ni les charmes de la liberté ni les droits issus de l'engagement[27] ?

Ce n'est qu'avec le temps que sa signification sociale est devenue claire : chacun voit bien désormais qu'il s'agit d'une sorte de *déclaration officielle de concubinage*, vécue par les couples comme une façon de consacrer la liberté de leur union tout en acquérant des droits. En effet le Pacs, très léger, maintient un régime de séparation de biens, peut être dénoncé unilatéralement par simple lettre recommandée, ne fait pas du partenaire un héritier, au point que même en

26. Tony Anatrella, « À propos d'une folie », *Le Monde*, 26 juin 1999.
27. Wilfried Rault, *L'Invention du Pacs. Pratiques et symboliques d'une nouvelle forme d'union*, Paris, Presses de Sciences Po, 2009.

cas de testament celui-ci reste un « étranger » payant 60 % de droits de succession. En revanche, il permet d'obtenir des droits sociaux et fiscaux, comme le transfert du bail, l'imposition commune ou le rapprochement de conjoints, ce qui explique qu'il soit plébiscité par les couples hétérosexuels et homosexuels qui ne veulent pas se marier[28].

Peu à peu il devient clair que la question d'une véritable union instituée pour les couples de même sexe n'est pas réglée par le Pacs. La revendication du mariage, apparue pour la première fois en 1995 dans un texte de l'Association des parents et futurs parents gays et lesbiens (APGL) et reprise en 1997 dans un rapport de l'association Aides, et d'autres associations à leur suite (Centre gay et lesbien, Act Up, en particulier), va progresser dans la société française à partir de l'épisode du « mariage de Bègles » en 2004[29]. Elle pose en droit la question de la *redéfinition du mariage*. Cette redéfinition déplace le débat sur la sexualité vers une autre grande question, qui va se révéler beaucoup plus embrouillée que celle du couple : celle de la différence des sexes et des sens différents, et même contradictoires, donnés à cette expression dans le débat social.

CHANGER LA DÉFINITION DU MARIAGE

Dès le débat sur le Pacs, les plus radicaux des opposants à toute institution du couple de même sexe fondent leur argument sur un mixte entre l'horreur du péché de luxure et des considérations se voulant psychanalytiques : ce qui disqualifie l'homosexualité à leurs yeux serait qu'elle « n'atteint pas à la différence des sexes ». Ayant été l'une des actrices de ce débat et ayant mené en 1998-1999 une dure controverse

28. Voir INSEE, *Mariages et Pacs, données annuelles de 1990 à 2021*, document téléchargeable, 18 janvier 2022.
29. Pour un court résumé sur les enjeux de droit : « Le mariage homosexuel de Bègles définitivement annulé », *Le Monde*, 13 mars 2007.

avec le représentant de l'Église de France pour le Pacs, Tony Anatrella, je me permets d'en rappeler ici les arguments, en prenant appui sur deux textes aisément accessibles : sa tribune « À propos d'une folie », déjà citée, et l'analyse que j'en ai faite dans un article intitulé « Pacs, sexualité et différence des sexes[30] ».

Homosexualité et différence des sexes

Voici donc l'extrait dans lequel, quelque temps avant le vote du Pacs, j'ai commenté l'article « À propos d'une folie » de Tony Anatrella :

> L'argumentation de Tony Anatrella est entièrement fondée sur l'assimilation de la différence des sexes à l'hétérosexualité. La *sexualité* est le vrai centre de sa démarche d'appréhension des enjeux sociaux et politiques. Il en déroule le développement : d'abord l'enfance et une sorte de bisexualité flottante, puis peu à peu le dépassement de « la quête de l'identique ou de l'idéalisation du semblable », et enfin l'accession à la sexualité « adulte » qu'est l'hétérosexualité, c'est-à-dire à « la différence des sexes ». Elle fonde la société : « C'est à partir de la relation homme-femme, qui s'exprime à travers l'hétérosexualité et dont découle la famille, que se fonde la société. » Cette analyse révèle le sens véritable de l'homosexualité : une sexualité restée au stade infantile, pour l'individu, et au stade primitif de la « préhistoire » pour l'humanité. Au plan individuel, l'homosexualité serait en fait « un particularisme, voire une orientation pulsionnelle », témoignant d'une sexualité « prégénitale », et au fond le « *symptôme d'un problème psychique et d'un en deçà de la différence des sexes* ». Au plan social, elle serait, « ce qu'il y a de plus primitif dans la sexualité », la trace d'un monde anté-social. En effet « l'impuissance et l'infécondité dont elle témoigne ne peuvent être source de lien social », et c'est donc à juste titre qu'elle doit inspirer la

30. Irène Théry, « Pacs, sexualité et différence des sexes », *Esprit*, 257, octobre 1999.

peur : « L'inquiétude qu'inspire l'homosexualité, au-delà du respect des individus, est un sain réflexe de survie ». [...]
Il y aurait beaucoup à dire sur ce délirant paquet de fantasmes, qui dessine peu à peu la figure même du monstre. Il ne se contente pas de faire des homosexuels des malades, mais des malades dangereux. [...] On peut, on doit s'indigner. Mais il est urgent aussi de dépasser l'indignation pour comprendre l'extraordinaire *renversement* qu'opère ce type de pensée.
Alors que l'institution de la différence des sexes participe des montages symboliques par lesquels toute l'humanité a dépassé le simple fait biologique et le simple fait reproducteur, détachant par le langage la sexualité humaine de l'organisation instinctive du rut, voilà qu'ici c'est au contraire une sexualité, parce qu'elle est reproductrice, qui créerait par elle-même le symbolique et l'accès à celui-ci[31] !

On voit clairement ici que la controverse ne concerne pas uniquement des positions citoyennes opposées sur l'institution du couple de même sexe. Par-delà, l'opposition est totale sur le sens des mots. Ce qu'Anatrella nomme la « différence des sexes » est le synonyme de l'« hétérosexualité ». Pour lui, qui se réfère à la psychanalyse, il s'agit d'un stade du développement psychique que l'individu humain atteint au terme d'un développement « normal ». Cette hétérosexualité est ensuite entérinée par la société via son droit du couple liant exclusivement un homme et une femme.

En revanche, ce que je nomme pour ma part la « différence des sexes » est la « distinction masculin/féminin », que je nomme aussi dans cet article « différence de genre », un terme issu de l'anglais *gender* qui commence tout juste à être employé en français. Cette distinction modalise des statuts sociaux, par exemple des statuts de parenté. Si elle relève de l'ordre symbolique, ce n'est aucunement en un sens psychanalytique

31. *Ibid.*, p. 160 et suivantes.

mais au sens strictement sociologique et anthropologique de l'ordre *institué* qui n'a rien d'immuable. Enfin, loin que la différence des sexes ainsi entendue se confonde avec l'hétérosexualité, ou avec le couple homme-femme, je rappelle avec force qu'*elle inclut les relations masculin/masculin ou féminin/féminin*, et donc le couple de même sexe :

> La confusion du sexué et du sexuel, qui rabat le symbolique sur la sexualité, et la différence des sexes sur l'hétérosexualité, fait de ce qui appartient à tous le privilège de la majorité. Car qu'est-ce qui appartient davantage à tous que notre lot commun, c'est-à-dire le langage, la culture et la société dans laquelle nous sommes tous nés ? La culture humaine, instituant la différence des sexes, non seulement la propose mais l'impose à tous. Homosexuels ou hétérosexuels, nous sommes tous hommes et femmes, *tous inscrits dans le masculin et le féminin, nous vivons tous dans la différence des sexes*, et nous contribuons tous, aussi, à transformer les stéréotypes attachés aux genres dans la société qui est la nôtre[32].

Ces deux sens diamétralement opposés donnés à la « différence des sexes », par Tony Anatrella et par moi-même, éclairent un des débats les plus importants (et les moins compris) autour du mariage pour tous et de l'homosexualité : la redéfinition de l'institution du mariage va-t-elle *abolir* la différence des sexes ou au contraire la *redéployer* ?

Mariage et présomption de paternité

Mais avant d'y venir, la première question à clarifier est celle de l'enjeu du « mariage pour tous ». Les politiques qui défendent le projet de loi en 2012 disent qu'il s'agit d'« ouvrir » le mariage aux homosexuels, et assurent même

32. *Ibid.*, p. 162.

que cela ne « changera rien » pour les autres. Or en suivant l'approche relationnelle maussienne d'analyse des institutions qui est celle de ce livre, on voit bien que l'enjeu est différent : comme pour le couple, il s'agit bel et bien d'une redéfinition du mariage qui va transformer le sens de l'institution matrimoniale, pour tous. C'est un changement majeur.

« Le cœur du mariage, c'est la présomption de paternité »

Pour en prendre la mesure, revenons un instant au moment de la création du mariage civil par la Révolution française. En avril 1792, les députés ont cherché une définition de ce mariage civil qu'ils venaient de créer. Il y eut une longue séance à ce sujet à l'Assemblée législative, et de nombreux orateurs firent des propositions.

Pourquoi finalement n'y a-t-il pas de définition dans notre droit ? Parce que les députés n'ont pas pu, à ce moment-là, se mettre d'accord sur un point qui aujourd'hui ne fait vraiment plus aucun débat, le caractère dissoluble ou non du lien matrimonial civil. Toutes les définitions proposées en séance en disaient un peu trop sur cette question épineuse, jusqu'au moment où un député, Joseph Marie Lequinio, afin de ne pas trancher entre dissolubilité et indissolubilité, s'efforça de donner la définition le plus minimale possible : « Le mariage est un contrat civil qui unit pour vivre ensemble deux personnes de sexe différent. »

Énorme éclat de rire dans l'Assemblée. De gauche à droite des bancs, on n'en peut plus, on se tient les côtes. Alors si on en est à dire que le mariage est l'union de « deux personnes de sexe différent », si l'on en est à écrire noir sur blanc de telles évidences, mieux vaut éviter de se ridiculiser ! La Législative décida derechef qu'on pouvait, après tout, se passer de définition, « chacun étant censé savoir ce qu'est le mariage ».

Pourquoi le fait que le mariage fût l'union d'un homme et d'une femme était-il une telle évidence hier ? Pour le comprendre, on peut se tourner vers le doyen Carbonnier, à la fois grand civiliste et principal rédacteur des réformes du droit de la famille dans la période 1964-1975. Pour lui, si le mariage civil était « par définition » l'union d'un homme et d'une femme, ce n'est pas parce qu'il mimait le mariage religieux (qui assure à l'un et l'autre sexe le salut de leur âme grâce au « ils seront une seule chair » qui leur permet d'échapper au péché de luxure), mais parce que son cœur d'institution civile était la présomption de paternité : « Le cœur du mariage, ce n'est pas le couple, c'est la présomption de paternité », dit-il un jour lors d'une formation à l'École nationale de la magistrature à laquelle je l'avais invité.

On pourrait le dire autrement : selon l'ordre sexuel matrimonial instauré par le Code Napoléon, le sens profond du mariage était d'être *l'institution qui donne un père aux enfants qu'une femme met au monde*. Nous avons longuement commenté précédemment l'interdiction de recherche en paternité hors mariage instituée par l'article 340. En dehors du mariage, les enfants n'avaient pas de père. Précisons enfin que la présomption de paternité référée à la célèbre formule du droit romain *Pater is est quem nuptiae démontrant* (« Le père est celui que les noces désignent ») est directement liée à l'asymétrie des sexes mâle et femelle dans la procréation, et n'a aucun équivalent pour les femmes.

C'est une présomption de procréation, par laquelle le mari est désigné par hypothèse comme le géniteur des enfants que l'épouse met au monde dans le cadre du mariage, afin de lever ce qu'on nommait le « mystère de la paternité », que l'on pensait à jamais insoluble. Certes, le mari n'est pas toujours le géniteur, la filiation étant un lien institué et pas un fait biologique, mais tel est *le sens social* de la présomption de paternité, au point que la filiation paternelle peut être détruite s'il est prouvé que le mari n'est pas le géniteur. Ainsi, le fait d'être une institution liant un homme et une femme n'était pas un simple « trait » du mariage, mais une véritable *condition constitutive* de l'institution. Il paraissait difficile, dans cette perspective juridique, d'appliquer une « présomption de paternité » à des couples de même sexe, qui par définition ne procréent pas d'enfants ensemble. C'est la raison pour laquelle j'avais pour ma part plaidé, en 1997, l'institution d'une nouvelle union solennelle en mairie, comme dans les pays du Nord, dont la seule différence avec le mariage était justement de ne pas comporter de présomption de paternité.

« Le cœur du mariage, c'est le couple »

Une fois clarifié le sens des mots, on comprend qu'instituer un mariage de même sexe ne consiste pas simplement à « ouvrir » aux homosexuels l'« accès » à un mariage inchangé. Il faut modifier la définition du mariage et remettre en cause ce qui a toujours été le socle même de celle-ci.

L'évolution va être très rapide. Avant 1995, l'hypothèse d'un mariage de même sexe n'existe simplement pas en France. Les homosexuels partagent la définition commune du mariage et n'ont jamais indiqué le souhaiter pour leurs couples. Il n'y a aucune allusion à cette aspiration nulle part. Ainsi *toutes* les personnes ayant atteint l'âge adulte en 1995, en France, vont être amenées à *changer d'opinion*, même celles qui vont préférer penser par la suite qu'elles ont « toujours » été pour le mariage homosexuel.

Le changement s'amorce d'abord au sein du mouvement LGBT+ parisien, du fait des connexions avec les États-Unis où l'évolution est plus précoce. La première revendication d'un mariage de même sexe apparaît confidentiellement dans la petite Association des parents et futurs parents gays et lesbiens (1995) mais surtout en 1997 dans l'association Aides, suivie par le Centre gay et lesbien, Act Up et les autres associations. À ce moment-là, chacun s'accorde à penser cependant qu'elle n'est pas d'actualité et que l'heure est au Pacs. Quinze ans après, en 2012, quand s'ouvrira le débat conduisant au vote de la loi du 17 mai 2013 instituant le « mariage pour tous », les sondages montreront que *65 % des Français y sont favorables*. Il y a sans doute quelque chose de mystérieux dans la façon dont le changement social se « précipite » à certains moments historiques, mais on peut en proposer une explication.

Comment cette évolution ultrarapide a-t-elle été possible ? Deux éléments se sont conjugués. Tout d'abord, la généralisation de l'idéal du couple duo, dont on a montré qu'il *autonomise les enjeux du couple de ceux des liens aux enfants* : il a permis de changer la définition pluriséculaire du couple en 1999 et rapproché les couples hétérosexuels et homosexuels. La pratique des Pacs a contribué de façon importante à la légitimité sociale des couples de même sexe en France. De plus en plus visibles dans la société, ils changent le regard de celle-ci, diminuant massivement l'homophobie (à part dans certains secteurs, en particulier religieux).

Ensuite, la réforme de la filiation de 1972 a émancipé la filiation du mariage en instituant qu'elle sera désormais identique pour tous les enfants – définie par les mêmes droits, devoirs et interdits –, au point qu'en 2005 on va purement et simplement *effacer* du Code civil la distinction entre filiation légitime et filiation naturelle qui avait organisé la sexualité procréative depuis les débuts du christianisme et était le cœur du Code Napoléon. Dès lors, la filiation s'autonomise du mariage. Refondée sur son propre socle, elle est commune à tous et indépendante du fait que les parents soient mariés ou non, unis ou séparés.

Dans ce mouvement, sans disparaître, la présomption de paternité a radicalement changé de sens. Elle n'est plus le « cœur du mariage » parce qu'elle n'est plus ce qui sépare l'univers des *vraies familles* de l'univers des *non-familles*. Elle demeure, mais comme un simple effet du mariage, qui peut être pertinent ou pas selon les cas. Dorénavant, il s'agit simplement d'une reconnaissance anticipée de ses enfants par l'homme marié, qui trouve son sens dans le fait que l'engagement matrimonial est assorti d'un devoir de fidélité (alors que l'homme non marié devra reconnaître chacun de ses enfants l'un après l'autre). Ainsi, la raison juridique majeure pour laquelle le mariage était « l'institution qui donne un père aux enfants que les femmes mettent au monde » ne tient plus.

La formule de Jean Carbonnier a été très juste – et je m'y suis moi-même référée dans les premiers temps de la discussion sur le mariage de même sexe –, mais c'est paradoxalement la grande réforme de 1972 qu'il a lui-même promue qui m'a amenée finalement à proposer de l'inverser, et à dire à partir de 2003 : « *Le cœur du mariage, ce n'est plus la présomption de paternité, c'est le couple.* » Dès lors, l'obstacle institutionnel en quelque sorte incontournable bloquant sur le plan du droit l'institution d'un mariage de même sexe disparaît : cette redéfinition sera une métamorphose majeure du mariage civil, mais certainement pas sa disparition et son remplacement par une autre institution qui en aurait le nom mais ne serait pas juridiquement un « vrai mariage ».

C'est ainsi qu'on peut expliquer, sociologiquement, le changement très rapide de l'attitude des Français entre 2004 (rejet du « mariage de Bègles ») et 2012 (adhésion massive au mariage pour tous) : non seulement l'homophobie diminue au fur et à mesure que les couples de même sexe et les familles homoparentales deviennent plus visibles et mieux connus, mais, sans connaître l'histoire longue du mariage civil ni raisonner en juristes, nos contemporains *ressentent* à quel point il n'est plus ce qu'il fut pendant des millénaires.

De plus l'image du mariage se renouvelle avec la montée en puissance des jeunes générations. Pour elles, il n'est plus ce symbole d'un ordre familial machiste et hypocrite, contre lequel une bonne partie de la génération du *baby-boom* s'est révoltée dans les années 1960 et 1970. Il est redevenu désirable parce qu'il a changé de contenu en devenant égalitaire et dissoluble de la commune volonté des époux, et parce qu'il n'est plus socialement obligatoire.

De ce fait, la cérémonie civile en mairie a retrouvé une fonction symbolique un temps moins perçue, qui est d'*honorer* le couple qui vient s'engager civilement, entouré de ses parents et amis, chacun sur son trente-et-un. Beaucoup se rendent compte que si l'on donnait aux couples de même sexe les mêmes droits que les mariés sans leur accorder l'institution, ce serait comme les refouler de la salle des mariages de nos mairies, comme les renvoyer vers l'étage non noble de la maison commune. Il en va désormais d'une question d'égale dignité, et plus seulement d'égalité des droits.

Le débat sur le mariage de même sexe

Une fois l'enjeu de redéfinition de l'institution matrimoniale clarifié, on comprend mieux pourquoi la question de la « différence des sexes » a hanté tout le débat autour du projet de loi sur le mariage pour tous. L'année 2012-2013 fut en France une année particulièrement éprouvante pour les gays et les lesbiennes, avec de grandes mobilisations d'opposants autour de « La Manif pour tous », un déferlement de haine et d'accusations de toutes sortes et une explosion sans précédent des actes homophobes.

Un peu comme pour le Pacs, mais avec des ressorts différents, la virulence des débats est indissociable du fait que les gens ne sont pas seulement « pour » ou « contre » : ils ne s'entendent même pas sur l'objet de leur conflit car ils *ne parlent pas le même langage*. On a rappelé plus haut les deux façons de définir la différence des sexes : soit en l'assimilant à l'hétérosexualité dans une perspective identitaire opposant « hétérosexuels » et « homosexuels » (Anatrella) ; soit en dissociant sexué et sexuel et en désignant sous ce terme la distinction masculin/féminin, qui peut se déployer aussi bien en relations féminin/féminin ou masculin/masculin, qu'en relations masculin/féminin, dans une perspective institutionnelle (ma position).

En réalité, au moment du débat sur le mariage pour tous, ce ne sont pas seulement deux camps qui se sont affrontés, les « pour » et les « contre », mais *quatre positions différentes*, comme ce fut le cas pour le Pacs. Du côté des pour, rivalisent deux positions, l'une identitaire et l'autre institutionnelle, et même chose du côté des contre. Commençons par examiner les deux positions identitaires qui occupent les deux extrêmes de l'échiquier. Elles reposent l'une et l'autre sur l'assimilation entre différence des sexes et hétérosexualité, mais en tirent des conséquences radicalement opposées.

La position identitaire anti-homosexualité assimile la différence des sexes à l'hétérosexualité. Elle est bien incarnée par la position de Tony Anatrella, représentant de l'Église pour le Pacs, que l'on a présentée plus haut. Son souci est de défendre l'hétérosexualité comme la seule sexualité *normale*, et le mariage hétérosexuel comme le seul conforme à la vocation fondamentale de tout mariage : être le lieu de la procréation et de la filiation légitime. De ce point de vue, ouvrir le mariage de même sexe serait « abolir la différence des sexes » et transformer les pères et mères en « parent 1 » et « parent 2 ».

Telle est dans l'ensemble l'analyse des opposants au mariage de même sexe qui défilent sous la bannière de « La Manif pour tous » au nom de la nature et de la biologie, en s'indignant que le projet de loi « supprime la différence des sexes », en particulier dans la filiation, et que l'on puisse désormais « faire croire à un enfant qu'il peut naître de deux femmes »[33]. Ces opposants pensent que les différentes transformations de la famille sont des effets d'un individualisme débridé associé au règne de la technique, et n'approuvent pas plus le Pacs ou le mariage de même sexe qu'ils n'ont approuvé les réformes des années 1970, que ce soit sur le divorce ou l'avortement. C'est pourquoi ils défilent dans la rue avec bonnets phrygiens, cocardes tricolores et Code civil : il s'agit de témoigner que leur seule vraie référence reste la famille du Code Napoléon de 1804, en train d'être *détruite* par la « folie » de l'individu-roi et les ravages de la « théorie du genre ». Cette position rallie une partie de l'opposition de droite à l'Assemblée.

La position identitaire pro-homosexualité assimile elle aussi la différence des sexes à l'hétérosexualité, et celle-ci au couple homme/femme, mais avec des valeurs totalement opposées. Dans sa perspective, si le mariage a toujours été défini comme l'union d'un homme et d'une femme, c'est du fait de la puissance d'une idéologie « hétérosexiste » opposant les hétérosexuels dominants aux homosexuels dominés. La seule égalité véritable entre les sexualités passerait, selon eux, par « la suppression de la différence des sexes ». Il ne s'agit évidemment pas de supprimer les couples de sexe différent, mais tout ce qui indique dans le droit qu'ils le sont. S'il est dépouillé de toute référence au sexe ou au genre des époux, et soigneusement neutralisé, le mariage cessera d'être un « privilège hétérosexuel » et l'égalité des sexualités sera assurée.

33. Pour avoir une idée de l'importance de cet argument chez les opposants au mariage de même sexe, voir les passages documentés directement dans les défilés de « La Manif pour tous » du film de Mathias Théry et Étienne Chaillou, *La Sociologue et l'Ourson*, 2016.

Il faut donc supprimer du droit les mots mari et femme, ou époux et épouse, au profit de « époux 1 » et « époux 2 », supprimer les mots père et mère et parler de « parent 1 » et « parent 2 ». Seule une asexuation radicale du sujet de droit peut assurer en droit une égalité parfaite entre les homosexuels et les hétérosexuels, qui doivent être rigoureusement « dégenrés » : pour être égaux en droit, il faut être vus comme identiques. Il est difficile de dire quelle est l'audience de cette position identitaire parmi les secteurs favorables au mariage pour tous. Mais telle est la position défendue, par exemple, par certains militants de la cause homosexuelle comme Didier Eribon, Daniel Borrillo et leur allié Éric Fassin, qui furent parmi les premiers défenseurs du mariage pour tous, dès les années 1997-1998, en exigeant la suppression de la « différence des sexes » par la neutralisation du sujet de droit en matière tant de couple que de filiation.

À côté de ces deux positions identitaires fondées sur l'opposition entre deux ensembles d'individus, les hétérosexuels et les homosexuels, se trouvent deux positions institutionnelles. À la différence des précédentes, elles distinguent nettement les *individus* d'une part et les *statuts* qu'ils endossent d'autre part, et considèrent que le débat sur le mariage concerne les statuts. Elles distinguent également le sexué et le sexuel : pour elles, la différence des sexes renvoie à la *distinction masculin/féminin*, et ne désigne aucune sexualité en particulier. Aucune des deux positions institutionnelles ne réclame la suppression de la différence des sexes en droit. En revanche, elles s'opposent totalement sur la loi sur le mariage pour tous : l'une y est favorable et l'autre opposée.

La position institutionnelle anti-mariage pour tous considère que la différence des sexes renvoie en droit à la distinction masculin/féminin des statuts de parenté. Si elle s'oppose au projet de loi, c'est parce qu'elle considère qu'il faut conserver la mixité du mariage et surtout de la filiation, à la fois pour sa signification intrinsèque et pour ne pas tomber dans l'asexuation et la « neutralisation » voulues par les militants identitaires, qu'elle voit comme inévitables si on institue un mariage de même sexe. Il y a au moins deux déclinaisons au sein de cette position. Certains pensent que la présomption de paternité doit rester le cœur du mariage, et considèrent donc qu'on ne peut pas redéfinir l'institution sans la faire disparaître. Pour eux, la création d'un partenariat civil est la seule façon d'assurer l'égalité des couples et il est hors de question d'instituer une forme d'homoparenté. D'autres pensent que le mariage en tant qu'union d'un couple pourrait être redéfini, mais sont opposés à toute filiation de même sexe et reprochent au projet de loi d'avoir lié de façon politicienne la question du mariage et celle de l'adoption, alors qu'il était possible de les distinguer.

Au total, tous s'opposent au projet de loi car *instituer l'homoparenté* leur paraît être l'abandon de la fonction majeure de la parenté en général : assurer le passage du fait biologique de la procréation (qui implique les corps mâle et femelle) à l'univers symbolique de la filiation par un système mixte de parenté. Cette position, qui rassemble les opposants au projet de loi qui ne sont pas prêts à défiler dans la rue avec « La Manif pour tous », est défendue par de nombreux intellectuels tels Nathalie Heinich, Jean-Pierre Winter, Pierre Legendre, Sylviane Agacinski, Alain Finkielkraut, Chantal Delsol, Marcel Gauchet, Dominique Schnapper, etc. Elle rallie la partie « libérale » de l'opposition de droite et du centre à l'Assemblée et quelques députés socialistes.

La position institutionnelle pro-mariage pour tous repose sur l'analyse des changements du droit du mariage et de la filiation qui a été exposée dans ce chapitre. Dès lors que la présomption de paternité n'est plus le cœur du mariage, il n'y a aucune raison de ne pas redéfinir cette institution : cette redéfinition ne sera pas une « suppression » mais au contraire un « redéploiement » de la différence des sexes : *aux couples époux/épouse s'ajouteront les couples épouse/épouse et époux/époux*, ce qui est un progrès des valeurs démocratiques car tous les couples auront ainsi l'accès aux trois possibilités, union libre, Pacs et mariage. Ce redéploiement n'est en rien un déni des corps, ni de la différence entre un homme et une femme, ou encore un effacement du masculin ou du féminin. Si le projet de loi élargit aussi la catégorie générique « couple parental » traditionnellement formé d'un père et d'une mère en y intégrant les *couples de deux pères et les couples de deux mères*, cela ne suppose aucun déni de la nécessaire coopération des deux sexes dans la procréation, mais la prise en compte à la fois de l'adoption et des possibilités nouvelles d'engendrement avec tiers donneur.

Sans développer ici cette question, notons simplement que cette position a été défendue par de nombreux intellectuels favorables à l'homoparenté. Parmi eux, un ensemble de juristes et de chercheuses et chercheurs en sciences sociales engagés pour le mariage pour tous (Agnès Fine, Jérôme Courduriès, Martine Gross, Anne-Marie Leroyer, Serge Portelli, Laurence Brunet, Marianne Schulz, Jennifer Merchant, et moi-même) se sont particulièrement efforcés de lever les malentendus sur la différence des sexes lors d'un colloque[34] organisé à l'EHESS en janvier 2013, dans un moment de très grande tension politique.

Son objet était la discussion d'un document important de l'Union nationale des associations familiales (UNAF), la partenaire officielle des pouvoirs publics en matière familiale, s'opposant au projet de loi. En effet, celle-ci fondait

34. Les actes de ce colloque ont été publiés sous ma direction sous le titre, *Mariage de même sexe et filiation*, Paris, Éditions de l'EHESS, 2013.

tout son argumentaire contre le mariage pour tous sur son refus d'une « suppression de la distinction des sexes » dans la parenté (parent 1 et parent 2). Or cette transformation du droit, voulue uniquement par le courant identitaire pro-homosexualité le plus radical, n'a jamais été dans le projet de loi, qui conserve la référence aux époux et aux épouses, aux pères et aux mères. En outre, aucune association LGBTI+ importante n'a fait à ce moment-là de la « neutralisation du droit » une revendication.

Enfin, la loi du 17 mai 2013 n'institue aucune extension de la présomption de paternité aux couples de même sexe. On peut donc penser que cette position institutionnelle pro-mariage pour tous, qui était celle du président François Hollande, du Premier ministre Jean-Marc Ayrault, de la garde des Sceaux Christiane Taubira, du rapporteur Erwann Binet, de la rapportrice Corinne Narassiguin et des parlementaires socialistes et communistes, était majoritaire à l'Assemblée lors du vote de la loi du 17 mai 2013.

LE NOUVEAU CONSENTEMENT SEXUEL

On a traité ici du premier volet de la troisième révolution du consentement : la redéfinition du « permis » en matière sexuelle, côté couple et mariage. Au temps du démariage, se marier devient une question de conscience personnelle et le mariage ne peut plus être le seul lieu d'une sexualité véritablement valorisée. La double morale traditionnelle, fondée sur un principe de division des femmes en deux groupes (les femmes honorables que l'on épouse *vs* les filles perdues et prostituées) sans aucun équivalent chez les hommes, est remise en cause avec les progrès de la valeur d'égalité de sexe.

Dès lors, une relation sexuelle permise par la société, c'est une relation consentie, quel que soit le statut matrimonial des personnes. *Le consentement sexuel se détache de l'institution matrimoniale qui en a toujours été le socle et change de sens.* La sexualité, assimilée pendant des siècles au péché et à la chute, cesse d'être un mal en soi, et sa valeur s'inverse. Elle devient un bien, un signe d'épanouissement individuel permis par la nature humaine, et se voit valorisée dans la société comme elle ne l'a jamais été auparavant. Chez les jeunes, les premiers rapports sexuels ne sont plus conditionnés ni à un mariage, ni à un couple, ni même à une relation amoureuse. On reviendra sur tout cela.

Mais le premier constat sociologique est que le lien entre désir sexuel, amour et couple n'a jamais été aussi valorisé qu'au temps du couple duo contemporain. Loin d'être disqualifié, l'idéal d'une vie sexuelle liée à l'amour et inscrite dans un couple est plébiscité, d'autant plus qu'elle commence plus tard dans la vie, qu'elle n'est plus la seule possible (le choix d'une vie « solo » est de plus en plus reconnu), que les risques de séparation sont maintenant connus et redoutés, et qu'affronter ensemble le temps qui passe et notre condition de mortels est devenu une gageure inédite pour ceux qui s'aiment.

Le Pacs (1998) et plus encore le mariage pour tous (2013) n'étaient pas imaginables quand le mariage était par définition l'union qui donne un père aux enfants que les femmes mettent au monde, et que la présomption de paternité en était le centre. Ils sont devenus possibles quand la métamorphose structurelle du couple et du mariage de sexe différent, traduction « relationnelle » de la valeur d'égalité de sexe, a convergé avec un changement majeur des représentations de l'homosexualité dans les sociétés démocratiques, dû aux mobilisations du mouvement LGBT+ récusant toute pathologisation et tout enfermement dans le secret. Le mariage pour tous signifie que désormais nos sociétés considèrent l'homosexualité comme une orientation sexuelle parfaitement normale, et le couple de même sexe comme un lien aussi légitime que le couple de sexe différent.

Cependant, le démariage reste un phénomène encore largement méconnu. Parmi nos contemporains, beaucoup – surtout parmi les plus âgés – voient l'ancien qui se défait et non pas le nouveau qui se construit. De là des peurs, des crispations hostiles, comme on l'a vu en 2013 avec l'ampleur et la virulence extrême de l'opposition au mariage pour tous. Les désarrois et les oppositions que provoque la transformation du mariage, en France comme dans le monde, sont indissociables de la coupure qui s'est opérée dans les sociétés démocratiques entre le mariage civil et le mariage religieux, qui dans toutes les religions du Livre reste défini comme l'union d'un homme et d'une femme.

Beaucoup s'inquiètent de la façon dont notre société d'égalité des sexes saura penser les genres masculin et féminin sans les abolir, et continuer de donner sens à notre condition commune d'êtres sexués et mortels. L'ordre pluriséculaire et lisible qu'était la complémentarité hiérarchique des rôles de genre, exaltant ce qu'on voyait comme l'excellence propre de chaque sexe, suscite des nostalgies plus ou moins avouées. L'avenir n'est pas tracé d'avance. Si la mutation contemporaine paraît inéluctable dans les sociétés occidentales démocratiques, et si plus de la moitié du genre humain y joue son émancipation, elle suscite aussi un peu partout des tentatives de contre-révolution particulièrement aiguës. Les accusations d'« immoralité » et plus clairement encore d'« immoralité occidentale », visant l'émancipation des femmes, la fréquence du divorce, l'avortement, l'homosexualité, la transidentité et la procréation assistée, se multiplient et il est difficile de présumer jusqu'où conduira le renouveau de la notion d'*identité religieuse* au XXIe siècle.

MOI AUSSI, 3

Penser le changement

—

Ce chapitre était centré sur un sujet encore très peu reconnu : le rapport étroit qu'il y eut, historiquement, entre la reconnaissance juridique du couple de même sexe et les transformations du couple de sexe différent liées à l'égalité de sexe. Montrer que les deux ont cheminé ensemble permet de voir pourquoi l'intégration de l'amour homosexuel au cœur des institutions de la parenté, loin d'avoir détruit le mariage, a participé d'une métamorphose de celui-ci qui était déjà largement entamée. Elle s'est prolongée par une redéfinition (encore inachevée) des modalités d'établissement du lien de filiation qui, loin d'être un recul, peut être analysée comme un progrès majeur du respect de l'identité narrative des enfants, au bénéfice de toutes et tous.

Penser un tel changement social au moment où on le vit ne va pas de soi. C'est aussi pourquoi en 2012, lorsque j'ai eu l'honneur d'ouvrir la série des auditions à l'Assemblée nationale sur le projet de loi « mariage pour tous », j'ai pensé utile de dire que, quinze ans plus tôt, alors même que j'étais très engagée pour la reconnaissance juridique des couples homosexuels, en tant que sociologue du droit je n'avais pas été convaincue d'emblée par l'idée du mariage et de la filiation de même sexe. Expliquer pourquoi j'avais changé me paraissait la meilleure méthode pédagogique pour donner à voir une question générale : le passage du droit d'hier au droit aujourd'hui, tel que vient de le retracer ce chapitre.

Ma déclaration à l'Assemblée n'avait rien de personnel et ne dit pas un mot de la dimension vécue d'une telle expérience. D'ailleurs, les chercheurs préfèrent en général effacer de leur mémoire les phases de tâtonnements, qui leur semblent surtout du temps perdu. Ce n'est pas mon cas. Pour moi, il est précieux de me souvenir de ce moment de ma vie, car rarement le côté informel de la recherche, dont on parle si peu, ne m'a paru plus amical, plus intense, plus efficace aussi, que dans l'invention d'une nouvelle approche de la filiation. Elle fut une véritable création collective, dans un contexte où tout conspirait à l'empêcher. C'était quinze ans avant le mariage pour tous, au moment très agité des débats des années 1997-1999.

Ces années-là, l'enjeu était le Contrat d'union sociale, renommé ensuite Pacs. C'était un autre temps, dont il convient de parler sans anachronisme. Tout le monde, sans exception, était d'accord que ni le mariage ni la filiation n'étaient à l'ordre du jour. Les premières discussions à ce sujet étaient pour « après » et se tenaient en parallèle et décalé par rapport à la grande question des droits des couples de même sexe, qui mobilisait les associations LGBT+ et enflamma l'Assemblée.

Je m'étais particulièrement engagée aux côtés des associations, comme sociologue, comme citoyenne, mais aussi comme individu, et je voudrais en dire ici quelques mots car il se trouve que ma vie a été bouleversée par l'homosexualité masculine dans des circonstances assez particulières. C'était en 1990.

À Pâques, mon mari a été victime d'une endocardite gravissime, et il est resté en réanimation intensive dans le service des maladies infectieuses de l'hôpital Bichat pendant plus d'un mois, entre la vie et la mort. Quand il en est sorti, il est passé à une chambre dans le service ordinaire, pour encore un mois ou deux. Et là, c'est simple, on était dans les années sida, avant les trithérapies : dans le service tous les patients étaient séropositifs – tous, sauf lui. Mais il était si faible et avait une telle apparence que forcément tout le monde le prenait pour un malade du sida à la dernière extrémité.

Je poussais dans le couloir mon mari en fauteuil roulant, un squelette de 1,80 m, 40 kg, au milieu de gens qui lui ressemblaient mais qui mouraient tous les uns après les autres, alors que moi je savais dans mon for intérieur que je soutenais mon mari encore invalide parce qu'il s'en était sorti par miracle, et qu'il allait vivre. Je ne pourrai jamais dire ce que j'ai vécu pendant ces longues semaines. On tenait dans ses bras des garçons seuls, mourants, que leur famille avait abandonnés. On parlait doucement avec des compagnons dévastés, venus en cachette, attentifs à ne pas être repérés par les parents. Je n'ai plus jamais eu depuis la même idée du couple, parce que c'était comme si j'avais vécu de l'intérieur les injustices subies par les malades homosexuels et par leurs compagnons qui, aux yeux de la loi, n'étaient rien.

Et pourquoi ne pas le dire aussi, ce partage dans le service faisait suite à un autre, encore plus personnel, vécu dans la période de la réanimation quelques semaines auparavant : le pire soir de ma vie, alors que mon mari septicémique, dans le coma, allait être opéré le lendemain matin à cœur ouvert avec une chance sur mille de s'en sortir, il se trouva que parmi mes amis très proches, c'est justement un couple gay qui m'a invitée chez lui pour passer ces heures difficiles, m'offrant un petit répit dans le souci que j'avais aussi de mes enfants et beaux-enfants devant faire face bien trop jeunes à la maladie de leur père. Je n'ai pas d'autres mots que de dire que ce soir-là, Alain et Pierre se sont occupés de moi comme si j'étais leur fille. Oui, c'est le mot qui convient : comme s'ils étaient mes parents.

Ce sont des moments qui changent une personne. Je n'ai jamais vécu dans un milieu homophobe. Mes parents étaient progressistes, volontiers moqueurs à l'égard des mœurs traditionnelles, et je n'ai jamais entendu de leur bouche ne serait-ce qu'une intonation dénigrant l'homosexualité. Simplement on n'en parlait pas à la maison. Ensuite, bien sûr, comme jeune militante révolutionnaire, j'avais connu de très nombreux couples gays et lesbiens, mais sans réfléchir davantage à ce que je voyais comme une évidence : le droit de sortir du placard et de vivre libre. L'expérience que j'ai vécue en 1990 m'a fait prendre conscience, d'une façon différente, de l'immense question du couple comme lien non seulement affectif mais social, *institué*.

À ce moment-là j'ai eu la conviction non pas abstraite, mais vraiment chevillée au corps, que les homosexuels n'étaient pas admis dans la société comme formant de vrais couples, à cause de l'homophobie incroyable qui régnait alors, mais aussi, plus profondément, parce qu'on les renvoyait toujours à la « sexualité », comme si elle les définissait tout entiers. Une assignation au sexuel que Foucault avait fortement dénoncée dans *La Volonté de savoir*[35], que j'avais lue dès sa parution mais sans en mesurer pleinement la portée.

C'est pourquoi, quelque temps plus tard, quand le CNRS a fait appel aux chercheurs en sciences sociales afin qu'ils se mobilisent pour renforcer les connaissances du vécu de l'épidémie de VIH-sida, j'ai pensé que je ne pouvais pas continuer mon travail de sociologue du droit de la famille comme si de rien n'était. Est-ce le sentiment de l'injustice subie par les malades que j'avais vue de si près, est-ce une sorte de culpabilité du survivant, je ne sais pas, mais j'avais le sentiment d'avoir contracté une dette. Pour tenter de rendre un peu de ce qui m'avait été donné, j'ai décidé de bifurquer. De

35. Michel Foucault, *Histoire de la sexualité, 1. La Volonté de savoir, op. cit.*

1994 à 1997, j'ai mené avec mon équipe, en particulier à l'hôpital Broussais et à l'hôpital Delafontaine de Saint-Denis, une recherche auprès de 150 personnes atteintes, intitulée : *Secret, silence et confidence dans les rapports entre les personnes séropositives et leurs proches* qui a été, de loin, la plus difficile et la plus importante de toute ma vie.

Un jour de juin 1996, Marianne Schulz, militante à Aides, féministe et lesbienne engagée, bientôt corédactrice avec Daniel Borrillo d'un tout nouveau rapport[36] où figurait entre autres la revendication du mariage, vint me voir lors d'un colloque de son association où j'intervenais[37]. Aides s'était investie pour une vraie reconnaissance du couple de même sexe en droit, mais ce n'était pas le cas de toutes les associations et, comme je l'ai exposé dans le chapitre précédent, le mouvement LGBT+ était très divisé. Inquiète de l'audience des projets sur les « paires » (frère et sœur, amis, vieilles dames, etc.), Marianne m'a appuyée de son expertise de juriste pour la rédaction d'un premier article en 1997.

Nos points de vue différents sur le mariage ne nous semblaient nullement rédhibitoires ni d'ailleurs, à l'époque, fixés définitivement. Le mariage n'avait jamais été une revendication historique du mouvement LGBT+, et chacune, chacun parmi les premiers militants pro-mariage se souvenait qu'il venait de changer d'opinion et ne soutenait cette revendication que depuis quelque temps, quelques mois à peine ; la discussion s'ouvrait tout juste en France.

Dans cet article de 1997, « Le contrat d'union sociale en question[38] », je plaidais pour qu'on change la définition du

36. Marianne Schulz et Daniel Borillo, rédacteurs, avec la collaboration des membres du groupe de travail, *Vers la reconnaissance des couples de même sexe. Analyse et propositions de Aides,* document ronéoté, Aides Fédération nationale, avril 1997.
37. Aides Fédération nationale, journée nationale d'étude de la Commission juridique, « Nouvelles formes de conjugalité, enjeux politiques et légaux », Paris, 15 juin 1996.
38. Irène Théry, « Le contrat d'union sociale en question », art. cité.

couple en droit, et que l'on parvienne à cent pour cent d'égalité des droits aussi bien des concubins que des couples ayant scellé leur engagement en mairie, selon le modèle nordique des partenariats civils que je suggérais d'instituer chez nous pour éviter de créer pour les couples de même sexe des droits inférieurs à ceux des mariés. Sur l'homoparentalité, je soulignais qu'il n'y avait pas de problème de développement des enfants dans les familles homoparentales, et enfonçais le clou : « On pourrait citer cent exemples d'enfants parfaitement épanouis avec leur papa gay ou leur maman lesbienne. » Je dénonçais les discriminations subies par les homosexuels pour l'attribution de la garde des enfants lors des divorces.

Aucun sociologue de la famille n'avait encore dit cela en France. Pourtant j'expliquais aussi que, pour des raisons institutionnelles liées à la mixité de notre système de parenté, je n'étais pas favorable au mariage de même sexe (à cause de la leçon de Jean Carbonnier : « Le mariage est l'institution qui donne un père aux enfants que les femmes mettent au monde »). J'y précisais aussi ma définition de la différence des sexes comme « différence de genre » masculin/féminin, incluant aussi bien les relations de même sexe/genre que de sexe/genre différent, telle que je l'ai exposée dans le chapitre précédent.

Fin 1997, peu après la parution de cet article, Martine Gross demanda à me rencontrer. Nous ne nous connaissions pas, mais je savais qui elle était. Fondatrice et coprésidente de l'Association des parents et futurs parents gays et lesbiens (APGL), elle venait de signer avec Éric Dubreuil sa première tribune dans *Le Monde* et voulait discuter de mon article avec lequel l'association avait certes des accords de fond, mais aussi de sérieux désaccords. Son attitude « on se parle, on s'explique », tellement rare, me plut instantanément. Plus encore la façon d'être, ouverte et franche, qui fut la sienne pendant toute notre conversation dans ce bureau de la rue de Grenelle où elle était venue me voir, explicitant les divergences, disant pourquoi certains mots que j'avais employés dans l'article ou dans la presse l'avaient étonnée ou choquée, tout en cherchant à chaque instant les points de convergence.

Au fond, elle avait vu dans mon article une sorte de grande contradiction qu'elle ne comprenait pas. Aucun spécialiste de la famille ne s'était engagé aussi loin que moi en faveur des droits des couples homosexuels et pourtant je n'étais pas pour le mariage. Je soutenais l'homoparentalité, et les premières « coparentalités » (entre un couple de gays et un couple de lesbiennes) qui se développaient à l'époque ne me posaient pas de problème, mais je n'étais pas pour l'adoption ou la PMA par un couple de même sexe. Pour Martine, c'était à la fois une inconséquence et une façon de s'arrêter en chemin.

En l'écoutant, je voyais bien à quel point les enjeux institutionnels fondamentaux qui étaient le centre de mon analyse de sociologue du droit – par exemple sur la place de la présomption de paternité dans la définition du mariage – ne « passaient » pas, hors du monde juridique. Ils étaient abstraits, alors que sa démarche était pragmatique, ancrée dans son expérience personnelle et sa connaissance du vécu des trois cents membres de son association, petite avant-garde de l'innovation sociale sur l'homoparentalité qui s'amorçait alors en France. Quoi qu'il en soit, quelque chose a changé en moi, simplement à l'entendre parler de ces toutes nouvelles formes de familles, sans les réduire à des étendards militants.

À ce moment-là, je côtoyais chaque jour une aile très active du mouvement LGBT+ centrée sur le VIH-sida, mais l'enjeu des enfants y était quasi inexistant. Quant au mariage, les homosexuels de ma génération pouffaient de rire à cette seule idée, et les associations qui commençaient à se prononcer pour un mariage de même sexe – comme en 1997, Aides puis Act Up et le Centre gay et lesbien – le faisaient « par principe d'égalité entre homos et hétéros », la plupart des militantes et militants vous précisant en privé qu'ils n'en voudraient surtout pas pour eux-mêmes.

Avec Éric Dubreuil, cofondateur de l'APGL, Martine Gross ouvrait une tout autre voie. La façon tranquille et impliquée dont elle parlait me signifiait : vous avez l'habitude de voir un mouvement LGBT+ libertaire, féru de contre-culture, méprisant volontiers le bourgeois, et dont l'engagement sur le sida a bouleversé la société française. Mais parallèlement, une nouvelle phase s'est ouverte, pour laquelle vous n'avez pas les codes : nous voulons aussi l'intégration sociale. Nous ne sommes pas seulement des couples, nous avons ou souhaitons avoir des enfants et nous voulons aussi devenir des familles comme les autres. C'est là que vous devez changer votre façon de voir, car notre mobilisation pour la vie ordinaire est d'un genre inédit.

On ne parlait pas encore d'« inclusion », mais c'était déjà cela. Les personnes dont parlait Martine ne se voyaient nullement comme des individus asexués. Elles ne niaient ni les corps ni la procréation. Elles étaient d'une *nouvelle génération*, différente de celle qui était sortie du placard en cherchant surtout à s'émanciper du temps où il fallait se marier et avoir des enfants avec une personne de l'autre sexe pour donner le change, et n'avaient pas de réponse toute faite à la traduction en droit de leur démarche. Elles cherchaient. Elles inventaient... Comment aurais-je résisté à l'idée de les accompagner, quand elle me le proposait, la main tendue ?

Martine insista d'abord sur l'importance de soutenir les droits des familles recomposées homoparentales. J'étais fière d'avoir inventé ce terme de « famille recomposée » en

1987[39], mais elle me fit remarquer que les anthropologues et les sociologues qui les étudiaient, à commencer par moi, ne parlaient que des couples de sexe différent, alors que c'était à l'époque la façon principale de faire une famille pour un couple de même sexe. Critique absolument juste, reçue dans l'instant et que j'ai traduite quelques mois plus tard dans le rapport que j'ai remis au gouvernement.

Sur l'adoption, son argument était simple : puisque chacun reconnaît que l'adoption repose sur l'engagement parental, pourquoi le droit impose-t-il de mimer un couple procréatif ? Elle avait raison, mais cela ne m'empêchait pas de me trouver devant une impasse juridique. Pouvait-on justifier de sortir des enfants du système de parenté commun, un système mixte (père-mère) comme tous les systèmes de parenté connus au monde ? Cette mixité n'avait-elle pas le prix immense d'instituer – *contre* la nature qui a fait totalement inégaux la femme qui engendre « en soi » et l'homme qui engendre « hors de soi » – un principe *d'égale implication de l'un et l'autre sexe* dans la filiation ? Pour moi cette dimension sexuée et mixte de la parenté nous concernait tous, quelle que soit notre orientation sexuelle.

Enfin, Martine me parla de sa critique du droit de l'adoption, où l'enfant est dit « né de » ses parents adoptifs, et de son idée de reconnaître les différentes filiations (biologique, sociale et juridique) qu'un enfant peut avoir, au lieu de lui en imposer une seule. Bien que cela fasse écho en partie à ma propre idée des trois composantes de la filiation, je ne suis pas parvenue à intégrer sur le moment tout ce qu'elle apportait déjà à la solution, mais l'idée fit son chemin en moi. À partir de ce jour, je tenais un fil. Le simple fil d'une conversation informelle où j'avais pu, en toute liberté et empathie,

39. Sur ce terme, voir mon introduction au numéro, « Les beaux-enfants : remariage et recompositions familiales », *Dialogue*, 97, 1987.

« frotter et limer ma cervelle contre celle d'aultruy », comme dit Montaigne. Mais aussi un fil de pensée, qui s'avérerait d'une étonnante solidité, m'aidant à chercher les bonnes connexions.

Début 1998, je déménageai à l'EHESS où je venais d'être élue, et l'un des premiers collègues dont je me rapprochai fut Yan Thomas, grand spécialiste du droit romain et des « fictions du droit ». Il était d'accord avec moi sur l'importance de changer la définition du couple en droit pour intégrer les couples de même sexe, et suivait de près ce qui se jouait autour du futur Pacs. Effarés par les polémiques qui grossirent toute l'année 1998-1999, nous nous retrouvions souvent le soir dans son bureau, pour discuter à bâtons rompus avec les uns ou les autres. Yan qui avait été proche du juriste Pierre Legendre, pour qui il avait mené une belle étude du parricide à Rome, avait rompu avec lui. Il n'acceptait pas plus que moi l'opposition radicale de celui-ci au couple de même sexe et *a fortiori* sa « justification » par la psychanalyse.

Nous étions outrés que certains intellectuels-militants, comme Didier Eribon ou Éric Fassin, accusent ceux qui utilisaient le mot « symbolique » (un terme parfaitement banal en anthropologie depuis Durkheim et Mauss[40]) de reprendre à leur compte la doxa psychanalytique lacanienne et de défendre « un ordre symbolique immuable », au moment même où nous démontrions très exactement l'inverse, en nous battant pour révolutionner la définition pluriséculaire du couple en droit.

Yan et moi avons organisé ensemble, à l'EHESS, une journée d'étude intitulée « L'institutionnel et le symbolique » pour clarifier les choses et montrer en quoi l'approche des sciences sociales différait radicalement de la psychanalyse

40. Voir en particulier Camille Tarot, *De Durkheim à Mauss. L'invention du symbolique. Sociologie et science des religions*, Paris, La Découverte/M.A.U.S.S, 1999.

lacanienne et de ses idées sur le « nom du Père ». Vincent Descombes fit une intervention à ce colloque, « L'impossible et l'interdit », qui fut pour moi une clarification décisive et je me mis à lire *Les Institutions du sens*[41], crayon à la main. Le fil continuait de se tisser.

Au fond, l'approche de Yan Thomas était à l'opposé de celle de Martine Gross. Il était d'abord un penseur de *l'institution* et n'aimait pas l'idée d'identité homosexuelle ou hétérosexuelle. Il trouvait problématique le projet de mettre la sexualité des personnes en avant dans le droit. Il y voyait un héritage du christianisme et aurait aimé qu'on revienne à plus d'abstraction romaine. Si les systèmes de parenté avaient toujours et partout été mixtes, ce n'est pas pour entériner l'« hétérosexualité » (une notion typiquement occidentale et moderne), mais parce que les sociétés humaines doivent mettre en signification la vie en commun de l'un et l'autre sexe, qui ne s'organise pas naturellement dans notre espèce, et instituer pour ce faire des *statuts* d'épouse et d'époux, de père et de mère.

Pourtant, lorsque à la fin 1998 Yan s'est exprimé longuement sur le Pacs, le mariage et la filiation, comment ne pas voir qu'à partir de prémisses opposées, il rejoignait très exactement le cheminement de Martine vers une solution en droit ? Je le cite :

> [Prémisses opposées]
> On pourra multiplier à l'infini les enquêtes sociales et les travaux psychologiques, on n'évitera pas le problème civil et politique : peut-on priver un enfant du droit reconnu à tous les autres d'avoir pour parents un père et une mère ? Peut-on fabriquer des cobayes, même heureux ? La satisfaction d'un tel désir ne peut se justifier que par des arguments sentimentaux ou psychologiques. Sur le terrain juridique, sur le terrain politique, elle suppose que

41. Vincent Descombes, *Les Institutions du sens*, *op. cit.*

> l'on accepte l'inégalité devant la loi. Pire, elle suppose que l'on s'accommode d'une inégalité enracinée dans la naissance et dans l'origine [...].
>
> [Même chemin vers une solution]
>
> Mais si nous étions capables d'imaginer un système plus large d'adoption, celui que dessine l'adoption simple plutôt que plénière, nous pourrions reconnaître qu'un même sujet peut avoir plusieurs parents, des parents adoptifs et des parents naturels, et que sa filiation peut être multiple. Si nous étions capables de nous ouvrir à cette conception moins exclusive de la filiation, le reste viendrait de surcroît. [...] Il faut imaginer une solution universelle dans laquelle les parents homosexuels trouveraient toute leur place[42].

On y était presque. Finalement, pour moi, c'est en tissant mon fil vers un troisième pôle de conversation informelle que tout s'est éclairé. À Toulouse, Agnès Fine étudiait depuis longtemps l'adoption en anthropologue, construisant un « regard éloigné » par l'approche comparative. Elle venait de publier *Adoptions, ethnologie des parentés choisies*[43], issu d'échanges avec une collègue canadienne, Françoise-Romaine Ouellette, sur le développement récent en Amérique du Nord des adoptions ouvertes, sans coupure radicale de l'enfant avec sa famille de naissance.

C'est elle qui m'a libérée définitivement de ce que je nomme l'« alternative obligée », une forme d'oppression mentale suscitée par la polarisation du débat public et médiatique, bien plus prégnante que la fameuse pensée unique, et que résume la formule bien connue : « Vous préférez être rôtie ou bouillie ? – Mais je ne veux pas être mangée ! – Vous sortez de la question. »

42. Yan Thomas, « L'union des sexes, le difficile passage de la nature au droit », *Le Banquet*, septembre-octobre 1998, p. 62-63.
43. Agnès Fine (dir.), *Adoptions. Ethnologie des parentés choisies*, Paris, Maison des sciences de l'homme, 1998.

En effet, tout au long de ce débat qui se menait en parallèle à celui du Pacs, on ne cessait de sommer l'opinion de choisir entre deux visions antagonistes du « vrai parent » : celle pour qui « le vrai parent, c'est le parent biologique » ; et celle pour qui « le vrai parent, c'est le parent social » (entendez : le parent selon la volonté).

Agnès voyait les choses tout autrement. Pour elle, le vrai problème, qui n'avait pas attendu l'homoparentalité pour exister, était la force extraordinaire du principe d'exclusivité de la filiation dans la culture occidentale : un seul père, une seule mère, pas un de moins, pas un de plus. Son hypothèse sur le développement prévisible des pluriparentalités, au fur et à mesure que les droits et l'identité narrative de l'enfant seraient davantage pris en compte, me permit de boucler la boucle et d'arriver enfin à l'issue.

Martine avait parlé au début de cumuler les filiations, et je me souviens de l'avoir souvent entendue dire : « On pourrait écrire sur le livret de famille qu'un enfant est "né de, fils de, élevé par" », car son souci premier était de ne pas séparer les enfants des homosexuels des autres enfants. Plus que cette proposition particulière, c'est sa démarche d'ensemble qui nous permit d'aboutir à l'idée qui allait nous guider ensuite pour des années : *il fallait inverser complètement la problématique imposée.*

Au lieu de braquer les yeux sur l'homoparentalité – que ce soit pour la dénigrer comme « contre-nature » ou la poser en avant-garde de la lutte contre le « biologique » –, l'enjeu était de remettre en question notre droit commun de l'adoption plénière, qui effaçait l'acte de naissance originel de l'enfant, le remplaçait par un nouvel acte et déclarait l'enfant comme « né de » ses parents adoptifs. Même chose sur la PMA avec don, où tout était fait pour masquer le don et faire passer les deux parents pour les deux géniteurs. La façon dont on avait adoubé dans les lois de bioéthique de 1994 un modèle pseudo-procréatif, dans les cas mêmes où par hypothèse la filiation ne reposait pas sur une procréation du couple, était un héritage du naturalisme du modèle unique de famille du Code Napoléon. Elle excluait par principe les parents homosexuels, alors qu'ils pouvaient bien évidemment construire une famille grâce à un don, en suivant exactement la même démarche que tous les autres parents.

En 1999, dès avant le vote du Pacs, je publiai un nouvel article « Pacs, sexualité et différence des sexes[44] » où je revenais sur les confusions du débat public sur la différence des sexes, et concluais :

> Le grand intérêt des questions posées par les revendications d'homoparentalité est la façon dont elles amènent à prendre conscience de ce que sont aujourd'hui l'adoption et l'insémination artificielle avec donneur anonyme : le mime du biologique. [...] C'est en privilégiant l'histoire de tous les individus, hommes, femmes et enfants, géniteurs et adoptants, et en affrontant la complexité des rapports humains, que se trouve l'espoir. [...] Le débat ne fait encore que commencer. Il ne concerne aucune sexualité en particulier et cherche à inventer pour tous une autre voie que le pseudo-biologique[45].

Quant au mariage, pendant ces années-là, je n'ai jamais rencontré quelqu'un qui réponde à l'objection sur la présomption de paternité, « cœur du mariage » selon Jean Carbonnier.

C'est en 2003 que j'ai finalement trouvé l'issue, grâce à la thèse de Baptiste Coulmont sur le mariage religieux des couples de même sexe, dans certaines Églises protestantes aux États-Unis[46]. Alors que les homosexuels dont j'étais proche

44. Irène Théry, « Pacs, sexualité et différence des sexes », art. cité.
45. *Ibid.*, p. 180-181.
46. Cette thèse, dirigée à l'EHESS par Danièle Hervieu-Léger, n'est pas publiée. Mais on peut lire Baptiste Coulmont, *États-Unis. Le mariage religieux des couples de même sexe*, Paris, Autrement, 2008.

disaient encore « le mariage, oui, mais surtout pas pour moi », la thèse rappelait à chaque page qu'il y avait des gays et des lesbiennes pour qui le mariage était très important et qui désiraient vraiment, de tout leur cœur, se marier. Dix ans avant le « mariage pour tous », prendre conscience que c'était certainement le cas en France aussi, dans les nouvelles générations, me donna l'élan pour oser contredire mon maître Carbonnier. Preuve qu'il entre de l'affectif dans le raisonnement qui se croit le plus rationnel et le plus technique du monde...

Je m'aperçus que, de fait, j'avais déjà construit par moi-même toute l'analyse me permettant de dire : « Le mariage a déjà changé : la présomption de paternité n'en est plus le cœur, c'est désormais le couple. » Il suffisait d'en tirer les conséquences. Je me souviens très bien du jour de mai 2003 où, sur cette base, j'ai décidé de défendre le mariage des couples de même sexe. J'étais à la campagne. Je suis allée faire un tour. Tout en marchant, je ruminais : « J'aurai l'air de donner raison à ceux qui ne cessent de m'attaquer, alors qu'ils n'ont même pas entrevu le problème d'institution que je soulevais. On va dire ceci, on va dire cela... » Et puis j'ai pensé à mon père qui m'avait dit un jour à propos d'un homme qui s'était enferré au lieu de changer : « Ce qui l'a perdu, c'est l'orgueil. » Merci à la mémoire de mon père de m'avoir permis ce jour-là d'échapper au piège de l'orgueil et d'oublier la peur du qu'en-dira-t-on, pour continuer mon chemin.

J'ai voulu ici témoigner de cette expérience personnelle, car elle mène du « je » au « nous », par des chemins de traverse, des sentiers non balisés qui méritent que, pour une fois, on les sorte de l'ombre. C'est bien moi, au départ, qui bute sur des impasses, c'est moi qui vais devoir changer d'analyse. Mais dès le début, grâce à l'initiative inattendue d'une femme exceptionnelle, qui fait elle-même tout le chemin jusqu'à ma porte, une conversation commence, qui parvient à travailler les désaccords par l'écoute mutuelle.

De fil en fil, de conversation informelle en rencontre fortuite, d'une formule happée dans une conversation à une argumentation serrée lue dans un livre ou entendue dans un colloque, ce qui prend forme vient de l'un, l'une ou l'autre et appartient à tous, à toutes. Aux trois pôles que j'ai dessinés autour de personnes qui furent capitales dans ma réflexion, des dizaines d'autres s'agrègent. On discute beaucoup, quand l'histoire s'accélère. À la fin, une nouvelle approche de la filiation – et, en son sein, de l'homoparentalité – était née, qui allait prospérer jusqu'à aujourd'hui.

Mais si cette démarche collective et confiante est celle dans laquelle je me reconnais, certains ont d'autres façons d'agir. J'ai aussi appris, à cette époque, ce qu'il peut en coûter à une femme d'être mise un peu en lumière, dans un contexte politique très conflictuel. Ce n'était pourtant pas beaucoup : une simple expertise. Mais en me nommant début 1998 pour rédiger un rapport sur « Couple, filiation et parenté aujourd'hui »[47], les ministres Martine Aubry et Élisabeth Guigou ont fait de moi – bien involontairement – l'ennemie à abattre d'un trio d'hommes déterminés à exercer une domination sans partage sur ce qu'ils considéraient comme leur fief attitré.

Pour eux, il n'y avait pas lieu d'un instant de discussion sur le mariage de même sexe, même l'année où cette revendication apparaissait pour la première fois en France. Pas lieu d'un instant de discussion sur l'adoption ou sur la PMA de même sexe, même l'année où elles étaient à peine émergentes chez quelques dizaines de personnes dans notre pays. Et surtout pas lieu de défendre la distinction masculin/féminin des statuts de parenté, la « différence des sexes »

47. Irène Théry, *Couple, filiation et parenté aujourd'hui*, *op. cit.*

(assimilée par eux au couple hétérosexuel) étant à leurs yeux une construction sociale sans autre fonction qu'assurer la domination « hétérosexiste », et qu'il fallait éliminer par une asexuation et une neutralisation radicales du droit : époux 1 et époux 2, parent 1 et parent 2 (neutralisation *masculine*, soit dit en passant).

Confondant toute attention au corps avec du naturalisme – alors que le naturalisme est tout autre chose, et d'abord le déni de l'institution –, ils en faisaient l'ennemi de l'égalité, un « biologisme » à rayer de l'horizon pour ne voir en l'individu qu'un moi intérieur, une volonté pure qui serait sa vérité originelle. Ils avaient parfaitement le droit de défendre ce genre de thèse, issue des « politiques de l'identité » et du déconstructionnisme des *gender studies* américaines. Pour ma part, j'ai tenté au début de créer les conditions d'une discussion universitaire normale. Ce n'est pas la voie qu'ils ont choisie.

Éric Fassin, qui était alors américaniste, a multiplié les articles et livres m'accusant d'assimiler la différence des sexes à l'hétérosexualité, soit exactement le contraire de ce que j'écrivais. Il affirma que je me référais à une doxa psychanalytique dont je n'avais jamais parlé, et dont, avec Yan Thomas, nous nous étions toujours distingués. Il m'accusa de défendre un « ordre symbolique immuable » au moment même où je me consacrais, avec d'autres (mais pas lui), à révolutionner ce qui était depuis des millénaires la définition symbolique du couple. Mettant en cause mon intégrité scientifique, il se posa en défenseur du « débat savant » sur la parenté (qu'il n'avait jamais étudiée) et écrivit que mon seul but était d'abuser de ma position d'expert et de me prévaloir de la science pour « fermer la porte de la famille aux homosexuels », alors que mon rapport faisait précisément le contraire[48].

48. Au sein d'une abondante production assez répétitive sur le même sujet, on peut citer l'ouvrage le plus connu : Daniel Borrillo, Éric Fassin et Marcela Iacub, *Au-delà*

Daniel Borrillo, juriste arrivé d'Argentine et nouveau militant de Aides, que Marianne Schulz avait cru proche quand ils rédigeaient ensemble le rapport de l'association, accompagna Fassin dans cette campagne et s'employa à me faire passer pour une homophobe infiltrée dans la cause d'une approche du sida respectueuse des personnes atteintes, à laquelle j'avais consacré depuis quatre ans la recherche la plus importante de ma vie. Ils ont accentué leurs diatribes au moment même où je contribuais activement à l'amendement Badinter au projet de loi jugé par le représentant de l'Église Tony Anatrella comme « pire que le Pacs », car considérant comme semblables les couples homosexuels et hétérosexuels.

Ainsi, à l'automne 1999, Borrillo et Fassin refusèrent de participer au livre *Homosexualités, état des lieux*[49] dirigé par Martine Gross, pour la seule et unique raison qu'une contribution signée de moi devait y figurer. Leur ami Didier Eribon, qui s'illustrait en parallèle par une attitude et des propos particulièrement violents et grossiers à mon égard, exigea à son tour d'être retiré d'une liste de diffusion de jeunes chercheurs, uniquement parce que j'étais parmi les destinataires. Ce sont quelques exemples du discrédit qu'ils se sont employés à jeter sur ma personne, multipliant les pressions sur celles et ceux qui refusaient de les imiter. Sans aller plus loin, disons simplement qu'à partir de là, il est devenu « courageux » de coopérer avec moi en études de genre.

Ce n'était que le début. Plus le temps a passé, plus l'approche relationnelle du genre comme « manière d'agir instituée » que je construisais avec d'autres a pris de l'ampleur, plus ils ont refait l'histoire. C'est ainsi que le nom de Marianne Schulz, coupable d'avoir complété mon article

du Pacs, op. cit. On remarque avec étonnement que le nom de Marcela Iacub disparaît de la couverture en 2001, lors de la réédition de l'ouvrage.

49. Martine Gross (dir.), *Homoparentalité, état des lieux. Parentés et différence des sexes*, Paris, Érès, 2000.

de 1997 par un remarquable dossier juridique et d'avoir assuré le secrétariat scientifique de mon rapport au gouvernement, fut purement et simplement effacé de leurs références au rapport de Aides dont elle était l'initiatrice et la corédactrice, et dont ils parlèrent désormais en le vantant sous le nom de « rapport Borrillo »[50].

Après quelques années, ils ont commencé à répandre l'idée que j'avais été « contre le Pacs », oubliant juste de dire je l'avais critiqué parce qu'il ne donnait *pas assez de droits*, et que j'avais participé à une amélioration décisive du texte de loi, ce qu'aucun d'entre eux n'avait fait. L'essentiel pour eux était de se poser en représentants légitimes des idées du mouvement LGBT+ (comme s'il était uni sur leurs positions), et de disqualifier toute approche du genre différente de la leur. Pour cela tout était permis.

Ainsi en 2007, Éric Fassin réussit à publier dans la rubrique « Le livre du mois » de *La Recherche* un court compte rendu de mon livre *La Distinction de sexe* qui est une sorte de résumé parfait de ses méthodes[51] : les nouvelles générations d'étudiants ont pu y lire que dix ans auparavant j'aurais été gênée que « l'homosexualité s'invite dans le débat », que je me serais « opposée au Pacs » et que mon livre, radicalement « éloigné de l'anthropologie sociale et de l'historicité », ne serait rien moins qu'un retour à « une anthropologie religieuse à majuscule ». Le but pas même dissimulé était d'en faire disparaître toutes les thèses (ancrées justement dans une analyse historique inédite des conceptions occidentales du genre), afin de dissuader quiconque serait tenté de

50. Ainsi, Didier Eribon, poursuivant et amplifiant encore sa campagne de haine dix-sept ans après, se scandalisa que l'association SOS Homophobie m'ait attribué pour la France le prix européen Tolerantia (2015) pour mon action au moment du mariage pour tous et le rapport « Filiation, origines, parentalité » que j'avais remis au gouvernement en 2014. Pour lui, ce prix aurait dû revenir à l'auteur de ce qu'il nomme le « rapport Borrillo ».

51. Éric Fassin chronique « Le livre du mois » sur *La Distinction de sexe*, *La Recherche*, 414, décembre 2007.

l'ouvrir, surtout les plus jeunes. Un exemple de sa conception du « débat savant », sans doute.

Lorsque en 2012 je fus auditionnée à l'Assemblée nationale et au Sénat, lors des travaux préparatoires à la loi sur le mariage pour tous du 17 mai 2013, l'engagement ancien de ma véritable personne pour le mariage et la filiation de même sexe et surtout mes travaux de sociologue sur ces sujets sont devenus largement publics et ont rendu assez improbable le personnage qu'ils avaient créé de toutes pièces et affublé de mon nom depuis des années dans leur milieu d'influence, dans l'espoir de me faire disparaître. J'ai alors été accusée de retourner ma veste à la dernière minute par opportunisme, et de réécrire l'histoire.

Eribon s'est particulièrement attelé à cette tâche sur son site Internet, n'hésitant plus à raconter désormais que j'avais passé dix ans de ma vie à insulter les homosexuels et les empêcher d'avoir des droits, avec la violence dans le ton qui le caractérise et quelques obsessions qui n'ont jamais varié, comme m'appeler « l'idéologue d'*Esprit* » (comme si appartenir au comité de rédaction de cette revue valait condamnation) et utiliser toutes les circonlocutions permettant de ne pas admettre une seule fois en vingt-cinq ans que j'ai peut-être un titre universitaire. Sans oublier une certaine constance dans sa sinistre rhétorique machiste : « Irène Boutin/Christine Théry », en 1998 ; « Irène Barjot/ Frigide Théry », en 2013.

Cette entreprise de démolition personnelle systématique, ces méthodes dont je ne donne ici qu'un petit aperçu[52] furent

52. À partir du mariage pour tous, leur campagne se déplace vers le public anglophone, moins au fait de la réalité française. Ainsi en 2014, c'est dans un numéro de *Contemporary French Civilization* dirigé par Éric Fassin que Daniel Borrillo publie « Les habits neufs de l'ordre naturel », un commentaire dénonciatoire du rapport *Filiation, origines, parentalité*, que mes collègues et moi-même venons de remettre au gouvernement. Son texte est destiné à faire croire que la défense du droit d'accès aux origines des personnes nées de PMA avec tiers donneur signifie une « biologisation de la filiation », alors que notre rapport précise, au contraire, qu'un donneur ou une donneuse n'est par définition *jamais un parent et ne peut le* assez pénibles à subir, on s'en doute. Mais chacune de nous – j'écris volontairement ici le mot au féminin, tant il est évident pour moi que leurs façons d'agir étaient machistes de bout en bout – n'a qu'une vie, et j'avais décidé que personne ne me volerait la mienne.

Ayant fait le choix – un choix contraint, pas évident, qui a laissé le champ libre à leurs calomnies – de ne plus jamais leur répondre à partir du vote du Pacs, il m'a fallu l'assumer. J'y suis parvenue d'abord grâce à la force extraordinaire de mes liens d'amitié dans le monde de la recherche comme au sein du monde associatif LGBT+, et aussi grâce au ressort vital de ma conscience féministe, devant faire face pendant des années à la violence et la condescendance masculinistes là où jamais je n'aurais pensé les trouver.

Le sentiment d'être « une parmi nous toutes » et surtout la conscience de la chance que j'avais d'être protégée (par mon statut universitaire et par les lois démocratiques de notre pays) des conséquences que leurs menées de petits commissaires du peuple auraient eues sur moi dans un autre contexte sociopolitique m'ont fait un devoir d'aller de l'avant, sans jamais séparer dans ma recherche le travail individuel du travail collectif, le souci de connaissance scientifique et le sens des enjeux de citoyenneté.

Après la période du Pacs, avec ses deux faces opposées – la face lumineuse de l'intense création collective et de la participation à l'amélioration de la loi, la face sombre des calomnies et de la haine –, il fallait me tourner vers l'avenir. J'ai quitté Paris et me suis éloignée pendant des années de tout débat public, afin de me consacrer entièrement à la piste de l'homoparentalité comme révélateur de l'évolution d'ensemble du droit de la famille, et élargir l'enquête

devenir, et que nous proposons d'instituer une nouvelle modalité d'établissement de la filiation fondée sur *l'engagement parental* du couple des parents d'intention, qu'ils soient de sexe différent ou de même sexe (voir *infra*). Et tout à l'avenant.

à l'adoption, à la PMA et à l'accès aux origines en général tout en approfondissant sur le plan théorique une approche du genre comme « manière d'agir instituée » prolongeant les travaux pionniers de Marcel Mauss sur la personne et la division par sexes.

Commencèrent alors les douze ans de travail qui me mèneront avec Agnès Fine et bien d'autres sociologues, démographes, philosophes, politistes, anthropologues et juristes, ainsi que quelques historiennes et une nouvelle génération de doctorantes et doctorants, à jouer mon rôle de sociologue engagée au moment du mariage pour tous et ensuite sur la PMA.

Pendant ce temps-là, ma collègue Martine Gross est devenue une sociologue reconnue, la grande spécialiste française de l'homoparentalité (un terme qu'elle a inventé et qui est passé dans le langage courant) organisant un vaste champ de recherche inédit en France, aidant les jeunes qui se lançaient, scandant par de nombreuses enquêtes pionnières et par ses livres les évolutions rapides des pratiques et des attentes des parents gays et lesbiens au fil du temps. Nous n'avons jamais cessé de coopérer, à travers des réseaux de recherche, un séminaire commun, des enquêtes collectives, et l'organisation de dizaines de journées d'études et de colloques, que ce soit à Aix-Marseille, à Toulouse ou à Paris.

Lorsque en 2012, l'Union nationale des associations familiales (UNAF), représentant officiel des familles auprès des pouvoirs publics, a publié un document expliquant son opposition radicale au projet de loi sur le mariage pour tous en raison de « l'effacement de la distinction des sexes » dans le mariage et la filiation, nous avions tous les moyens de démontrer pourquoi c'était une allégation erronée et de proposer une autre analyse du changement qui serait institué.

Le colloque de janvier 2013[53] que nous avons tenu à l'EHESS, en pleine montée de l'homophobie en France, au lendemain d'une manifestation monstre de « La Manif pour tous » vilipendant le projet de loi, est je crois un bon exemple du rôle que peut avoir la recherche en sciences sociales pour construire un débat serein et argumenté en situation de conflit social aigu. Des représentants de l'UNAF ont été invités et sont venus y assister, témoignant de leur sens de l'échange citoyen.

Ce travail a incité la ministre de la Famille, Dominique Bertinotti, à me confier un rapport[54] quelques mois après le vote de la loi ouvrant le mariage aux couples de même sexe. Ce rapport est le résultat du travail collectif d'une commission pluridisciplinaire de vingt-quatre spécialistes, que j'ai constituée sans aucune pression du politique, et qui a travaillé en toute liberté. Il est une première, au sens où pour la première fois en France toutes les propositions y figurant s'appliquaient aussi bien aux familles homoparentales qu'hétéroparentales, y compris la PMA pour toutes et les droits des enfants nés de GPA à l'étranger, et nous avons affronté avec une belle solidarité les petits ennuis que nous ont causés nos propositions jugées « trop avancées » sur ces deux derniers sujets. Les secrétaires scientifiques de ce rapport étaient Marianne Schulz, devenue entre-temps une spécialiste reconnue de l'adoption internationale, et Jérôme Courduriès, maître de conférences en anthropologie qui avait soutenu, sous la direction d'Agnès Fine, la première thèse française sur le couple gay.

Je me souviendrai toujours de cette réunion de décembre 2013, où j'ai eu le sentiment d'avoir mené jusqu'au bout une aventure scientifique, intellectuelle, civique, mais

53. Les actes en sont parus sous le titre : Irène Théry (dir.), *Mariage de même sexe et filiation*, Paris, Éditions de l'EHESS, 2013.
54. Irène Théry et Anne-Marie Leroyer, *Filiation, origines, parentalité*, *op. cit.*

aussi humaine, commencée seize années plus tôt. Notre cher Yan Thomas avait disparu tragiquement depuis cinq ans déjà, mais j'avais toujours gardé en tête sa formule « Il faut imaginer une solution universelle dans laquelle les parents homosexuels trouveraient toute leur place. »

Cette fois, c'est moi qui avais pris mon téléphone et appelé Martine Gross pour l'inviter à participer à la commission de préparation du rapport qui m'avait été demandé. Je l'entends encore mettre la touche finale, décisive, à la matinée de *brain storming* collectif pendant laquelle nous avons élaboré, pour tous les couples recourant à la PMA avec tiers donneur, la proposition d'une nouvelle modalité d'établissement de la filiation fondée sur l'engagement parental solidaire (la future « reconnaissance conjointe anticipée » ou RCA). Dépassant l'opposition habituelle entre « parent biologique » et « parent social », cette proposition mettait en valeur l'idée – issue d'abord de nos enquêtes auprès des couples concernés – selon laquelle deux personnes qui recourent au don, quel que soit leur sexe, *engendrent ensemble* un enfant, même si elles ne le *procréent* pas ensemble, et doivent être instituées en droit, solidairement, comme les deux futurs parents dès le premier jour du processus médical.

Nous avions fait notre part.

CHAPITRE 4

#MeToo ou ce que « consentir » veut dire

(Vers une nouvelle civilité sexuelle)

—

Moi aussi. En traduisant en français le célèbre #MeToo, on voudrait dans ce livre le rendre à son sens originel, enseveli en France par cinq ans de polémiques parfois vives autour de ce qui, pour ses détracteurs, semble parfois n'être qu'un son privé de sens, « *mitou* ». Il s'agit de revenir à ce qui fut d'abord une façon d'agir : s'exposer en prenant la parole en première personne et révéler avoir été victime de violence sexuelle ; expliquer pourquoi on a gardé le silence parfois pendant des années ; et malgré la difficulté de parler publiquement, le faire. Revenir à ce qui fut d'abord un enjeu inédit, souvent incompris : mettre au jour un fait intime non pour attirer l'attention sur son cas et son moi, mais au contraire sur cet « aussi » qui indique que si l'on a décidé de ne plus se taire, c'est pour tenter de dépasser l'état de victime et s'exprimer parmi les autres, avec les autres.

Le cœur du changement social porté par ces « moi aussi » est la métamorphose de ce qui était uniquement à soi, que l'on croyait destiné à n'appartenir qu'au plus intime de sa vie privée et dont on avait fait la confidence uniquement à de très proches, en un fait public et collectif, et ainsi en une question sociale et politique. Il s'agit de mettre au jour un problème « systémique », comme on dit parfois pour signifier que ce qui est en cause n'est pas seulement la perversion de tel abuseur, son emprise sur telle victime, mais ce qui, dans nos mœurs et peut-être même nos lois, a pu laisser une telle masse de violences sexuelles se commettre dans l'ombre, et enfermer dans le silence les personnes qui les avaient subies[1].

Une question « sociétale », donc, qui devrait inciter à comprendre non seulement quelles attitudes héritées d'un long passé de hiérarchie des sexes continuent de peser (comme le fait le discours militant, ce qui se comprend parfaitement), mais aussi quel *changement majeur* des valeurs collectives et du lien social a permis, justement, de rompre l'ancienne fatalité et créer une nouvelle donne qui n'est certainement pas un état achevé, mais le début d'autre chose, encore à l'état d'ébauche.

Dès lors qu'on revient vers ce « moi aussi » de départ, un problème saute aux yeux. Le mouvement de société qui a pris soudain un nom et acquis en quelques mois une audience mondiale grâce à l'écho dans les réseaux sociaux du hashtag #MeToo n'a pas commencé ce jour d'octobre 2017 où les actrices d'Hollywood ont lancé l'affaire Weinstein. Toute une évolution du droit pénal et de la parole publique des femmes

1. Selon le Baromètre santé 2016, 19 % des femmes et 5 % des hommes de 18-69 ans déclarent avoir été victimes de rapports forcés ou de tentatives de rapport forcé. La première exposition à ces violences survient avant 18 ans dans 47 % des cas pour les femmes et 60 % des cas pour les hommes, le plus souvent par une personne de l'entourage (31 % des cas pour les femmes et 35 % pour les hommes), puis de la famille (28 % et 20 %), puis un inconnu (16 % et 26 %). Si elles sont vécues à l'âge adulte : pour les femmes, c'est dans 52 % des cas de la part du conjoint ou de l'ex-conjoint ; et pour les hommes dans 38,8 % un inconnu (Nathalie Bajos, Delphine Rahib et Nathalie Lydie, *Genre et sexualité. D'une décennie à l'autre. Baromètre santé 2016*, Saint-Maurice, Santé publique France, 2018).

occidentales sur le viol et l'inceste l'avait préparé à partir de la deuxième vague féministe des années 1970-1980.

Dans ce contexte, l'invention d'une forme spécifique de solidarité face à des violences sexuelles sans témoin, répétées dans le pouvoir et l'emprise, protégées par l'omerta, et que chacune, chacun croyait dans son for intérieur à jamais impossible de faire reconnaître, n'est pas due à cette affaire mais à la première campagne « moi aussi » de 2007 lancée par Tarana Burke en soutien aux femmes noires victimes de viols. Parallèlement, une certaine façon de parler à plusieurs a été élaborée par les victimes des abus sexuels dans l'Église catholique, en majorité des garçons, dont les premières actions importantes de témoignages collectifs commencent dès les années 1990 aux États-Unis. En France, c'est en 2015, deux ans avant l'affaire Weinstein, qu'est créé à Lyon le groupe « La Parole libérée », dont le film *Grâce à Dieu* de François Ozon a retracé de façon poignante les débuts difficiles, quand ils n'étaient que deux, puis trois, quatre et bientôt davantage.

Pourtant, alors que le signe de ralliement de #MeToo inclut par définition toutes les formes d'expression d'un « moi aussi » sur les violences sexuelles, qu'elles aient été subies par des femmes, des hommes ou des enfants, c'est exactement sur le présupposé inverse qu'est construite la polémique publique en France. On ne remarque pas assez que les gens qui crient au « grand Délathon », au « retour de la Terreur », à la « haine des hommes » et à l'étouffoir du puritanisme depuis que des femmes disent *moi aussi* et révèlent un continent caché de violences sexuelles masculines, n'ont en revanche qu'empathie et admiration pour le courage de ceux qui osent dire *moi aussi* et livrer les noms de leurs abuseurs, y compris hors de toute procédure judiciaire et lorsque les faits sont prescrits, quand ces victimes sont principalement des hommes et dénoncent des clercs.

Cet abîme révèle sans doute quelque chose de la psychologie des plus extrémistes des anti-#MeToo, mais ce n'est pas ce qui nous intéresse ici. Pendant que les polémistes polémiquent dans les médias, les analystes sérieux – à commencer par Jean-Marc Sauvé et tous les rédacteurs du rapport de la CIASE – prennent grand soin, pour leur part, de toujours situer la dénonciation des abus dans l'Église catholique au sein du mouvement général contemporain de révélation des violences sexuelles masculines, dans lequel l'initiative des femmes et les valeurs féministes ainsi que le souci des droits de l'enfant sont prépondérants depuis les années 1980. Ce qui nous importe, en revanche, est que le double standard des opposants à #MeToo révèle *a contrario* le vrai sujet sociologique : ce qui se passe aujourd'hui sur les violences et les abus sexuels n'est tout simplement pas compréhensible si on sépare sans plus réfléchir les sexes, les âges et les générations.

On voudrait montrer dans ce chapitre que l'écart sans cesse reproduit entre le débat public sur #MeToo en France et la réalité du changement sociétal que nous vivons aujourd'hui s'éclaire quand, loin des polémiques qui font l'actualité, on se donne les moyens de situer la lutte contre les violences sexuelles au sein du contexte socio-historique que l'on a commencé de dessiner au chapitre précédent : celui de la *troisième révolution du consentement.*

Dans un premier temps, on verra en quoi les différentes formes de « Moi aussi » s'inscrivent dans une recomposition globale de la civilité sexuelle, dont l'enjeu n'est pas uniquement judiciaire mais engage plus largement l'émergence de nouvelles mœurs sexuées et sexuelles. Au cœur de cette recomposition se trouve un réaménagement complet des formes instituées de cette civilité, qui redéfinit jusqu'à l'opérateur central de partage du permis et de l'interdit sexuels : depuis l'Antiquité et récemment encore, cet opérateur était le mariage, et donc le statut matrimonial des personnes ; désormais, c'est le statut de mineur ou majeur, avec le tracé d'une nouvelle « barrière sacrée des âges » séparant ceux qui sont supposés capables de consentir de ceux qui sont institués comme ne le pouvant pas, et incluant une nouvelle approche de l'inceste.

Avant d'y consacrer un chapitre, on commencera par s'arrêter ici sur les enjeux masculins/féminins du changement. Le moteur principal de cette recomposition est en effet la dynamique de l'égalité des sexes, qui a remis en cause l'ordre sexuel matrimonial napoléonien/victorien, le partage traditionnel des rôles de genre et les représentations des sexualités masculines et féminines, et oblige à inventer une nouvelle règle du jeu. Au cœur de celle-ci : une redéfinition du consentement dans les échanges sexuels. Elle pose la question centrale, mais jamais appréhendée comme telle dans le débat social et politique en France, de l'articulation entre la répression judiciaire des violences, en particulier du crime de viol, et les métamorphoses de la civilité sexuelle ordinaire.

QU'EST-CE QUE LA CIVILITÉ SEXUELLE ?

Il est d'usage en démographie et en sociologie de la sexualité de parler de « normes » sexuelles[2]. Mais le terme est très général et peut prêter à confusion. Dans la perspective historique et socio-anthropologique de construction d'un *regard éloigné* qui est suivie dans ce livre, la vie sexuelle ne fait pas

2. Voir en particulier : les enquêtes majeures de démographie sur la sexualité des Français menées par Nathalie Bajos, Michel Bozon, Alfred Spira et leurs collègues (*Enquête sur la sexualité en France. Pratiques, genre et santé*, Paris, La Découverte, 2008) qui ont permis de prendre appui sur des données quantitatives, représentatives des comportements sexuels et de leur évolution ; ainsi que les enquêtes de l'Ined sur les violences contre les femmes (enquête ENVEFF de Maryse Jaspard et collègues, et enquête VIRAGE d'Alice Debauche et collègues) ; également, les nombreux travaux de Michel Bozon situant ces connaissances au sein d'une *Sociologie de la sexualité* (Paris, Nathan, 2002, rééditée régulièrement depuis dans différentes maisons) ; enfin, le numéro « Âge et sexualité » de la revue *Clio*, 42, 2015, codirigé par Juliette Rennes et Michel Bozon.

exception : dans ce domaine de la vie humaine de même que dans tous les autres, la norme ne se confond jamais avec le respect d'une « loi naturelle », comme dans la vision chrétienne traditionnelle de la différence des sexes, ni avec le suivi des exigences d'une « nature humaine », comme dans la philosophie individualiste issue des Lumières.

Sur ce point, toutes les sciences sociales sont d'accord. Mais elle ne se réduit pas davantage à une police des corps et un contrôle des esprits par un « dispositif » de pouvoir, ou un outil de « domination » comme on le pense parfois dans une perspective individualiste libertaire et/ou ensembliste-identitaire. C'est pourquoi il est utile de préciser le concept de norme par celui de « civilité sexuelle. »

La civilité ou « esprit des mœurs »

La notion de civilité est très large et, comme l'a souligné Littré à l'article correspondant dans son dictionnaire, elle ne se confond pas avec la politesse. On peut la définir comme un « esprit des mœurs » au sens où Montesquieu parlait d'un esprit des lois : ce qui fait que les institutions d'une société – sa cosmologie, sa langue, ses règles, rites, usages, etc. – font sens et s'incarnent dans des mœurs que les membres de cette société suivent habituellement, mœurs qui se déclinent de façons diverses selon les « milieux », que certains transgressent, qui évoluent en permanence, qui peuvent être contestées et quelquefois connaissent de grands changements et même des révolutions. Si les autres espèces animales observent des *régularités*, par exemple dans leur comportement sexuel (des modes d'accouplement saisonniers, des conduites d'évitement, etc.), elles ne suivent pas de *règles* ni d'usages « de convention » : seuls les humains ont besoin d'une civilité pour vivre.

Ainsi, lorsque Rousseau écrit dans le *Discours sur l'origine de l'inégalité*, en parlant des philosophes qui, comme Hobbes et Locke, ont cherché à définir l'homme à l'état de nature : « ils parlaient de l'homme sauvage, et ils peignaient l'homme civil », il veut dire que la quête de l'individu présocial est vaine. Durkheim en fera la base de toute sociologie : aussi loin qu'on cherche à se dépouiller des artifices des sociétés pour découvrir une « nature humaine » nue, pure de toute convention, on ne trouvera toujours que l'homme civil, car le concept même d'humain suppose une aptitude à agir à la manière humaine, donc des institutions sociales et l'acquisition d'une capacité individuelle à en participer[3].

La première d'entre elles, le langage, n'existe que dans et par la diversité des langues transmises d'une génération à l'autre, des langues « vivantes » créées par les humains, qui peuvent mourir faute de transmission. Pour chaque nouveau-né, de façon implicite tout autant qu'explicite, l'apprentissage des manières d'agir propres à notre espèce engage indissociablement l'acquisition pratique de *techniques du corps* et de *capacités mentales* lui permettant d'entrer dans notre monde et d'y participer de façon signifiante. L'apprentissage d'une civilité sexuelle en fait éminemment partie, et passe par une forme d'intériorisation et d'appropriation[4] des significations, normes et valeurs sexuées et sexuelles de sa société d'appartenance qui commence dès le début de la vie. Elle suscite certaines émotions, sensations et affects s'imposant à tel point à l'individu qu'on les croit souvent innées, telles l'horreur de l'inceste, l'orientation

3. Je dois à un séminaire de Vincent Descombes à l'EHESS d'avoir pris la mesure de tout ce que signifie cette option chez Durkheim et dans l'École française de sociologie. Vincent Descombes déploie, en philosophe analytique, l'analyse des confusions de la pensée individualiste contemporaine sur les manières d'agir et de pâtir humaines en particulier dans : *Les Institutions du sens*, Paris, Minuit, 1996 ; *Proust, philosophie du roman*, Paris, Minuit, 1987 ; *Le Complément de sujet. Enquête sur le fait d'agir de soi-même*, Paris, Gallimard, 2004.

4. Sur les notions capitales d'intériorisation et d'appropriation, voir en particulier la discussion de Vincent Descombes sur le livre de Paul Ricœur, *Soi-même comme un autre*, *in* « Le Pouvoir d'être soi », *Critique*, 47 (529-530), juin-juillet 1991, p. 545-576.

sexuelle, l'identification à un statut sexué masculin ou féminin, mais elle ne modèle pas les comportements de façon déterministe.

Tout à l'inverse, en ménageant toute une gamme de réflexivité à l'individu, elle inscrit simultanément la vie sexuelle de chacun dans l'ordre de la liberté et de la responsabilité. Ce rappel concerne les débats actuels pour plusieurs raisons.

Civilité sexuelle *versus* naturalisme individualiste

Comme les sociétés traditionnelles holistes dont la valeur suprême est le « tout » de la société dont chacun est une partie, nos sociétés modernes individualistes dont la valeur suprême est l'autonomie, incarnée par l'idéal de l'Individu[5], ont fondé leur socle de valeurs indisponibles sur une mythologie des origines : en l'occurrence, celle qui raconte le passage des individus de l'état de nature à l'état de société. Il en existe deux grandes versions et nous avons déjà eu l'occasion de rappeler la première : le *mythe du contrat social* élaboré au XVIIIe siècle, qui place la vie sexuelle dite « conforme à la nature humaine », soit la sexualité reproductive, à la base de toute société. Inscrite dans l'état de nature, antérieure à toute convention, elle serait la seule sexualité « normale » et ferait de la petite famille conjugale « la première des sociétés et la seule naturelle ».

La seconde version est le *mythe de l'interdit fondateur de l'inceste*, élaboré au XIXe siècle autour du développement de la sexologie et de la psychanalyse. Il reprend et corrige le précédent : pour que la sexualité permette le passage de la nature à la culture, et en particulier l'humanisation du nouveau-né, elle doit subir une transformation et que lui soit infligée la marque de l'« interdit », dont témoigne l'universalité du tabou de l'inceste.

5. Louis Dumont, *Essais sur l'individualisme*, *op. cit.*

On comprend alors l'importance de la notion de civilité sexuelle dans une perspective socio-anthropologique : elle nous met en garde contre notre tendance spontanée au naturalisme quand il est question de sexualité. La relation hétérosexuelle - que le premier mythe individualiste a opposée à une supposée « contre-nature », puis le second à une supposée « perversion » homosexuelle - n'est pas plus naturelle que les autres formes de la sexualité. Seule en effet l'inscription dans une civilité instituée *rend possibles* l'agir et le pâtir sexuels proprement humains, qui ne fonctionnent pas à l'instinct et au signal, mais à l'imaginaire et à la signification.

L'interdit de l'inceste n'a rien de fondateur ni de spécifiquement universel, car il présuppose un système de parenté qui prend des formes variées selon les sociétés et varie lui-même en fonction de celles-ci. Pour l'anthropologie sociale, l'universel humain n'est pas un noyau d'identique à aller chercher sous la couche superficielle des différences sociales, comme si « social » voulait dire artificiel et donc « superfétatoire ». L'universel passe au contraire par la diversité des modes de vie et des institutions, et leur inter-traduction possible. C'est le sens de la critique par Wittgenstein de la philosophie du moi originel et du « mythe de l'intériorité »[6], que traduit sa célèbre formule sur *le donné humain* : « Ce qu'il faut accepter, le donné, ce sont en quelque sorte des formes de vie. »

C'est pourquoi on ne peut pas combattre les visions naturalistes de la sexualité exprimées par les deux mythes d'origine dont nous avons hérité en affirmant que les normes sexuelles ne sont rien d'autre que les instruments d'un mystérieux et tyrannique « pouvoir » assurant son emprise sur les populations, ou rien d'autre que les outils de « domination » inventés

6. Jacques Bouveresse, *Le Mythe de l'intériorité. Expérience, signification et langage privé chez Wittgenstein*, Paris, Minuit, 1987.

par tel et tel sous-groupe identitaire *dominant* pour assujettir son opposé *dominé*. Faute de reconnaître les « institutions du sens » constitutives du monde commun, de telles approches remplacent le naturalisme individualiste traditionnel par un autre naturalisme, certes conforme aux valeurs contemporaines d'égalité des sexes et des sexualités, mais plus centré encore sur l'intériorité du « moi » originel. Elles laissent croire que des relations sexuelles émancipées de la domination pourraient s'organiser par simple accord intersubjectif entre le moi de l'un et le moi de l'autre.

Or la contestation de telle ou telle forme de civilité héritée peut aller jusqu'à une révolution du droit et des mœurs – et c'est bien ce qui se passe aujourd'hui – mais un véritable changement suppose bien plus et autre chose qu'une simple « libération sexuelle ».

Civilité sexuelle *versus* sociocentrisme

Il est peu de domaines où l'arrogance coloniale du XIXe siècle occidental, cette façon de se définir comme le sommet de la pyramide de l'évolution humaine, se soit donné libre cours avec autant d'aplomb que la sexualité. Lorsque l'anthropologie sociale de terrain s'est développée en opposition à l'anthropologie philosophique purement spéculative, elle a dû combattre la thèse alors dominante de la « promiscuité sexuelle » des sauvages. Edward Evans-Pritchard, le célèbre anthropologue des Nuer[7], a su fustiger avec l'ironie qui convient cet évolutionnisme prétendument soucieux du sort « abominable » de la pauvre « femme primitive » – « un bien que l'on achetait et vendait » – et son schéma de la marche triomphale menant de l'animalité du sauvage au raffinement de la civilisation (occidentale) :

7. Edward Evan Evans-Pritchard, *Les Nuer* [1940], Paris, Gallimard, coll. « Tel », 1994.

> De toute évidence, puisque l'homme descendait de quelque ancêtre simiesque, sa vie sexuelle avait dû, à un certain moment, être elle-même simiesque, et la tâche des anthropologues était de montrer quelle place tenait la caverne du singe par rapport aux salons victoriens. On pouvait spéculer sur les premiers stades de ce développement, mais la ligne générale en était claire, puisque les points extrêmes étaient déterminés : la guenon et la « lady » victorienne[8].

Loin que les enquêtes des premiers anthropologues de terrain dans des petites sociétés sans État aient confirmé cette supposée « promiscuité sexuelle », c'est exactement l'inverse qu'ils ont découvert et décrit : des mœurs toujours inscrites dans une civilité sexuelle très réglée, très ritualisée, renvoyant aux significations et valeurs fondamentales des sociétés. Ainsi, il ne faut pas s'arrêter au mot « sauvage » figurant dans le titre du célèbre livre de Bronislaw Malinowski, *La Vie sexuelle des sauvages*[9]. Publié en 1930, non exempt de certains préjugés de l'époque importés par l'anthropologue (par exemple sur l'homosexualité comme « perversion »), cet ouvrage est la première tentative d'envergure de « décrire avec franchise » les mœurs sexuelles d'une société dite alors sauvage et d'en analyser l'extraordinaire richesse et la grande complexité. Non seulement cette enquête montre que les habitants des îles Trobriand « n'ont rien à nous envier du côté de la subtilité amoureuse », mais elle est pour le lecteur occidental un choc tant la mise au jour des arcanes de la civilité sexuelle révèle notre propre impensé.

On y voit tout d'abord à quel point il est impossible à l'anthropologue de rendre compte de la vie sexuelle – ce domaine si particulier et si personnel de la vie, vécu en général

8. Edward Evan Evans-Prichard, *La Femme dans les sociétés primitives et autres essais d'anthropologie sociale*, Paris, PUF, 1971, p. 32.

9. Bronislaw Malinowski, *La Vie sexuelle des sauvages du nord-ouest de la Mélanésie* [1930], Paris, Payot, 1972.

dans l'intimité, hors de la vue, et dont on ne parle que de façon oblique – sans indiquer les significations et valeurs fondamentales qui la régissent et qui renvoient à ce qu'il y a de plus *général* dans une culture : sa conception du monde et de la dimension sexuée et mortelle de la condition humaine, son idée de la personne, son partage du sacré et du profane, sa représentation du bien et du mal, du beau et du laid. Sur le plan des mœurs, c'est en premier lieu par les institutions de la parenté qui régissent les principaux rituels conduisant chacune et chacun de la naissance à la mort, et se combinent aux initiations scandant les statuts d'âge et distinguant en même temps des statuts de sexe/genre, qu'est traduite et expérimentée l'opposition du permis et de l'interdit sexuels. Pas de civilité sexuelle sans distinction/relation statutaire des sexes, des âges et des générations.

Ensuite, s'il est vrai que toute société édicte et fait observer des interdits sexuels, elle ne borne *jamais* sa civilité à cela : une grande part de celle-ci est dédiée au contraire à valoriser et à magnifier par l'art ce qu'elle voit comme le beau et le désirable, à susciter le désir et parfois l'excitation, à organiser par des fêtes la rencontre sexuelle, à dire l'érotisme, à favoriser la puissance et la fécondité par des pratiques magiques, en un mot à édifier et nourrir tout un imaginaire érotique. Loin que ces formes instituées de valorisation du désir et du plaisir s'opposent aux impératifs ordinaires de la pudeur et de la décence, de la réserve et d'un certain silence requis sur les choses du sexe (toutes choses dont les définitions varient), elles se combinent à eux au sein d'un tout, impliquant toute une organisation rituelle des temporalités et des espaces sociaux.

Enfin l'acte sexuel, sauf lors de certaines périodes d'initiation des jeunes gens et de certains rites, est rarement réduit à lui-même dans la civilité des sociétés qui ignorent la prostitution. La sexualité participe le plus souvent de deux dimensions du lien social, qui peuvent se cumuler mais aussi se séparer et entrer en conflit : celle de l'*amour*, magnifié à travers les chants, les récits, les « magies d'amour », et celle de la *parenté*, où s'organise la dimension potentiellement procréatrice de la sexualité, impliquant les hommes (les pères, mais aussi les oncles maternels, les grands-pères, etc.) dans la survie et l'éducation des enfants que les femmes mettent au monde. La dimension sexuée des sanctions réservées à l'adultère est l'une des traductions les plus fréquentes des conflits inévitables du désir, de l'amour et de la famille.

Quant aux violences sexuées et sexuelles, si le *viol de guerre* qui existe largement aujourd'hui était déjà (avec le rapt des femmes ennemies) une des caractéristiques des rapports guerriers traditionnels, et si le viol participe aussi de cet assujettissement total de l'être humain qu'est l'esclavage, en revanche, au sein de la vie sociale ordinaire, les violences sexuelles sont en général condamnées, même si la perception de leur existence, de leur sens et de leur gravité est indissociable des statuts respectifs des uns et des autres.

Ainsi, quand bien même le viol est considéré comme un crime grave, les diverses formes de hiérarchie des sexes et de pouvoir masculin favorisent l'idée de fatalité d'une violence sexuelle possible des hommes à l'égard des femmes et des filles, voire tentent de légitimer cette violence, avec de grandes variations selon les sociétés. La honte vécue non par le coupable mais par la victime limite drastiquement le champ de la plainte et des sanctions.

Définir la civilité sexuelle

Dernier point capital, cette civilité sexuelle n'est pas la dimension la plus paisible de la civilité sociale en général : elle touche à une part ombreuse, qui peut se révéler dangereuse pour la vie sociale quand un certain ordre est bousculé. Ainsi que l'a montré Mary Douglas dans *De la souillure*[10], le cœur des notions de pollution et de tabou est leur rapport avec les systèmes de classification qui organisent une vie humaine dotée de sens : ce qui est « sale » est surtout ce qui n'est pas à sa place ; ce qui est « dangereux » est ce qui fait des connexions entre des éléments qui doivent impérativement rester séparés pour que le monde prenne une forme organisée.

Dès lors que les sociétés doivent toujours affronter un certain rapport entre ordre et désordre, en particulier en matière sexuelle, la civilité s'efforce de réguler la façon dont la société se trouve ainsi « en guerre avec elle-même » et elle peut s'en prendre avec une extrême violence à celles ou ceux qu'elle soupçonne de déranger son ordre sexuel le plus sacré et dont elle va chercher à se purifier.

On a parlé tout au long de ce livre de la division du permis et de l'interdit, en prenant soin de dire que cette division est très complexe et ménage à la fois des modalités diverses et des degrés, aucune société ne pouvant prétendre dompter radicalement la vie sexuelle. Des degrés dans le permis qui vont du simplement toléré à l'accepté, au recommandé et jusqu'au plus valorisé, avec en général une double morale pour les hommes et les femmes. Des degrés dans l'interdit qui vont du simplement mal vu au critiqué, à l'interdit et jusqu'au radicalement tabou.

On constate enfin que la civilité sexuelle des sociétés traditionnelles organise le plus souvent un modèle privilégié de la vie sexuelle adulte liant sexualité et procréation via le mariage (monogame ou polygame), mais prévoit aussi toute une diversité d'alternatives à celui-ci, certaines très valorisées et d'autres dévalorisées (les personnes dédiées à un dieu ou une

10. Mary Douglas, *De la souillure. Essai sur les notions de pollution et de tabou* [*Purity and Danger*, 1966], Paris, La Découverte, 2005.

déesse, les hommes « agissant à la manière des femmes » et les femmes « agissant à la manière des hommes », le célibat, et bien sûr, dans de très nombreuses sociétés, la prostitution). Quant aux transgressions, elles sont appréhendées par toute une gamme de réactions selon le type d'infraction aux usages et aux règles : le rire, les plaisanteries, les commérages et le mépris expriment la réprobation sociale envers celles et ceux qui commettent des impairs, des fautes, et font le quotidien.

Cette réprobation coutumière se distingue de la logique des châtiments pour les crimes qui viennent troubler la vie du groupe ou pire encore l'ordre du monde, et menacent la cohésion sociale. Cette division complexe entre permis et interdit est une façon de socialiser ce qui *jamais ne sera socialisé entièrement*, dont témoignent les rêves et les pollutions nocturnes, les battements de cœur et les pulsions des corps, les sexes qui réagissent trop, ou pas assez, ou mal à propos, en un mot tout ce qui en nous ne dépend pas de nous et qui était, on l'a rappelé, la hantise des Pères de l'Église et, à leurs yeux, le signe même d'une condition humaine déchue.

Ces quelques éléments ne sauraient prétendre résumer la civilité sexuelle, et ne disent rien de questions majeures telles que les variations immenses d'une civilisation à l'autre. Ils n'abordent pas davantage la question essentielle des différents *régimes* de civilité sexuelle selon que le religieux est séparé ou non du politique, et que la sexualité est considérée ou non comme relevant du droit à la « vie privée ». Enfin, ils ne disent rien de l'enjeu capital de la diversité morale des systèmes de civilité sexuelle selon qu'ils témoignent d'un réel respect des femmes ou à l'inverse leur réservent le pire des assujettissements ; ils ne traitent pas du rapport entre civilité sexuelle, inégalités sociales et exercice du pouvoir. Mais ils permettent d'en proposer une définition suffisamment générale pour être comparative :

La civilité sexuelle est une modalité instituée de la vie sociale qui, à travers des mœurs ordinaires référées aux grandes distinctions/relations de sexe, d'âge et de génération, inscrit la vie sexuelle – bien au-delà de sa dimension potentiellement procréative – dans les priorités d'une société et les valeurs fondamentales d'une culture, tout en la distinguant par des normes spécifiques de décence et d'intimité, dont le contenu varie d'une société à l'autre. En distinguant la gamme du permis, du désirable et du valorisé et celle de l'interdit, du critiqué et du condamné, elle les rapporte à d'autres distinctions en valeur : le beau et le laid, le pur et l'impur, l'honorable et le honteux, le fécond et l'infécond, le sacré et le profane, le normal et le pathologique, etc. Sa plurivocité en fait l'enjeu de tensions et de conflits entre différentes instances normatives qui peuvent se conjuguer mais aussi entrer en conflit.

La socialisation est, dans ce domaine comme dans les autres, l'*appropriation des significations sociales* via l'acquisition par l'enfant puis l'adolescent de techniques du corps et de capacités mentales permettant un *agir relationnel signifiant* le transformant progressivement en partenaire actif de la vie sociale. Elle confronte chacune et chacun à ce qui en soi ne dépend pas de soi – la puissance de l'imaginaire érotique, les émotions et aléas du désir, l'énigme du plaisir – et engage pourtant ses responsabilités à l'égard d'autrui.

UNE MÉTAMORPHOSE MAJEURE DE LA CIVILITÉ SEXUELLE

Retracer de façon synthétique l'histoire longue du consentement dans les sociétés occidentales, même en prenant pour seul exemple la France métropolitaine, a obligé à faire des choix. Sans prétendre aborder le champ immense des pratiques, comme ce serait nécessaire pour une histoire de la sexualité, on s'est centré dans ce livre sur les *références* majeures qui ont organisé la civilité sexuelle, et les grandes transformations associées à la première puis à la deuxième révolution du consentement.

Pour poursuivre cette démarche, on tracera à grands traits le contraste entre l'ordre sexuel matrimonial et hiérarchique, issu en France de la Révolution et du Code Napoléon, et la troisième révolution du consentement dont on a commencé l'analyse en traitant du couple et du démariage, afin de présenter un tableau d'ensemble de la recomposition de la civilité sexuelle contemporaine. Pour simplifier, on parlera d'« ordre sexuel matrimonial » pour la civilité sexuelle héritée du passé et de « nouvelle civilité du consentement » pour la métamorphose en cours aujourd'hui.

De la hiérarchie à l'égalité : l'enjeu de l'interlocution

L'ordre sexuel matrimonial issu de la Révolution et des codes napoléoniens (Code civil de 1804, Code pénal de 1810) a duré près d'un siècle et demi. Sur le plan des valeurs ultimes, on a proposé précédemment de définir cette période comme un composé stable d'individualisme et de holisme. Les idéaux de liberté et d'égalité signifiés par la Déclarations des droits de l'homme et du citoyen de 1789 indiquent que la valeur d'autonomie incarnée par la figure de l'Individu est la valeur supérieure, ainsi que l'a montré Louis Dumont[11].

Certaines de ses traductions majeures vont profiter à toutes et tous les humains libres[12] et transformer la civilité sexuelle : la fin de la société des lignages, des ordres de naissance et des privilèges de la noblesse, la séparation du politique et du religieux et l'affirmation de la liberté de conscience, l'institution

11. Louis Dumont, *Essais sur l'individualisme*, *op. cit.*
12. Je n'ai pas tenté dans cet essai, limité à la France métropolitaine, de tracer l'histoire des normes et pratiques sexuelles dans les colonies de l'empire français, sujet immense qui suppose une analyse de la civilité sexuelle dans l'esclavage et les diverses formes de la colonisation ainsi que l'histoire de la décolonisation.

de la notion de vie privée et sa protection. Mais cette valeur englobe son contraire : la complémentarité hiérarchique des sexes, incarnée par le « tout » du couple marié.

Les deux sexes étant considérés comme « radicalement différents » et les *statuts relationnels* d'homme et de femme étant déniés dans l'idéologie naturaliste, les personnes intersexuées et transgenres y sont traitées en véritables « monstres » et renvoyées dans la pathologie de la façon la plus violente[13], cependant que le statut des femmes indigènes dans les colonies de l'empire français les maintient hors des droits élémentaires reconnus, malgré tout, à toutes les autres. Quant au principe de complémentarité hiérarchique, il se traduit par la valorisation de l'*excellence propre de chaque sexe*, et du grand partage entre un monde masculin et un monde féminin. Ce partage social des rôles, des statuts et des mondes masculin et féminin suscite, entretient et transmet des manières d'agir instituées dans les mœurs mais supposées exprimer la nature de chacune des deux composantes du genre humain.

L'expression beauvoirienne de « deuxième sexe » est celle qui exprime le plus justement cette forme particulière de hiérarchie qui fait écho à travers les siècles à la théologie d'Augustin et de Thomas d'Aquin : les femmes ont tout comme les hommes une âme rationnelle, mais l'âme masculine est tournée davantage vers le haut et les choses célestes, tandis que l'âme féminine est tournée davantage vers le bas et les choses terrestres. Cette hiérarchie n'exclut la possibilité ni de l'amour ni de l'estime et de l'entraide – bien au contraire,

13. Sur les personnes intersexuées, dites alors « hermaphrodites », voir les travaux de Gabrielle Houbre, en particulier, « Un "sexe indéterminé" ? : l'identité civile des hermaphrodites entre droit et médecine au XIXe siècle », *Revue d'histoire du XIXe siècle*, 48 (1), 2014, p. 63-75. Sur l'histoire des catégories, de la transsexualité à l'expérience transgenre, voir les travaux de : Laurence Hérault, en particulier, *La Parenté transgenre*, Aix-en-Provence, Presses universitaires de Provence, 2014 ; Jérôme Courduriès, Christine Dourlens et Laurence Hérault (dir.), *État civil et transidentité*, Aix-en-Provence, Presses universitaires de Provence, 2021.

ces sentiments sont valorisés au plus haut point comme ce qui assure le lien entre des sexes « différents et complémentaires », qui par hypothèse ne rivalisent pas l'un avec l'autre –, mais promet aux femmes une vie *de second rang* qui peut certes être valorisée en tant que contribution irremplaçable à la vie humaine en général, mais aussi virer à l'assujettissement pur et simple, selon le mot rendu célèbre par les époux Harriet Taylor Mill et John Stuart Mill[14].

Les mouvements féministes qui commencent à exister dès la Révolution et gagnent progressivement de l'influence, avec une accélération en France à partir de la Troisième République, adossés aux transformations structurelles de la société et aux progrès de l'éducation des filles, aboutiront à une complète remise en cause de cette vision du genre humain.

Amorcée dans les représentations collectives dès le premier tiers du XXe siècle, elle n'apparaît dans le concret des mœurs et le changement des lois qu'après les deux guerres mondiales et deux décennies de reconstruction, marquées par les progrès de l'éducation, le développement des techniques, l'urbanisation, le planning familial, la tertiarisation de l'économie et la décolonisation. Avec le droit de vote des femmes (1945), la refonte du Code civil (1964-1975) et les lois d'émancipation des femmes assurant leur droit à la contraception et à l'IVG (loi Neuwirth en 1967, loi Veil en 1975), l'égalité des sexes devient *pour la première fois dans l'histoire humaine* une valeur cardinale et ce sont les sociétés démocratiques occidentales qui la promeuvent. On pourrait dire que nous devenons enfin une société individualiste, au sens de Louis Dumont.

Cependant le principe d'égalité des sexes n'a jamais signifié que les femmes seraient censées devenir « des hommes comme les autres » et on peut faire l'hypothèse que cela transforme

14. John Stuart Mill et Harriet Taylor-Mill, *De l'assujettissement des femmes. Écrits sur l'égalité des sexes*, 1869.

jusqu'à la valeur suprême d'autonomie. L'idéal classique de l'autonomie comme autarcie, incarnée par la figure de l'Individu ne tenant que de lui-même tout ce qui le fait être et agir, se référait implicitement à un *universel masculin* qui rejetait dans l'ombre tout ce qu'il fallait que fassent les femmes pour que les hommes (à commencer par les chefs de famille) s'imaginent être des individus autonomes.

Avec les progrès de l'égalité des sexes, cet idéal d'autonomie se complexifie par l'émergence d'une autre valeur, éminemment relationnelle : la considération portée à l'autre que soi comme un ou une égale à la fois semblable et différente de soi. Dans une perspective socio-anthropologique maussienne, on y verra l'avènement de la valeur majeure d'*interlocution*. Elle suppose la capacité non seulement de dire « je », mais d'alterner les trois positions de celui qui parle (je), à qui l'on parle (tu), et dont on parle (il, elle), et ainsi de s'inscrire dans un « nous » qui est plus et autre chose qu'une simple somme de « je ».

Reconnaître des interlocutrices et interlocuteurs différents de soi, et dotés de la même capacité que soi de parler et d'être écoutés, est la *condition* de conquête d'une véritable autonomie personnelle. C'est le double sens de la belle formule d'Edmond Ortigues, désignant à la fois une dimension très réelle de la socialité spécifiquement humaine et un idéal moral : « La personne, c'est l'interlocuteur possible[15]. »

Ces changements donnent la mesure de la révolution des valeurs ultimes qui est l'horizon contemporain : l'égalité de sexe ne signifie pas seulement plus de droits ou plus d'opportunités pour les femmes, comme on le dit habituellement dans une perspective comparative. C'est d'abord et surtout une métamorphose de la règle du jeu social, engageant actions,

15. Edmond Ortigues, *Le Discours et le Symbole*, Paris, Aubier, 1962, p. 523. J'ai développé un ensemble d'analyses de l'interlocution et de son importance en sciences sociales, dans la deuxième partie de *La Distinction de sexe*, *op. cit.*

passions et relations pour toutes et tous, et questionnant de façon inédite les représentations de la distinction masculin/féminin des manières d'agir (le genre). La civilité sexuelle ne peut qu'en être bouleversée, non seulement pour les femmes, mais pour l'un et l'autre sexe.

Cinq transformations majeures dessinent une nouvelle cohérence de la civilité sexuelle, encore en émergence aujourd'hui. Elles ont toutes à voir avec une signification inédite donnée au consentement sexuel, ce qui justifie de parler de « nouvelle civilité du consentement ».

Du mariage au démariage

La première, et capitale, transformation de la civilité sexuelle associée à la nouvelle valeur d'égalité des sexes est celle que nous avons présentée en détail au chapitre précédent et que l'on peut résumer ainsi : l'égalité advient sur le plan *relationnel* quand la femme est reconnue comme une véritable interlocutrice de l'homme. L'impératif social du mariage disparaît : se marier, ne pas se marier, se démarier sont désormais considérés comme une question de conscience personnelle. C'est le temps du *démariage*.

Par ailleurs, on constate une convergence remarquable entre l'évolution du couple hétérosexuel vers le couple duo et la révolution de la place sociale de l'homosexualité qui, de « perversion » reléguée dans la pathologie et la clandestinité, conquiert en quelques décennies son intégration sociale pleine et entière.

La civilité sexuelle en est métamorphosée. Désormais personne n'aurait l'idée de dire qu'une relation sexuelle, pour être socialement acceptée, suppose que les partenaires soient mariés. C'est *le consentement à la relation sexuelle elle-même* qui fait le grand partage entre le permis et l'interdit, et prendre toute la mesure de ce changement suppose d'en déplier une à une toutes les dimensions. Sur le plan du couple, il signe la disparition des trois caractéristiques traditionnelles de la sexualité matrimoniale qui la définissaient comme fondamentalement asymétrique entre les sexes et tournée par essence vers la procréation.

En premier lieu, c'est la fin de toute idée de *virginité féminine* jusqu'au mariage : la robe blanche de la mariée, le bras donné au père au début des noces n'ont pas disparu des usages mais ont totalement perdu leur sens initial. Tout un folklore de la « nuit de noces » s'est également évanoui depuis que personne ne pense plus que le mariage devrait marquer le début de la vie sexuelle des femmes.

Le mariage a perdu sa fonction traditionnelle de grand organisateur des rapports non seulement de sexes, mais d'âges et de générations : le temps n'est plus où les filles de bonne famille étaient supposées rester des oies blanches pendant que les garçons s'initiaient auprès des filles du peuple réputées « faciles » et des prostituées. Quant aux demandes de reconstruction d'hymen qui existent encore, elles sont l'indice d'une vive tension entre l'héritage social, familial et religieux reçu de la culture d'origine, et les pratiques réelles des jeunes filles issues de l'immigration. Tension qui ne sera sans doute pas résolue, comme l'a souligné la fondatrice de la Maison des femmes de Saint-Denis, la gynécologue Ghada Hatem Gantzer, par l'interdiction des certificats de virginité votée en 2021[16].

En deuxième lieu, c'est la fin de toute idée de punition spécifique de l'*adultère féminin*. Le devoir de fidélité demeure inscrit dans la définition du mariage et la possibilité d'arguer de l'adultère du conjoint pour obtenir un divorce pour faute n'a pas disparu. La monogamie demeure le principe. Cependant que la polygamie traditionnelle de certaines sociétés est jugée

16. Pour un entretien avec Ghada Hatem Gantzer et d'autres protagonistes de ce débat, voir Laure Daussy, « Non aux pucelles certifiées conformes », *charliehebdo.fr*, 4 décembre 2020.

radicalement contraire à l'égalité des sexes, on note que les différentes inventions alternatives contemporaines (« trouple », « communauté ardéchoise », etc.) demeurent anecdotiques et n'ont jamais été reconnues en droit. La jalousie reste couramment associée à l'amour-désir mais la notion de fidélité devient elle aussi une question « privée », au sens où juger de la portée d'une infidélité relève désormais de la vie intime des couples.

Ainsi tout un folklore de « ciel mon mari ! » et de trio de théâtre de boulevard s'est trouvé définitivement ringardisé par l'émergence du couple duo. La présomption de paternité ne donne plus au mari un privilège de principe sur l'amant face à la naissance d'un enfant.

Enfin, on assiste à la disparition de la notion de *devoir conjugal*, dont on a rappelé l'enracinement lointain dans la théorie *una caro* : l'idéal d'absence de toute concupiscence entre époux partageant « une même chair » était indissociable du lien de la sexualité à la procréation et de la condamnation par l'Église de toute forme de méthode contraceptive. Conçu dans sa forme sécularisée comme une sorte de consentement statutaire de l'épouse, le devoir conjugal est – jusqu'en 1990 – censé rendre « impossible » en droit l'idée même de viol entre époux.

On reviendra sur le changement majeur que représente l'idée nouvelle que le viol par l'époux est non seulement possible, mais doit être reconnu comme l'une des formes les plus méconnues de ce crime, cependant que le féminicide est considéré désormais comme l'un des pires meurtres ou assassinats.

À la grande opposition entre mariage et non-mariage succède donc la pluralité des façons acceptées de vivre en couple, et tout un dégradé de relations amoureuses et sexuelles. On voit changer les itinéraires biographiques des individus au fur et à mesure que l'orientation vers la procréation, et même vers le couple, cesse d'être le critère de la « bonne sexualité ».

Vers la norme de bien-être sexuel

Le deuxième grand bouleversement de la civilité sexuelle est lié directement au démariage, mais il va plus loin encore. C'est la disparition progressive, qui se précipite à partir des années 1960-1970, de la division pluriséculaire entre une « bonne » sexualité orientée vers le couple, la procréation et la famille, et une « mauvaise » sexualité orientée vers le seul plaisir et associée au péché et à la prostitution. Le rappel historique que l'on a dessiné à grands traits en soulignant l'enjeu majeur de la lutte contre la concupiscence dans le monde chrétien, puis la sécularisation des péchés de luxure transformés en vices et perversions dans le monde bourgeois du XIXe et du XXe siècle, permet de prendre la mesure de ce que représente à l'échelle historique cette fin du péché de chair. Ce n'est rien moins qu'un renversement complet des valeurs.

À partir des années 1970 s'éloignent les « mauvaises mœurs » que traquait la police et les « perversions » que détectaient les médecins[17], quand l'homosexualité était au pire un crime (dans de nombreux pays, mais non en France) au mieux, une maladie. S'éloigne aussi le regard suspicieux porté sur l'ensemble des relations hors mariage supposées témoigner d'une sorte de victoire de l'animalité sur la volonté, qui stigmatisait aussi bien les jeunes qui n'attendaient pas les noces que les ouvriers vivant « à la colle », sans parler des courtisanes de haut vol, des prostituées de basse-fosse et des femmes

17. Plus précisément, on note une évolution de la notion de perversion qui vise moins souvent certaines formes d'atteinte aux bonnes mœurs et de plus en plus certaines formes d'atteinte au consentement. Voir le livre de Julie Mazaleigue-Labaste, *Les Déséquilibres de l'amour. La genèse du concept de perversion sexuelle de la Révolution française à Freud*, Paris, Éditions d'Ithaque, 2014 ; et son article, « Les limites de la démocratie sexuelle », *Esprit*, juillet-août 2017, p. 66-77.

ordinaires vouées à la vindicte publique pour avoir recouru à la contraception, ou pire encore à l'avortement clandestin.

Désormais avoir une vie sexuelle hors de tout projet de procréation est valorisé comme une conduite normale et « saine » pour l'un et l'autre sexe, conforme à notre nature d'espèce vivante. C'est la fin de la longue traque de la masturbation des enfants et des jeunes, et de son cortège de petites tortures[18]. La recherche de l'épanouissement sexuel par les adultes est devenue une conduite recommandée, que les sexologues considèrent comme un indice et un facteur non seulement de bonne santé physique et psychique de l'individu, clé de son développement personnel, mais aussi une conduite valorisante, concourant au prix symbolique de chacune et chacun sur le marché relationnel. Inévitablement, ces nouvelles valeurs dessinent en creux de nouveaux stigmates.

Dès 1982, le sociologue André Béjin analysait cette normativité sexuelle inversée, centrée dorénavant sur l'objectif de l'orgasme à tout prix[19]. Détaillant la richesse des façons de faire l'amour de 15 à 90 ans (et plus), incitant la ménagère à consommer la diversité infinie des adjuvants et des sex-toys, et à s'initier (raisonnablement) aux charmes des sites de rencontre, du sadomasochisme et de l'échangisme, les normes promues par les magazines grand public ont fait des problèmes d'érection, de la baisse de libido ou de l'absence de sexualité active une forme inédite de honte.

La naissance d'un mouvement des « asexuels » est une réaction à ce stigmate très contemporain[20]. Ainsi, dans le domaine de la sexualité résonnent tout particulièrement les

18. Pierre Humbert et Jérôme Palazzolo, *Petite histoire de la masturbation*, Paris, Odile Jacob, 2009.

19. André Béjin, « Crépuscule des psychanalystes, matin des sexologues », *Communications*, 35, 1982, p. 159-177.

20. Sur le mouvement des asexuels, et plus généralement l'asexualité, je me permets de signaler la thèse en cours (sous la direction d'Eva Illouz et Irène Théry, soutenance en 2023) de Zoé de Ory à l'EHESS.

expressions forgées par Alain Ehrenberg pour décrire la nouvelle normativité individualiste où chacun doit devenir entrepreneur de lui-même : le « culte de la performance » ne va pas sans « l'individu incertain » et « la fatigue d'être soi »[21].

La première conséquence majeure de ce véritable renversement des valeurs sur l'organisation de la civilité sexuelle est *la fin du grand principe de division des femmes* qui accompagnait l'opposition entre la « bonne » et la « mauvaise » sexualité au temps de l'ordre sexuel matrimonial. Cette division, sans aucune sorte d'équivalent pour les hommes, permettait de faire coexister dans une même société les deux dimensions opposées de la vie sexuelle, la sexualité honorable pour le mariage et la famille, et la sexualité honteuse pour l'érotisme et la pornographie.

La double morale masculine et féminine organisait l'ensemble, grâce au véritable système des « secrets de famille » permettant d'assurer la bienséance par l'opposition entre la façade impeccable de la maison familiale et l'arrière-cour où on lavait son linge sale dans un entre-soi chuchoté. Dans la logique bourgeoise de la réputation, les secrets de famille abritaient aussi bien la clandestinité des rapports lesbiens, la dissimulation des fautes des filles hétérosexuelles et l'organisation secrète des grossesses et des abandons d'enfants, que l'adultère des deux sexes, le « troussage de domestiques » par les pères et fils de famille et l'aménagement pour eux du passage discret conduisant directement de la maison familiale à l'espace de la jouissance sexuelle *tolérée*, où les mâles pouvaient recourir massivement à la prostitution, pratiquer sans problème l'entretien de grisettes, petites danseuses et autres folles maîtresses (l'adultère masculin n'étant puni qu'en cas d'entretien d'une concubine dans la maison), et enfin accéder

21. Alain Ehrenberg, *Le Culte de la performance*, Paris, Calmann-Lévy, 1991 ; *id.*, *L'Individu incertain*, Paris, Calmann-Lévy, 1995 ; *id.*, *La Fatigue d'être soi*, Paris, Odile Jacob, 1998.

aux territoires clandestins de l'homosexualité masculine, à la seule condition de respecter la règle d'invisibilité sociale.

À présent il n'y a plus deux sortes de sexualités ni deux sortes de femmes mais un seul monde, où la sexualité des femmes comme celle des hommes peut légitimement être orientée au bien-être et au plaisir. Rappelons cependant que l'homophobie n'a pas disparu : l'homosexualité, alors même qu'elle a été intégrée au cœur des institutions majeures de la société, reste pour tous les intégrismes religieux une sexualité « contre-nature » combattue avec acharnement. Ces mêmes intégrismes sont particulièrement mobilisés par l'objectif d'interdiction de l'avortement et s'affirment ainsi comme des adversaires redoutables de l'émancipation sexuelle des femmes. Parfois extrêmes – certains alimentent de surcroît la haine de l'Occident et de sa « décadence » –, ils font planer sur la nouvelle civilité sexuelle en émergence dans les sociétés démocratiques une double menace, interne et externe, qui ne saurait être sous-estimée. Des retours en arrière ne sont jamais à exclure.

La prostitution est loin d'avoir disparu, mais sa place et sa fonction dans la société ont radicalement changé depuis qu'elle n'est plus le double inversé de la famille et que la grande majorité des hommes n'y recourent plus. Sans pouvoir traiter ici de cette question, qui exigerait à elle seule tout un livre, rappelons seulement que le conflit entre les féministes qui considèrent la prostitution comme la face la plus sombre de l'oppression pluriséculaire des femmes et l'une des formes les plus graves d'instrumentalisation de la personne, et les partisans d'une normalisation de ce qu'ils nomment un « travail comme un autre » se poursuit depuis plusieurs décennies.

Il est trop tôt pour savoir comment il évoluera mais au moins une chose est claire : l'image des prostituées comme des femmes de mauvaise vie au sens du puritanisme victorien a largement disparu, le débat porte désormais sur le fait de les reconnaître ou non comme des *victimes* de la domination masculine et des mafias du crime organisé. Sur ce point, les oppositions sont moins tranchées. On remarque qu'en France la principale critique faite à la loi du 13 avril 2016 abolissant le délit de racolage et instituant la pénalisation des clients - loi d'inspiration clairement abolitionniste - est d'avoir accentué la clandestinité et renforcé l'insécurité physique des prostituées ; elle appelle ainsi à une approche pragmatique d'un problème avant tout social.

C'est encore la notion de victime qui organise la mobilisation dénonçant le machisme sans limite des meurtres de prostituées transgenres. C'est toujours la notion de victime qui est au premier plan des procès récents révélant la violence extrême du « bukkake », cette pratique sexuelle liant industrie du X, proxénétisme, avilissement radical des femmes et viols[22]. D'un point de vue sociologique, les éléments essentiels sont l'importance des mafias de la traite et de la misère (93 % des 30 000 prostituées exerçant en France sont étrangères), de la violence physique et sexuelle (38 % des personnes prostituées ont subi un viol au cours de leur vie, 51 % ont subi des violences physiques pendant l'exercice de la prostitution), et enfin l'inquiétude croissante que suscite le développement de la prostitution des mineures (+68 % entre 2016 et 2020), des filles des classes les plus pauvres en majorité (88 % des victimes de la prostitution de mineures sont des filles entre 14 et 17 ans)[23].

La mixité généralisée des espaces sociaux

Si la prostitution est désormais une question en soi, quelles sont les références qui régissent la nouvelle civilité sexuelle

22. Voir l'enquête en quatre volets de Samuel Laurent, Lorraine de Foucher, et Nicolas Chapuis, en particulier : « Pratiques dégradantes et arnaques en série : les supplices de l'internationale du porno », *Le Monde*, 17 décembre 2021.
23. « Prostitution en France, ampleur du phénomène et impact sur les personnes prostituées », *La lettre de l'Observatoire national des violences faites aux femmes*, 7, octobre 2015.

ordinaire ? La question est d'autant plus importante qu'elle intervient dans le contexte d'une organisation inédite de la société dans son ensemble : la fin de la hiérarchie des sexes, c'est aussi la disparition du principe de division de l'espace social entre un monde masculin et un monde féminin. À ce grand partage, qui justifiait de séparer les garçons et les filles dès l'école primaire et jusqu'à la fin du lycée, puis de les spécialiser dans leurs rôles futurs tout en protégeant et « chaperonnant » les filles, a succédé une nouvelle valeur traduisant l'égalité sur le plan des relations sociales : *la mixité généralisée des espaces sociaux*[24]. C'est là, le troisième grand changement de la civilité sexuelle.

À présent, les deux sexes se côtoient des premiers aux derniers âges de la vie, comme en témoigne la récente place du père dans la salle d'accouchement qui fut pendant des siècles le territoire de l'entre-soi féminin par excellence.

Pour les femmes, un horizon de nouveaux possibles s'est ouvert : aucune activité, aucune profession, aucun espace social ne leur est *a priori* inaccessible, à l'exception majeure – mais de plus en plus controversée – des nombreux interdits que maintiennent les dogmes religieux. Hors de la religion, il n'est pas jusqu'aux bastions qui paraissaient « naturellement » les plus hermétiques à la mixité – les commandos d'assaut et les sous-marins nucléaires – qui n'apprennent à l'accepter et la valoriser, non sans devoir surmonter des problèmes, comme le montrent les enquêtes sur la violence sexuelle dans l'armée[25].

Cet exemple est un indice à valeur plus générale : la nouvelle donne de la mixité a multiplié les contacts entre les

24. Pour prendre la mesure de l'évolution historique voir Anne-Marie Sohn, « Les "relations filles-garçons" : du chaperonnage à la mixité (1870-1970) », *Travail, genre et sociétés*, 9 (1), 2003, p. 91-109.
25. Voir en particulier l'enquête de la journaliste Julia Pascual, *La Guerre invisible. Révélations sur les violences sexuelles dans l'armée française*, Paris, Les Arènes/Causette, 2014.

sexes, affaiblissant d'anciennes formes de protection des filles et faisant émerger des questions inédites pour la civilité sexuelle, que l'on commence à mieux percevoir.

S'il est clair que les nouvelles formes de vie de couple et de mariage offrent un cadre à la vie sexuelle inscrite dans l'attachement stable et que l'idéal liant la sexualité à l'amour est plus que jamais plébiscité, la sexualité qui se déroule hors de ce cadre, en particulier chez les adolescents et post-adolescents, a perdu ses anciens rails et cessé d'aller de soi.

Le premier constat est que la fin du grand principe de division des femmes ne s'est pas accompagnée de l'émergence de jugements indifférents au sexe. Non seulement la vieille opposition entre l'image valorisante du « séducteur » masculin et l'image stigmatisante de la fille « facile » ou « chaude » n'a pas disparu, mais il n'est pas certain qu'on puisse attribuer cette différence au simple poids de stéréotypes dépassés, comme s'il ne s'agissait que d'une survivance destinée à disparaître spontanément. Elle manifeste aussi et surtout ce qui se passe quand, aux anciennes normes morales distinguant le décent et l'indécent, le propre et le sale, le bien et le mal, n'ont pas succédé de nouvelles références collectives partagées par tous et organisant ce que Mauss nomme un « système d'attentes » (au sens de « je m'attends à... ») permettant d'y adosser une certaine confiance relationnelle.

Ce silence laisse libre cours à la jungle des rapports de force et amène chaque jeune à chercher son chemin à tâtons, en terrain non balisé. Comme l'a montré Hugues Lagrange dans son enquête pionnière sur *Les Adolescents, le sexe et l'amour*[26], la question de « ce qui vaut » et de « ce qui ne vaut pas » qu'on s'y adonne en matière sexuelle préoccupe beaucoup les filles, et très peu les garçons (à l'exception des jeunes qui s'interrogent sur leur bisexualité ou leur

26. Hugues Lagrange, *Les Adolescents, le sexe et l'amour*, Paris, Syros, 1999.

homosexualité). Chez elles, la peur de passer pour « coincée », les rapports de force entre groupes de garçons et de filles au sein des collèges, les simples erreurs de jugement sur le sens et la portée de tel ou tel acte dans telles circonstances peuvent aboutir à des situations où elles *cèdent* bien plus qu'elles ne consentent à des initiatives masculines (le porno, les « nudes », les « prélis »[27] filmés), au risque dans les pires cas de subir ensuite des violences et découvrir que leur ex-petit ami, loin de les défendre, est devenu l'agent actif de leur assujettissement.

L'affaire Shaïna[28], violée en groupe, exhibée sur les réseaux sociaux, salie, mise enceinte, puis assassinée et brûlée vive par son supposé petit ami dans une cité de Creil, en est un des exemples extrêmes et l'on a pu mesurer au procès la dimension sociale de ces crimes à la solitude de la famille de Shaïna, à la goguenardise de ses bourreaux. Tout cela est indissociable du poids énorme du contexte, en l'occurrence celui du développement mondial d'un *immense marché du porno* directement accessible sur smartphone, donnant à voir en vidéo à peu près toutes les situations imaginables d'avilissement et de brutalité susceptibles d'exciter le voyeur. Ses effets chez les jeunes sont inquiétants : les plus récentes enquêtes soulignent que le risque de violence sexuelle, y compris dans le couple, est devenu particulièrement élevé pour les très jeunes femmes, « plus exposées mais moins repérées » que les autres[29].

27. Voir l'excellent documentaire de Julie Talon, *Préliminaires*, Arte, 2019.

28. Sur cette affaire particulièrement horrible, voir l'enquête de Lorraine de Foucher, « Shaïna, 15 ans, poignardée et brûlée vive à Creil : "Ce n'est pas un fait divers mais un fait de société" », *Le Monde*, 5 septembre 2021, et les comptes rendus du premier procès par Laure Daussy, dans *Charlie Hebdo* : « Shaïna : le déni total des agresseurs présumés », 2 février 2022 ; « Des peines "ridicules" pour les agresseurs de Shaïna », 1er mars 2022.

29. Voir le compte rendu de la « Recherche-action. Situation et parcours des jeunes femmes victimes de violence (18-25 ans) en Île-de-France », menée par le Centre Hubertine-Auclert avec 67 structures franciliennes, publié sur le site de cette structure, 2016.

Il faut dire que dans le monde intellectuel, pendant la période dite « de la libération sexuelle », le refus d'un discours normatif sur la sexualité, assimilé *a priori* à du « moralisme » à l'ancienne, a découragé toute autre approche que celle mesurant le chemin d'émancipation de l'individu se libérant des « normes », y compris en sciences sociales. La principale conséquence d'un tel silence est inégalitaire : alors que de nouvelles références de civilité sexuelle émergent peu à peu au cœur de la vie ordinaire pour répondre à ces nouveaux enjeux, elles ne peuvent être apprises que par les manières de faire auxquelles on s'initie dans l'entre-soi de son petit monde, et à travers lesquelles se renouvelle l'*ethos de classe*. L'écart se creuse entre les différents milieux sociaux, qui tous ont dû faire face aux derniers défis de la mixité généralisée.

Aux questionnements sur les canons traditionnels de la virilité et sur la « fluidité du genre » de certains jeunes hommes de milieux culturellement dotés, répond comme en écho la détresse de nombreuses jeunes filles des classes pauvres, vivant dans les quartiers les plus défavorisés et voyant s'ouvrir devant elles l'abîme sans cesse renaissant entre deux destins : être classée « pute » ou « soumise » selon la façon dont elles négocieront leur entrée dans la sexualité, alors même qu'un nombre croissant d'entre elles n'a pour souhait que d'échapper, comme toutes les autres, à cette alternative ruineuse[30]. À côté d'elles, rares sont encore les garçons osant revendiquer « la tendresse[31] » et parler de leurs failles quand la conformité aux canons de la masculinité se mesure autour d'eux, avant toute chose, à la capacité d'intimidation physique.

30. Sur la création du mouvement Ni putes ni soumises et la notion de « féminisme populaire », voir le documentaire de Bouchera Azzouz, *On nous appelait beurettes*, 2018.

31. Sur ce sujet, voir *La Tendresse* (2021), écrite par Julie Berès, Lisa Guez, Kevin Keiss et Alice Zeniter, mise en scène par Julie Bérès. Ce spectacle théâtral déplie les dilemmes de la masculinité dans les milieux populaires.

Une part du problème des inégalités sociales face aux nouveaux défis de la vie sexuelle adolescente est le choc entre la culture reçue en héritage par les familles d'origine étrangère – culture souvent très traditionaliste sur les rapports sociaux de sexe – et l'évolution rapide des valeurs et des mœurs dans les sociétés d'accueil démocratiques et libérales, valeurs et mœurs dénoncées par tout un intégrisme religieux – particulièrement hostile à l'émancipation des femmes et à l'homosexualité – comme une pure et simple « décadence occidentale ».

Mais le poids des traditions culturelles et religieuses, la montée de formes d'enfermement communautaire qui creusent les écarts, et enfin la percée de l'intégrisme islamiste (trois phénomènes qu'il est fondamental de ne pas confondre) ne sont pas séparables de la brutalisation implacable des relations en général, et des relations sexuées et sexuelles en particulier, dans les quartiers de relégation et de grande pauvreté investis par le trafic et les bandes masculines, dont les filles sont les premières victimes.

Une sorte de *cercle tragique des trois sexismes* (le sexisme holiste et hiérarchique traditionnel, religieux ou non ; le sexisme mafieux du marché généralisé hypermoderne organisant les réseaux de la drogue, du porno et de la prostitution ; le nouveau sexisme islamiste, individualiste et intégriste, de haine de l'Occident) semble s'autoalimenter. La violence mafieuse dans ces quartiers alimente un machisme quotidien et entraîne chez les filles la recherche de formes traditionnelles et hiérarchiques de protection contre l'agression sexuelle, tel le fait de rester au maximum chez soi ou le port du voile et de tenues « pudiques », dont à leur tour les courants islamistes radicaux les plus hostiles aux démocraties occidentales s'emparent pour les transformer en étendards politico-identitaires.

C'est dans ce cadre qu'il faut comprendre la complexité des débats liant les valeurs de féminisme et de laïcité. La dénonciation religieuse de l'idéal social de *mixité généralisée*, au moment même où celle-ci est la traduction la plus concrète d'un mode de vie égalitaire entre les sexes, prend appui sur la difficulté réelle à réguler cette mixité d'une façon qui jugule les purs et simples rapports de force entre garçons et filles, hommes et femmes. Ces contrastes à la fois de genre et de classe rappellent à quel point les normes sexuelles sont articulées aux normes sociales, l'entre-soi de civilité sexuelle reconduisant en permanence l'écart entre « nous » et « eux »[32].

C'est dans ce contexte que s'est posée la question de l'élaboration de nouvelles références collectives pour la civilité sexuelle, et plus précisément d'une nouvelle *morale* des choses du sexe. Le terme est choisi ici sciemment pour donner à réfléchir, parce qu'on imagine souvent que le mot « morale » ne peut signifier que le moralisme du passé, au sens de l'opposition entre les bonnes et mauvaises mœurs.

Mais c'est oublier que toute civilité sexuelle repose par définition sur une normativité déclinée non seulement en termes de désirable et d'indésirable, mais aussi de bien et de mal, de juste et d'injuste, de légal et d'illégal (notions qui ne se recouvrent pas, comme l'a bien souligné Ricœur[33]). Dans une société individualiste et libérale, une certaine morale commune soutenant la civilité sexuelle est sans doute indispensable pour que des systèmes d'attentes se mettent en place : toute la question est qu'elle préserve les principes démocratiques fondamentaux de liberté, d'égalité, et de vie privée. Ce qui nous amène à une autre dimension majeure du changement.

Quand disparaît l'idée qu'il y aurait une « mauvaise » sexualité en soi, qu'elle ait été rapportée à la théologie des

32. Sur ces sujets, voir la réflexion sur son expérience personnelle (elle a porté le hijab pendant dix-huit ans) dans le livre de Mariame Tighanimine, *Dévoilons-nous. Manifeste antiraciste et féministe*, Paris, L'Olivier, 2021.
33. Paul Ricœur, « Le juste, entre le légal et le bon », *Esprit*, septembre 1991.

péchés de luxure ou à la catégorie sécularisée des mauvaises mœurs, quand la vie privée est considérée comme un domaine à protéger et quand l'égalité des sexes devient une boussole éthique majeure, la norme morale commune à tous qui prend une place tout à fait nouvelle ne peut être que *procédurale* : c'est celle du consentement.

La remise en cause de l'asymétrie du consentement

Le quatrième changement est l'élaboration d'une nouvelle civilité du consentement, inscrivant les échanges sexuels en référence aux valeurs fondamentales d'autonomie et de respect de l'autre que soi, qui donne à l'égalité des sexes sa dimension éminemment relationnelle à travers l'idéal de l'« interlocution ». C'est précisément là que se situe #MeToo.

La question est complexe car elle articule deux sujets qui sont en général pensés séparément : celui de la lutte contre les crimes et délits sexuels, d'une part, et celui des modalités d'institution des relations sexuelles ordinaires, d'autre part. Prendre la mesure de la complexité de cette articulation est important car elle explique la dimension clairement *générationnelle* de certains des débats autour de #MeToo en France.

La plupart des femmes qui ont disqualifié d'emblée ce mouvement social en le réduisant à un accès de puritanisme victimaire mettant en danger les libertés et l'érotisme – ce fut le cas en France dans une célèbre tribune signée de cent femmes, parue en janvier 2018, et défendant « la liberté d'importuner »[34] – reprennent à leur compte, comme s'il allait de soi, le partage sexué traditionnel des rôles dans la drague ou la séduction. C'est aussi le cas de la plupart des hommes qui voient dans #MeToo l'avènement d'un « néoféminisme

34. Collectif, « Nous défendons une liberté d'importuner, indispensable à la liberté sexuelle », *Le Monde*, 9 janvier 2018.

haineux » (Alain Finkielkraut) cherchant à promouvoir une « diabolisation du masculin » (Emmanuel Todd).

Si différents les uns des autres soient celles et ceux qui portent ces critiques, on constate que quasiment toutes et tous appartiennent à la génération du *baby-boom* et se réfèrent avec nostalgie au temps de leur jeunesse dans les années 1960-1980, quand la conjonction entre la réhabilitation générale de la sexualité, la valorisation de l'épanouissement sexuel et l'émancipation très concrète des femmes par la contraception et le droit à l'avortement a ouvert la période historique dite de la « libération sexuelle », qui se clôt avec l'épidémie de VIH.

Ces personnes d'un certain âge refusent de voir le rapport – pourtant étroit – entre la dénonciation d'un véritable *continent caché de violences sexuelles* que les statistiques, année après année, rendent plus indéniable, et la remise en question de la civilité sexuelle héritée d'une période qu'elles ont elles-mêmes très bien vécue. Ce qui leur échappe, et même les heurte, est que ce temps heureux de leur jeunesse puisse apparaître aux nouvelles générations comme une période inachevée de l'émancipation des femmes et de l'égalité des sexes, dans laquelle subsistait une hiérarchie des sexualités masculine et féminine pouvant accréditer chez certains hommes des manières de penser et d'agir machistes, voire dans certains cas, criminelles, et qu'elles entendent changer.

Pour débrouiller cette question, il faut d'abord rappeler que les années de la « libération sexuelle », contrairement à l'image embellie par la nostalgie de la jeunesse, furent très loin d'être consensuelles. Dès les années 1970, autour d'un procès pour viol, le « procès d'Aix » rendu célèbre en particulier par la plaidoirie de Gisèle Halimi, la question majeure de la violence sexuelle et de son lien au sexisme ordinaire est posée par les féministes. Elles doivent alors affronter de nombreuses critiques quand ce n'est pas une franche hostilité, venue non seulement des milieux traditionnels machistes (l'avocat des prévenus est une personnalité de l'extrême droite la plus agressive, Gilbert Collard), mais aussi des « partis ouvriers » dénigrant les féministes « petites-bourgeoises » qui traînent au tribunal des hommes du peuple, et enfin de certains milieux libertaires radicaux fustigeant l'« ordre moral » que ces féministes voudraient imposer.

La question de la répression est à l'époque très difficile à penser pour toute une gauche, qui la voit comme contradictoire avec ses idéaux d'émancipation et sa critique du « tout carcéral »[35]. À ce moment-là, nombreux étaient ceux qui, à l'extrême gauche, voulaient rattacher le viol à la seule catégorie de la violence en arguant qu'il existe bien d'autres violences qui ne relèvent ni du sexué, ni du sexuel. Ils s'efforçaient ainsi de séparer la question du viol de toute idée normative sur la sexualité : dès lors qu'aucune violence n'est exercée, la vie sexuelle doit échapper à tout jugement moral et *a fortiori* à toute intervention du législateur, sauf à renforcer le « contrôle social » sur les individus.

Michel Foucault, le viol et les féministes

Dans un entretien collectif paru en 1977 et repris dans *Dits et écrits*[36], certaines réflexions de Michel Foucault témoignent des extrêmes où pouvait aller à l'époque cette volonté de séparer à tout prix un domaine de la violence et un domaine de la sexualité. Ayant été sollicité pour participer à une réflexion sur une future réforme du Code pénal, il s'interroge sur la démarche générale :

35. Jean Bérard, « Dénoncer et (ne pas) punir les violences sexuelles ? Luttes féministes et critiques de la répression en France de mai 68 au début des années 1980 », *Politix*, 107 (3), 2014, p. 61-84.
36. Michel Foucault, *Dits et écrits, III*, *op. cit.*, texte n° 209.

> On peut toujours tenir le discours théorique qui consiste à dire : de toute façon, la sexualité ne peut en aucun cas être objet de punition. Et quand on punit le viol, on doit punir exclusivement la violence physique. Et dire que ce n'est rien de plus qu'une agression, et rien d'autre : que l'on foute son poing dans la gueule de quelqu'un, ou son pénis dans le sexe, cela n'appelle pas de différence… Mais primo : je ne suis pas sûr que les femmes seraient d'accord…

Admettant que cela amènerait à réduire le viol à très peu de chose, il interroge les deux femmes participant à l'entretien, Marie-Odile Faye et Marine Zecca. Celles-ci rappellent que le viol entraîne des traumatismes psychiques graves, dont ne rend absolument pas compte l'idée que ce serait une violence assimilable à un « coup de poing » en quelque sorte surajouté à une relation sexuelle moralement neutre.

Mais Foucault insiste :

> Alors cela pose des problèmes car on en arrive à dire ceci : la sexualité comme telle a dans le corps une place prépondérante, le sexe ce n'est pas une main, ce n'est pas les cheveux, ce n'est pas le nez. Il faut donc le protéger, l'entourer, en tout cas l'investir d'une législation qui ne sera pas celle qui vaut pour le reste du corps.

La discussion n'aboutit pas, mais elle est suffisamment explicite pour indiquer le problème de fond. Sur le plan politique, le souci de Foucault est de préserver la sexualité de toute intrusion d'un pouvoir normatif : dès lors qu'il n'y a pas de « violence physique », elle devrait rester entièrement en dehors de tout jugement social et de toute intervention du droit. Le fond du problème (contrairement à ce qui est dit souvent) est moins *politique* que *conceptuel* : Foucault place la sexualité d'abord dans le psychisme, et plus précisément dans l'intériorité du sujet ; pour lui la relation sexuelle est vue comme une relation intersubjective entre un « soi » et un autre « soi », médiatisée par des corps physiques dont aucune partie n'a de signification intrinsèque. Cette vision de la personne lui fait percevoir toute normativité sexuelle comme une intrusion injustifiable de la société (du « biopouvoir ») au sein de ce qui appartient en propre à l'individu et auquel il a seul accès : l'intériorité du « soi » sexuel.

Ainsi, bien que Foucault perçoive très bien que déspécifier le viol pour le rattacher uniquement à la violence physique relève d'une vision à laquelle les femmes ne se rangeraient pas (il se soucie de leur point de vue à plusieurs reprises), c'est *sa philosophie individualiste* qui l'empêche d'en tirer la conclusion qui devrait s'imposer : une relation sexuelle n'est jamais un simple accord entre deux subjectivités sexuelles indépendantes, comme le prétend la philosophie du Sujet propageant le « mythe de l'intériorité[37] ».

C'est une relation sociale qui, bien qu'elle appartienne à la sphère de l'intime, n'en est pas moins informée par une civilité ayant une dimension de sens et de valeur, donc une dimension normative, et incluant en particulier *une forme spécifiquement sexuelle du consentement*. Si on refuse de l'admettre, on ne comprend ni la honte des personnes violées, ni leur traumatisme, car on nie ce qui fait du viol un crime portant atteinte non seulement à une « partie du corps » mais à l'honneur, à l'identité personnelle et à l'estime de soi. Et l'on finit par dire que la société n'a pas à se mêler de réguler la sexualité, déniant l'existence d'une civilité sexuelle au point d'être désarmé devant de graves atteintes à l'intégrité de la personne.

Dans une perspective socio-anthropologique, le recul historique permet de voir où précisément la nouvelle civilité

37. Jacques Bouveresse, *Le Mythe de l'intériorité*, *op. cit.*

sexuelle du consentement s'élabore en rupture avec l'ordre matrimonial napoléonien/victorien et la façon dont la complémentarité hiérarchique des sexes organisait les relations hétérosexuelles, considérées alors comme les seules conformes à la nature humaine. Ce sont toutes les composantes de *l'asymétrie des sexes* dans leur rapport au désir et au plaisir, se prolongeant en une asymétrie radicale des responsabilités (telle qu'on l'a décrite au deuxième chapitre), qui vont peu à peu être mises en cause.

Certes, la génération du *baby-boom* a profondément remis en question le système opposant une sexualité masculine de conquête et une sexualité féminine de citadelle en ce qu'elle a revendiqué le plaisir féminin et rompu avec l'opposition entre sexualité honorable et sexualité honteuse. Mais elle n'a jamais véritablement interrogé le principe traditionnel d'asymétrie concernant l'expression du désir et du consentement, principe selon lequel, comme le dit si clairement la tribune déjà citée, il revient aux hommes d'« importuner », disons simplement de solliciter, et aux femmes de répondre à leur sollicitation. Elle n'a pas non plus interrogé la façon dont cette norme d'asymétrie entre celui qui a l'initiative et celle qui accepte, ou se défend, peut dans certains cas rendre secondaires le désir et le plaisir féminins par rapport à ceux de l'homme, voire empêcher toute expression d'un consentement véritablement libre de la part de la femme.

Sur tous ces sujets, qui sont justement ceux dont se sont emparées les nouvelles générations avec #MeToo, se désolidariser des autres femmes comme l'ont fait les signataires de la tribune sur la « liberté d'importuner » – trop heureuses de prendre en exemple leurs performances personnelles pour montrer qu'une femme peut être très à l'aise dans la complémentarité asymétrique – témoigne d'une véritable incompréhension du changement en cours.

Enfin, à l'instar de Michel Foucault, toute une partie de la génération du *baby-boom* n'a pas interrogé la façon dont une civilité sexuelle ordinaire fondée sur l'asymétrie sexuée et sexuelle a *toujours renvoyé aux femmes la responsabilité des écarts par rapport à la norme*, non seulement en cas de rapport « immoral » mais aussi en cas d'agression sexuelle et de viol, et leur en a fait porter la honte. En un mot, ils n'ont pas voulu voir que si la règle du jeu asymétrique enseignait le respect des femmes honorables et était loin de transformer tous les hommes en violeurs potentiels, elle ouvrait inévitablement aussi des avenues à ceux pour qui les conquérants vraiment virils sont des sortes de chasseurs flairant le gibier, prompts à penser qu'une femme dit oui quand elle dit non, à se croire irrésistibles dès qu'ils sont en bande ou ont un bon coup dans le nez, voire à pratiquer collectivement le viol de guerre sur femmes et enfants (et parfois hommes) en prolongement des tueries, trouvant dans l'exercice de la domination et de la souillure une source supplémentaire d'excitation sexuelle.

Ce sont toutes ces dimensions traditionnellement machistes du consentement asymétrique que le mouvement féministe a commencé à critiquer dès les années 1980, une critique longtemps minoritaire mais qui a gagné peu à peu du terrain avant de prendre avec #MeToo une ampleur sociale véritablement inédite, quand une nouvelle génération de jeunes femmes – et d'hommes car celles-ci sont soutenues d'emblée par de nombreux alliés masculins, cela fait partie de la nouveauté – entreprend de transformer un ensemble de situations reléguées jusqu'alors soit dans le secret du privé et les replis de l'intime, soit dans la rubrique des faits divers et des drames passionnels, en une vaste question sociale et politique.

L'enjeu n'est rien moins que de dépasser la règle de complémentarité asymétrique des rôles héritée du temps de la hiérarchie des sexes et d'édifier une nouvelle civilité sexuelle.

La double nature des enjeux est clairement signifiée par les deux principaux objectifs de #MeToo affichés dans les grandes manifestations contre les violences sexuelles qui se déroulent en France comme dans de nombreux autres pays :

- en finir avec toutes les formes de loi du silence et imposer une *nouvelle approche du viol et des violences sexuelles*, avec le mot d'ordre « la honte doit changer de camp » ;
- en finir avec l'asymétrie du consentement et des responsabilités et engager une *métamorphose de la vie sexuelle ordinaire*, en barrant l'injonction pluriséculaire « Protégez vos filles » pour la remplacer par un nouveau mot d'ordre, « Éduquez vos garçons », comme on l'a vu sur les T-shirts des manifestantes.

S'agissant de la remise en cause d'un système relationnel global, le changement ne concerne pas seulement les relations sexuelles entre hommes et femmes, mais aussi et du même mouvement les relations entre hommes, les relations entre femmes, et les relations entre adultes et mineurs des deux sexes.

La barrière sacrée des âges et des générations

Enfin, le cinquième changement opérant une métamorphose complète de la civilité sexuelle est l'édification d'une barrière sacrée des âges et des générations. Son importance est telle qu'elle justifiera de lui consacrer un chapitre spécifique, ne serait-ce que parce que la double question des âges et des générations, deux notions qui ne se recouvrent pas, est devenue le cœur battant de #MeToo, comme on l'a vu en France avec l'écho immense des livres de Vanessa Springora et de Camille Kouchner, sans parler du travail de la CIASE et de la mise en place d'une commission nationale sur l'inceste (CIIVISE).

Toutes les sociétés humaines considèrent que la civilité sexuelle passe par des formes instituées de distinction/relation non seulement des sexes, mais *des âges et des générations*. Il y a toujours eu des catégories d'âge protégées du sexe et des places dans la parenté entre lesquelles la relation est proscrite. Pendant des millénaires, quand le mariage était l'opérateur du grand partage du permis et de l'interdit sexuels, les interdits d'âge et de génération s'énonçaient principalement à travers le statut matrimonial des personnes, on l'a rappelé avec la règle sociale de virginité des filles jusqu'au mariage et les prohibitions matrimoniales dessinant autour de chacune, de chacun, le cercle de l'inceste.

Lorsque est venu le temps du démariage, avec la nouvelle civilité du consentement qui associe celui-ci non plus au mariage mais à l'acte sexuel lui-même, l'ancienne normativité statutaire a laissé place entre adultes, comme on vient de le montrer, à une nouvelle normativité procédurale. On a pu alors penser que cette valeur rendrait à jamais impossible toute référence aux statuts : consentir ou ne pas consentir à une relation sexuelle semblait par définition lié à telle situation précise, telle relation particulière entre tels individus, à tel moment, et ne pouvoir s'apprécier qu'au cas par cas.

Pourtant l'histoire longue du droit pénal régissant les violences sexuelles et la protection de l'enfant permet d'expliquer la force avec laquelle s'est imposé d'abord progressivement, puis accentué très rapidement, un *retour au statutaire*, avec l'idée d'un non-consentement indépendant des circonstances et lié uniquement aux âges civils respectifs des partenaires, et/ou à leurs liens de parenté. Cette émergence de la barrière sacrée des âges et des générations en nouvel opérateur de distinction entre le permis et l'interdit sexuels a suscité en France de nombreuses incompréhensions et controverses.

Comme on le verra, il y a parfois de grandes tensions entre d'un côté le point de vue centré uniquement sur la lutte contre les violences et la souffrance des victimes et, de l'autre, le souci que la société joue mieux son rôle en accompagnant les jeunes dans leur progressive autonomisation sexuelle au sein d'une civilité ordinaire renouvelée.

#METOO OU CE QUE « CONSENTIR » VEUT DIRE

Une fois retracé le contexte socio-historique d'émergence d'une nouvelle civilité du consentement, on appréhende différemment les controverses autour du mouvement #MeToo car on peut commencer par se munir d'un outil de distinction assez simple : le test Tocqueville.

On sait que la force singulière de Tocqueville est d'avoir entrevu avec lucidité les risques majeurs de dérive individualiste dans les sociétés issues des révolutions démocratiques modernes tout en se situant lui-même non pas en défenseur de l'Ancien Régime, mais au contraire en partisan résolu des révolutions américaine, anglaise et française. Le test Tocqueville permet ainsi de distinguer deux débats très différents.

Le plus virulent est celui que mènent, contre #MeToo en général, les différentes catégories de défenseurs d'un *ancien régime* de civilité sexuelle asymétrique, qu'ils se réfèrent aux dogmes religieux traditionnels, à la reformulation moderne et sécularisée de la complémentarité hiérarchique des sexes incarnée par le Code Napoléon, ou encore pour certains d'entre eux à sa version profondément transformée par la libération sexuelle des années 1970, qu'ils voient rétrospectivement comme un temps de féminisme aimable et d'égalité heureuse des sexes. De même que les différentes catégories de défenseurs d'un modèle traditionnel de la famille père-mère-enfant (incluant les religieux traditionalistes, les tenants du

Code Napoléon, et les partisans de la famille modernisée dans les mêmes années 1970) n'ont vu dans le mariage pour tous et l'homoparenté qu'une menace pour le lien social et ont incriminé tour à tour la « théorie du genre », l'effacement des sexes, le triomphe de la technique, la loi du marché et le droit à l'enfant, les contemptrices et contempteurs de #MeToo n'y voient qu'une menace pour les libertés et incriminent tout à tour : la haine des hommes, le puritanisme, le wokisme, la délation et le lynchage.

C'est pourquoi ils n'hésitent pas à déployer une rhétorique de disqualification radicale du *Mirage #MeToo*[38], dont le principe de base est de faire comme s'ils avaient affaire non à un grand mouvement sociétal complexe et hétérogène, mais à un mouvement sociopolitique organisé, cohérent, comptable de toute initiative individuelle ou de toute théorisation féministe proposée en son nom. On l'a déjà noté, ces critiques nomment « MeToo » la dénonciation des violences sexuelles subies en situation de pouvoir et d'emprise lorsqu'elle est faite par des femmes, mais excluent arbitrairement de ce mouvement (et donc de leur critique) la même dénonciation – y compris hors de toute procédure judiciaire et lorsque les faits sont prescrits – quand elle est faite par des hommes, principalement, et vise des clercs.

L'autre débat est au contraire celui qui se mène *au sein même* de ce vaste mouvement sociétal qu'est #MeToo, parmi celles et ceux qui reconnaissent dans sa lutte contre les violences sexuelles un accomplissement majeur de l'égalité des sexes et des droits de l'enfant. C'est celui qui nous occupera.

En effet, dans une perspective socio-historique tocquevillienne, valoriser #MeToo parce qu'on l'analyse comme un moment essentiel de la troisième révolution du consentement n'implique nullement de nier que des dilemmes se posent,

38. Sabine Prokhoris, *Le Mirage #MeToo*, *op. cit.*

que des dérives soient possibles, que des courants féministes opposés s'affrontent (exactement tel que ce fut le cas dans les années 1970, mais les nostalgiques du « féminisme aimable » l'ont oublié), que certaines puissent tenter d'instrumentaliser cette cause sociale pour régler leurs comptes personnels, ou que le changement social lui-même puisse devenir parfois violent, lorsque se font jour dans la société des attitudes de purification collective et de désignation de boucs émissaires : ce genre de choses existe dans toute grande révolution du droit et des mœurs et doit impérativement susciter la discussion démocratique.

Sans chercher à aborder tous ces problèmes, on défendra ici une seule idée, parce qu'elle commande une démarche d'ensemble. On a tenté de montrer dans ce chapitre que la grande nouveauté de #MeToo est d'aborder le changement simultanément dans deux dimensions : celle de la lutte contre les délits et les crimes (« la honte doit changer de camp ») et celle de l'émergence de nouvelles références pour la civilité sexuelle ordinaire (« éduquez vos fils »). Or cette double dimension n'est toujours pas reconnue aujourd'hui en France : les débats sur #MeToo restent polarisés par la seule question du viol et des violences, *comme si la grande révolution de la civilité ordinaire restait invisible.*

Pour donner à voir ce problème, on procédera en deux temps. On commencera par rappeler en quoi consiste précisément la remise en cause du principe de consentement asymétrique hérité du passé, cœur du changement porté par #MeToo. Puis on montrera que cette critique ouvre sur deux débats certes liés, mais qu'il importe de distinguer.

Une chose est de définir un critère égalitaire (et non plus asymétrique) de « non-respect du consentement » définissant l'agression sexuelle ou le viol dans le respect du principe de légalité des délits et des peines, essentiel au droit pénal démocratique. Une autre est d'élaborer une nouvelle approche du consentement au sein de la civilité sexuelle ordinaire, reconnaissant aux individus de l'un et l'autre sexe la *liberté d'affronter de façon vivante les risques, les incertitudes et les délices de la séduction*, que ce soit dans la rencontre sexuelle, la rencontre amoureuse, ou les deux à la fois.

Faute de penser clairement la distinction entre ces deux enjeux, la tentation inévitable est de réduire la civilité ordinaire à la lutte contre la menace omniprésente du viol et de propager, au nom des meilleures intentions féministes, le rêve d'un *nouvel ordre moral* fondé sur la désignation de la classe des hommes comme une classe de violeurs en puissance, la surveillance généralisée du sexe et l'utopie d'une transparence garantie des relations intimes.

Le consentement au centre du procès d'Aix (1978)

Le premier grand changement porté par #MeToo est la critique de la conception asymétrique traditionnelle du consentement, qui montre comment elle se retourne aisément en arme contre les femmes victimes de violences sexuelles. Cette critique, qui porte au départ uniquement sur le droit et la justice, se situe en France dans la droite ligne du procès d'Aix de 1978, dont elle est un approfondissement décisif. Rappelons brièvement ce dont il s'agissait.

Un couple de femmes vient camper dans les calanques de Marseille. Abordées assez grossièrement par un homme, elles refusent ses avances et celui-ci en est ulcéré : « Mais oui, monsieur le président, je roulais des mécaniques et ces deux boudins qui me repoussent comme ça, je n'ai pas pu l'admettre », dira celui-ci au premier procès (1976). Il décide une expédition punitive, et vient vers minuit avec deux copains les agresser alors qu'elles dorment sous leur tente, dans une calanque. Après une lutte très violente, terrorisées et craignant pour leur vie, elles cessent de se débattre et sont violées par les trois hommes pendant plusieurs heures. Le matin, elles vont porter plainte au commissariat.

Après un premier renvoi en tribunal correctionnel, les avocates des plaignantes, Gisèle Halimi et Agnès Fichot, obtiennent un procès en Cour d'assises qui se tient à Aix-en-Provence, en 1978. L'atmosphère est extrêmement tendue. Les parties civiles sont menacées et molestées. Gisèle Halimi, qui avait décidé de donner à ce procès une dimension sociétale (en faisant se succéder de nombreuses personnalités à la barre) pour montrer qu'il témoignait d'un problème bien plus général d'aveuglement sexiste de la société à la question du viol, obtient la condamnation des prévenus.

À l'issue de ce procès, la loi sur le viol de 1980 sera votée. Contrairement à une erreur souvent répétée, elle ne fait pas du viol un crime (il l'était depuis 1791), mais inscrit pour la première fois sa *définition* dans le Code pénal, une définition plus large que celle de la jurisprudence antérieure : « tout acte de pénétration sexuelle, de quelque nature qu'il soit, commis sur la personne d'autrui par violence, contrainte ou surprise ». On présente ainsi très souvent ce procès comme une victoire féministe qui a clos une longue période de sous-estimation, voire de déni du viol. Mais avec le recul, il apparaît que ce procès fut aussi un premier pas, majeur, dans une critique de fond de la conception traditionnelle du consentement sexuel asymétrique, qui se poursuit encore aujourd'hui.

Dans sa plaidoirie, Gisèle Halimi abordait en effet ce qu'elle nomme « la fameuse thèse du consentement » :

> À peu près 99 fois sur 100, quand une femme est violée, il n'y a pas de témoins. Et par conséquent, 99 fois sur 100, les violeurs qui expliquent tout ce qui a pu se passer auparavant concluent « Oui, mais à ce moment-là, elles ont été consentantes » [...]. Le drame de cette attitude c'est que, qu'on le veuille ou non, nous

sommes acculées, nous plaignantes, à devenir accusées, à essayer de vous démontrer que « mais non, mais non, nous n'avons pas consenti ». « Alors si vous n'avez pas consenti, expliquez-vous là-dessus, sur ce geste, sur ce regard, sur cette attente, sur ce délai que vous avez mis pour déposer plainte ». [...] Bref, le procès n'est plus le même, les plaignantes deviennent des accusées et doivent prouver qu'elles n'ont pas consenti. [...] Je pense, je suis même certaine, que la Cour a très bien compris que le débat, dans ce dossier, est celui-là, et qu'il tourne autour du mot « consentement » : y a-t-il eu ou non consentement de la part d'Anne et d'Araceli, dans cette abominable nuit du 21 au 22 août ? [...] Il y a donc une chose abominable le soir, l'expédition punitive, mais beaucoup plus abominable s'agissant du droit pour une femme de dire « non ». Et quand une femme dit non, il faut qu'on le comprenne enfin une fois pour toutes, c'est « non », ce n'est pas « oui ». Ces femmes ont dit « non » ? Une expédition punitive est décidée[39].

Les deux femmes se défendent autant qu'il est possible :

Dans le dossier, il y a un coup de marteau donné par Anne (pour Roger), violences, lèvres fendues, saignement, ecchymoses, coup de poing tellement violent qu'Anne souffre d'une hypoacousie de l'oreille gauche... Je pose la question à la Cour : comment une femme qui ne veut pas être violée doit-elle le dire à son violeur potentiel ? [...] Et à un certain moment, ces jeunes femmes, qui ont peur de mourir, qui sont anéanties, harassées, battues, humiliées, cessent de se débattre. Elles cèdent et c'est cela qu'on appelle le consentement ! Elles cèdent et vaincues, inertes, elles subissent. Et on appelle cela le consentement[40] !

La plaidoirie de Gisèle Halimi montre très bien comment s'articulent trois questions. Celle des violences sexuelles

39. Extrait de la plaidoirie de Gisèle Halimi, *Viol. Le procès d'Aix-en Provence*, sténographie intégrale des débats et des témoignages, Paris, L'Harmattan, 2012, p. 320-322.
40. *Ibid.*, p. 323-324.

comme crimes sans témoin, qui posent le problème du « parole contre parole » ; dans ce cadre, l'usage par les mis en cause de l'argument « elles consentaient » ; et enfin la façon dont tout cela se retourne contre les plaignantes, « qui deviennent des accusées et doivent prouver qu'elles n'ont pas consenti ».

Beaucoup de nos concitoyens, encore aujourd'hui, pensent qu'on est là face à une *impasse tragique*. En démocratie, on ne saurait condamner sans preuves ; si elles manquent, l'accusé doit bénéficier de la présomption d'innocence, quel qu'en soit le coût humain pour la plaignante qui dans l'immense majorité des cas n'obtiendra pas de reconnaissance judiciaire de ce qu'elle a vécu.

Pourtant le recul nous permet de préciser comment, quarante ans après le procès d'Aix, le mouvement #MeToo a repris la réflexion entamée en France par Gisèle Halimi, s'est affronté précisément à cette idée d'une impasse tragique, et a travaillé à penser les choses autrement. Tout d'abord, ce mouvement a donné un écho sans précédent à un fait jusqu'alors connu principalement des spécialistes et de quelques associations : la persistance – malgré plusieurs décennies de lutte féministe sur le viol et de nombreux changements législatifs visant à mieux punir celui-ci dans les sociétés démocratiques – d'un véritable continent caché de violences sexuelles non déclarées et/ou non punies en justice[41].

Ensuite la grande nouveauté de ce mouvement est d'avoir porté sur la scène publique des situations différentes de celle du procès d'Aix, bien plus fréquentes, mais plus enfouies encore : les violences commises dans l'intimité par des auteurs

41. On estime que 94 000 femmes entre 18 et 75 ans déclarent avoir subi un viol ou une tentative de viol au cours d'une année (en métropole, et en moyenne, de 2012 à 2019) dont environ 17 % portent plainte. En 2018, la justice n'a enregistré que 1 269 infractions de viol condamnées (sans que l'on sache combien ont été commis sur des femmes). Au total, on estime à 1,3 infraction de viol condamnée, pour 100 femmes se déclarant victimes.

connus, en situation de pouvoir et d'emprise sur leurs proies. Ce faisant, le mouvement a refusé toute séparation entre « bonnes » et « mauvaises » victimes (celles qui l'ont bien cherché, bien mérité, celles qui n'ont rien dit, etc.), alors que cette opposition était centrale dans la perspective traditionnelle. Quand on sait que les actrices ont été considérées jusqu'au XXe siècle comme une sorte particulière de prostituées, et qu'on les classait parmi les catégories de femmes qui par définition ne pouvaient pas être victimes de « séduction », on mesure mieux la portée historique de l'acte qu'ont accompli les accusatrices de Harvey Weinstein.

Enfin, face à l'impunité des violences sexuelles, #MeToo vient dire qu'il n'y a pas de fatalité.

Pas de fatalité du silence, tout d'abord, dès lors qu'on comprend qu'il s'enracine dans la honte et la peur, deux émotions sociales majeures sur lesquelles il est possible d'agir. L'omerta sur des situations d'abus sexuel, connues d'une partie ou de tout l'entourage mais prises dans la loi du silence, peut être levée si les victimes parviennent à parler, en particulier collectivement, et surtout si l'on se donne les moyens qu'elles soient entendues. Cela a été souvent dit, #MeToo est tout autant un mouvement de libération de *l'écoute*, face à des paroles qui longtemps n'ont pas trouvé de destinataires, pour tout un ensemble de raisons.

Pas de fatalité non plus du « parole contre parole » comme devant inévitablement assurer l'impunité des crimes sans témoin et se retourner contre les plaignantes. L'immense apport de #MeToo se trouve sans doute ici : avoir montré que l'idée d'impasse tragique vient s'ancrer pour une large part sur une représentation ininterrogée du consentement féminin héritée du temps où régnait le principe d'asymétrie des sexualités.

Retour sur l'histoire du consentement asymétrique

Quelques rappels historiques ne seront pas inutiles pour souligner que le consentement sexuel n'est pas une sorte d'attitude psychologique intemporelle, mais un acte social inscrit dans l'histoire et façonné par les attentes collectives en matière de civilité ; et permettre de prendre la mesure du passé dont nous sommes les héritiers.

Ainsi que l'a souligné Georges Vigarello, pendant des siècles et jusqu'à la Révolution, le viol ne se distinguait pas clairement du rapt et était défini en référence – considérée alors comme évidente – à la seule sexualité autorisée, la sexualité conjugale en vue de la procréation : il ne visait donc que l'acte de pénétration à la fois *illicite* et *forcée* d'un pénis dans un vagin[42]. Les autres pénétrations, forcées ou non, étaient des péchés de luxure, non des viols. Par ailleurs, l'absence de consentement ne pouvait être reconnue que si la femme avait opposé « une résistance forte et persévérante » et cela « jusqu'à la fin », tel que le précise l'article « viol » de l'*Encyclopédie* :

> La déclaration d'une femme qui se plaint d'avoir été violée ne fait pas preuve suffisante, il faut qu'elle soit accompagnée d'autres indices comme si cette femme a *fait de grands cris*, qu'elle ait *appelé les voisins* à son secours, ou qu'il soit resté quelque *trace de la violence* sur sa personne comme des *contusions ou blessures faites avec armes offensives* ; mais si elle s'est tue à l'instant, ou qu'elle ait tardé de quelque façon à rendre plainte, elle n'y est plus recevable[43].

Après la Révolution, le viol est reconnu comme un crime dans le Code pénal de 1810, mais il n'y est pas défini. Il faut se rapporter à la jurisprudence de la Cour de cassation pour

42. Georges Vigarello, *Histoire du viol. xvie-xxe siècle*, *op. cit.*

43. L'Encyclopédie de Diderot et d'Alembert, article « viol », cité *in* Catherine Le Magueresse, *Les Pièges du consentement*, Paris, Éditions iXe, 2021, p. 17.

savoir qu'il consiste, au départ, en « une conjonction sexuelle normale et illicite » avec « une femme qu'on sait n'y point consentir ». Les autres formes de violences sexuelles, en particulier celles « contraires à la nature » sont réprimées en tant qu'« attentats à la pudeur avec violence ». La Cour de cassation précise, en rappelant que la procréation est la fin légitime du mariage et que la femme a un devoir d'obéissance à son mari, que toute conjonction sexuelle « normale » avec l'épouse est « licite » : le viol entre époux est donc juridiquement impossible si l'acte est conforme à la fin du mariage, *même s'il a été obtenu par la force.*

Seuls peuvent être poursuivis en justice les coups et blessures sur l'épouse, s'il y en a eu, et les rapports « contre-nature » imposés par le mari, qui seront alors considérés comme des attentats à la pudeur. On voit bien ici que, dans un contexte socio-historique où l'on n'appréhende jamais un individu hors de son statut social et relationnel, le consentement personnel de la femme n'existe pas en soi : si elle est mariée, le consentement à son époux est défini statutairement, car englobé dans la valeur supérieure qui donne sens à ses actes, le statut d'épouse et ses devoirs. On est bien dans un ordre sexuel matrimonial.

Dans les relations hors mariage, puisqu'on attend de l'homme qu'il ait l'initiative et parte en conquête, et qu'on attend de la femme « honnête » qu'elle commence par lui résister, ses protestations voire ses refus seront compris – ou pourront toujours être présentés – comme autant de manifestations de la pudeur attendue d'une femme respectable. Seule une « résistance active » à une violence physique avérée, prouvée par des traces sur le corps et accompagnée de grands cris signifiant l'intention de briser l'intimité, sera considérée comme le refus persévérant d'un acte imposé brutalement, et prise en compte en tant qu'indice d'un viol.

En un mot, plus l'idée générale est celle d'un consentement *passif* de la femme, plus sa résistance à une pénétration (par un autre homme que son époux) doit être *active* pour que le viol soit reconnu. Progressivement, cependant, les tribunaux évoluent : à la seule violence physique s'ajoutent la *contrainte* et la *surprise*, qui sont reconnues par la jurisprudence de la Cour de cassation comme des moyens de coercition (arrêt Dubas de 1857). Mais qu'en est-il du consentement de la victime ? Les tribunaux cherchent-ils à cerner la volonté de celle-ci, ou à déduire le viol de l'attitude de l'agresseur et des circonstances de l'agression ?

Dans une réflexion stimulante sur le droit pénal du consentement, la juriste Catherine Le Magueresse[44] explique que, très tôt, deux conceptions se sont dessinées. Pour la première (majoritaire et qui l'emportera), l'absence de consentement se déduit nécessairement de *l'attitude de l'agresseur* qui a usé de contrainte, physique ou morale. S'il n'a pas eu besoin de contraindre, alors la logique « qui ne dit mot consent », caractéristique de la représentation traditionnelle d'une sexualité féminine de citadelle, implique qu'elle consentait. Son silence, son absence de cris, et même une résistance physique moyenne ou des « non » dits trop bas, ou trop peu réitérés, présument son consentement.

Pourtant une autre conception était possible, elle fut défendue en particulier par le grand pénaliste René Garraud dès 1891. Pour lui, ce qui constitue le viol ou l'attentat à la pudeur tient à *l'attitude de la victime elle-même* :

> La violence peut être présumée ou inductive quand le sujet passif de l'attentat est, par lui-même, incapable de consentir, soit à raison de son âge, soit à raison de son état physique. [...] Sans doute la possession de la femme n'a pas été obtenue par la violence

44. Catherine Le Magueresse, *Les Pièges du consentement*, *op. cit.*

physique, ni même par la violence morale ; mais la femme n'a pas consenti à se livrer[45].

Catherine Le Magueresse souligne la remarquable modernité de l'approche de Garraud, qui place au centre la notion de « liberté de la personne » :

> Ce que la loi réprime, c'est non seulement le fait d'avoir abusé d'une femme *contre sa volonté*, mais encore d'en avoir abusé *sans sa volonté*, en un mot c'est le fait d'avoir violé la liberté de sa personne[46].

Remarquons en effet avec quelle clarté Garraud reformule toute l'approche des violences sexuelles. Ce qui était traditionnellement appréhendé comme une offense à la dignité des femmes de statut respectable (fille, épouse, etc.), et donc une offense à l'honneur de leur père, de leur mari et de leur famille, est pour lui un attentat contre *l'intégrité de la personne*. On retrouve ici la thèse de Georges Vigarello sur la transformation du sens du viol dans les perceptions collectives au fur et à mesure que croît l'attachement aux droits subjectifs de l'individu.

C'est l'occasion d'une mise au point : mettre l'accent sur les grandes transformations de l'organisation sexuée du monde social et les enjeux d'égalité de sexe (comme on le fait dans ce livre) ou le mettre sur les progrès des droits personnels et l'attention à la subjectivité sont deux approches qui ne s'opposent pas nécessairement. Il est très possible de les combiner en considérant que la remise en cause de la grande règle du jeu social, opposant et hiérarchisant traditionnellement les statuts d'homme et de femme via l'opposition entre un « monde masculin » et un « monde féminin », englobe les

45. Cité *in* Catherine Le Magueresse, *Les Pièges du consentement*, *op. cit.*, p. 22.
46. *Ibid.*

transformations de la subjectivité, et non pas l'inverse. Notons enfin que cette approche du viol permet à Garraud de considérer que le seul fait de l'âge peut suffire à définir l'incapacité de consentir. On y reviendra. Déployons pour le moment ce qu'il en est pour les relations sexuées et sexuelles entre majeurs.

La question du viol obtenu « sans » la volonté de la victime est exactement celle qu'avait soulevée Gisèle Halimi dans sa plaidoirie de 1978 à propos du moment où les deux femmes, épuisées et terrifiées, ont cessé de se battre : les violeurs ne pouvaient en déduire qu'elles consentaient ; et s'ils prétendent qu'ils l'ont cru, ce n'est rien d'autre qu'une conception machiste de l'asymétrie des sexualités, dans laquelle la volonté libre de la femme n'existe pas.

Après les années 1980, la réflexion féministe sur ce sujet n'a cessé de progresser au niveau international, révélant que la question de la preuve n'est pas aussi simple qu'on le croit souvent en alléguant le « parole contre parole » : elle ouvre en réalité vers la question de *ce dont on cherche la preuve*. Est-ce du fait que l'homme a exercé des violences, fussent-elles morales ? Ou est-ce du fait que la femme n'a pas pu exercer sa libre volonté ? En France, lors de la réforme du Code pénal (1994), on ajoute la « menace » à la violence, la contrainte et la surprise dans la définition du viol et on aggrave les pénalités. Plus récemment, la loi du 3 août 2018 sur les violences sexuelles ajoute l'incrimination de la fellation forcée à la définition du viol. Le droit n'a donc cessé d'évoluer ces dernières décennies, la pratique judiciaire aussi. Mais cela suffit-il à changer la façon traditionnelle d'aborder le consentement ?

Tel est le débat juridique que #MeToo, en tant que mouvement sociétal, a porté sur le devant de la scène en donnant à voir l'importance quantitative des viols commis en situation de hiérarchie, de pouvoir, de domination et d'emprise, comme on l'a découvert avec le cas des artistes, des employées, des journalistes, des sportives, des femmes politiques, des étudiantes, sans parler des violences familiales, dans le couple et sur les enfants, ou encore lors d'activités encadrées d'enfants et de jeunes adolescents (colonies de vacances, stages), et enfin dans l'Église catholique.

De multiples révélations de cas nouveaux ont ainsi conforté et exploré ce que disaient déjà les statistiques : l'image stéréotypée du viol comme agression brutale dans un parking par un inconnu est très loin de rendre compte de la réalité. Dans la réalité, pour reprendre les termes de René Garraud, le viol consiste à abuser des victimes non seulement *contre* leur volonté, mais aussi *sans* leur volonté.

C'est là précisément que l'on peut affirmer que #MeToo a apporté une contribution majeure au changement de regard à la fois sur les femmes, sur les hommes, et sur les rapports sexués et sexuels. Comment en effet ne pas voir à quel point on a rompu désormais avec la conception traditionnelle du consentement « passif » féminin et la vision de l'homme dont « le mérite est dans la puissance », que Rousseau, dans l'*Émile*, avait ancrée dans une vision naturaliste de la complémentarité physique et morale des deux sexes dans la copulation :

> Dans l'union des sexes, chacun concourt également à l'objet commun, mais non pas de la même manière. De cette diversité naît la première différence assignable entre les rapports moraux de l'un et de l'autre. L'un doit être actif et fort, l'autre passif et faible : *il faut nécessairement que l'un veuille et puisse, il suffit que l'autre résiste peu.* Ce principe établi, il s'ensuit que la femme est faite spécialement pour plaire à l'homme. Si l'homme doit lui plaire à son tour, c'est d'une nécessité moins directe : son mérite est dans sa puissance ; il plaît par cela seul qu'il est fort. Ce n'est pas ici la loi de l'amour, j'en conviens ; mais c'est celle de la nature, antérieure à l'amour même. Si la femme est faite pour plaire et pour être subjuguée, elle doit se rendre agréable à l'homme au lieu de le provoquer ; sa violence à elle est dans ses

> charmes ; c'est par eux qu'elle doit le contraindre à trouver sa force et à en user. *L'art le plus sûr d'animer cette force est de la rendre nécessaire par la résistance*. Alors l'amour-propre se joint au désir, et l'un triomphe de la victoire que l'autre lui fait remporter. De là naissent l'attaque et la défense, l'audace d'un sexe et la timidité de l'autre, enfin la modestie et la honte dont la nature arma le faible pour asservir le fort[47].

La conception rousseauiste de la relation sexuelle conforme à « la loi de la nature » n'est pas seulement un parfait exemple de la façon dont la complémentarité hiérarchique des sexes fut repensée à la Révolution, en référence au droit naturel moderne, et se traduisit sur le plan des deux sexualités, la masculine de conquête et la féminine de citadelle. Elle est aussi un formidable révélateur, par contraste, de ce qui à nos yeux contemporains est devenu l'essentiel : l'égalité des sexes signifie que l'idéal d'autonomie individuelle doit s'appliquer aux femmes tout autant qu'aux hommes et doit s'imposer, justement, par-delà les différences physiques.

Le désir des femmes est sans doute exprimé de façon différente que par une érection, mais il n'a pas un gramme de valeur moindre. Dans une perspective égalitaire, il est *moralement tout aussi indispensable* à une relation sexuelle légitime que celui de l'homme. Rompre avec la hiérarchie des sexes implique d'abandonner purement et simplement la notion de consentement féminin passif.

Selon la sociologue Nathalie Bajos, l'une des traductions de cette nouvelle approche est la redéfinition de la notion d'abus sexuel :

> L'*abus sexuel* repose sur l'idée que l'asymétrie de la relation et l'exploitation d'une vulnérabilité par une personne contre

47. Jean-Jacques Rousseau, *Émile ou de l'Éducation*, livre V, in *Œuvres*, tome II, première partie, Paris, Belin, 1817 (souligné par moi).

une autre constituent un obstacle intrinsèque à l'expression d'un consentement libre et éclairé ; il peut être appliqué à toute relation où une personne même majeure, placée sous l'autorité de fait ou de droit d'une autre, subit des violences sexuelles. Il permet également de penser les gestes à caractère sexuel commis sans violence, menace ou surprise. [...] Nous parlons de « personnes abusées » plutôt que de victimes pour souligner la *problématique relationnelle* qui est au cœur de l'analyse sociologique présentée ici[48].

Le « non-respect du consentement »

Cinq ans après l'affaire Weinstein, la lutte des associations, la mobilisation des professionnels de justice et le débat public ont permis de clarifier nombre de questions. Un large consensus s'est dégagé sur la critique de la vision traditionnelle de l'asymétrie des sexes et du « consentement passif » des femmes. On s'accorde désormais à voir dans l'étau des relations d'emprise la raison majeure pour laquelle les victimes peuvent subir certains viols sans se défendre physiquement, conserver le silence, ne pas déclarer les crimes à la police, abandonner les poursuites en justice qu'elles avaient entamées, et l'on s'accorde aussi à penser qu'il n'y a pas de fatalité à ce qu'elles subissent de la part de ces institutions des attitudes de soupçon qui se retournent contre elles.

Pour mesurer le changement, rien n'est plus parlant que le contraste entre le temps encore tout récent où le viol conjugal était considéré comme juridiquement impossible, et le renversement majeur opéré en quelques années à propos des violences commises par une minorité particulièrement dangereuse de conjoints ou d'ex-conjoints, qui peuvent aller des

48. Nathalie Bajos, Julie Ancian, Josselin Tricou et Axelle Valendru, « Sociologie des violences sexuelles au sein de l'Église en France (1950-2020) », rapport d'enquête de l'Inserm pour éclairer la Commission indépendante sur les abus sexuels dans l'Église, téléchargeable sur le site de la CIASE, 2021, p. 28.

violences morales et physiques et des viols jusqu'au meurtre, désormais nommé « féminicide ».

Ce terme (issu de l'anglais *femicide*, 1992) a été choisi par les associations féministes afin de rompre avec le temps où ces cas étaient tenus pour des « drames passionnels » renvoyés dans la rubrique des faits divers, et pour en démontrer la dimension éminemment sociétale. Elles ont ainsi permis d'établir les grands traits communs à ces itinéraires masculins d'*appropriation totale* de la compagne : les logiques de surveillance, de jalousie obsessionnelle, d'interdiction de sortir, alliées à des formes croissantes de disqualification et de dénigrement systématique de la personne de l'autre, auxquelles s'ajoutent les menaces et violences sur les enfants, le chantage au suicide, et une montée brutale des risques de viol et de meurtre, en cas de séparation[49].

Tout cela est maintenant connu. Sous la pression du décompte militant des féminicides année après année, l'exigence de moyens de prévention adaptés a complètement changé la donne, et même si les chiffres restent bien trop élevés on a ici un exemple précis de mobilisation associative féministe ayant véritablement permis de basculer en quelques années vers un nouveau consensus social.

Cependant la question reste largement ouverte à propos d'une amélioration, à la fois de la prévention, du repérage et du traitement judiciaire des crimes et délits sexuels, susceptible de faire évoluer de façon significative la situation révélée par les statistiques. Ici vient s'ancrer un débat important, celui de la définition du « non-respect du consentement » permettant de qualifier un acte d'agression sexuelle ou de viol. Ce sujet est typique des débats que j'ai nommés « internes à #MeToo »

49. Ces éléments sont présentés dans la grande enquête collective menée par les journalistes du *Monde*. Voir « Une année d'enquête sur les féminicides », *Le Monde*, 2 juin 2020, et le documentaire de Lorraine de Foucher et Jérémy Frey, *Féminicides*, diffusé sur France 2 le 2 juin 2020.

pour les distinguer des imprécations « anti-#MeToo » des partisans de l'ancien régime de civilité asymétrique.

Deux points de vue coexistent aujourd'hui. D'un côté, on peut s'inquiéter du surinvestissement législatif en matière d'infractions sexuelles. Déjà noté il y a dix ans par Audrey Darsonville[50], il s'est tellement accentué depuis qu'on n'a même plus le temps de mesurer les effets d'une loi avant qu'en soit votée une autre. À force de multiplier des textes non durables qui sont surtout des effets d'annonce politique, la loi est dévaluée alors que la justice travaille à s'adapter (par exemple par la formation des magistrats) aux nouvelles approches du consentement.

Ainsi la non-prise en compte par l'agresseur de la *volonté libre* de la victime est parfaitement possible à établir en référence aux catégories juridiques de « violence, contrainte, menace, surprise » définissant l'agression sexuelle ou le viol en droit pénal. De fait, on en a déjà élargi l'acception pour tenir compte de ce qu'a révélé la convergence des témoignages des plaignantes et des savoirs psychologiques contemporains sur la sidération et la peur, l'effet de l'emprise, celui du traumatisme sur la mémoire.

Dans cette perspective, l'essentiel de l'accent est mis sur les changements nécessaires dans les *pratiques* : la prévention (rôle de l'Éducation nationale et du travail social en lien avec la justice), l'amélioration de l'accueil des plaignantes et des droits de la défense, l'évolution des pratiques professionnelles d'enquête, les moyens matériels donnés à la police et la justice, la réflexion enfin sur la correctionnalisation, le rôle des nouvelles cours criminelles composées de cinq magistrats professionnels, le développement d'une justice restaurative, etc.

50. Audrey Darsonville, « Le surinvestissement législatif en matière d'infractions sexuelles », *Archives de politique criminelle*, 34 (1), 2012, p. 31-43.

D'un autre côté, on peut plaider, au contraire, la nécessité impérieuse d'un changement du droit français. C'est le cas par exemple de Catherine Le Magueresse[51] qui appuie sa réflexion juridique sur son expérience d'ancienne présidente de l'Association européenne contre les violences faites aux femmes au travail (AVFT).

Pour elle, l'évolution des pratiques policières et judiciaires et l'augmentation des moyens sont certes nécessaires mais insuffisantes : seule l'adoption dans le Code pénal d'une *nouvelle définition légale du viol* le liant explicitement à l'absence de consentement permettrait d'assurer qu'aucune « présomption de consentement » des victimes silencieuses ou sidérées n'est plus appliquée et d'entrer dans une nouvelle ère, à la mesure du changement des valeurs contemporaines. Elle souligne ainsi que différents pays (Canada, Grande-Bretagne, Suède, etc.) ont fait évoluer leur définition du viol en remplaçant la vision classique du consentement passif par celle de consentement actif, et que cela a entraîné une meilleure prise en compte de la parole des victimes et un accroissement des condamnations.

Le débat n'est pas tranché à l'heure où ce livre est écrit, et il n'est pas certain qu'il révèle de véritables divergences sur le fond. Il est difficile d'estimer ce que changerait vraiment une redéfinition légale du viol. Permettrait-elle de résoudre des problèmes ou ne ferait-elle que les reconduire ? Comment définirait-elle un consentement sexuel actif ? Impliquerait-elle d'introduire dans le droit, comme en Suède, un nouveau délit pour tenir compte des cas où le mis en cause n'avait pas véritablement l'intention de passer outre au consentement de la plaignante ?

Pour aborder toutes ces questions, qui seront sans doute débattues dans les années à venir, une clarification préalable

51. Catherine Le Magueresse, *Les Pièges du consentement*, *op. cit.*, spécialement chap. IV.

s'impose. Les nouvelles formulations du droit pénal, par exemple en Suède, donnent des définitions du viol centrées sur le non-respect du libre consentement mais se gardent bien de préciser *comment concrètement* chacun est supposé s'assurer du libre consentement de l'autre. Les catégories juridiques sont des « notions cadres » donnant des principes de référence pour les actions et relations sociales, et non pas des *modèles* édictant le bon comportement à suivre.

Ce point est capital, car la logique du droit diffère ici assez fortement de l'approche de certains courants féministes identitaires radicaux pour lesquels les hommes étant « les dominants » et les femmes « les dominées », il n'y a pas véritablement de monde commun entre eux, encore moins de civilité sexuelle partagée (sinon en apparence, pour masquer le pouvoir des hommes et assurer encore mieux la domination masculine) et les individus des deux genres, par hypothèse en situation d'opposition et de conflit, ne peuvent que se défier et se méfier les uns des autres.

Pour ces courants, pour lesquels la lutte contre un système normatif sexiste se confond avec la lutte contre la classe des « hommes » (et dont les plus extrêmes prêchent l'abandon pur et simple de l'hétérosexualité, voyant en tout homme un violeur en puissance[52]), la manifestation d'un consentement actif des femmes, pour être indiscutable, doit être indépendante de toute interprétation, ce qui supposerait un principe

52. La notion de « culture du viol » a aujourd'hui deux grandes acceptions qu'il importe de distinguer. La plus fréquente est une acception floue, que l'on dira « ordinaire », qui vise simplement à indiquer qu'il y a des causes sociales à la fréquence des viols. L'acception « radicale » est, par exemple, celle de Susan Brownmiller qui écrit dans *Against Our Will : Men, Women, and Rape* (New York, Simon & Schuster, 1975) que le viol est « un processus conscient d'intimidation par lequel tous les hommes maintiennent toutes les femmes dans la peur » (cité *in* Valérie Rey-Robert, *Une culture du viol à la française, du « troussage de domestiques » à la « liberté d'importuner »*, Paris, Libertalia, 2019). Dans l'acception radicale, il y a une différence de degrés, mais non de nature, entre un rapport hétérosexuel banal et un viol. L'acception ordinaire, pour sa part, n'implique nullement une condamnation de l'hétérosexualité ou des hommes en général.

d'accord entre « dominants » et « dominées » sur les critères régissant leurs relations. Seul répondrait à cette exigence un consentement *explicite, verbalisé* des femmes.

En outre, une obligation de passer par la médiation du langage parlé serait un déplacement significatif du pouvoir dans l'échange sexuel, des dominants vers les dominées, puisque ce seraient elles, désormais, qui détiendraient le moyen de dire si un acte est ou non un viol. L'objectif est donc de passer de « quand une femme dit non, c'est non » (slogan féministe des années 1970-1980, dont on a vu l'usage lors du procès d'Aix) à « quand une femme dit oui, c'est oui », signifiant : tant qu'elle n'a pas dit explicitement qu'elle consentait, elle ne consent pas. C'est pourquoi ces courants valorisent autant les « chartes de consentement affirmatif », tel le texte de la législation californienne de 2014 où on peut lire que dans les universités d'État toute relation sexuelle devra correspondre à

> une norme de consentement affirmatif pour déterminer si le consentement à l'activité sexuelle a été donné par les deux parties. « Consentement affirmatif » signifie l'accord verbal, conscient et volontaire, à s'engager dans l'activité sexuelle. Il est de la responsabilité de chaque personne impliquée dans l'activité sexuelle de s'assurer qu'il ou elle a le consentement affirmatif de l'autre ou des autres pour se livrer à l'activité sexuelle. L'absence de protestation ou de résistance ne signifie pas le consentement, et le silence non plus. Le consentement affirmatif doit être continu tout au long de l'activité sexuelle et peut être révoqué à n'importe quel moment[53].

Selon ces chartes, il est requis que l'homme n'agisse qu'avec le consentement verbalisé de la femme, réitéré tout

53. Loi citée *in* Manon Garcia, *La Conversation des sexes. Philosophie du consentement*, Paris, Climats, 2021, p. 230. On comprend en lisant ce livre que ces chartes servent principalement à protéger juridiquement les universités, dans une logique assurantielle, en cas de viols sur leurs campus.

au long du rapport sexuel. C'est ainsi qu'une scène de la série télévisée *Normal People* (saison 1, épisode 2) est devenue la référence culte des courants radicaux qui souhaitent *rééduquer et régénérer* l'hétérosexualité. On y voit un jeune homme (déjà un peu expérimenté) faire l'amour avec une jeune fille pour qui c'est la première fois : à chaque phase de l'action, il lui parle, lui demande si c'est bien, si ça lui plaît, s'il peut continuer, si elle n'a pas mal, et attend qu'elle réponde « oui », « c'est bien », « continue », « encore », etc.

Il se trouve que cette scène n'est pas ridicule mais tout à fait charmante. Elle démontre que ce type d'échange verbal, permettant de s'assurer du consentement de l'autre, peut même avoir une certaine dimension érotique. Mais cela justifie-t-il pour autant d'en faire « le » modèle du bon comportement sexuel ? Et surtout, cela justifie-t-il de faire du consentement explicite, verbalisé et réitéré, un *critère légal* dont l'absence définirait le viol ? Il faut se tourner à présent vers les transformations de la civilité sexuelle ordinaire, qui est l'autre face de #MeToo, pour comprendre pourquoi les meilleures intentions féministes peuvent parfois déraper vers le rêve d'imposer le joug d'un nouvel ordre moral.

#MeToo et la question des « zones grises »

Lorsqu'on agit dans la vie courante, il existe toujours un risque d'être accusé à tort d'avoir enfreint la loi. Vous avez pris un train, et l'on vous accuse d'avoir volé un sac. Vous avez gardé un enfant, et l'on vous accuse de l'avoir secoué. Vous avez croisé une jeune fille sur un chemin désert, et l'on vous accuse de l'avoir tuée. Heureusement, vous ne vivez pas au quotidien avec l'idée du risque possible d'être accusé de délit ou de crime dressée comme une épée de Damoclès au-dessus de votre tête.

Une ère du soupçon généralisé, qui obligerait à penser sans cesse à se justifier par avance, rendrait la vie insupportable. Que serait une société qui prétendrait contrôler chacun de nos faits et gestes en les rendant insoupçonnables ? Les systèmes totalitaires nous ont donné une certaine idée de ce que peut signifier un monde aussi orwellien. Les sociétés démocratiques, attachées à la liberté individuelle et à la défense de la vie privée et de l'intimité, refusent absolument pour leur part de se fonder sur la logique du soupçon et veulent reposer sur la *confiance*, mère de toutes les libertés.

Il ne s'agit pas ici d'une confiance aveugle, bien entendu, mais d'une confiance sociale fondée dans le droit, que nul n'est censé ignorer, et dans les mœurs communes comprises comme des « systèmes d'attentes » instituées, indiquant ce que chacun est en droit d'attendre de chacun, en somme une civilité sexuelle et l'éducation de chacune et chacun à celle-ci. Ne rien attendre des mœurs et tout de la loi en matière de lutte contre les violences sexuelles, c'est imaginer qu'un pouvoir de contrôle et de coercition peut se substituer à la civilité, alors que celle-ci n'est jamais seulement ce qui interdit, mais aussi ce qui autorise, en référant les conduites et échanges sexuels à des grandes significations et valeurs partagées.

Dans un long article paru en 2018 et présentant l'argument d'un film documentaire sur « Le sexe sans consentement[54] », la journaliste Blandine Grosjean a donné ce qui est sans doute la première description en France du bouleversement des mœurs et des mentalités qui est l'autre dimension de #MeToo. Pour donner à voir le changement, elle adopte la voie même par laquelle ce mouvement a transformé une multitude d'expériences intimes et privées en question publique et politique : le témoignage en première personne.

54. Blandine Grosjean, « De la résignation au consentement, le problème de la "zone grise" entourant les rapports sexuels », *Le Monde*, 26 janvier 2018.

Blandine Grosjean est nettement plus jeune que la génération du *baby-boom* mais, de même que ses aînées, elle considéra longtemps comme une fatalité que les filles d'aujourd'hui expérimentent parfois certains mauvais côtés de la sexualité. De fait, rien n'était mieux partagé jusqu'aux années 2000 que l'idée de devoir quelquefois « passer à la casserole » si on était une jeune fille inexpérimentée, et parfois même une femme aguerrie. Cette expression connue de toutes visait une expérience qui n'était ni une relation désirée ni un viol, mais une sorte de *zone grise* intermédiaire, celle de la relation à laquelle on *cédait*, soit par crainte de passer pour nunuche ou pour allumeuse, soit par peur du partenaire éméché, soit parce qu'on avait commencé par dire non puis que, devant son insistance, on s'était reproché d'avoir été assez stupide pour monter chez lui, soit parce qu'on ne voulait pas faire un scandale, soit pour avoir tout simplement la paix. Bref, un « mauvais plan » plus ou moins désagréable, voire franchement pénible et parfois même très glauque, où les filles cherchaient surtout à en finir le plus vite possible et oublier. C'était l'envers sombre de l'image lumineuse tellement valorisée, tellement recherchée en ce temps d'émancipation des femmes : « être une fille cool ».

Remarquons qu'ici le regard et le récit de Blandine Grosjean sont tournés non pas principalement vers les hommes, comme c'est le cas des discours militants qui dénoncent l'éternelle reproduction de la domination masculine pour expliquer les violences sexuelles, mais *vers les femmes*, selon une approche relationnelle qui s'efforce de sortir de l'ombre et du silence l'autre côté, féminin, de l'histoire récente des relations hétérosexuelles.

Blandine Grosjean raconte alors pourquoi elle a été amenée à changer et comment ses anciennes évidences ont cessé d'être. Sans pouvoir reprendre ici toutes les étapes de son récit retenons-en la conclusion majeure. En lisant des articles pionniers en anglais, en discutant avec ses filles, ses nièces et leurs amies et en lançant une enquête au sein de *Rue89* (dont elle est alors rédactrice en chef), elle découvre, quelques années avant #MeToo, combien la nouvelle génération de jeunes femmes qui l'entoure a changé : elles ne voient dans la plupart de ces exemples de zone grise aucune fatalité, pour elles les « passages à la casserole » que leur décrivent leurs aînées ne sont rien moins que du harcèlement, des agressions sexuelles et des viols.

Son récit-témoignage nous dit quelque chose d'essentiel pour toute réflexion sociologique : nous sommes en présence d'une transformation socio-historique bien plus vaste que la seule question des violences masculines cachées ou impunies, que l'on viendrait enfin dévoiler. En réalité, être « une fille cool » a changé de sens pour les nouvelles générations parce que *l'horizon d'attente des filles*, l'idée qu'elles se font d'elles-mêmes, de ce qu'elles peuvent et de ce qu'elles veulent, leur image du désir et du plaisir, leur représentation aussi de ce qu'est un « mec bien » et de ce qu'elles en attendent, a changé (ou est en train de changer, les jeunes femmes interrogées ne sont sans doute pas représentatives de toute leur génération, qui progresse à des rythmes divers). Il faut que les rêves et les idéaux collectifs évoluent pour que s'ouvre l'espace des possibles et que les anciennes fatalités cessent d'être vécues comme telles.

C'est pourquoi à la base de #MeToo, il n'y a pas seulement la révolte de femmes en souffrance, victimes d'une « domination masculine » éternellement recommencée. Il y a aussi ce qui forme le véritable *socle sociétal* de la mobilisation féministe contemporaine : la formidable énergie d'une nouvelle génération de jeunes femmes qui sont nées et ont grandi dans un monde qui se définissait déjà comme égalitaire (sans en tenir toutes les promesses), et qui n'acceptent plus certaines situations, parce qu'elles ont changé de vision du genre, d'aspirations dans leur vie ordinaire, d'attentes en matière de sexualité et ont transformé jusqu'à leur désir des hommes quand elles sont hétérosexuelles ou bisexuelles.

Elles sont mues par la plus puissante et la plus belle des énergies : la recherche passionnée du bonheur. Et l'on peut penser que l'évolution des aspirations des jeunes femmes indique une *métamorphose de l'idéal relationnel*, qui concerne tout autant leurs compagnons[55], même si cette nouvelle mouvance mixte et féministe, refusant un certain partage des genres hérité du passé et interrogeant les cases des « identités » sexuées et sexuelles dans lesquelles il faudrait se ranger, ne représente encore qu'une partie des nouvelles générations, tant les inégalités sociales renforcent les inégalités de genre.

Toute la finesse de Blandine Grosjean est alors de montrer que ce changement a deux effets différents, qui peuvent paraître tout à fait contradictoires.

Du côté des délits et des crimes, il permet de caractériser comme harcèlement, agressions sexuelles et viols tout un ensemble de situations que l'on n'aurait sans doute pas vues ainsi auparavant car chacune les aurait rangées dans la catégorie « passage à la casserole » et gardées par-devers elle. Pensons par exemple à ce qui se passait naguère lors des fêtes étudiantes, des bizutages et des week-ends d'intégration très arrosés des grandes écoles ou chez les internes en médecine.

L'une des questions majeures soulevées aujourd'hui, à la jonction entre enjeux judiciaires et métamorphoses de la civilité ordinaire, est l'apprentissage de *nouveaux interdits sociaux* qui se précisent au fur et à mesure que s'affirme, non seulement dans les esprits, mais aussi dans les pratiques

55. Voir en particulier Ivan Jablonka, *Des hommes justes. Du patriarcat aux nouvelles masculinités*, Paris, Seuil, 2019.

sociales, la critique du « consentement asymétrique » et l'exigence d'un consentement actif des deux partenaires, quel que soit leur sexe. Une personne totalement ivre, ou à demi inconsciente après des prises de drogue, ou endormie n'est plus considérée par la justice comme en mesure de consentir : une pénétration dans ce cas est *ipso facto* un viol. De même, on juge désormais différemment la sollicitation sexuelle unilatérale exercée par celui (ou parfois celle, comme l'a montré l'affaire Avital Ronell[56]) qui se trouve en situation de supériorité hiérarchique et/ou de pouvoir sur la personne sollicitée : elle est *a priori* suspecte.

La critique féministe des mains baladeuses des patrons, des petits chefs, des médecins, des cuisiniers, des entraîneurs et des moniteurs, la condamnation des stars de la télévision, de la presse, du cinéma, du théâtre ou de la musique qui s'imaginent avoir à disposition un vivier de femmes à sauter sur un coin de table : tout cela traduit un changement des sensibilités et une redéfinition des interdits qui se mettent en place peu à peu, et suscite, ce qui est très normal, une discussion intense dans la société. Les récits circulent dans les milieux professionnels sur ce qui est arrivé à tel ou tel, mis en cause par celles qui affirment avoir été agressées. Chacun apprend ainsi à décoder les nouvelles normes et à éviter de se mettre dans un mauvais cas.

Pour prévenir les problèmes, des comités de veille sur le harcèlement sexuel se mettent en place dans différents organismes et entreprises. De nouvelles questions s'ouvrent. Est-ce que les relations de pouvoir, qui naguère facilitaient les « passages à la casserole », doivent être définies désormais comme des relations *interdisant* par définition la dimension sexuelle, comme c'est le cas à Harvard entre professeurs et élèves du

56. L'affaire Avital Ronell concerne une célèbre philosophe queer, suspendue par l'université de New York pour harcèlement sexuel sur un ancien doctorant. Voir Aïcha Liviana Messina, « L'apologie d'Avital Ronell », *Esprit*, novembre 2018.

premier cycle depuis 2015 ? Ou une telle règle serait-elle une atteinte injustifiable aux libertés, le désir sexuel partagé et l'amour mutuel pouvant venir y surprendre deux individus malgré le scandale social, comme l'a montré en France la tragique affaire Gabrielle Russier[57] ?

La question est posée pour l'enseignement, l'entraînement au sport de compétition, la médecine, les professions d'aide aux personnes vulnérables ou en situation de handicap mental, etc. On manque en France d'enquêtes empiriques permettant d'apercevoir comment émergent concrètement ces nouveaux interdits, de quelle façon ils peuvent mettre en cause les libertés individuelles ou au contraire mieux les préserver, comment ils sont reçus et quels sont les risques de dérive. Les débats sont parfois complexes, car les situations peuvent l'être aussi. Mais on sait que c'est là que peut prendre consistance un nouveau consensus social permettant de caractériser les agressions sexuelles et les viols en référence à la notion de « consentement actif ».

Cependant, la notion de « zone grise » a aussi une tout autre signification, qui ne renvoie pas au « passage à la casserole » – cette expérience d'avoir cédé et non pas consenti –, mais désigne de façon plus générale *l'incertitude érotique et relationnelle* caractéristique des situations de désir et de séduction. Dans ce cas, il ne va pas de soi de vouloir éradiquer les risques de la rencontre, les ambivalences de l'excitation, les surprises du plaisir ou les vertiges de la transgression. Qui peut imaginer que les nouvelles générations vivront dans un monde de sexe transparent et garanti, et ne connaîtront plus rien des dilemmes du désir, plus rien de l'abandon à l'instant présent, plus rien enfin des *degrés* entre la relation heureuse et désirée, vers laquelle on court à perdre haleine, et

57. Sur l'affaire Gabrielle Russier, voir le récit en six épisodes de Pascale Robert-Diard et Joseph Beauregard, accessible sur le site *lemonde.fr*, 16 août 2020.

les expériences un peu moyennes, un peu ratées, voire franchement désagréables, plus rien des façons de les éviter et aussi parfois de les dépasser ?

On n'a cessé de le souligner dans ce chapitre : dans les sociétés humaines, il n'est pas de civilité sexuelle qui soit fondée sur un « tout ou rien » du permis et de l'interdit. Toujours et partout sont ménagées de subtiles gradations et mille variantes locales possibles entre le juste acceptable, le souhaitable, le prescrit, et jusqu'à l'idéal le plus valorisé. À l'inverse, toute une gradation existe également entre le maladroit, le mal vu, le condamné, le définitivement interdit et le tabou absolu.

Certes, les *vocations d'inquisiteurs* ont toujours existé et les confesseurs, du Moyen Âge au Grand Siècle, ont imaginé régner sur les consciences, dévoiler la vérité des subjectivités et régenter chaque geste, chaque position, chaque fantasme sexuel, tout en menaçant les misérables mortels des flammes éternelles de l'enfer. Certes, chaque époque voit refleurir sous une forme inédite ce genre de vocation, y compris au sein de sociétés particulièrement libérales, comme le sont les sociétés démocratiques fondées sur la liberté de conscience et le droit à la vie privée. Mais il est fort improbable que les jeunes d'aujourd'hui accepteraient de vivre dans un monde où l'on ne pourrait plus rire avec ses copines d'un écart sexuel, faire des commérages sur les collègues ou se fâcher au sein d'un couple, parce qu'il n'y aurait rien entre la lumière du sexe parfaitement correct et l'obscurité de vingt ans de prison.

Blandine Grosjean le souligne, c'est aux artistes qu'il revient de sentir les interrogations et déchirements qui font l'impalpable tremblement de l'air du temps d'une époque, et de l'incarner dans des histoires où les nouvelles générations se reconnaîtront, chacune et chacun y puisant à son gré un moyen de cultiver sa propre réflexivité face aux dilemmes les plus intimes et les plus imprévus. Par-delà les inégalités d'appartenance sociale ou d'origine, l'éducation sexuelle des nouvelles générations se fait et se fera d'abord là : au fur et à mesure que la création culturelle viendra nourrir leurs rêveries et leurs fantasmes sexuels d'autres images et d'autres scénarios que la brutalité misogyne et raciste répandue aujourd'hui partout par les vidéos circulant sur le marché porno et fondée sur le principe unique de l'excitation-avilissement-souillure.

En définitive, si l'opérateur majeur du partage permis/interdit est désormais pour nous le consentement à la relation sexuelle et non plus le consentement au mariage, cela veut dire que, décidément, la question pénale n'est pas tout. Il nous faut apprendre à penser *la plurivocité de la notion de consentement* qui renvoie à de multiples champs sémantiques, au lieu de tenter de la réduire à la transparence d'un seul enjeu, d'une seule injonction, avec menace judiciaire à la clé.

DU CONSENTEMENT-CONTRAT AU CONSENTEMENT-CONVERSATION

Dans un livre remarquable, *La Conversation des sexes*[58], la philosophe féministe Manon Garcia déplie une à une, avec une sorte d'énergie communicative, les nombreuses confusions qui grèvent les débats sociaux et politiques sur le consentement sexuel dans le monde contemporain, et mobilise les ressources de la philosophie morale pour proposer de penser le consentement sexuel de deux individus égaux et autonomes comme une « conversation érotique ». La convergence de cette approche philosophique avec la démarche sociologique présentée ici, qui par ses propres ressources a été amenée elle aussi à mettre au centre de sa description du changement lié à l'égalité des sexes la valeur

58. Manon Garcia, *La Conversation des sexes*, *op. cit.*

de l'interlocution, en particulier sous la forme de la conversation entre deux voix différentes dans le couple duo, est frappante. Passer de la conversation des sexes en général à la spécificité de la conversation érotique permettra de faire un dernier pas dans cette réflexion.

Manon Garcia ouvre son livre en rappelant que le contrat est au centre de nombreuses propositions sur la prévention du viol et des agressions sexuelles. D'ailleurs, il existe aujourd'hui des applications permettant à ceux qui font connaissance par un site de rencontre, de garantir leur consentement mutuel par un clic sur leurs portables. Tout le problème, c'est que le consentement sexuel, justement, « n'est pas un contractualisme » : en effet la particularité du contrat, y compris tacite, est de créer entre les contractants une obligation qui par définition ne dépend pas de l'attitude psychologique de l'un ou de l'autre. Le consentement sexuel, à l'inverse, se confond avec l'attitude psychologique de chacun des partenaires : on peut cesser de consentir, de vouloir, de désirer, unilatéralement[59]. On pourrait le dire autrement : le consentement sexuel n'est pas une action en soi, mais une *modalité de l'action et de la relation*. De là les impasses et absurdités de ces « contrats affirmatifs » dont on se demande s'il faudrait les renouveler à intervalles réguliers, par exemple toutes les trois minutes, pour s'assurer qu'ils sont toujours conformes aux dispositions psychologiques des contractants.

Les règles régissant la pratique du BDSM sont ici l'exception qui confirme la règle[60]. Comme le principe de cette pratique est que les partenaires y jouent des rôles au sein d'une dramaturgie parfaitement réglée de mise en scène de la domination et de la souffrance où l'excitation sexuelle consiste à flirter avec la limite du « faire semblant », on y signe en effet

59. *Ibid.*, spécialement p. 37-41.
60. *Ibid.*, chap. 3.

des contrats définissant à l'avance à quoi chacun s'engage de jouer. Ils permettent de distinguer différents consentements : « consentement de surface » ; « consentement à la scène » ; « consentement profond ». L'usage conventionnel de « *safe words* » y est aussi une exception au sens de la verbalisation pendant l'acte sexuel : loin d'être là pour accompagner ou accroître l'excitation, c'est la possibilité, prévue au contrat, d'user de certains mots comme de *signaux de détresse* dans les cas où l'un des deux doit prévenir d'urgence son partenaire qu'il se sent en danger physiquement. On est dans un cas très particulier, même s'il rappelle que les notions de jeu, de dramaturgie, de rôles participent certainement d'une gamme très large de relations sexuelles, qui ne fonctionnent pas (ou pas seulement) à l'authenticité d'une sorte de désir intérieur originel.

Nous pouvons alors prendre toute la mesure du saut qu'opère la troisième révolution du consentement. Pendant des siècles, l'opérateur de la distinction permis/interdit était le mariage, et le consentement au mariage inscrivait toute la civilité sexuelle justement *sous l'égide du contrat* (et du sacrement). Ce contrat matrimonial, auquel il fallait consentir publiquement, de façon éclairée et dans les formes prescrites, régissait indirectement l'ensemble des aléas du consentement à l'acte sexuel, comme on l'a vu en détaillant l'appréhension de la « séduction » selon le statut social des personnes, ou la perception du viol dans le mariage et hors de lui. Imaginer aujourd'hui, au temps du démariage, de traiter le consentement à l'acte sexuel « comme un contrat » n'est rien d'autre que le rêve de réinventer un grand contrôle social de la sexualité, sans tenir compte du fait que le consentement sexuel est une modalité de l'action et de la relation.

C'est pourquoi aussi, on ne peut pas passer d'une définition du viol par l'attitude de l'agresseur-homme à une définition par l'attitude de la victime-femme. Le non-respect du consentement d'autrui est une *infraction relationnelle* qui suppose forcément de prendre en considération l'intention de la personne mise en cause : on ne peut pas condamner quelqu'un pour un crime qu'il n'a eu ni la volonté ni la conscience de commettre.

En revanche, ce qui change avec #MeToo, c'est le *contenu* de la règle de droit. Chacun désormais est supposé savoir ce qu'est un consentement libre et comment on s'en assure. C'est pourquoi, comme on l'a dit, les deux grands changements apportés par #MeToo sont aujourd'hui bien cernés : respecter la libre volonté de l'autre, c'est savoir qu'une personne peut ne pas être en état de consentir (ivresse, drogue, sommeil) ou ne pas être en état de consentir librement (cas des personnes subordonnées ou dominées). Ces nouvelles attentes impliquent que les femmes, et pas seulement les hommes, mettent en œuvre ces nouvelles règles dans leurs manières de se comporter.

Venons-en alors aux nouvelles approches du consentement au sein de la civilité sexuelle ordinaire, quand la question posée n'est pas seulement ce qui est légal ou pas, mais ce qui est souhaitable, valorisé, « moralement bon » en plus d'être agrément, plaisir ou jouissance. Nous sommes héritiers de visions de la sexualité très marquées par l'antagonisme des sexes et le danger des hommes prédateurs. D'où le principe éducatif traditionnel : « Protégez vos filles. » Un principe double, selon lequel les femmes doivent apprendre non seulement à se défendre, mais à contre-attaquer avec leurs ressources propres, comme l'a montré la psychologue néo-zélandaise Nicola Gavey dans son ouvrage *Just Sex*[61]. Elle rappelle qu'à l'idée d'une libido masculine toute-puissante

61. Nicola Gavey, *Just Sex : The Cultural Scaffolding of Rape*, cité *in* Manon Garcia, *La Conversation des sexes*, *op. cit.*, p. 216.

correspondait l'idée que les femmes respectables ne désiraient pas le sexe pour lui-même mais pour ce qu'il permettait d'obtenir : une relation monogame stable.

Dans cette perspective, seules les filles perdues et prostituées aimaient le sexe, en voulaient toujours plus et étaient de dangereuses séductrices. Dès lors que les femmes vertueuses voulaient de l'amour et les hommes du sexe, l'antagonisme était inévitable : elles utilisaient leur séduction pour les « ferrer », alors qu'eux essayaient au contraire de garder leur liberté. Tout cela irriguait les représentations et normes constituant l'horizon d'attente de l'ancienne civilité sexuelle. Mais aujourd'hui, dans un monde qui valorise l'égalité des sexes et l'autonomie sexuelle des personnes ?

C'est justement là que le principe antagoniste traditionnel cède le pas à l'attente de la conversation. Cette conversation érotique, telle que Manon Garcia la décrit en se référant à Simone de Beauvoir, est infiniment *plus risquée* que la conversation au sens ordinaire du mot, dès lors que les corps sont en jeu, qu'il s'agit de jouir l'un de l'autre, de rester deux et de ne faire qu'un, d'être à la fois sujet et objet. De fait, l'objectif de la conversation érotique n'est pas de constater l'accord, ou le désir, mais bien de le faire advenir, de le créer, de l'inventer. La séduction désormais, comme de mon côté j'ai pu l'écrire en 2011 en pleine affaire Strauss-Kahn en me référant au beau livre de Daniel Mendelsohn, *L'Étreinte fugitive*, est un « art du consentement », dont l'enjeu est entièrement relationnel.

Aller chercher le désir de l'autre, et cultiver son propre désir, n'est plus ni un rapport asymétrique (comme autrefois entre celui qui propose et celle qui dispose), ni un rapport symétrique (comme dans les rêves totalitaires du consentement sexuel équivalent à un contrat), mais une *succession d'asymétries*, entre qui regarde et qui est regardé, qui touche et qui est touché, qui sollicite et qui répond, qui guette et qui est guetté, tous rôles qui ne cessent de s'échanger. De même que dans toute conversation les rôles des locuteurs s'échangent. Mais quand il s'agit d'éveiller le désir, le jeu des déséquilibres successifs, des manques et des attentes, le fait accompli d'une caresse nouvelle et la surprise d'un « baiser volé » occupent une place incomparable à tout autre. Les jeux que décrit Daniel Mendelsohn pouvaient paraître, naguère encore, une caractéristique des relations homosexuelles entre partenaires égaux. Ils participent sans doute aujourd'hui d'un vaste imaginaire érotique partagé par-delà toute identité de sexe ou de genre, et toute orientation sexuelle.

Le mot d'ordre de #MeToo, « Éduquez vos fils », s'affirme alors dans son double sens. Loin du lourd héritage des péchés de luxure, des vices et de la honte, c'est d'abord un appel à partager une vision positive, informée et sans tabou de la sexualité de l'un et l'autre sexe, comme le fait désormais la chronique « Sexualité » d'un célèbre journal du soir. Mais c'est aussi autre chose.

Car la véritable audace de Maïa Mazaurette[62], à laquelle on se plaît à rendre hommage ici, n'est pas d'écrire des articles de précision sur des sujets que jamais les lectrices et lecteurs de plus de 50 ans n'auraient imaginé voir aborder un jour dans leur quotidien de référence. C'est de s'assumer aussi très tranquillement comme une véritable « entrepreneuse de morale » pour notre temps, considérant l'égalité et l'entente des sexes comme une même évidence, et prônant une sexualité où tout est permis, tout, sauf de manquer d'esprit, de tact et de respect d'autrui.

62. Voir les chroniques de Maïa Mazaurette, en particulier dans *Le Monde* et à l'émission *Quotidien* (RMC).

MOI AUSSI, 4

Tant pis pour moi

—

Six ans avant #MeToo, lorsque le dimanche 15 mai 2011, on apprit que Dominique Strauss-Kahn était accusé d'avoir violé une femme de chambre à l'hôtel Sofitel de New York et avait été arrêté à l'aéroport Kennedy, la question des violences sexuelles fit brusquement irruption sur la scène politique, en France comme aux États-Unis.

Le début de ce qui allait devenir « l'affaire DSK » fut pour moi l'occasion d'une expérience assez particulière, car je fus amenée à publier dans *Le Monde* deux tribunes en moins d'une semaine. Cela n'arrive jamais et voici la raison de cette situation étrange : à l'époque, la version papier du journal était encore considérée comme la « vraie » version, la version reine, et c'est le responsable de sa rubrique Débats qui m'avait sollicitée dans la perspective d'une double page consacrée à l'affaire. Le délai étant très court, j'avais hésité, puis accepté, mais malgré mes efforts mon texte arriva trop tard.

Il parut donc le 23 mai sur le site *lemonde.fr*. Pour la version papier, c'était une perte sèche alors même qu'ils étaient à l'initiative ; ils me proposèrent derechef d'écrire pour eux une deuxième tribune à paraître le 28 mai, ce que je ne pouvais qu'accepter. Je me trouvai donc devant la possibilité qu'on n'a jamais : m'exprimer après m'être exprimée. Je décidai alors de compléter mon premier texte en parlant d'un effet collatéral de l'affaire, inaperçu en France, qui m'avait profondément choquée. Je savais que j'allais m'attirer des ennuis, mais il me sembla que je devais le faire. Mi-bravache, mi-inquiète, je me souviens qu'en l'écrivant, à la maison, je l'appelais « ma tribune *Adieu Princeton* ». Je ne savais pas si bien dire.

Mais commençons par le début. Pour la première tribune, m'inspirant d'une fable de La Fontaine, j'avais choisi pour titre « La femme de chambre et le financier[63] ». Je voulais inciter à réfléchir à l'opposition sociale presque incroyable entre les deux protagonistes, Dominique Strauss-Kahn, leader socialiste connu, époux d'Anne Sinclair, président du FMI, candidat annoncé à la présidence de la République française, et Nafissatou Diallo, femme de chambre noire, pauvre et immigrée, habitante du Bronx, mère de famille monoparentale. Le hasard avait voulu que le samedi veille de « l'affaire » j'aille passer la journée chez mon cousin, à lire les papiers de famille dont il était dépositaire dans l'espoir d'apprendre plus de choses sur notre arrière-grand-mère, lavandière mise enceinte par son patron, la mère de ma chère Mémé dont j'ai parlé précédemment.

Habitée du sentiment du rôle immense joué par la domination sociale dans les violences sexuelles faites aux femmes, je fus effarée de l'appui que reçut immédiatement DSK en France, et de la façon dont le grand principe de présomption d'innocence servit une interprétation parfois ouvertement machiste de l'événement : « Il n'y a pas mort d'homme », « un troussage de domestique ». Je consacrai donc l'essentiel de ma tribune à défendre l'idée que je viens de développer longuement dans le chapitre précédent : la présomption d'innocence est un principe fondamental du droit, mais on ne peut ignorer qu'il en existe des usages dévoyés, en particulier en cas de violence sexuelle, sur le thème « pas vu, pas pris ». Elle devrait être équilibrée par un *crédit de véracité*

63. Irène Théry, « La femme de chambre et le financier », *lemonde.fr*, 23 mai 2011.

accordé aux plaignantes, crédit que dans cette première formulation j'avais nommé une « présomption de véracité » et dont j'avais donné la définition : « La personne qui se déclare victime d'un viol ou d'une agression sexuelle est supposée ne pas mentir jusqu'à preuve du contraire. »

La tribune suscita de nombreuses réactions et j'eus le sentiment d'avoir fait mon devoir de sociologue. Rappeler qu'avant même qu'un procès n'aborde le problème de la preuve, la question spécifique que posent les affaires de violence sexuelle concerne l'*existence même d'un événement*. Souligner que ce qui est en jeu au départ n'est jamais seulement la présomption d'innocence du mis en cause, mais la possibilité même qu'une infraction sexuelle prenne assez de réalité aux yeux de tiers qualifiés pour ouvrir la procédure.

Cela passe en tout premier lieu par la possibilité donnée à une plaignante d'être vraiment *écoutée*, ce qui est loin d'être la règle, surtout si les inégalités sexuées sont redoublées par les inégalités sociales. J'avais loué la culture juridique américaine qui avait permis l'écoute immédiate de la femme de chambre, une première vérification de ses dires, la mobilisation dans l'instant de la police et l'arrestation dans la foulée d'une haute personnalité étrangère sur le point de quitter le territoire : la même chose aurait été inimaginable en France. Enfin, j'avais questionné l'indifférence, voire le mépris envers la plaignante dans les débats français des premiers jours :

> C'est pour cette raison que nombre de nos concitoyens ont eu le sentiment pénible qu'en France, on n'avait pas accordé à Madame Diallo un respect égal à celui qui fut témoigné à son agresseur présumé, Dominique Strauss-Kahn. Cette situation choquante n'est pas d'abord un problème de morale personnelle, mais de justice et d'institutions communes. [...] En se targuant de respecter les grands principes pour DSK au moment où il était cloué au pilori, les partisans sincères de la présomption

d'innocence n'ont pas vu qu'ils bafouaient au même instant la présomption de véracité à laquelle avait droit la jeune femme qui l'accuse de l'avoir violentée.

Après cette première tribune où je m'étais clairement rangée du côté du respect des droits de la plaignante et du soutien à la façon dont la police américaine avait pris au sérieux les déclarations d'une femme de chambre se disant victime de viol, je décidai pour la seconde d'aborder l'autre face du tableau transatlantique, celle qui n'était pas à mettre au crédit des États-Unis : les véritables accès de *francophobie sexiste* auxquels l'affaire DSK avait donné lieu côté américain, et la façon dont ils avaient permis un étrange règlement de compte dans le monde universitaire.

Voici les faits. Trois jours à peine après le déclenchement de l'affaire DSK, le site du *New York Times* publia un forum rassemblant tout un ensemble de contributions, sous le titre général : « Are French Women More Tolerant ?[64] » Comme on pouvait le craindre, toute une gamme de stéréotypes anti-français se déploya à cette occasion. Alors que ce qui était discuté était une affaire singulièrement grossière, violente et sordide de viol d'une femme de ménage balancée sur la moquette, on se demanda si une certaine tolérance aux « inconduites » sexuelles des hommes de pouvoir ne serait pas un trait spécifique de la culture française, connue pour la place qu'y tient la galanterie.

Le cas DSK devint une sorte de paradigme des virtualités dangereuses inscrites dans l'identité historique de tout un peuple, sur laquelle on invita à s'interroger. Sans la moindre pudeur, au moment où un Français célèbre était arrêté pour violences sexuelles contre une femme, on jeta le soupçon...

64. « Are French Women More Tolerant ? Room for Debate », *nytimes.com*, 18 mai 2011.

sur nous, les Françaises. Comme si ce transfert, du particulier au général et du sexe masculin au sexe féminin, n'avait pas besoin de la moindre justification. Et pour clore le tout, on ouvrit les colonnes d'un grand journal à un procès jusqu'alors resté limité à un petit secteur du monde académique : celui des notions de « singularité française » et de féminisme « à la française », procès que poursuivait depuis près de deux décennies un courant des *gender studies* visant le féminisme universaliste qui fut longtemps dominant en France, et qui restait un adversaire pour le différentialisme américain (un différentialisme désormais déconstructionniste et identitaire).

Parmi toutes les contributions, il en était une qui se détachait par sa hargne : le règlement de comptes auquel, sous le titre « Feminism ? A Foreign Importation », se livrait l'historienne Joan W. Scott envers une femme que j'admirais entre toutes, Mona Ozouf. Scott en effet, au moment où un homme était soupçonné du plus brutal des viols, n'hésitait pas à écrire : « La culture française tolère depuis longtemps des conduites comme celle de Strauss-Kahn, expliquant que c'est un trait du caractère national, une part de ce que l'historienne Mona Ozouf appelle "l'art de la séduction". »

J'écrivis alors ceci :

> À l'occasion de l'affaire DSK, on ose prêter à Mona Ozouf, l'une des plus grandes intellectuelles françaises, l'idée que le féminisme serait une *« importation étrangère »*. Et on ose insinuer ainsi que sous les atours subtils de la grande lectrice de Tocqueville, d'Henry James et d'Edith Wharton se cache un antiaméricanisme primaire doublé d'un antiféminisme foncier. Un pas est franchi. L'attaque est si inattendue qu'on reste interloqué. Où veut-on en venir ? Jusqu'à ce qu'on comprenne. Le féminisme à la française ne serait pas seulement la justification indirecte de la licence d'opprimer donnée aux mâles dominants par des femmes aussi aliénées que galantes. Il serait encore bien pire : l'émanation d'une sorte de francité marquée au coin par le refus de l'étranger et, je cite, *« des*

musulmans ». Mona Ozouf et bien d'autres (ces positions sont dites « majoritaires » dans le féminisme français depuis le bicentenaire de la Révolution en 1989) auraient « justifié leurs arguments sur l'incapacité des musulmans à assimiler la culture française en clamant que les musulmans ne comprennent pas qu'un jeu érotique ouvert est partie intégrante de l'identité française ». Et de conclure : « Quelle ironie, alors, que la victime de l'assaut sexuel présumé de Strauss-Kahn soit une musulmane[65] ».

Ayant rapporté ces attaques (y compris cet argument stupéfiant sur l'appartenance religieuse prêtée à Nafissatou Diallo, dont personne en France ne savait rien, n'avait jamais dit un mot ni même songé à en penser un), je terminai pourtant mon propos sur un message d'espoir. Par-delà Mona Ozouf, grande historienne de la Révolution française qu'elle voyait comme une rivale et cherchait à atteindre en profitant d'un événement particulièrement brutal et glauque, qui n'avait aucune sorte de rapport avec son beau livre *Les Mots des femmes*[66] et encore moins avec sa méditation sur les formes françaises de la civilité sexuée et sexuelle, Joan Scott s'en prenait plus largement au féminisme qu'elle disait majoritaire en France, et je voulais relever le gant.

Non seulement les femmes françaises ne ressemblent pas aux clichés francophobes qui se déversent sur elles en ce moment, lui répondis-je, mais elles portent haut l'étendard d'un féminisme plus complexe, plus subtil, plus heureux peut-être, que celui où le schéma « dominants/dominées » et la « politique des identités » ont enfermé certaines de celles qui les attaquent :

> Mon sentiment est que, par-delà mes convictions, le féminisme à la française est toujours vivant. Il est fait d'une certaine façon

65. Irène Théry, « Un féminisme à la française », *Le Monde*, 28 mai 2011.
66. Mona Ozouf, *Les Mots des femmes. Essai sur la singularité française*, Paris, Gallimard, 1995.

de vivre et pas seulement de penser, qui refuse les impasses du politiquement correct, veut les droits égaux des sexes et les plaisirs asymétriques de la séduction, le respect absolu du consentement et la surprise délicieuse des baisers volés. En moins d'une semaine, avec humour et sans se mettre à ressembler aux caricatures qu'on se plaît à faire d'elles, les femmes françaises ont réussi à multiplier initiatives individuelles et mobilisations collectives, redresser la barre du débat français et revendiquer la « présomption de véracité » à laquelle a droit Nafissatou Diallo comme aussi importante que la présomption d'innocence qui doit bénéficier à DSK. Elles ont redonné sa chance à la diversité de la pensée féministe et des centaines de milliers d'hommes s'y retrouvent très bien. Au milieu de la tempête de boue qui nous agite depuis deux semaines, un petit moment de grâce démocratique a réussi à se faufiler, par-delà les sexes et les cultures.

Comme prévu, la riposte ne se fit pas attendre et Joan Scott se garda bien de la proposer au *Monde*. Voici en effet ce que je lus dans un autre journal, les yeux écarquillés :

> Dans les débats qu'a ouverts l'affaire DSK, celles et ceux qui ont pris le parti de ce dernier ont insisté (une fois de plus) sur le fait que les Américains confondaient les charmes de la séduction et la violence du viol. [...] Dans cet ordre d'idées, Irène Théry s'est inquiétée de ce que la parole de la victime compterait davantage que la présomption d'innocence de l'accusé. « Mais sommes-nous prêts, dans la culture politique française, à considérer la présomption de véracité comme un véritable droit ? » Le souci que manifeste Irène Théry pour le respect des droits de l'accusé va au-delà de sa sollicitude pour un personnage politique puissant, au-delà aussi de sa méfiance à peine voilée concernant les motifs d'une femme immigrée, de couleur, issue de la classe ouvrière. Elle a également voulu défendre l'idée que la séduction tient une place particulière dans la culture française ; pour elle, il s'agit d'un aspect unique et singulier de

l'identité nationale française, une des caractéristiques de sa propre version du « féminisme à la française »[67].

Je crois inutile d'argumenter. On était manifestement au-delà de toute mesure. Chacune, chacun de nous a pu un jour se dire que ses propos étaient malmenés, déformés, travestis parfois au point d'en inverser le sens. Pour ma part, j'en avais l'habitude. Je savais en prenant la plume pour défendre Mona Ozouf que je prenais des risques. Mais me voir vilipendée comme l'adversaire de la femme de chambre que j'avais soutenue quand les experts de plateau télévisé n'avaient d'yeux que pour DSK, et être montrée du doigt comme l'opposante à la « présomption de véracité » que j'avais moi-même inventée en faveur des plaignantes, passait toutes mes prédictions.

Au début, je restai éberluée. Pourquoi une théoricienne féministe de renom prenait-elle de tels risques pour sa réputation ? Pourquoi aller jusqu'à se montrer si grossièrement malhonnête, alors qu'elle n'en avait nul besoin ? Puis, peu à peu, j'ai eu le sentiment de comprendre. Il n'y avait pas chez elle seulement une colère d'avoir été critiquée en France pour les mauvais coups qu'elle avait choisi de porter, sur le site du *New York Times*, contre le féminisme qu'elle disait majoritaire dans notre pays. Il y avait autre chose. Que sont une historienne ou une sociologue françaises, après tout, quand on les regarde depuis l'immense pouvoir universitaire anglo-saxon ? Et d'ailleurs qui, dans le monde international de la recherche, comprend le français ? Il était probable qu'à peu près personne, dans les universités américaines, ne lirait ni mes tribunes, ni la sienne. Elle ne courait aucun risque.

67. Joan W. Scott, « Féminisme à la française », *Libération*, 9 juin 2011. Je ne parle ici que de ce qui me vise personnellement, mais je dois préciser qu'elle en profitait pour attaquer (avec le même type d'honnêteté intellectuelle), en réponse à ma tribune, non seulement Mona Ozouf, mais deux autres collègues qui n'avaient pas plus qu'elle ouvert la bouche sur l'affaire DSK.

D'autant plus que de ce côté-ci de l'Atlantique ses amis veillaient au grain et déployèrent toute leur énergie pour renverser la situation à leur manière, sur le thème « pousse-toi de là que je m'y mette ». Non seulement ils applaudirent l'« article retentissant » de Joan Scott[68], mais ce que j'avais écrit fut transformé allègrement afin de le faire passer pour un concentré de pensée réactionnaire. Ainsi cette deuxième tribune, venue compléter celle où j'avais défendu Nafissatou Diallo et qui était une réponse à une attaque violente venue d'Amérique contre le féminisme dit majoritaire en France, fut présentée comme une attaque unilatérale venue de France, faite pour défendre les mœurs de DSK.

On s'indigna que j'aie osé valoriser les « asymétries de la séduction », sans se priver d'inventer à cette expression un sens – la défense de l'asymétrie traditionnelle des rôles entre hommes et femmes – qui était l'*exact contraire* de tout ce que je pensais et écrivais depuis mon premier article sur les trois révolutions du consentement, dix ans plus tôt. On alla jusqu'à dénoncer, avec indignation, mon allusion aux « baisers volés » comme une justification des agressions sexuelles[69]. J'avais riposté à Princeton, et l'on m'étrillait tranquillement à Paris en prenant des airs de combattants contre l'obscurantisme.

La nouveauté pour moi est que, à mon propre étonnement, cette agitation ne m'émut pas plus que ça. Très vite, je ne cherchai même plus à suivre ce qui s'écrivait sur le sujet. Après tout, je payais un risque que j'avais pris tout à fait sciemment, cela suffisait à ma sérénité.

68. Didier Eribon, « Féminisme à la française ou néo-conservatisme », *Libération*, 22 juin 2011. Comme d'habitude, le ton est aimable et nuancé à mon égard : « révolution conservatrice », « péroraisons exaltées », « poncifs antiféministes et homophobie militante », etc.
69. Éric Fassin, « L'après DSK : pour une séduction féministe », *Le Monde*, 29 juin 2011. Tous les « contre sens » qui ont été ensuite répandus sur mon texte trouvent leur origine ici.

Si l'histoire s'arrêtait là, elle serait un brin désenchantée. Mais sa morale tient en un ultime retournement. Car au printemps suivant, le monde académique américain me démontra, si j'en avais douté un instant, à quel point il sait aussi être respectueux de la France et ouvert à la pluralité des analyses dès lors qu'elles sont argumentées. Je tiens à dire ici ma gratitude pour les débats socio-juridiques qui ont suivi les conférences que j'ai été conviée à donner, à l'université Columbia (New York) et à l'université de Pennsylvanie (Philadelphie), sur l'affaire Strauss-Kahn et le lien entre les trois moments de la chute d'un homme vus de France : l'affaire du Sofitel de New York, l'affaire Tristane Banon et enfin celle du Carlton.

Six ans plus tard débutait #MeToo. La journaliste Anne Chemin, qui avait toujours suivi avec attention mes publications et savait ce qui avait été fait de ma petite phrase sur la séduction, décida qu'il était temps de clarifier un imbroglio qui s'était révélé en définitive plus franco-français que franco-américain. Elle me rendit ma propre parole dans *Le Monde*[70] et nous bouclâmes ainsi la boucle de ce pénible épisode, par un retour aux fondamentaux du journalisme comme de la recherche : respect des personnes, exactitude des faits.

– Cette fameuse formule sur le féminisme à la française, est-ce que vous la reprendriez aujourd'hui ?

– Oui, je la reprendrais, à la virgule près. Vous savez, il arrive que des sociologues polissent leurs phrases et c'était le cas de celle-ci, dont j'ai choyé chaque mot. Féminisme « à la française » et pas féminisme « français ». Car je pensais à un seul parmi les nombreux courants parfois opposés qui coexistent en France : le féminisme universaliste, qui avait signalé quelque temps auparavant son scepticisme par rapport à la parité, un mal nécessaire certes très efficace, mais dont le risque est toujours d'essentialiser la

70. Anne Chemin, entretien, « Le "féminisme à la française", selon la sociologue Irène Théry », *Le Monde*, 1er février 2018.

différence entre hommes et femmes (y compris en la voyant comme le produit d'un conditionnement non pas naturel mais culturel) et d'enfermer chaque sexe dans une moitié d'humanité. Or ce féminisme universaliste n'est pas seulement une théorie, c'est aussi autre chose, de plus impalpable : un style. J'admire depuis toujours le chic de Mona Ozouf, si élégante comme personne, si attentive à l'écriture de ses livres et au verbe de ses conférences, témoins de la considération qu'elle porte à ses lecteurs et auditeurs. Un style tout de sobriété et d'une grande probité morale. [...] Pour cela, cette phrase que j'ai peaufinée pariait sur l'intelligence des lectrices et lecteurs. Les « plaisirs asymétriques de la séduction » ne visaient pas du tout la différence de statut entre les sexes, et je n'avais aucune idée d'assigner chacun d'eux à une place naturelle (il séduit, elle consent), comme l'a fait une récente tribune sur la « liberté d'importuner » qui m'a profondément choquée.
Ma formule était bien au pluriel (les asymétries, pas l'asymétrie) et visait pour sa part la spécificité des rapports de séduction, qu'elle soit entre deux hommes, deux femmes ou un homme et une femme. Cette idée d'asymétries, de déséquilibres successifs et de renversements de rôles entre qui séduit et qui est séduit, faisant de la séduction un « art du consentement », il se trouve que je l'ai puisée dans un livre sur l'érotisme gay que j'aime beaucoup, et dont je pense qu'il a aussi une dimension universelle : *L'Étreinte fugitive* de Daniel Mendelsohn. Quant aux « baisers volés », c'était bien sûr un hommage au film de François Truffaut et à la chanson de Charles Trenet, qui ne sont pas vraiment ce qu'on pourrait nommer des appels au viol.
Je dois dire que lorsque j'ai vu des gens se précipiter sur cette phrase pour la passer à la moulinette d'un féminisme différentialiste inspiré de celui de l'historienne américaine Joan Scott, l'une des théoriciennes de la parité comme outil parfait de la lutte des « dominées » contre les « dominants », j'ai frémi. Mais ce sont les risques du métier. Tant pis pour moi !

Tant pis pour moi : ces quatre mots ont depuis longtemps dans mon esprit un sens particulier. Celui que leur donne Proust dans une lettre à son éditeur[71]. Lorsque paraît le premier volume d'*À la recherche du temps perdu*, Proust est consterné, sans être étonné, des contre-sens qui s'accumulent dans les recensions : « Quand je cherchais de grandes lois, on m'appelait fouilleur de détails. » Heureux de se sentir compris de son éditeur, il lui explique en toute confidence que le sens profond de *La Recherche* est d'être une quête de la « vérité », et en vient à parler des risques qu'il a été amené à prendre par « probité » littéraire, dès lors qu'il avait choisi la voie du roman :

> Non, si je n'avais pas de croyances intellectuelles, si je cherchais simplement à me souvenir et à faire double emploi par ces souvenirs avec les jours vécus, je ne prendrais pas, malade comme je suis, la peine d'écrire. Mais cette évolution d'une pensée, je n'ai pas voulu l'analyser abstraitement mais la recréer, la faire vivre. Je suis donc forcé de peindre les erreurs sans croire devoir dire que je les tiens pour des erreurs ; tant pis pour moi si le lecteur croit que je les tiens pour la vérité.

Ce « tant pis pour moi » est d'une telle force, d'une telle foi dans la démarche d'écriture choisie, il remet tellement dans le bon ordre ce qui compte vraiment, qu'il m'a toujours coupé le souffle. J'aimerais avoir un dixième de cette sagesse face aux risques de mon propre métier, mais ne l'ai pas toujours, loin de là. La phrase de Proust est alors mon viatique précieux de minoritaire, la voix tant admirée qui murmure à mon oreille, dans les moments où j'ai besoin de revenir aux justes proportions des choses de la vie.

71. Cette lettre est citée par Vincent Descombes dans *Proust, philosophie du roman*, *op. cit.*, p. 13.

CHAPITRE 5

Pédocriminalité et inceste

(Grandeur et misère de la barrière sacrée des âges)

—

On tue les petites filles. En 1978, Leïla Sebbar publie sous ce titre un essai sur les violences physiques et sexuelles sur les mineures de moins de 15 ans. Elle lève ainsi le secret dans lequel restait enfermé un terrible problème social, entre silence des victimes, relégation dans le privé, impunité des violeurs et, en cas de meurtre, renvoi du « fait divers » dans la presse à scandale :

> On bat les petites filles, on les tue, on les viole. Il fallait lever le secret. Rendre publique une actualité qui n'apparaît que dans la presse à sensation, pour qu'elle échappe aux spécialistes du scandale. Ce livre est le premier sur ce sujet en France et ailleurs, le premier qui décrive ces formes de violences sur les mineures de moins de 15 ans. Il est le résultat d'une enquête approfondie auprès de nombreuses femmes et adolescentes et s'appuie sur des dossiers (médicaux, policiers, sociaux, pénitentiaires et judiciaires) auxquels il n'est pas facile d'ordinaire d'avoir accès[1].

1. Leïla Sebbar, *On tue les petites filles*, Paris, Stock 2/Voix de femmes, 1978, quatrième de couverture.

Ce fut une onde de choc dans le mouvement féministe. Au-delà de la découverte bouleversante d'un sujet encore jamais traité en France et du sérieux scientifique de la démarche d'enquête, ce qui était unique dans ce livre était son écriture. Pour parler sans détours de choses très dures et très crues, et dévoiler vraiment ce qui avait toujours été nié, dissimulé, impensable et tabou, l'autrice avait choisi de laisser de côté les canons du style universitaire, de privilégier les témoignages et de ne rien édulcorer. On n'avait encore jamais lu de tels récits, de telles descriptions physiques et psychologiques, sur un sujet dit « de société ».

Cet ouvrage, suivi à peine quelques mois plus tard par *Jouer au papa et à l'amant*, de Nancy Huston[2], paraît deux ans après le premier « tribunal des crimes sur les femmes » tenu par le MLF à Bruxelles, et la même année que procès d'Aix sur le viol. Le plan de l'ouvrage de Leïla Sebbar est glaçant : Le roman nourricier : mauvais traitements, sévices et meurtres ; Le secret des chambres : l'inceste ; Promenades et jardins : viol collectif, viol solitaire, pédophilie. Les derniers chapitres, d'une lecture presque insoutenable, rappellent que la controverse des féministes avec le courant libertaire revendiquant la pédophilie dans les années 1970 et 1980, autour de quelques écrivains et figures du mouvement homosexuel, n'a pas commencé en 1990 lors d'une célèbre émission de télévision où la romancière et journaliste canadienne Denise Bombardier fut la seule à riposter à Gabriel Matzneff. Elle avait commencé douze ans plus tôt avec Leïla Sebbar et Nancy Huston.

À les lire, on a le sentiment que tout ce dont on parle aujourd'hui était déjà dans leurs livres publiés il y a presque un demi-siècle. Comme on a l'impression que tout était déjà là, ce soir de 1986, lors de la célèbre émission des *Dossiers de*

2. Nancy Huston, *Jouer au papa et à l'amant. De l'amour des petites filles*, Paris, Ramsay, 1979.

l'écran où Eva Thomas brisa le silence des victimes de l'inceste en osant être la première à témoigner face à la caméra. La même année, le Collectif féministe contre le viol ouvrit un numéro d'appel gratuit : sur plus de 35 000 appels reçus entre 1986 et 2006, un tiers concerne des violences sexuelles perpétrées par un homme de la famille sur des moins de 15 ans[3].

Et de fait la fin des années 1980 fut un tournant : les réformes du droit sur la pédocriminalité et l'inceste se sont succédé depuis à un rythme presque incroyable[4]. Parallèlement, la société s'est émue et de grandes affaires ont bouleversé l'opinion : affaire Dutroux, affaire Loïc Sécher, affaire d'Outreau, affaire Fourniret, affaire Laëtitia[5], sans oublier l'immense scandale des violences sexuelles dans l'Église catholique ouvert dès 1990. Pourtant, tout s'est paradoxalement passé comme si, malgré les vagues d'émotion, malgré l'affichage d'une répression toujours plus forte, malgré la peur des erreurs judiciaires, et malgré la transformation du pédocriminel en véritable « figure du Mal[6] », la société dans son ensemble continuait d'ignorer quelque chose d'essentiel sur elle-même.

Et ce n'est que ces dernières années que la situation a qualitativement changé, avec #MeToo, cependant que le rapport de la commission Sauvé[7] bouleversait bien au-delà de l'Église

3. Pour une analyse de ces appels, voir Alice Debauche, *Viol et rapports de genre : émergence, enregistrements et contestations d'un crime contre la personne*, thèse de sociologie (sous la direction de Michel Bozon), Sciences Po, 2011.

4. Le collectif Raison Garder recense 29 lois ayant modifié (à titre principal ou à l'occasion d'une réforme) des articles concernant la violence sexuelle contre les mineurs depuis le Code pénal de 1994 et présente une analyse des changements, article par article (Collectif Raison garder, *Mineurs et sexualité. Des lois en débat*, Paris, Dalloz, 2022).

5. La dimension des viols et violences sexuelles sur mineures dans l'affaire Laëtitia, dont l'opinion a surtout retenu l'atroce assassinat et démembrement, est analysée par Ivan Jablonka dans *Laëtitia ou la Fin des hommes*, Paris, Seuil, 2016.

6. Antoine Garapon et Denis Salas, *Les Nouvelles Sorcières de Salem. Leçons d'Outreau*, Paris, Seuil, 2006.

7. Rapport Sauvé et de la CIASE, *Les Violences sexuelles dans l'Église catholique en France 1950-2020*, *op. cit.*

en démontrant l'ampleur des violences sexuelles sur mineurs en France et analysant les ressorts de l'emprise non seulement dans un certain usage du pouvoir, mais dans le dévoiement de l'autorité[8].

La thèse que l'on défendra ici est que la question des âges et des générations est devenue l'épicentre de la troisième révolution du consentement quand la normativité statutaire (qui avait toujours distingué traditionnellement le permis et l'interdit sexuels à travers l'institution du mariage et la complémentarité hiérarchique des sexes, puis avait reflué à partir des années 1970 au profit d'une normativité procédurale entre adultes égaux et libres) est réapparue sous la forme de l'*institution d'une barrière sacrée des âges*.

Âge et génération sont deux notions qui ne se recouvrent pas et pourtant elles ont semblé confondues l'une avec l'autre dans la loi du 21 avril 2021 « visant à protéger les mineurs des crimes et délits sexuels et de l'inceste » ; une confusion qui paraît d'autant plus problématique qu'on sait à quel point, en matière sexuelle, la transgression sacrilège provoque des passions de purification qui peuvent être dangereuses pour les valeurs démocratiques. Lorsque le pays réagit à des affaires de viol et d'inceste par de grandes émotions collectives, une approche « flegmatique » du droit – selon la devise du doyen Carbonnier – est essentielle. Les questions sont d'autant plus légitimes que la répression des crimes ne peut pas se faire au prix de l'oubli que l'entrée des jeunes gens dans la civilité sexuelle ordinaire a ses exigences propres, et que la société se doit aussi de les accompagner dans leur cheminement *progressif* vers l'autonomie.

8. Ce paradoxe est particulièrement étudié dans le rapport du CNRS *Les Violences sexuelles à caractère incestueux sur mineur.e.s*, piloté par Sylvie Cromer, professeure de droit à Lille 2, et remis le 26 avril 2017 à Laurence Rossignol, ministre de la Famille. Ce rapport, rédigé par un ensemble de spécialistes de l'inceste (histoire, sociologie, démographie, droit, philosophie, psychologie) est une synthèse majeure des connaissances, sur l'inceste et la pédocriminalité, démontrant l'importance de la dimension du genre. Il est accessible en ligne.

On procédera en deux temps. Tout d'abord, on reviendra sur l'importance de #MeToo et l'on proposera un éclairage socio-anthropologique de la question de l'emprise, en montrant que dans le cas de l'inceste par ascendant, mais aussi dans celui d'une certaine pédocriminalité, la violence sexuelle n'est jamais seulement une atteinte à l'intégrité de la personne. Plaçant l'enfant ou l'adolescent face à un adulte qui se pense et s'impose à lui comme ce que Cornelius Castoriadis nommait le « maître des significations », cette emprise est une atteinte mortelle au langage, à l'institution du sens, qui défait quelque chose de la capacité d'autonomie de la victime et entraîne dans la débâcle bien d'autres personnes de l'entourage, quand ce n'est pas la famille entière, cependant que la domination fait du silence et de la honte des victimes ses alliés majeurs.

Dans un deuxième temps, on éclairera les débats juridiques les plus récents, issus justement d'une nouvelle conscience collective de l'emprise, en revenant vers l'histoire longue de la pédocriminalité et de l'inceste. On montrera comment ces deux questions au départ totalement séparées se sont rejointes au fur et à mesure que s'élaborait l'institution très progressive d'un interdit sexuel statutaire entre les âges, et que l'inceste était perçu non plus comme une atteinte à l'ordre du monde créé par Dieu mais comme le plus grave des viols, atteinte à la sacralité de l'enfance.

DANS LES FILETS DU « MAÎTRE DES SIGNIFICATIONS »

Les témoignages en première personne de Vanessa Springora dans *Le Consentement*[9] et de Camille Kouchner dans *La Familia grande*[10] furent de véritables événements en France, sur lesquels se sont arrimées deux nouvelles

9. Vanessa Springora, *Le Consentement*, *op. cit.*
10. Camille Kouchner, *La Familia grande*, *op. cit.*

dimensions du mouvement #MeToo : celle de la pédocriminalité, lorsque la redécouverte des errances des courants pédophiles des années 1970 et 1980[11] est venue s'ajouter à l'immense débat déjà ouvert sur les abus sexuels sur mineurs dans l'Église catholique, et celle de l'inceste.

Chacun de ces livres, si différents, est parvenu à lier le récit d'une histoire singulière et la mise au jour de certains aspects essentiels des violences sexuelles commises par des adultes sur des enfants ou de tout jeunes adolescents. C'est pourquoi leur écho est allé bien au-delà du scandale médiatique lié au fait qu'ils mettaient en cause des personnalités connues et atteignaient l'*establishment* de Saint-Germain-des-Prés par ses deux côtés, le monde de l'édition et celui de Sciences Po. S'ils ont permis à certains de régler leurs comptes avec « les années 68 », ce n'est pas l'essentiel.

Quand toute cette agitation s'est décantée, ce qui est resté est la façon dont deux femmes ont réussi à dépasser leur état de victimes en prenant la plume non pas pour se plaindre, ni même pour dénoncer seulement, mais pour livrer un *récit* capable de renverser l'oppression qui leur avait été imposée pendant des années, et même des décennies. Leurs livres ont touché au cœur les lectrices et lecteurs par l'engagement de leurs autrices à énoncer une vérité méconnue sur les situations d'emprise, et ainsi prendre leur part, solidairement, à un combat pour la justice dépassant largement leur cas. *Quand écrire, c'est faire*. C'est ainsi qu'elles sont devenues, sans l'avoir cherché, des héroïnes de #MeToo.

Ces deux récits sont de style très différent. *Le Consentement* est d'une facture très classique. Sobre, retenu et maîtrisé, on sent à son extrême dépouillement à quel point ce livre est un

11. Sur cette période et le rôle des écrivains dans les décennies qui la précèdent, voir Anne-Claude Ambroise-Rendu, *Histoire de la pédophilie*, *op. cit.*, en particulier chap. V, « Tant de plaisirs littéraires », p. 109-132, et chap. VII, « Les *seventies* et la plaidoirie pédophile », p. 163-196.

aboutissement. Être parvenue à l'écrire sous une forme aussi épurée, c'est déjà avoir accompli l'essentiel du chemin de libération pour Vanessa Springora, et l'émotion de le savoir palpite dans les dernières pages : la réception est importante, attendue, mais elle viendra en plus. *La Familia grande* est au contraire un livre haletant et bouillonnant, dont le style parlé a été travaillé pour inscrire dans le récit la sonorité de la colère après des décennies de chuchotements étouffés, tout en faisant ressentir aussi ce qui se passe dans une famille quand la parole est impossible. Tout le livre de Camille Kouchner est tendu vers le moment de sa réception, et l'on sent à chaque page l'angoisse de l'explosion qui se profile au bout de la mèche ainsi allumée. Mais dans l'un comme dans l'autre, ce qui est exprimé avec une grande justesse est le rapport entre l'acuité des souvenirs, l'honnêteté impérieuse de la réflexion, le refus de tout manichéisme, l'inquiétude d'avoir été soi-même actrice d'une telle histoire, la complexité des choses entre un « consentement non libre » et une « non-liberté de consentir », la souffrance psychique vécue pendant des années, et le besoin vital de reconquérir par le récit son identité narrative pour sortir enfin de l'emprise.

Différentes lectures de ces ouvrages ont déjà été proposées[12]. On s'efforcera ici d'expliciter ce qu'ils apportent à une socio-anthropologie des métamorphoses de la civilité sexuelle centrée sur l'enjeu de l'institution. La notion d'emprise s'est imposée dans le lexique social ordinaire. Elle a remplacé la très ancienne notion de *séduction*, entendue non pas au sens de ce qui est « séduisant » mais de ce qui est « séducteur », que nous avons présentée en revenant vers les deux premières révolutions du consentement. On se souvient de la formule : « La fille séduite par blandices et

12. Voir en particulier, pour une lecture de psychanalyste, Clotilde Leguil, *Céder n'est pas consentir*, Paris, PUF, 2021.

allèchement n'a pas plus de consentement libre que la fille ravie par force. » La séduction était indissociable du monde chrétien du péché, où le risque d'être séduite ne concernait par hypothèse que les femmes et signifiait être entraînée hors du droit chemin, au péril de son âme. Elle s'est prolongée en changeant de sens dans le monde bourgeois du XIXe siècle qui a sécularisé les valeurs chrétiennes sous l'égide de la référence aux vices individuels et du souci de la réputation, avec l'opposition entre femmes honnêtes et filles perdues.

Aujourd'hui, *emprise* est le mot désignant la situation où la victime n'a pas de « liberté de consentir », dans un monde démocratique où, avec l'avènement de l'égalité des sexes, l'idéal de l'individu autonome est véritablement devenu la valeur suprême. La séduction était une atteinte à l'honneur ou à la réputation des femmes ; l'emprise est une atteinte à l'intégrité de la personne, quel que soit son sexe. On a montré au chapitre précédent comment et pourquoi, dans les relations entre adultes, l'opposé de l'emprise est désormais la valeur accordée à l'interlocution, et plus précisément à la conversation érotique, qu'elle soit entre un homme et une femme, deux femmes ou deux hommes.

Lorsqu'il s'agit de caractériser l'*emprise pédocriminelle*, les travaux se réfèrent beaucoup à la psychologie, la psychanalyse, la psychiatrie et les neurosciences, mais très peu à la sociologie ou l'anthropologie[13]. Pourtant, il est un point essentiel où ces deux livres écrits en première personne disent quelque chose de fondamental pour une approche de sciences sociales, qui n'avait pas été exprimé aussi explicitement auparavant mais que l'on retrouve dans la majorité des

13. Voir par exemple dans le *Rapport sur les violences sexuelles à caractère incestueux sur mineur.e.s* du CNRS déjà cité, le chapitre 4 (« Conséquences neurodéveloppementales et psychologiques des agressions sexuelles intrafamiliales sur enfants et adolescents ») et le chapitre 5 (« Accompagnement psychologique dans les situations d'agression sexuelles intra-familiales »).

témoignages sur l'inceste par ascendant ou beau-parent. Dans ces cas, l'emprise sexuelle n'est pas seulement une atteinte à la personne. C'est toujours aussi une atteinte au langage, une atteinte à ce que Vincent Descombes a nommé les « institutions du sens[14] », ce bien commun fondamental à toute humanité, transmis de génération en génération.

En effet, le ressort caractéristique d'une certaine pédocriminalité et de l'inceste par ascendant est d'enfermer l'enfant ou la toute jeune personne dans les filets d'un abuseur qui se prend, et impose qu'on le prenne, pour le « maître des significations ». Il ne s'agit pas là d'une analyse des rapports intersubjectifs au sens des psychologues cliniciens, mais de la définition d'un *fait social*, dont la caractérisation implique de distinguer les notions d'autorité, de pouvoir et de domination.

Du récit personnel à la règle impersonnelle

Vanessa Springora ouvre son récit par un prologue : elle a été prise, encore toute jeune personne, dans les filets d'un chasseur, qui l'a enfermée dans une cage dont elle n'est jamais sortie. Pour elle, les contes de fées qui transmettent la sagesse aux enfants sont désormais hors d'atteinte. Les livres semblent de l'autre côté d'une paroi de verre. Le seul espoir est alors de renverser les choses : pour sortir de la cage, « prendre le chasseur à son propre piège, l'enfermer dans un livre[15] ». On ne peut mieux dire le lien entre la sexualité, le récit et la transmission générationnelle.

Le livre montre combien la jeune proie de 13 ans était vulnérable, entre père absent, mère défaillante, besoin d'être regardée et ce qu'elle nomme une « certaine précocité sexuelle ». Il raconte comment la rencontre avec Gabriel

14. Vincent Descombes, *Les Institutions du sens*, *op. cit.*
15. Vanessa Springora, *Le Consentement*, *op. cit.*, p. 10.

Matzneff (qu'elle désigne par ses initiales mais dont elle ne cherche nullement à dissimuler l'identité) se fait avec la bénédiction d'une mère complaisante, soumise aux idées libertaires de l'époque, comment l'homme a commencé par tisser la toile de la séduction, comment la jeune personne a mordu à l'hameçon, et comment le sentiment de « commettre une immense transgression[16] » a peu à peu cédé du terrain, dans ce qu'il a fait advenir comme un « inéluctable changement de situation » qui a conduit de proche en proche à la perte de sa virginité.

Vanessa S. raconte – « je suis amoureuse, je me sens aimée », « je suis l'élue » – comment dans son immense besoin affectif elle croit au grand roman de l'Amour « réprouvé par la société des culs-bénits » que lui raconte GM, une façon d'allier reconnaissance de l'interdit et affirmation de la normalité. L'idée de passion amoureuse hors du commun la ravit (on pense à la désaffiliation de Tristan et Iseut[17]) mais s'allie au quotidien à une technique d'appropriation bien rodée dont elle a, en parallèle, une sorte de vague conscience. Elle détaille les « différentes manières de ravir une personne à elle-même[18] », d'opérer la dépossession et de répondre aux soupçons venus de l'extérieur ; découvre les précautions prises l'air de rien à travers la pratique de l'échange des lettres qui pourront le disculper en cas de besoin, en prouvant le consentement. Sa propre ambivalence n'est pas séparable du contexte de démission générale du monde adulte :

> À quatorze ans, on n'est pas censée être attendue par un homme de cinquante ans à la sortie de son collège, on n'est pas supposée

16. *Ibid.*, p. 46.
17. Robert Castel, « Le roman de la désaffiliation, à propos de Tristan et Iseut », art. cité.
18. Vanessa Springora, *Le Consentement*, *op. cit.*, p 81.

vivre à l'hôtel avec lui, ni se retrouver dans son lit, sa verge dans la bouche à l'heure du goûter. De tout cela j'ai conscience, malgré mes quatorze ans, je ne suis pas complètement dénuée de sens commun. De cette anormalité j'ai fait en quelque sorte ma nouvelle identité. À l'inverse, quand personne ne s'étonne de ma situation, j'ai tout de même l'intuition que le monde autour de moi ne tourne pas rond[19].

Après l'emprise commence la déprise, quand elle s'aperçoit qu'elle est une proie parmi d'autres, pour un homme prêt à tout pour satisfaire son addiction pédophile. Elle découvre les livres de GM et la vérité qu'ils révèlent sur lui, quand tout se voit : la manipulation, les affabulations, les calculs, la répétition partout du même scénario.

Mais quand le sortilège se dissipe, que l'imposture se fait jour, que la fiction part en lambeaux, les choses se compliquent. Que penser quand on perçoit que, sur fond d'une vraie vulnérabilité, c'est son propre consentement qui a permis à l'abus sexuel de fonctionner ? « Comment admettre qu'on a été abusé quand on ne peut nier avoir été consentant[20] ? » Alors que Vanessa Springora éprouve dans son corps et dans son esprit les ravages qu'a causés l'arraisonnement sexuel de son extrême jeunesse par un homme de quatre fois son âge, GM redouble son forfait : il raconte complaisamment dans ses livres une histoire complètement réinventée, qui est censée être la sienne. Les prédateurs ne s'emparent pas seulement du corps de l'autre, ils lui volent son âme, lui volent sa vie. Le pire est là : alors même que ses livres perpétuent et aggravent le mal qu'il a fait à ses jeunes proies, c'est à son statut d'écrivain que Matzneff doit l'impunité[21].

19. *Ibid.*, p. 113.
20. *Ibid.*, p. 163.
21. *Ibid.*, p. 193.

Le Consentement se termine par un court post-scriptum, dont l'importance ne semble pas avoir été suffisamment relevée :

> Post-scriptum, Avertissement au lecteur
> Entre les lignes et parfois de la manière la plus directe et la plus crue, certaines pages des livres de GM constituent une apologie explicite de l'atteinte sexuelle sur mineur. La littérature se place au-dessus de tout jugement moral, mais il nous appartient, en tant qu'éditeurs, de rappeler que la sexualité d'un adulte avec une personne n'ayant pas atteint la majorité sexuelle est un acte répréhensible, puni par la loi.
> Voilà, ce n'est pas difficile, même moi, j'aurais pu écrire ces mots[22].

Ce moment où Vanessa Springora non seulement s'émancipe du piège des phrases où l'avait enfermée GM par sa façon de broder sur le fil des jours, non seulement s'échappe de la cage des livres où il lui vole sa vie en la trahissant, mais où elle fait un pas au-delà de son propre récit tout juste achevé, est fascinant. Le post-scriptum atteste que ce livre n'est pas une « version » de plus, en plaçant le récit en première personne en regard du texte le plus court, le plus univoque et le plus impersonnel qui soit : l'article 227 du Code pénal qui punit l'atteinte sexuelle sur mineur de sept années de prison. Ce qui n'est « pas difficile » à comprendre, que normalement « même moi j'aurais pu écrire » à 14 ans, est que ce qu'il m'a fait *porte un nom, en droit français.*

Ce post-scriptum éclaire indirectement un passage essentiel du livre de Camille Kouchner. Sans prétendre résumer si peu que ce soit ce récit foisonnant, disons simplement qu'après la mort de la mère de l'autrice, écho à la mort de sa tante maternelle, le livre fait retour au temps

22. *Ibid.*, p. 207 (non numérotée).

du viol incestueux de son frère très jeune adolescent (13 ou 14 ans) par son beau-père, suivi bien plus tard par le temps de la révélation et l'expérience de l'absence de toute réaction, quand le beau-père et la mère continuent leur vie comme si rien n'avait jamais eu lieu, malgré la colère insigne de la tante et du père. Le choix de la victime de ne plus en parler et de partir vivre ailleurs sa vie s'impose comme infiniment respectable.

Mais l'enfermement des nouvelles générations dans le secret montre aussi que l'inceste défait tout dans une famille, bien au-delà des rapports intersubjectifs entre incesteur et incesté[23]. Ce qui se joue pour Camille Kouchner est la possibilité même d'une vie normale. Le passage où elle s'adresse à son beau-père, Olivier Duhamel, mérite d'être cité un peu longuement :

> Petit, mon frère m'avait prévenue : « Tu verras, ils me croiront mais ils s'en foutront complètement. » Merde, il avait raison.
> Bon, ben s'ils ne comprennent pas, on va leur expliquer.
> Je vais t'expliquer à toi qui professes sur les ondes, toi qui fais don de tes analyses aux étudiants et te pavanes sur les plateaux télé. Je vais t'expliquer que tu aurais pu, au moins, t'excuser. Prendre conscience et t'inquiéter. Je vais te rappeler qu'au lieu de ça, tu m'as menacée. Message sur mon répondeur : « Je vais me suicider. »
> Je vais t'expliquer à toi qui dis que nous sommes tes enfants. Quand un adolescent dit oui à celui qui l'élève, c'est de l'inceste. Il dit oui au moment de son désir naissant. Il dit oui parce qu'il a confiance en toi et en ton apprentissage à la con. Et la violence, ça consiste à décider d'en profiter, tu comprends ? [...]
> [Maman et toi] à l'unisson, vous avez forcé nos leçons. Foucault et la peine. Ne jamais dénoncer, ne jamais condamner dans cette

23. Dorothée Dussy, *Le Berceau des dominations. Anthropologie de l'inceste*, livre 1, Marseille, La Discussion, 2013.

société où on n'attend que punition. Savoir évoluer, se faire souple et espérer la réhabilitation. Se méfier du droit.
Mes cours de droit, justement. « Le viol consiste en tout acte de pénétration sexuelle, de quelque nature qu'il soit, commis par violence, contrainte, menace ou surprise. » Ça pour une surprise ! Et la contrainte, alors ? Comme une putain de contrainte morale ! Comme le fait qu'on t'ait tellement aimé, tu vois ? Comme le fait qu'on ait eu tellement confiance en toi et qu'on aurait pu te défendre jusqu'à la mort s'il avait fallu ! Comme le fait qu'on n'a même pas pu t'envoyer en taule tellement on avait peur pour toi. Comme le fait que c'était toi. Pas un autre. Toi.
Toi qui as agressé mon frère pendant des mois, tu le vois le problème ? Quasiment devant moi, en t'en foutant complètement, faisant de moi la complice de tes dérangements. Tu les vois, les angoisses qui nous hantent depuis ?
Soyons précis.
Article 222-24 du Code pénal : « Le viol est puni de vingt ans de réclusion criminelle [...] quand il est commis par un ascendant ou par toute autre personne ayant sur la victime une autorité de droit ou de fait. [...] »
Mais toi aussi t'es prof de droit. T'es avocat. Tu sais bien que pour cause de prescription tu t'en sortiras. Tout va bien pour toi. Vingt ans. Sinon, c'était vingt ans[24].

Les deux histoires sont très différentes. L'une est un inceste, l'autre pas. L'une a été complaisamment réinventée et exhibée dans ses livres par un écrivain pédophile, l'autre est bien cachée et protégée par l'omerta. Mais dans les deux cas, il n'est simplement pas concevable pour l'autrice d'opposer, à la version personnelle de l'histoire qui serait celle de l'abuseur, une autre version personnelle. Ce serait comme si les victimes étaient vouées à jamais à un cauchemardesque « parole contre parole » sans rien qui fasse tiers. Sortir de la cage, pour

24. Camille Kouchner, *La Familia grande*, *op cit.*, p. 170.

l'une comme pour l'autre, c'est dire que ce qui était passé à la trappe n'est rien moins que l'*impersonnel de la règle de droit*. Le cœur de l'emprise pédocriminelle, et de la destruction qu'elle entraîne, est là.

Quand la relation sexuelle n'est plus rapportée à aucune civilité, à aucune règle, à aucun sens, parce qu'il n'y a rien d'autre que le plus fort imposant au plus faible sa propre sexualité, tout en déniant qu'il enfreint le droit tant son désir fait loi. Le pédocriminel, incestueux ou pas, est l'agresseur sexuel qui prétend que le sens des mots et des actes dépend de son arbitraire personnel. Il est celui qui dénie le bien commun de l'humanité qu'il a pourtant charge de transmettre aux nouvelles générations, et qui décide de se prendre pour le « maître des significations ».

Le sens du complexe d'Œdipe selon Castoriadis

L'expression « maître des significations » vient de Cornelius Castoriadis, dont on sait qu'il était à la fois philosophe et psychanalyste. Son livre, *L'Institution imaginaire de la société*[25], est une démonstration de l'erreur des penseurs individualistes qui opposent la subjectivité à l'institution, voire dénoncent celle-ci comme radicalement contraire à la liberté d'être soi en disant qu'il y aurait une « incarcération institutionnelle de l'expérience » comme le fait, par exemple, Anthony Giddens[26].

Pour Castoriadis, il importe de bien distinguer la question des contenus des institutions sociales (qui peuvent être bons ou mauvais, remis en question, changés, etc.) de celle de l'institution elle-même, appréhendée dans toute sa généralité. Ce qu'on nomme l'institution en général est un ensemble de

25. Cornelius Castoriadis, *L'Institution imaginaire de la société*, *op. cit.* Voir aussi Vincent Descombes, *Les Institutions du sens*, *op. cit.*
26. Anthony Giddens, *Modernity and Self-Identity*, London, Polity Press, 1991.

règles, significations et valeurs de référence qui sont présentes dans toute société humaine et sont la condition de l'acquisition et de l'exercice de l'autonomie personnelle.

Ainsi l'institution est le moyen de rapports sociaux médiés par l'*autorité* de la règle commune, et donc susceptibles d'échapper à ce qui ne serait, sans le tiers de la règle, que le *pouvoir* de l'un sur l'autre, sa pure et simple domination. La notion d'institution, très classique en philosophie, sciences politiques, sociologie et anthropologie, est particulièrement importante pour caractériser l'emprise pédocriminelle comme fait social, par exemple lorsqu'on se demande pourquoi cette transgression est spécifiquement grave et doit être punie de peines particulières. C'est la question qu'on dépliera en lisant Castoriadis, puis en le rapportant ensuite aux récits de Springora et Kouchner.

La particularité de Castoriadis est de n'avoir jamais été un freudien orthodoxe[27]. À propos de *Totem et Tabou*, où Freud propose un récit des origines supposé éclairer le sens de ce qu'il nommera le complexe d'Œdipe, en le liant au désir primitif de l'enfant de « tuer le père » et de « coucher avec la mère », Castoriadis reconnaît que ce livre n'a aucune scientificité. Ce n'est qu'une *mythologie* et il conçoit très bien qu'on se refuse à entrer dans ce type de discours, comme l'a fait Wittgenstein considérant la théorie psychanalytique comme une « pseudo-science »[28]. Mais il pense néanmoins que Freud a découvert quelque chose de très important sur la socialisation des individus humains, et que chacun peut le reconnaître :

27. Je me permets de reprendre ici une partie de l'analyse proposée dans Irène Théry, « "Il faut et il suffit que l'enfant soit renvoyé à l'institution de la signification" : le sens du complexe d'Œdipe selon Cornelius Castoriadis », *in* Vincent Descombes et Florence Giust-Desprairies (dir.), *Imaginer l'autonomie. Castoriadis, actualité d'une pensée radicale*, Paris, Seuil, 2021.

28. Voir sur ce point Jacques Bouveresse, *Philosophie, mythologie, et pseudo science. Wittgenstein lecteur de Freud* [1991], Combas, Éditions de l'Éclat, 2015.

> Cela n'empêche pas les vues de Freud de jeter une forte lumière sur les tendances de la psyché qui constituent l'étayage de la socialisation des individus. La primauté à cet égard appartient sans doute à l'introjection des imagos parentales (quoique Freud n'insiste que sur l'imago paternelle), l'identification (réussie ou ratée, peu importe) à celle-ci et la constitution dans l'inconscient de l'être humain d'une instance, Surmoi et/ou Idéal du moi, qui interdit et enjoint. En ce sens, le « mythe scientifique » de *Totem et Tabou* acquiert la signification qui aurait pu et dû être dès le départ la sienne : non pas d'une « explication » de la genèse de la société à partir d'un événement, mais d'une élucidation des processus psychiques qui conditionnent l'intériorisation par l'être humain singulier dans sa situation infantile des institutions et des significations sociales[29].

Castoriadis complète ces indications succinctes par la notion d'*investissement psychique* qui est importante pour toute réflexion sur l'interdit de l'inceste, un interdit dont il reconnaît qu'il n'a aucun caractère fondateur, puisqu'il présuppose l'existence d'un système de parenté, et plus largement d'une forme de vie sociale humaine[30]. Il ne suffit pas, pour que l'enfant soit socialisé, qu'on lui impose des *interdits*. Il ne s'agit pas simplement ni même prioritairement de le limiter, de le bloquer, de le dresser ou de le formater. Dans un monde humain où apprendre à agir selon des règles n'est pas séparable d'apprendre à maîtriser le pouvoir instituant lui-même, la socialisation implique avant tout quelque chose de plus *positif* et de plus complexe : l'investissement psychique sur les significations.

29. Cornelius Castoriadis, « Freud, la société, l'histoire », in *La Montée de l'insignifiance*, Paris, Seuil, 1996.
30. Sur le fait que l'interdit de l'inceste présuppose un système de parenté et n'est donc pas « fondateur » (contrairement à ce que laisse penser Lévi-Strauss par sa théorie de l'échange des femmes), voir le petit livre de Maurice Godelier, *L'Interdit de l'inceste à travers les sociétés*, Paris, CNRS, 2021.

Cette mise en garde est particulièrement importante pour la sociologie et ses théories de la socialisation. L'interdit ne saurait être le fin mot de l'institution, puisqu'elle est avant tout ce qui « rend possible » une dimension de la vie qui n'existe pas dans le monde animal, que les humains ont créée dans un passé immémorial, qu'ils se transmettent de génération en génération, et qui est devenue consubstantielle à l'agir et au pâtir propres à notre espèce.

Castoriadis a précisé la signification qu'il convient d'accorder dans notre langage commun à la notion de complexe d'Œdipe, de façon que cette expression puisse prendre sens pour tout un chacun, au-delà du cercle des psychanalystes initiés. L'entrée de l'enfant dans le monde humain des significations n'est possible concrètement que si l'enfant y est introduit de façon pratique par ceux qui non seulement s'occupent de lui et assurent ainsi la poursuite de sa vie, mais « représentent ce monde auprès de lui ». Ce sont en général ses parents, souvent mais pas nécessairement la mère. Pour l'enfant, cet « autre » qu'est l'adulte qui prend soin de lui est à la fois « maître du plaisir et du déplaisir » et origine et source imaginaire d'un « il faut » et d'un « il ne faut pas » qui vont se prolonger, et même s'accentuer, au fur et à mesure que l'enfant entrera dans le jeu de l'interlocution.

Or cet autre *est inévitablement placé par l'enfant dans une position de toute-puissance imaginaire*. En effet, l'enfant qui apprend à parler commence par ne pas pouvoir distinguer entre la signification instituée et celui qui la lui enseigne, qu'il perçoit comme la source de toute signification. Il est indispensable de citer le passage où Castoriadis présente la résolution du complexe d'Œdipe comme la difficile et nécessaire destitution de la toute-puissance du parent, plus généralement de cet « autre » qu'est l'adulte en position d'initier l'enfant au monde humain :

> L'autre ne peut être destitué de sa toute-puissance imaginaire que pour autant qu'il est destitué de son pouvoir sur les « significations ». Cette destitution, ni le langage comme tel ni la « réalité » comme telle ne peuvent l'opérer par leur propre puissance [...]. L'autre ne peut être destitué que s'il se destitue lui-même, s'il *se* signifie comme n'étant pas la source et le maître de la signification (et de la valeur, et de la norme, etc.).
> Pour cela, il n'est ni nécessaire ni suffisant qu'il puisse indiquer, désigner une troisième personne « réelle » (le père s'il s'agit de la mère) – si cette troisième personne est simplement l'autre de l'autre, à son tour source et maître des significations, si donc la toute-puissance est simplement déplacée sur un autre support. Il faut et il suffit que l'autre puisse signifier à l'enfant que *personne*, parmi tous ceux qu'il pourrait rencontrer, n'est source et maître absolu de la signification. En d'autres termes, il faut et il suffit que l'enfant soit renvoyé à l'*institution* de la signification et à la signification commune instituée et ne dépendant d'aucune personne particulière. [...]
> Car, bien entendu, le père n'est pas père s'il ne renvoie pas lui-même à la société et à son institution, s'il n'est pas signifié à l'enfant qu'il est un père parmi d'autres pères, qu'il l'est pour autant qu'il désire être à une place qu'il n'était pas dans son pouvoir de créer, et qu'ainsi il figure et présentifie pour l'enfant ce qui explicitement le dépasse lui-même à un degré infini – une collectivité anonyme et indéfinie d'individus qui coexistent dans et par l'institution et se continuent en amont et en aval du temps. [...] C'est en cela que gît, au-delà de toute relativité socio-culturelle, la signification profonde du complexe d'Œdipe[31].

Ce passage est tout à fait remarquable pour les sociologues qui réfléchissent à la place prise dans les représentations collectives de nos sociétés individualistes contemporaines par la *vulgate œdipienne*, au sens où Castoriadis parle des « marionnettes psychanalytiques » formant

31. Cornelius Castoriadis, *L'Institution imaginaire de la société*, *op. cit.*, p. 416-417.

l'incontournable trio père-mère-enfant. Pour trois raisons principales.

La première est que l'on n'y évoque aucune sexualité originelle, supposée donner la clef de tout en dernière instance. Le corps sexué et sexuel est certes là, mais inclus dans quelque chose de plus large, l'essentiel de ce qui arrive à l'enfant entrant peu à peu dans le monde humain : cette dépendance absolue à l'égard de ceux qui l'introduisent à ce monde, et qu'il voit comme les maîtres de la signification. C'est l'*interlocution* qui est désignée par Castoriadis comme la pratique sociale à la fois fondatrice et englobante, lorsqu'il est question d'humaniser le petit d'homme.

La deuxième raison est qu'on n'y parle pas davantage de la « différence des sexes ». Sans effacer les notions de mère ou de père, Castoriadis souligne qu'on peut se passer de les distinguer et cependant décrire les ressorts majeurs du complexe d'Œdipe et de sa résolution. On peut même reconnaître que les parents ne sont pas seuls concernés : *tout individu* en position de soigner l'enfant et de l'introduire au monde humain peut jouer le rôle de « l'autre » et être perçu de ce fait par l'enfant comme le « maître de la signification ». Surtout, Castoriadis dirige l'attention sur ce qu'il considère comme la confusion majeure à propos de ce que l'on nomme le tiers séparateur : la confusion entre le *tiers de l'institution* et le « tiers » que serait un troisième personnage dans un trio, typiquement le père par rapport à la mère. Cette confusion classique, qui fait porter à la figure paternelle, le Père à majuscule, le Nom-du-Père, la fonction de source de la loi et garant de la signification, loin de rendre compte de l'enjeu majeur de destitution de la toute-puissance de la mère, se borne à « déplacer sur un autre support » cette toute-puissance elle-même, et ainsi à l'exacerber plus encore.

En effet, la troisième raison pour laquelle ce texte est capital pour une socio-anthropologie de la civilité sexuelle est la façon très simple dont Castoriadis parvient à exprimer l'enjeu vital pour le développement infantile de la distinction du pouvoir et de l'autorité. Cette question mérite d'être explicitée. Dans une perspective sociologique, on doit reconnaître que le point de départ de toute la réflexion de Castoriadis dans ce passage reste relativement obscur : comment peut-il affirmer que l'enfant investit l'autre d'une « toute-puissance » ou qu'il le prend pour le « maître de la signification » ? Qu'est-ce qui l'autorise rationnellement à lui prêter ce genre de fantasme ? Comment surtout pouvons-nous comprendre le sens de ces affirmations, tout en restant dans la perspective qui est celle des sciences sociales ?

Les choses s'éclairent si l'on passe d'élaborations cliniques sur les ressorts du psychisme infantile, sur lesquelles la sociologie n'a aucune compétence à se prononcer, à la simple *description* de manières d'agir partagées. De fait, Castoriadis nous incite à percevoir que l'entrée dans la pratique de l'interlocution, au cours de laquelle l'enfant va peu à peu s'approprier les manières d'agir et de pâtir humaines, est fondamentalement paradoxale. L'objectif est d'enseigner à l'enfant la capacité à agir « en tant que », autrement dit à endosser tel ou tel statut relationnel et à agir en référence au rôle attendu de lui dans tel ou tel contexte, ce qui suppose d'accéder à une modalité spécifique de l'agir humain, qui n'existe pas dans la nature animale : celle du *conditionnel de l'institution*, qui nous permet d'agir en partenaires de la dramaturgie sociale. Chacun a déjà pu remarquer autour de lui le bonheur des tout petits enfants qui jouent les premières fois à « je serais » / « tu serais » et s'émerveillent l'air de rien de découvrir qu'eux aussi peuvent être acteurs dans ce théâtre sans coulisses qu'est le monde humain.

La capacité à agir « en tant que » suppose impérativement de distinguer le *pouvoir* et l'*autorité*, ce qui signifie en particulier apprendre que nul ne peut se conférer à soi-même une autorité, car celle-ci est enclose uniquement dans le statut endossé, statut fondamentalement impersonnel défini par les droits, devoirs et prérogatives qui lui sont attachés. Or l'acquisition de cette capacité passe inévitablement par une phase où la confusion entre les deux est totale, comme l'a montré Vincent Descombes analysant en philosophe le « cercle familier de l'apprentissage », soit la façon dont un instructeur s'y prend pour enseigner la règle d'un jeu à un enfant qui ne sait pas ce que c'est qu'une règle[32].

Ainsi, il y a un double paradoxe à l'humanisation du petit d'homme : le monde humain des significations est impersonnel, mais l'enfant doit passer, pour se l'approprier, par les relations les plus personnelles qui se puissent concevoir ; les significations sont instituées, mais l'enfant doit passer par la croyance que celui qui lui enseigne ce monde, et le représente auprès de lui, est lui-même la source des significations qu'il transmet. *L'apprentissage de la distinction capitale entre autorité et pouvoir se fait par l'expérience concrète de leur confusion.*

Tout l'enjeu de la résolution de l'Œdipe est alors, souligne Castoriadis, dépendant de la capacité du parent non seulement à percevoir ce problème et à ne pas en jouer pour accroître encore son immense pouvoir personnel sur l'enfant, mais à *se* destituer lui-même en valorisant le caractère fondamentalement impersonnel et social des significations caractéristiques de sa propre société, telles qu'il les transmet à l'enfant.

32. Pour une analyse détaillée, en particulier de cette phase incontournable de confusion pouvoir/autorité, je me permets de renvoyer à Irène Théry, « "Il faut et il suffit que l'enfant soit renvoyé à l'institution de la signification" : le sens du complexe d'Œdipe selon Cornelius Castoriadis », art. cité.

La tyrannie et l'abdication

À partir de là, le lien entre les deux livres si différents de Vanessa Springora et de Camille Kouchner, à travers leur rappel du langage impersonnel du droit et leur appel au sens de l'institution, s'éclaire. Car la figure du parent tout-puissant ou de l'adulte tout-puissant n'est pas seulement un fantasme inscrit dans l'imaginaire de l'enfant à un certain stade de son développement. *Elle correspond aussi à certaines façons d'agir que l'on peut décrire dans les familles*, et que l'abus sexuel pousse jusqu'à une sorte de paroxysme. Dans ces cas, l'emprise consiste précisément à jouer de la tendance spontanée de l'enfant – de l'enfant aimant – à prendre l'adulte qui l'initie au monde humain (et en l'occurrence, à la civilité sexuelle humaine) pour le maître des significations, en se comportant effectivement soi-même comme si on l'était.

Classiquement, sa forme privilégiée était celle de la *tyrannie paternelle*. Elle est décrite de façon saisissante dans la *Lettre au père*[33] où Franz Kafka raconte par le menu la façon dont son père, jouissant de se voir en « La loi, c'est moi », se posant en source imprévisible et capricieuse du permis et de l'interdit, du bien et du mal, du beau et du laid, terrorise sa famille, et loin de se comporter en père (au sens où Castoriadis rappelle que cela implique de se soumettre concrètement soi-même au statut impersonnel de père), agit purement et simplement en *chasseur*, transformant ses enfants en gibier et leur mère en rabatteur.

Les agissements de GM, à propos duquel Vanessa Springora retrouve très exactement la métaphore kafkaïenne du chasseur et de sa proie, sont ceux d'un tyran contemporain. Parce que la seule force qui le guide est celle, impérieuse, de son addiction pédophile, il n'est qu'une autre version, persuasive,

33. Franz Kafka, *Lettre au père* [1919], Paris, Gallimard Folio, 2002.

« gentille », « moderne » mais impitoyable, du tyran tout-puissant qu'on trouve dans les familles les plus traditionnelles, les plus bourgeoises, et dont Thomas Vinterberg a immortalisé l'exemple dans son film *Festen* (1998). Le pédophile libertaire qui vit avec sa proie dans une chambre d'hôtel, comme le grand patron impérial qui règne sur son château, est un ogre qui enferme l'enfant dans la prison de son « chez soi » pour le dévorer tranquillement. Ces abuseurs-là sont ceux qui poussent au plus loin l'*empire de la domination*[34].

Cette dimension tyrannique a été complètement manquée par ceux qui n'ont vu dans la pédophilie de Gabriel Matzneff qu'un excès de la « libération sexuelle » des années 1970. Quant aux pères incestueux, ils ne sont pas en général des pédophiles. Ils pratiquent bien plus fréquemment ce que Dorothée Dussy nomme des « viols d'aubaine », profitant de la situation de pouvoir sur l'enfant que leur confèrent leur place dans la famille et leur statut dans la parenté pour se muer le plus souvent désormais en tyrans d'un nouveau type : non plus en détenteurs d'un pouvoir absolu régnant sur toute la maisonnée à l'image du « paterfamilias » dévoyé de *Festen*, mais en *tyrans dissimulés*, petits profiteurs d'un petit pouvoir domestique, construisant à l'intérieur de leur petite famille la grotte silencieuse où ils enferment l'enfant, dans l'espace secret d'une tyrannie purement sexuelle.

Mais il existe aussi une autre façon de maintenir l'enfant sous sa toute-puissance, inverse de la tyrannie, et que l'on peut nommer avec Marcel Proust l'« abdication ». Cette abdication face à la tâche d'incarner une autorité impersonnelle prend la forme de la plus douce et la plus aimante des réponses aux appels de l'enfant. Elle est difficile à percevoir tant elle s'installe dans ce qui ressemble au triomphe de l'amour. Mais sa dimension destructrice est pourtant bien

34. Dorothée Dussy, *Le Berceau des dominations*, *op. cit.*

présente quand elle enferme l'enfant dans la dépendance au lien le plus personnel, le plus aimant et le plus tolérant qui se puisse concevoir. Rien ne dit mieux cette dimension destructrice que la célèbre scène du « baiser du soir » qui ouvre *À la recherche du temps perdu*. Car ce baiser maternel, autorisé par le père sans aucune justification, par légèreté ou démission, et prolongé par l'installation de la mère dans la chambre de l'enfant pour la nuit au moment même où celui-ci vient de désobéir gravement, contrevient à toutes les règles d'éducation jusqu'alors mises en œuvre par ses parents. Il signa pour le narrateur non pas l'apaisement et la plénitude tant attendus, mais le sentiment du plus terrible et du plus insidieux des abandons : « C'était de cette soirée, où ma mère avait abdiqué, que datait, avec la mort de ma grand-mère, le déclin de ma volonté, de ma santé. »

Une certaine pratique permanente de l'abdication éducative, transformée en règle de vie sous la forme heureuse, libérée et fière d'elle-même d'un petit royaume anticonformiste, est l'autre façon de se comporter comme le maître des significations. Elle aussi peut aller jusqu'à la violence sexuelle pédocriminelle, jusqu'à l'inceste. Dans le monde qu'elle a construit, l'enfant ne peut pas se rapporter au principe d'une règle externe qui ferait autorité. Le bon comme le mauvais, le beau et le laid, le permis comme l'interdit, le juste et l'injuste, tout est soumis à l'arbitraire capricieux du ou des adultes, si fiers de se croire libérés des horribles « normes sociales » qu'ils détruisent allègrement toute distinction entre l'autorité impersonnelle et leur pouvoir personnel.

Cette pratique contre-culturelle de la toute-puissance du « maître de la signification » demande une immense adhésion à soi-même, et pour l'entourage une passion *d'en être* qui conduit à tout accepter du moment que brille un petit monde à part où rien ne se passe comme ailleurs, et où un soir comme un autre le tout jeune adolescent de 13 ou 14 ans qui commence à être abusé sexuellement est sommé gentiment de participer à quelque chose de si peu grave qu'on dirait une simple variation des choses habituelles. Un inceste qui prétend ne pas en être un, puisqu'il se jouerait entre deux individus uniques et singuliers, et non entre un père et son fils, ou un beau-père et son beau-fils. Un viol aggravé que le coupable cache soigneusement, mais qui a perdu en route jusqu'à son nom, celui que lui donne l'article 222 du Code pénal, et dont la victime n'est pas supposée souffrir le moins du monde, encore moins se sentir atteinte dans l'intégrité de sa personne.

Cette atteinte déniée à l'intégrité psychique, de proche en proche gagne aussi la sœur, le frère, toute une génération à qui quelque chose de fondamental n'a pas été transmis par ceux qui avaient pour rôle de le faire, et pour qui tout sombre dans une immense débâcle familiale. Jusqu'à ce que cette sœur, à force de se voir expulsée de sa propre identité narrative, à force d'avoir peur de ce qu'elle va léguer aux générations suivantes, joue son va-tout par révolte d'avoir participé de ce monde où « ils s'en foutent », et pleure de l'avoir tant aimée, cette *Familia grande*.

Les deux tentations symétriques de la tyrannie et de l'abdication dans les abus[35] sexuels sur mineurs éclairent une dimension complexe de la troisième révolution du consentement : la façon dont, au moment même où la civilité sexuelle entre adultes se réorganisait autour d'une *normativité procédurale*, attentive à construire le consentement mutuel de la séduction (au sens positif de ce qui est séduisant, désormais bien distingué de ce qui est séducteur) dans l'ici et maintenant

35. J'utilise ici le mot « abus » au sens de Nathalie Bajos dans le rapport de l'Inserm pour la CIASE (« Sociologie des violences sexuelles au sein de l'Église en France [1950-2020] », art. cité) : « L'abus sexuel repose sur l'idée que l'asymétrie dans la relation et l'explicitation d'une vulnérabilité par une personne contre une autre constituent un obstacle intrinsèque à l'expression d'un consentement libre et éclairé. »

d'une conversation érotique entre égaux, s'est affirmé au contraire le besoin impérieux d'une *normativité statutaire* édifiant la barrière sacrée d'un interdit sexuel entre les âges et les générations.

L'impact exceptionnel des livres de Vanessa Springora et de Camille Kouchner ne s'explique pas autrement. L'un et l'autre ont poussé au plus loin, au fil du récit, la réflexion sur le consentement d'une très jeune personne qui non seulement n'avait pas psychologiquement de « liberté de consentir » du fait de sa jeunesse, mais découvre progressivement, en devenant adulte, autre chose : que le consentement d'un mineur ne peut *logiquement* pas en être un quand ce qui est requis de lui par l'adulte est de contrevenir à la règle sociale la plus élémentaire, celle qui définit le délit et le crime, et cela par la seule force d'un maître des significations qui décide, arbitrairement, que cette règle n'en est pas une. Ils ont en quelque sorte donné à voir à un large public pourquoi l'emprise pédocriminelle fait plus que porter atteinte à l'intégrité de la victime, et porte atteinte à l'institution du sens et au langage lui-même.

C'est aussi pourquoi ces livres dont aucun ne réclamait de changement du droit[36] (au contraire, ils rappellent que le droit caractérisait très clairement, l'un comme « atteinte sexuelle sur mineur », l'autre comme « viol aggravé », ce qui est arrivé) ont puissamment contribué à ce que la société française souhaite parachever l'institution d'une *barrière sacrée des âges et des générations* qui clarifie une bonne fois pour toutes la question du non-consentement sexuel des mineurs.

Les deux formes de « non-consentement »

Toute la question cependant est de savoir si dans l'accès de fébrilité législative qui a conduit à la loi du 21 avril 2021, ces

36. On peut penser cependant que le livre de Camille Kouchner contient assez explicitement une critique des délais de prescription.

livres ont vraiment été entendus ou s'ils ont été seulement utilisés tant ils ont été pris dans une vague politico-émotionnelle risquant de créer plus de confusion que de clarification.

En effet, la question des âges n'est pas la même que celle des générations et à rabattre la deuxième sur la première, on prend le risque d'instituer un droit qui par la simplicité de son *tout ou rien* se présente comme une « barrière sacrée », un formidable outil symbolique pour désigner avec une clarté irréprochable la séparation et l'interdit (désormais toute relation sexuelle d'un majeur avec un mineur de 15 ans, ou de 18 ans en cas d'inceste, est un viol ou une agression). Ce qui promeut un droit pénal qui non seulement laisse entièrement de côté la question très préoccupante des violences sexuelles *entre mineurs*, mais peut se révéler contre-performant pour les millions d'adolescents qui grandissent au sein d'une civilité sexuelle ordinaire, et qu'il est de la responsabilité de la société d'accompagner dans leur chemin progressif vers l'autonomie sexuelle. La question est complexe et doit être dépliée patiemment.

Il existait une revendication portée de longue date par les associations de victimes : celle d'inscrire dans la loi ce qui fut appelé au début, maladroitement, une « présomption irréfragable de non-consentement » entre mineur et majeur. Cette idée de « présomption » a suscité de nombreux malentendus et controverses parce qu'on y a vu une atteinte aux droits de la défense, un peu comme si, dans une affaire de viol entre adultes, on tranchait à l'avance la discussion sur ce qui s'est passé (y a-t-il eu consentement ou non) en donnant raison par principe à la plaignante. Ici l'analyse sociologique de la civilité sexuelle peut être utile : en réalité dans ces débats il n'est pas question de « présomption » au sens juridique du terme (ce qui permet de passer d'un fait connu à un fait inconnu), mais de *statut*. En effet, le « non-consentement » a deux significations radicalement différentes qu'il convient de distinguer : le non-consentement situationnel et le non-consentement statutaire[37].

Le non-consentement situationnel est indissociable d'une situation concrète : tel jour, dans telles circonstances, à tel endroit, dans telles relations avec le mis en cause, la personne ne consentait pas. Elle affirme donc avoir été victime d'agression sexuelle ou de viol, commis par violence, contrainte, menace ou surprise, une fois ou plusieurs fois, voire de façon réitérée au fil d'une relation. On a analysé ce consentement précédemment, en rappelant en quoi le consentement sexuel est différent d'un consentement-contrat.

Le non-consentement statutaire n'est aucunement lié à une situation ou à une relation singulières, mais participe de la définition des droits, devoirs, prérogatives et interdits attachés à un statut, par exemple un statut d'âge. Pour comprendre ce dont il s'agit, on peut le rapprocher d'une notion juridique très ancienne, le *consentement statutaire* de la femme mariée. Dans l'ordre sexuel matrimonial qui l'a emporté jusqu'aux années 1970, comme nous l'avons longuement expliqué, le viol conjugal était « impossible » juridiquement car l'épouse était supposée consentir du seul fait de son statut, impliquant « obéissance à son mari » et « devoir conjugal ». Le non-consentement statutaire en est très exactement le symétrique : la personne titulaire du statut, en l'occurrence celui de mineur, est supposée ne pas consentir du seul fait de son statut d'âge.

C'est à partir de là que se sont engagées des controverses parfois très vives autour de la préparation de la loi du 21 avril 2021 qui a institué un « non-consentement statutaire

37. On trouvera une présentation et différents usages de cette distinction dans la thèse de Marie Romero, *Le Traitement juridique des délits sexuels sur mineurs, une enquête de sociologie législative et judiciaire* (sous la direction d'Irène Théry), EHESS, 2018.

absolu » du mineur ou de la mineure de 15 ans, 18 ans en cas d'inceste, à toute relation avec un majeur âgé d'au moins cinq ans de plus. Pour pouvoir comprendre la portée de la loi, un retour sur l'histoire longue est indispensable. Elle a vu, de façon progressive, deux grands mouvements converger, sans se confondre. D'une part, l'interdit sexuel entre les âges, qui avait toujours été exprimé à travers le statut matrimonial sexué (dans le Code Napoléon, une fille peut se marier à 15 ans, un garçon à 18 ans), a été exprimé dans le droit pénal très progressivement, au fur et à mesure que la perception de l'enfant comme « personne en devenir » faisait de l'enfance une valeur sacrée et renforçait l'exigence de protection face à toutes les maltraitances. Le seuil d'âge de 11 ans retenu au départ pour définir un statut de mineur *non libre de consentir* a été relevé en un peu plus d'un siècle à 13 ans, puis à 15 ans. D'autre part, la représentation de l'inceste s'est transformée au fur et à mesure qu'on l'a considéré comme la forme la plus grave du viol, cependant que le silence du droit pénal sur cet interdit majeur devenait de plus en plus incompréhensible.

L'INTERDIT STATUTAIRE DE SEXUALITÉ ENTRE LES ÂGES

Depuis que Georges Vigarello a publié sa pionnière *Histoire du viol*, un nombre très considérable de travaux d'histoire de la pédocriminalité et de l'inceste sont venus enrichir en France la connaissance à la fois de l'évolution des catégories juridiques, des pratiques judiciaires, des expertises et plus largement des savoirs psychiatriques, des représentations collectives et des mœurs familiales, et des débats politiques sur ces sujets.

La dimension du genre en matière de pédocriminalité est désormais très étudiée. Le continent caché des violences sexuelles sur mineurs demeure largement inaccessible aux historiennes et historiens, mais on comprend de mieux en mieux de quoi étaient faites ces transgressions secrètes, comment se construisaient ces dissimulations et comment s'installait la chape du silence quand plus que jamais l'auteur se sentait innocent et la victime coupable. La remarquable *Histoire de la pédophilie*[38] d'Anne-Claude Ambroise-Rendu, qui traite en réalité de la pédocriminalité en général (tout en analysant l'histoire des catégories, en particulier celle de « pédophilie »), est aujourd'hui une référence incontournable, de même que ses travaux sur l'histoire du silence du droit sur l'inceste depuis la Révolution. Ils nous serviront largement de guide pour compléter ce qui a été dit au chapitre précédent sur les grands repères de l'histoire de la civilité sexuelle.

L'apport sociologique sera de réinscrire cette dimension des âges dans la thèse générale du passage d'un ordre sexuel matrimonial issu des codes napoléoniens à une nouvelle civilité du consentement, dont l'institution d'une « barrière sacrée des âges et des générations » est devenue le pivot.

L'attentat à la pudeur sans violence

L'apparition d'un interdit statutaire des âges et son évolution progressive forment la ligne d'évolution la plus aisée à discerner. On se bornera ici à en rappeler les grandes étapes.

Le Code pénal de 1791 est très laconique sur la criminalité sexuelle. Il punit le viol et le rapt de six années de fers. La peine est doublée si la victime est une fille âgée de moins de 14 ans. C'est la toute première amorce d'une protection spécifique des enfants, et la dimension du genre est évidente : on protège du viol la jeune fille qui doit arriver vierge au

38. Anne-Claude Ambroise-Rendu, *Histoire de la pédophilie*, *op. cit.* ; *id.*, « L'inceste doit-il être interdit par le droit ? Deux siècles d'incertitude (1810-2010) », *Esprit*, mai 2012. Pour une plongée historique, voir aussi Didier Lett, *Viols d'enfants au Moyen Âge. Genre et pédocriminalité à Bologne* XIVe-XVe *siècle*, Paris, PUF, 2021.

mariage, en particulier contre ceux qui l'enlèveraient afin de la prostituer.

Le Code pénal de 1810 introduit une inflexion de la logique globale autour de la référence, désormais majeure, à la notion d'« attentats aux mœurs ». Il réprime le délit d'outrage public à la pudeur, le délit d'excitation de mineur à la débauche ainsi que les crimes de viol et d'attentat à la pudeur avec violence. Si la victime est un enfant de moins de 15 ans, la peine est aggravée : travaux forcés à temps. Si le coupable est de la classe des personnes qui « ont autorité sur la victime », la peine encourue est encore plus grave : travaux forcés à perpétuité. À cette époque, ce qui préoccupe le législateur est moins la protection de la personne de l'enfant que la lutte contre le trouble à l'ordre public et l'atteinte aux bonnes mœurs.

La loi du 28 avril 1832 crée une nouvelle incrimination : « l'attentat à la pudeur sans violence » sur enfant de moins de 11 ans. C'est un changement majeur qui fait de l'âge du mineur l'élément constitutif du crime. *L'institution d'une normativité statutaire régissant les interdits sexuels entre les âges commence là.*

Pour comprendre le sens de cette innovation, il faut rappeler que dans la première moitié du XIXe siècle les violences sexuelles sur enfants n'étaient quasiment jamais dévoilées, et très peu punies. Les juristes ont mené une longue lutte contre l'opinion, choqués de constater que les jurés d'assises, pour qui *a priori* une petite fille ne pouvait pas physiquement être violée à cause de la taille de ses organes, avaient largement tendance à acquitter dès que la violence physique n'était pas prouvée. Ainsi, le président de la cour d'assises de la Somme avait noté, dès 1824, que les jurés lui

> ont fait regretter que le législateur n'ait pas déterminé un âge au-dessous duquel la violence serait toujours censée exister et qu'il n'ait pas laissé aux magistrats la faculté d'appliquer une

peine correctionnelle à des faits qui, reconnus constants par le jury, ne peuvent sans blesser la morale publique être mis par un arrêt à l'abri de toute punition légale[39].

C'est grâce à la notion nouvelle de « violence morale » que l'on crée la nouvelle incrimination. On entend par là « la séduction d'une victime si faible et si inexpérimentée que cet acte de séduction peut être assimilé à une violence[40] ». Les acquittements passent de 40 % en 1830 à moins de 20 % à partir de 1860[41], mais la société résiste : l'usage massif des circonstances atténuantes permet de ne pas punir ce crime davantage que s'il s'agissait d'un simple outrage public à la pudeur.

La loi du 13 avril 1863 élève de 11 à 13 ans l'âge de l'enfant définissant l'attentat à la pudeur sans violence. Cette élévation du seuil d'âge, conçue pour mieux protéger les petites filles, ne s'impose pas sans discussion dans une société qui a tendance à minorer la violence sexuelle sur les enfants et à soupçonner les « petites aguicheuses » de mythomanie :

> On doit applaudir à la pensée morale qui, pour protéger l'enfance contre d'odieux attentats vient en prolonger la durée, mais il faut prendre garde que plus on approche de l'âge nubile et plus il y a lieu de craindre que la volonté ne vienne contraindre la présomption de contrainte morale qui est l'élément du délit[42].

La Troisième République est une période de changements importants et connaît un vaste mouvement de protection de l'enfance en danger, cependant que les qualifications psychiatriques de la perversion sexuelle, et en particulier de la *pédophilie*, imposent peu à peu une certaine image de l'abuseur

39. Anne-Claude Ambroise Rendu, *Histoire de la pédophilie*, *op. cit.*, p. 19.
40. *Ibid.*, p. 26.
41. *Ibid.*, p. 40.
42. *Ibid.*, p. 27.

d'enfant, un être à part, au comportement gravement pathologique, loin de l'humanité ordinaire. Parallèlement, on note que la grande division des femmes caractéristique de l'ordre sexuel matrimonial se retrouve dans la division des petites filles entre d'un côté les « anges » innocentes et de l'autre les « séductrices » vicieuses, supposées avoir bien cherché ce qui leur est arrivé.

L'ordonnance du 2 juillet 1945 élève de 13 à 15 ans le seuil d'âge de l'attentat à la pudeur sans violence, en référence à ce que l'on nomme désormais la majorité sexuelle. Ce terme – qui n'apparaît dans aucun article du Code – a été officialisé en 2012 par le Conseil constitutionnel, qui le définit « comme l'âge à partir duquel un mineur peut valablement consentir à des relations sexuelles (avec ou sans pénétration) avec une personne majeure à condition que cette dernière ne soit pas en position d'autorité à l'égard du mineur ».

La majorité sexuelle n'est donc pas l'âge à partir duquel un mineur peut avoir des relations sexuelles, mais celui à partir duquel il peut avoir une relation sexuelle consentie avec un majeur qui n'a pas autorité sur lui. C'est une notion éminemment *relationnelle*[43].

Le nouveau Code pénal entré en vigueur en 1994 recompose de façon globale les infractions sexuelles. Désormais, huit infractions sont répertoriées : viol, agression sexuelle, harcèlement sexuel, exhibition sexuelle, atteinte sexuelle, corruption de mineur, pédopornographie, proxénétisme[44].

43. Comme on l'a déjà indiqué, l'âge de la majorité sexuelle, jusqu'en 1982, était différent pour les relations hétérosexuelles (dites « normales ») et les relations homosexuelles (dites « pathologiques » et supposées corrompre la jeunesse) : dans ce dernier cas, toute relation était interdite jusqu'à ce que le mineur ait atteint la majorité civile (21 ans, puis 18 ans).

44. Elles sont distribuées au sein de trois grands chapitres qui indiquent clairement les significations sociales respectives qui leur sont attribuées. Dans le chapitre I, « Des atteintes à l'intégrité physique ou psychique de la personne », figurent le viol (crime) et l'agression sexuelle (délit), aggravés si commis sur mineur de 15 ans ou par ascendant ou par toute personne ayant autorité ; ainsi que l'exhibition sexuelle et le harcèlement. Dans le chapitre V sur les « atteintes à la dignité de la personne »

Avant la loi de 2021

Sur l'institution d'un interdit sexuel statutaire entre les âges, le nouveau Code pénal poursuit donc la logique entamée dès 1832 : il dissocie l'agression sexuelle et le viol, d'un côté, qui font référence à ce que nous avons nommé un « non-consentement situationnel », et l'*atteinte sexuelle* de l'autre, infraction définie par le seul rapport d'âge civil entre les deux partenaires, mineur de 15 ans et majeur.

Mais comment alors comprendre le sens de cette infraction d'atteinte sexuelle qui vient remplacer l'ancien crime « d'attentat à la pudeur sans violence » ? Pourquoi n'a-t-elle pas été placée, avec le viol et l'agression, dans le chapitre I, « Des atteintes à l'intégrité de la personne » ? On a le sentiment étrange que l'atteinte sexuelle est considérée comme une infraction « pas très grave », alors qu'elle exprime une valeur qui ne cesse de progresser dans la société : l'exigence de *protection statutaire* de l'enfant contre la pédocriminalité.

La question est essentielle et sera en 2017 au cœur de deux affaires qui vont bouleverser l'opinion française. « L'affaire de Pontoise » est révélée par *Mediapart* le 25 septembre 2017. Elle concerne une fillette de 11 ans que l'homme mis en cause a abordée dans un square, embrassée, dont il a obtenu une fellation dans l'escalier et un rapport sexuel complet chez lui. L'affaire était qualifiée de viol au début de la procédure, mais elle a été requalifiée par le parquet en atteinte sexuelle et renvoyée devant le tribunal correctionnel, car il a considéré que le non-consentement situationnel de l'enfant n'était pas suffisamment établi.

Deux semaines plus tard, le 11 octobre 2017, « l'affaire de Melun » est révélée par *Le Monde* sous le titre « Une cour

figure le proxénétisme ; dans le chapitre VII sur les « atteintes au mineur et à la famille » figurent les délits de corruption de mineur, la pédopornographie et l'atteinte sexuelle sur mineur.

d'assises acquitte un homme accusé d'avoir violé une fille de 11 ans ». La fillette, abordée dans un parc, avait été entraînée par un homme qu'elle ne connaissait pas et qui était parvenu à avoir avec elle un rapport sexuel complet, des faits qu'elle n'osa pas révéler immédiatement et que les parents découvriront par la grossesse de leur fille. Dans ce cas, l'incrimination pénale était bien le viol. Mais devant la cour d'assises, le mis en cause a plaidé qu'elle « était consentante » et les jurés ont jugé que le non-consentement situationnel de l'enfant n'était pas prouvé. Ils ont alors purement et simplement acquitté l'homme, parce qu'il n'était pas en leur pouvoir de requalifier le viol en atteinte sexuelle.

C'est dans le contexte de l'émotion suscitée par ces deux affaires, juste au moment où éclate l'affaire Weinstein et où commence #MeToo, que de nombreuses associations de défense de l'enfant se mobilisent pour changer la loi. Peu de gens perçoivent clairement ces enjeux de catégories juridiques alors même qu'ils suscitent un grand trouble. Ainsi, quasiment personne en dehors des juristes n'a l'air de savoir qu'à ce moment-là, la loi et la jurisprudence distinguaient en réalité *deux sortes de non-consentements statutaires* liés à la minorité sexuelle.

Le non-consentement statutaire absolu. Selon la jurisprudence de la Cour de cassation depuis un arrêt de 2005, les enfants jusqu'à 6 ans étaient définis par un statut de non-consentement absolu aux relations sexuelles avec un majeur, ce qui signifie que toute relation avec eux, indépendamment des circonstances, était par définition soit un viol (s'il y avait eu pénétration), soit une agression sexuelle.

La non-liberté de consentement statutaire. Elle visait les mineurs entre 6 et 15 ans. Toute relation sexuelle d'un majeur avec eux était interdite, et donc passible de prison pour *atteinte sexuelle*, car leur consentement à une relation sexuelle avec un adulte était présumé ne pouvoir être « libre » du fait de leur jeune âge. En revanche, toute relation dans ce cas n'était pas *ipso facto* un viol ou une agression. Bien que leur consentement de façon générale ne soit pas « libre », on admettait une différence selon que le ou la mineure avait donné ou non un « consentement » *situationnel*.

Autrement dit, le droit distinguait trois étapes. De 0 à 6 ans : non-consentement statutaire absolu puni *ipso facto* comme viol ou agression sexuelle ; de 6 à 15 ans : non-liberté de consentement statutaire punie au minimum comme « atteinte sexuelle » ; à partir de 15 ans : majorité sexuelle.

On voit donc que les débats qui vont se concentrer sur la loi du 21 février 2021 s'enracinent dans une très longue évolution. Le droit est passé d'une conception des infractions sexuelles sur mineurs centrée sur le statut matrimonial et le genre (les peines sont aggravées en cas de viol sur une jeune fille de moins de 14 ans) à une conception centrée sur la personne et sur les statuts d'âge, posant un principe d'interdit des relations sexuelles entre majeur et mineur de 15 ans, *mais sans que la question du consentement des 6-15 ans soit clarifiée.*

Cela explique l'horreur du public devant les deux affaires de Pontoise et de Melun à l'idée qu'une enfant de 11 ans puisse être supposée « consentir », même non librement, à un adulte. Un certain consensus social apparaît ici clairement : le statut de *non-consentement absolu* déjà en vigueur jusqu'à 6 ans aurait dû être relevé au moins jusqu'à 11 ans. Toute la question sera alors : oui, mais jusqu'à quel âge ? 11 ans ? 13 ans ? 15 ans ? 18 ans ? On entre ici dans l'œil du cyclone des débats parlementaires. Mais avant d'y venir, il nous faut poser quelques grands repères sur l'histoire de l'inceste depuis la Révolution.

INCESTE, BRISER LA LOI DU SILENCE

Tentons maintenant d'apercevoir par quelle évolution historique l'inceste qui avait disparu totalement dans les Codes pénaux de 1791 et de 1810 va réapparaître très progressivement, d'abord implicitement, puis indirectement, puis directement, jusqu'à ce que l'adjectif « incestueux » (mais pas le substantif « inceste ») retrouve une place dans le droit pénal contemporain. L'inceste s'appréhende, on le sait, de deux façons : à travers les prohibitions matrimoniales et avec l'interdit social de relations sexuelles entre personnes apparentées. Le lien entre les deux allait de soi au sein de l'ancien ordre sexuel matrimonial, où les seules relations sexuelles légitimes étaient celles des époux.

Les prohibitions matrimoniales sont par définition explicites, puisqu'elles définissent ce que sont les statuts relationnels de parenté les uns par rapport aux autres : incluent-ils ou excluent-ils le mariage ? On n'a cessé de réduire au cours des siècles le cercle des prohibitions, qui était allé extrêmement loin dans le droit canon (impossible d'épouser quelqu'un si on avait en commun l'arrière-arrière-grand-père de l'arrière-grand-père avant le concile de Latran de 1215), ce qui dans le contexte d'une société rurale d'interconnaissance supposait de solliciter sans cesse des dispenses auprès de Rome. Dès la Révolution, la famille s'appréhende moins à partir de la lignée que de la famille conjugale (celle où l'on naît ; celle qu'on crée) et le cercle des prohibitions est fortement réduit.

Chacun sait aujourd'hui que l'on ne peut épouser ni ses parents, ni ses frères et sœurs, ni ses ascendants et descendants en ligne directe. Pour les oncles et tantes, neveux et nièces, on sait en général que le mariage est impossible. Mais au-delà ? Beaucoup de nos contemporains ne savent pas très bien jusqu'où s'étend le cercle de ces prohibitions : peut-on épouser sa cousine germaine ? Peut-on épouser son beau-père après le décès de sa propre mère ? A-t-on le droit d'épouser son ancien beau-frère après le divorce de sa sœur ? Ces hésitations sont très significatives d'un point de vue sociologique, témoignant à quel point notre « horreur de l'inceste » est concentrée sur quelques relations entre très proches.

En effet l'inceste s'appréhende aussi à travers *l'interdit social de relations sexuelles entre personnes apparentées à un degré prohibé*. La société ne vise pas ici des liens « biologiques » mais des liens statutaires de parenté. Cependant, un présupposé plus ou moins explicite est que la plupart du temps les deux liens se recouvrent et que lorsque ce n'est pas le cas, le sentiment d'inceste concerne aussi bien les liens de consanguinité que les liens de parenté. C'est ainsi que dans le cas de la procréation médicalement assistée avec tiers donneur, il est prévu que pas plus de dix enfants ne puissent naître du même donneur, afin de limiter les risques d'inceste consanguin involontaire[45].

Ce qu'on nomme le « tabou de l'inceste » ne concerne évidemment pas les mariages, mais uniquement les relations sexuelles entre personnes apparentées à un degré prohibé. Le mot « tabou » a été utilisé par les anthropologues à partir de la fin du XIXe siècle, pour désigner un système d'interdictions religieuses appliquées à ce qui est considéré comme sacré ou impur. À ce titre, il signifie aussi « ce sur quoi on fait silence, par crainte, pudeur » : en parler polluerait la société.

45. Cette conception statistique et technocratique de l'inceste consanguin a suscité un grand émoi chez les personnes issues de don. De leur point de vue, le pouvoir médical les excluait sans même y penser de toute la symbolique de l'interdit de l'inceste, en leur interdisant de connaître l'identité de leur donneur jusqu'à la récente loi bioéthique d'août 2021. Cette question demeure pour les relations entre personnes issues d'un même donneur, qui considèrent qu'il y a un interdit de l'inceste entre elles, mais qui aux yeux de la loi ne peuvent toujours pas s'identifier mutuellement (d'où leur recours – assumé par elles, bien qu'interdit – aux tests ADN dits « récréatifs »). Voir les témoignages recueillis par Vincent Brès, président de l'association PMAnonyme, dans le livre publié sous sa direction, *Je suis l'une d'entre elles. La première génération de personnes conçues par PMA avec don témoigne*, Paris, L'Harmattan, 2019.

Ainsi le tabou est ce qu'une société veut rejeter absolument en dehors d'elle, à la fois parce que c'est « impossible » et « interdit », et parce que cet impossible/interdit relève de ce qui n'est pas à disposition des humains : c'est en quelque sorte le présupposé originel de toute vie sociale référée à des règles, des significations et des valeurs. Mais le tabou n'est pas forcément ce qui renforce l'interdit, il peut aussi être ce qui le maintient dans le silence, voire lui permet d'exister dans la « protection » que donne ce silence. C'est ainsi que Michel Foucault, dans son *Histoire de la sexualité*, résume la rhétorique du tabou : « Affirmer que ça n'est pas permis, empêcher que ça soit dit, nier que ça existe. » En effet, dit-il, une sorte de logique en chaîne unit

> l'inexistant, l'illicite et l'informulable, de façon que chacun soit à la fois principe et effet de l'autre : de ce qui est interdit on ne doit pas parler jusqu'à ce qu'il soit annulé dans le réel ; ce qui est inexistant n'a droit à aucune manifestation, même dans l'ordre de la parole qui énonce son inexistence ; et ce qu'on doit taire se trouve banni du réel comme ce qui est interdit par excellence[46].

La façon dont se nouent puis se dénouent ces trois dimensions permet de distinguer trois grandes périodes selon la façon dont est pensé le rapport entre le silence, l'inexistence et l'interdit.

L'idée traditionnelle du tabou de l'inceste dans le monde d'avant la Révolution, où la vie sociale est ordonnée par une cosmologie politico-religieuse, est que le silence renforce l'interdit. Ce qui est le plus interdit parce que impur (le sexe entre parents par la filiation) ou touchant à des choses sacrées (les relations de parenté) devrait être d'autant mieux observé qu'on n'en parle pas, maintenant par ce silence religieux cet

46. Cité par Anne-Claude Ambroise-Rendu, « L'Inceste doit-il être interdit par le droit ? », art. cité, p. 18.

interdit hors du commerce ordinaire de la société, hors de ce dont les humains peuvent disposer. La pureté, le tabou, le danger et la pollution étant liés, comme l'a montré Mary Douglas dans *De la souillure*, le simple fait d'en parler polluerait la société.

L'idée moderne du premier Code pénal (1791), puis de celui de 1810, est différente. Il ne faut pas parler de l'inceste, par exemple en le nommant en droit, pour deux raisons. D'une part parce que c'est *un péché* qui regarde la conscience personnelle et que le droit pénal laïque n'a pas à s'occuper des péchés. D'autre part parce que *si ça existe* c'est forcément rare et ne peut se produire que dans le secret des familles, alors qu'elles sont supposées être le « sanctuaire des mœurs ». Dans la logique bourgeoise des bonnes mœurs et de la réputation, il faut que ça y reste, sinon le *scandale* sera tel qu'il ajoutera au désordre des mœurs, créant une atteinte majeure à la morale publique et au lien social lui-même.

Cette représentation de la nécessité du silence pour faire « oublier » l'inceste au nom de la morale publique commencera à être interrogée au XIXe siècle au fur et à mesure que s'affirmera la valeur de l'enfant, qui cessera progressivement d'être vu comme un être fragile et remplaçable, n'ayant que *moins* de tout ce qui fait la valeur d'un adulte (moins de savoir, moins de raison, moins d'autonomie, etc.), et qui sera perçu au contraire comme une « personne en devenir ». Dans ce processus l'enfance deviendra le sanctuaire de la personnalité adulte, et finalement l'âge doté de la plus grande valeur, celui qu'il faut impérativement protéger, en particulier de parents indignes.

Pour prendre la mesure du *complet renversement des valeurs générationnelles* dont nous sommes les héritiers, on peut contraster les deux pôles du parricide et de l'infanticide. Dans la Rome antique, le « crime des crimes » était le parricide, il était une telle atteinte à l'ordre du monde que le simple fait de le punir était impossible car cela aurait réintégré symboliquement le parricide dans la société. C'est pourquoi, caché sous un drap, muni d'un masque de loup et de chaussures de bois pour qu'il ne touche pas la terre, le coupable était amené au bord du fleuve et jeté dans le Tibre pour qu'il l'emporte hors du monde[47]. Une trace de cette perception du parricide apparaissait encore dans le droit pénal de 1791, dans le fait que c'était le seul crime dont le coupable pouvait avoir le poing coupé et être mené à la guillotine, vêtu d'une chemise rouge. Ensuite, le droit indiquait simplement que « le parricide n'est jamais excusable ». Pour finir, ce crime disparaît totalement du Code pénal de 1994, dans l'indifférence générale.

Exactement inverse est la progression dans les représentations collectives de la gravité de l'infanticide qui pendant des siècles fut, comme on le sait, un crime féminin. Il était à la fois caché et considéré comme extrêmement fréquent dans un temps où il n'existait pas de contraception, où de très nombreux enfants mouraient dans les premières années et où le stigmate de la bâtardise, pour l'enfant comme pour la mère, était immense. C'est pour lutter contre l'infanticide de masse que se développa l'organisation charitable de l'accueil des enfants abandonnés.

Cependant au fil du temps, avec le développement au XXe siècle de la contraception et de la pédiatrie, l'enfant devient de plus en plus désiré, et sa survie de plus en plus assurée, cependant que la psychologie change le regard sur l'enfance. En parallèle, l'intolérance à l'infanticide ne cesse de croître jusqu'à aujourd'hui, où il est désormais considéré comme un des crimes les plus graves[48]. Avec la promotion de

47. Yan Thomas, *La Mort du père. Sur le crime de parricide à Rome*, Paris, Albin Michel, 2017.
48. Julie Ancian, *Les Violences inaudibles. Récits d'infanticides*, Paris, Seuil, 2021.

l'enfance, devenue la valeur sacrée par excellence, l'inquiétude que l'inceste puisse prospérer à l'ombre des secrets de famille a progressé, sans parvenir cependant à rompre l'immense chape de plomb de la loi du silence.

L'idée contemporaine est encore différente : on pense à présent que pour assurer l'interdit, il faut combattre le tabou, supprimer tous les silences sur l'inceste, car ceux-ci (silence du droit, silence social) sont deux fois destructeurs. Ils le sont d'abord parce que l'inceste prospère dans le silence, à l'abri du secret de famille, et que le seul moyen de le combattre est la sanction qui commence par la nomination de cet interdit dans le droit ; et surtout, en tant que silences imposés aux victimes, comme une double peine, une éternisation du mal qui leur a été fait.

Ce mouvement de condamnation du silence remonte en France aux années 1980 marquées par l'émission des *Dossiers de l'écran* (1986) où Eva Thomas renverse le stigmate, refuse la honte, se présente face caméra, et parle. Il exprime la volonté que la société s'empare de ce continent caché des violences incestueuses et se donne les moyens de vraiment le combattre. Cependant, comme le soulignent Dorothée Dussy et Léonore Le Caisne[49] qui ont été parmi les premières à mener des enquêtes sociologiques sur la pratique de l'inceste aujourd'hui, la prise de parole a progressé très difficilement, tant elle s'est heurtée jusque tout récemment à un véritable *mur du déni*. C'est ici que #MeToo, avec son mot d'ordre « la honte doit changer de camp » et sa mobilisation collective pour sortir de l'ombre les récits personnels de violences sexuelles subies par les victimes, a joué un rôle majeur.

49. Léonore Le Caisne, *Un inceste ordinaire. Et pourtant tout le monde savait* [2014], Paris, Seuil, 2022. Sur l'inceste comme pratique, voir l'excellent programme de recherche Dire, entendre, restituer les violences incestueuses (DERVI) dont le carnet d'hypothèses est accessible en ligne.

Comment l'inceste est devenu la forme la plus grave du viol

On l'a dit, le Code pénal de 1810 ne nomme pas l'inceste. Celui-ci était puni en droit canon comme l'un des péchés de stupre les plus graves, offense à la loi divine. En cas d'inceste, dans l'ancienne France, la peine était le feu pour les deux coupables. On pouvait brûler par exemple le père et la fille, car leur faute commune était d'avoir introduit un désordre insupportable, une souillure dans la création divine dont la société devait se purifier. Dans cette logique, on ne cherchait pas à distinguer un coupable et une victime. La violence interpersonnelle était en quelque sorte non pertinente en regard du forfait commun. Après la Révolution, le droit moderne ne se mêle pas des consciences, ni des offenses à Dieu ; tout ce qui est de son ressort est l'atteinte à l'ordre public.

Cependant quand l'inceste n'est plus puni en tant que tel (et donc ignoré du droit quand il advient entre individus consentants), il peut être saisi indirectement. C'est ainsi qu'il va apparaître très progressivement dans le Code pénal, justement à partir de la distinction coupable/victime qui n'intéressait pas le droit canon, et qu'il va devenir peu à peu la catégorie la plus grave du viol.

La loi de 1832 crée, comme nous l'avons vu, l'« attentat à la pudeur sans violence » sur les mineurs de moins de 11 ans. Elle permet ainsi de punir des faits d'inceste relevant de cette catégorie tout en maintenant un silence total du droit. Logiquement, l'inceste sans violence dès lors que l'enfant a passé l'âge de 11 ans n'est pas punissable. Le viol et l'attentat à la pudeur sont punis plus lourdement si l'auteur a la qualité d'« ascendant » ou de personne ayant autorité.

La loi de 1863, qui élève le seuil de protection de 11 à 13 ans, complète l'article sur l'attentat à la pudeur sans violence : s'il a lieu par ascendant, désormais le crime est plus grave et davantage puni. Soulignons qu'on punit alors l'*inceste en tant que tel* : la qualité d'ascendant ou de personne ayant autorité constitue le crime aggravé si le mineur a moins de 13 ans. On incrimine aussi cet attentat lorsqu'il est commis par un ascendant sur un mineur de plus de 13 ans non émancipé par le mariage.

C'est là que pour la première fois l'inceste « existe » au pénal, au sens où la qualité d'ascendant n'est pas seulement aggravante, mais *constitutive* de l'infraction. La raison qui en est donnée est qu'il s'agit d'un abus d'autorité. Arrêtons-nous ici un instant pour souligner que la « non-liberté du consentement », qui a toujours été une notion *relationnelle*, fait lien entre les rapports d'âge et les rapports de génération à travers l'inceste par ascendant. Voici ce que dit le rapport des commissions du corps législatif :

> S'il est permis de supposer une volonté intelligente et libre chez un enfant âgé de plus de 13 ans, cette volonté libre n'est plus certaine si la sollicitation lui arrive d'un de ses ascendants, [...] c'est-à-dire d'une personne qui exerce sur elle une autorité naturelle. Qu'un père soit assez dégradé pour attenter lui-même à la vertu de sa fille, il commet à la fois une immoralité révoltante et un acte digne d'une punition salutaire, tant il est permis de supposer que l'abus d'autorité et l'état de dépendance sont venus en aide à ses mauvais desseins.

Cependant, tous les juristes n'acceptent pas ces considérations sans réserve, tant la crainte du scandale l'emporte. C'est le cas du pénaliste Joseph Édouard Boitard :

> Quand la victime a passé l'âge de 13 ans, n'est-il pas évident que l'attentat sans violence n'est plus qu'une séduction ? Ce n'est donc pas l'abus d'autorité qui est puni ici, c'est la séduction personnelle des ascendants, c'est l'inceste, fait odieux sans doute

mais dont la répression ne peut être obtenue qu'en soulevant des scandales plus redoutables peut-être que l'impunité.

Ainsi il y a tout au long du siècle un souci croissant de la maltraitance des enfants, des droits des victimes d'inceste, mais lui est sans cesse opposé le souci de protéger la famille, que la loi ne saurait investiguer sans provoquer scandale et perturbation de l'ordre social. Ce n'est donc que lentement que la référence aux ascendants apparaît au sein de la catégorie plus générale des « personnes ayant autorité », ce qui au passage exclut de l'attention du droit d'autres coupables de viol incestueux, par exemple les frères de la victime, pour qui le viol ne sera pas aggravé.

Nommer l'inceste

Le nouveau Code pénal de 1994 institue, comme nous l'avons vu, de nouvelles catégories d'infractions avec aggravation si le coupable est une personne ayant autorité ou un ascendant, mais ne nomme pas l'inceste. Celui-ci fait son entrée explicite dans le droit, une première fois en 2010, par une proposition de loi rédigée à l'initiative d'associations, pour « améliorer la détection et la prise en charge des victimes d'actes incestueux ». Cependant, la loi ne dure que quelques mois. Le Conseil constitutionnel la censure, considérant qu'elle ne définit pas assez précisément (la proposition ayant été rédigée sans beaucoup de travail préalable) les liens familiaux pour lesquels les viols ou agressions sexuelles pouvaient être qualifiés d'incestueux.

La question revient sur le devant de la scène quelques années plus tard et, finalement, *l'adjectif « incestueux » fait son entrée dans le Code pénal avec une loi de 2016*. La formulation « le crime est aggravé lorsqu'il est commis par des ascendants » est remplacée par l'inscription des relations incestueuses parmi celles qui sont susceptibles d'aggraver un viol, une agression sexuelle ou une atteinte sexuelle. Le viol est qualifié d'incestueux lorsqu'il est commis par un ou des membres du cercle familial dont la liste est précisée : un ascendant, un frère ou une sœur, un oncle ou une tante, un neveu ou une nièce, le conjoint ou le concubin d'une des personnes mentionnées ou le partenaire d'un Pacs, s'il a sur le mineur une autorité de droit ou de fait[50].

On voit ainsi que le périmètre des relations sexuelles punies comme « incestueuses » et celui des prohibitions matrimoniales tendent à se recouvrir à l'issue d'une histoire de plus de deux siècles : la grande différence est que désormais l'inceste est puni par la société uniquement parce qu'il est redéfini à partir de la catégorie plus englobante du viol, dont il est devenu la forme la plus grave s'il est pédocriminel. La distinction entre « incesteur » et « incesté », qui n'aurait eu aucun sens dans le droit canon d'avant la Révolution, structure dorénavant l'appréhension de l'inceste par le droit pénal et représente aux yeux de nos contemporains la figure même de l'opposition la plus extrême entre coupable et victime.

La loi du 21 avril 2021

La loi du 21 avril 2021 est issue d'un processus législatif assez complexe et précipité, entamé par une *proposition* de loi votée en première lecture au Sénat, poursuivi par l'apparition d'une autre proposition de loi, concurrente, à l'initiative de députés et votée à l'Assemblée nationale. C'est finalement un texte de compromis dans lequel les amendements proposés par le gouvernement (qui n'a pas eu l'opportunité de préparer un *projet* de loi, avec tout ce que le processus législatif permet de préparation du texte) ont joué un rôle important.

50. L'article 222-22-3 du Code pénal donnant la liste des agressions et viols « qualifiés d'incestueux » a été récemment modifié par la loi du 21 avril 2021.

Sans revenir sur cette histoire législative étrange et déroutante[51], disons simplement qu'elle traduit l'émotion extrême qui a suivi la publication du livre de Camille Kouchner en 2021 et suscité une vague #MeTooInceste.

Que dit la nouvelle loi ? Quatre nouvelles infractions sont créées dans le Code pénal pour punir les actes sexuels sur les mineurs : le crime de « viol sur mineur » (de moins de 15 ans), puni de vingt ans de réclusion criminelle ; le crime de « viol incestueux sur mineur » (de moins de 18 ans), puni de vingt ans de réclusion criminelle ; le délit d'« agression sexuelle sur mineur » (de moins de 15 ans), puni de dix ans de prison et de 150 000 euros d'amende ; le délit d'« agression sexuelle incestueuse sur mineur » (de moins de 18 ans), puni de dix ans de prison et de 150 000 euros d'amende.

Pour ces quatre infractions, les juges n'ont plus à établir une violence, une contrainte, une menace ou une surprise pour caractériser le viol ou l'agression sexuelle. La question du consentement situationnel, même « non libre » de l'enfant ou du jeune ne se pose donc plus dans les relations entre un majeur et un mineur de 15 ans, ou de 18 ans en cas d'inceste.

En d'autres termes, la grande différence qui existait sur le plan des interdits statutaires entre le « non-consentement statutaire absolu », qui était réservé aux moins de 6 ans, et la « non-liberté de consentement statutaire » des 6-15 ans a disparu : désormais, *tous les mineurs de 15 ans* sont dotés *d'un « non-consentement statutaire absolu » dans leurs relations avec un majeur*, et toute relation sexuelle d'un majeur avec eux est *ipso facto un viol* (en cas de pénétration) ou une agression sexuelle. Le seuil monte à 18 ans si la relation est incestueuse.

Ce seuil de 15 ans a fait l'objet de débats complexes et passionnés. La première proposition de loi votée au Sénat

51. On trouvera une analyse très détaillée du processus législatif et une présentation critique du texte de la loi dans la 2e édition de l'ouvrage du collectif Raison garder, *Mineurs et sexualités. Des lois en débat*, *op. cit.*

se prononçait pour un seuil à 13 ans, et longtemps celui-ci apparut le plus raisonnable pour tenir compte des débuts de la vie sexuelle ordinaire des mineurs. Finalement, afin de réaliser un compromis, une clause dite « Roméo et Juliette » a été introduite par le gouvernement dans la proposition de loi, afin de préserver les relations sexuelles adolescentes lorsque l'auteur et le mineur ont *moins de cinq ans d'écart d'âge*. Elle établit ainsi une certaine progressivité.

Selon que le mineur a 13, 14 ou 15 ans, le majeur sera considéré comme coupable de « viol sur mineur » s'il a lui-même plus de 18, plus de 19 ou plus de 20 ans. Cette clause est conçue pour que des relations sexuelles consenties entamées entre deux mineurs de 14 et 17 ans, par exemple, ne deviennent pas un an plus tard un viol du plus jeune par le plus âgé devenu majeur, susceptible alors de vingt ans de prison[52].

L'allongement des *délais de prescription*, dont nous n'avons pas parlé jusqu'à présent, est un des débats majeurs qui ont été portés par les associations de victimes depuis les années 1990, en référence à la « loi du silence », entendue comme la difficulté extrême pour les jeunes victimes de parvenir à parler des faits à leur entourage, et *a fortiori* de parvenir à porter plainte. Ces délais n'ont cessé d'être allongés au fil de toute une série de lois. La loi de 2021 ne modifie pas sur ce point la loi du 3 août 2018 « renforçant la lutte contre les violences sexuelles et sexistes » : le délai reste fixé à trente ans à compter de la majorité de la victime, ce qui lui permet d'agir jusqu'à l'âge de 48 ans.

Pour l'allonger encore, un principe de « prescription glissante » est introduit. Le délai de prescription peut désormais

52. Cette clause ne joue pas en cas d'inceste, ou quand la relation n'est pas consentie, ou intervient dans le cadre de la prostitution. Le texte complète également la définition du viol en y mentionnant les actes bucco-génitaux, et étend le périmètre du viol qualifié d'incestueux aux grands-oncles et grands-tantes.

être prolongé si la même personne viole ou agresse sexuellement par la suite un autre mineur, jusqu'à la date de prescription de cette nouvelle infraction.

La loi a ainsi tranché un débat, qui fut parfois extrêmement virulent entre partisans et adversaires d'un principe d'« imprescriptibilité des crimes sexuels », en maintenant la règle majeure du droit français pour lequel seuls sont imprescriptibles les crimes contre l'humanité. En allongeant encore les délais, l'objectif est d'assurer que le droit prend en compte le long temps nécessaire à de nombreuses victimes pour pouvoir sortir de la chape du silence, parler de ce qui leur est arrivé, et éventuellement porter plainte, ce dont le rapport Sauvé pour la CIASE, publié quelques mois plus tard, a donné d'innombrables exemples.

GRANDEUR ET MISÈRE DE LA BARRIÈRE SACRÉE DES ÂGES

La loi de 2021 est très paradoxale. D'un côté, elle s'inscrit dans l'histoire longue, ce qui lui donne *a priori* une grande légitimité : en créant un nouvel interdit absolu, en assimilant tout rapport sexuel entre mineurs et majeurs à un viol ou une agression, elle couronne le lent processus d'émergence d'une normativité statutaire des rapports d'âges et de générations. Mais de l'autre côté, une loi aussi importante a été votée en quelques semaines, en improvisant tant bien que mal des compromis : il en sort un texte qui ne satisfait pas certaines associations de victimes, comme l'a montré le conflit sur l'imprescriptibilité qui reste ouvert. Mais dans la perspective d'une sociologie des métamorphoses de la civilité sexuelle, le cœur du problème soulevé par cette loi se trouve dans un autre débat qui n'a pas eu les honneurs des médias, car on l'a pris pour un simple problème « technique » alors qu'il était au cœur de la réforme, y compris sur le plan symbolique : celui des seuils d'âge.

Cette question avait été posée en 2018 par la Commission nationale consultative des droits de l'homme (CNCDH) dans un avis très argumenté[53] qui proposait déjà d'établir une nouvelle infraction de viol sur mineur, exactement comme celle qui a été votée. Elle suggérait de placer ce seuil à 13 ans et l'on peut y voir le signe d'une véritable conscience de la double dimension de #MeToo : la lutte contre les délits et les crimes, mais aussi la régulation de la civilité sexuelle ordinaire des jeunes, qui ne se résume pas à la menace d'un viol. Quand on sait que la vie sexuelle commence souvent entre 13 et 15 ans, que c'est le cas en particulier de près de 18 % des garçons[54], on ne peut pas définir comme un viol toute relation avec eux d'un plus de 18 ans sans se demander ce qu'on fait.

Ces mises en garde n'ont pas été vraiment entendues, et l'on sait comment fut choisi le seuil de 15 ans : en suivant la « conviction personnelle » du président de la République qui en avait fait part dès novembre 2017, se distinguant alors publiquement de la garde des Sceaux Nicole Belloubet qui souhaitait, comme nombre de juristes, un seuil à 13 ans : « J'ai une conviction personnelle que je veux partager avec vous, nous devons aligner l'âge de consentement sur celui de la majorité sexuelle, à 15 ans, par souci de cohérence et de protection des mineurs[55]. » Cette conviction cherchant à afficher *une grande barrière sacrée des âges* à travers un seuil unique est en effet très compréhensible dans une perspective politique. Il s'agit d'« annoncer » que, désormais, la

53. Avis publié le 28 novembre 2018 et intitulé « Lutte contre les violences sexuelles : une urgence sociale et de santé publique, un enjeu pour les droits fondamentaux », disponible sur le site de la CNCDH.
54. Voir Nathalie Bajos, Delphine Rahib et Nathalie Lydie, *Genre et sexualité. D'une décennie à l'autre. Baromètre santé 2016*, *op. cit.*
55. Allocution du président de la République à la journée de lutte contre les violences faites aux femmes, 27 novembre 2017.

notion de minorité sexuelle sera prise au sérieux. De surcroît ce choix a semblé conforté par les livres de Vanessa Springora et de Camille Kouchner qui traitaient l'un et l'autre de violences subies à 14 ans : choisir un seuil situé en dessous aurait signifié, pour les politiques, le risque d'encourir immédiatement la critique d'en faire trop peu.

Pourtant loin que ces livres confirment le choix qui a été fait, on peut penser au contraire qu'ils auraient dû contribuer à l'interroger. Car ce que l'un et l'autre exposent avec une grande clarté n'est *pas un simple problème d'âge, mais un problème de génération*. Dans les deux cas, l'abuseur est de la génération précédente, c'est pourquoi il est si grave que celui qui avait « l'âge d'être son père » (qu'il soit le beau-père, ce qui rend le viol incestueux, ou qu'il ait 36 ans de plus que sa jeune proie), et qui détenait à ce titre une certaine forme d'autorité sur une très jeune personne, ait dévoyé cette autorité en pouvoir absolu et se soit comporté comme le « maître des significations ». Si Vanessa Springora insiste tant sur la transgression liée à cet écart d'âge, c'est justement parce qu'il est si grand qu'il devient un écart générationnel. Mais toute relation mineur/majeur n'est pas une différence de génération, et c'est là que tout se complique.

Si la discussion avait été organisée, il aurait été possible de faire valoir pourquoi le seuil de 13 ans proposé par la CNCDH était raisonnable. On aurait pu montrer que cela aurait évité de réglementer sans le dire la civilité sexuelle ordinaire des jeunes adolescents qui apprennent peu à peu l'autonomie, et pour lesquels l'intelligence du droit des mineurs a toujours été d'*aménager toute une progressivité des seuils*. Cette progressivité aurait pu être assurée par le double seuil de 13 et 15 ans qui avait été proposé, en conservant pour la période 13-15 ans l'incrimination d'atteinte sexuelle, qui punit tout de même de sept ans de prison toute relation d'un majeur avec le mineur, mais permet de tenir compte de l'attitude du mineur à travers l'idée de « consentement non libre ».

De fait, le délit d'atteinte sexuelle n'a pas été supprimé du Code pénal par la loi qui était censée le remplacer. Il restera donc une incrimination possible qu'il reviendra aux avocats et magistrats d'utiliser à bon escient. En effet, ceux qui s'imaginent que le nouveau seuil de 15 ans va créer une sorte de « guichet automatique des condamnations », où il suffira de disposer de la date de naissance d'un mineur pour envoyer quelqu'un en prison pour vingt ans, sont assez loin de la véritable justice.

Après l'affichage de la grande barrière sacrée des âges, la vie va continuer. Il faudra bien tenir compte du fait que dans la vraie vie les jeunes entrent progressivement dans la sexualité, qu'on peut tomber amoureux à 14 ans de quelqu'un qui en a 19, que toute différence d'âge majeur/mineur n'est pas une différence de génération, que Gabrielle Russier n'avait pas l'âge d'être la mère de Christian Rossi, et qu'il peut y avoir des abus dans l'usage que feraient des parents homophobes de la nouvelle loi pour s'opposer à la vie sexuelle de leur fils adolescent. Comme le dit un jour plaisamment le doyen Carbonnier à propos de ce qui est resté à faire aux juristes une fois une grande loi votée : « Il a fallu recoudre, après le passage des politiques. » Telles sont la grandeur et la misère de la loi du 21 avril 2021 : c'est une étape forte dans l'histoire de la civilité sexuelle, mais il est probable qu'à l'avenir les professionnels du droit et de la justice auront à se préoccuper quelque peu de recoudre.

CONCLUSION

En octobre 2017, l'affaire Weinstein est le point de départ d'une déflagration mondiale. Grâce au hashtag #MeToo, en quelques semaines d'innombrables victimes de violences sexuelles prennent la parole sur les réseaux sociaux, sans que cette action ait été organisée ni même impulsée par des associations. Cinq ans plus tard, l'audience du mouvement n'a pas faibli, bien au contraire.

Ce fait social inédit a suscité des réactions d'hostilité, d'autant plus qu'il mêle deux situations : des personnes donnant des noms et/ou voulant porter leur cas en justice, et d'autres n'en donnant pas et/ou pour lesquelles le judiciaire n'est pas ou plus le sujet. En France, la réaction a eu le mérite d'être aussi simple qu'immédiate : « C'est la pire entreprise de lynchage qu'on ait jamais vue. » Selon un renversement bien connu, celles qui se déclaraient victimes se sont retrouvées d'emblée en position d'accusées.

En avoir fait partie, moi qui m'étais jointe au mouvement dès le premier jour, n'est pas l'origine de ce livre, car il y a plus de vingt ans que je travaille sur les trois révolutions du consentement[1], mais je me souviens de ma stupeur de voir nier avec une telle hargne la solidarité de nos « Moi aussi », qui m'avait conduite à répondre immédiatement à nos détracteurs[2].

Dire « Moi aussi »

On n'en est plus là aujourd'hui. Le sens général du mouvement semble désormais mieux compris et ses objectifs largement soutenus par l'opinion. Rappelons, tout d'abord, le changement global des attitudes en cinq ans. Après le temps des sarcasmes est venu celui des faits. Personne ne nie plus l'existence d'un grave problème social quand la première raison d'être de #MeToo est la révélation d'un véritable continent caché de violences sexuelles :

En France en 2016, 19 % des femmes de 18-69 ans (soit près d'une sur cinq) déclarent avoir subi des rapports forcés ou des tentatives de rapports forcés. C'est le cas de 5 % des hommes. Cela s'est passé avant 18 ans dans 47 % des cas pour les femmes et 60 % pour les hommes. Ces violences avant l'âge adulte ont été perpétrées le plus souvent par une personne de l'entourage[3]. Or, ces violences sont rarement portées en justice, et quand elles le sont, très peu sanctionnées. On

1. Irène Théry, « Les trois révolutions du consentement ; pour une approche socio-anthropologique de la sexualité », dans *Les Soins obligés ou l'utopie de la triple entente*, Actes du XXXIIIe congrès de criminologie AFC/SBC/Lille-II, sous la direction de Pierre Tournier, Paris, Dalloz, 2002.
2. Irène Théry, « Harcèlement sexuel : nous sommes si nombreuses que c'en est impressionnant », *Le Monde*, 21 octobre 2017.
3. Nathalie Bajos, Delphine Rahib et Nathalie Lydie, *Genre et sexualité. D'une décennie à l'autre. Baromètre santé 2016*, *op. cit*. J'ai arrondi à la décimale la plus proche. Les violences sur mineurs sont perpétrées par un membre de l'entourage dans 31 % des cas pour les femmes, 35 % pour les hommes, un membre de la famille (28 % et 21 %) ou par un inconnu (16 % et 26 %). Vécues à l'âge adulte, elles sont le plus souvent le fait d'un conjoint ou ex-conjoint pour les femmes (52 %) et d'un inconnu pour les hommes (34 %).

estime que 20 % environ des victimes portent plainte, et que sur 100 viols, 1 seul aboutit à une condamnation[4].

Ces chiffres ne sont pas nouveaux. Croissant d'année en année, au fur et à mesure que la propension à parler augmentait[5], ils étaient connus depuis longtemps des associations de victimes, des collectifs féministes, des professionnels de l'enfance en danger, des policiers et gendarmes, des magistrats et avocats, des politiques. On les rappelait à chaque nouvelle affaire, mais sans que l'opinion semble y voir autre chose qu'une masse de faits divers horribles, de drames passionnels, d'exactions par des pédophiles pervers et des tueurs en série monstrueux, ou encore de « tournantes » sur fond de drogue, de délinquance et de misère sociale.

En un mot, les violences sexuelles, c'était *l'autre*. En 2011, les réactions à l'affaire DSK ont parfois poussé jusqu'à la caricature le déni de la dimension sociétale du problème qu'elle révélait[6]. Tout a changé avec #MeToo, grâce à la rencontre entre trois grands acteurs sociaux : des victimes davantage prêtes à parler qu'auparavant, des institutions et une opinion plus disposées à les entendre, et enfin une nouvelle génération de femmes bien décidées à porter le changement et à transformer les normes sociales, pour tous.

Sur le fait de dire *moi aussi*, et ainsi de parler « en première personne, avec les autres », on comprend mieux désormais comment s'articulent trois dimensions, vécues par les personnes concernées comme trois difficultés à surmonter : celle tout d'abord de rompre l'omerta ou simplement le silence qu'on avait gardé, ce qui suppose de dépasser la honte, la

4. Marianne Juillard et Odile Timbart, « Les condamnations pour violences sexuelles », *Infostat Justice*, 164, septembre 2018.
5. Nathalie Bajos, Delphine Rahib et Nathalie Lydie, *Genre et sexualité. D'une décennie à l'autre. Baromètre santé 2016*, *op. cit.*
6. Regarder aujourd'hui la série documentaire de Jalil Lespert, *Chambre 2806. L'affaire DSK*, est une expérience parfois pénible, mais très instructive (disponible sur Netflix).

peur et la résignation ; celle ensuite de défendre son récit face au récit contradictoire du violeur ou de l'abuseur malgré le sentiment qu'on n'y parviendra pas, qu'on ne sera pas entendue, et qu'on ne pourra jamais reconstruire sa propre identité narrative ; celle enfin d'apercevoir, par-delà son cas personnel, le « récit social » sur lequel vivait la société sans même y penser, et qui l'amenait à cultiver le déni et à renvoyer chaque cas individuel à sa solitude, un déni du réel que les victimes vont remettre en question, avec pour seule arme la multitude de leurs récits rassemblés de « Moi aussi » en « Moi aussi »[7].

Malgré cette solidarité, on constate qu'au sein même de celles et ceux qui soutiennent #MeToo, le changement porté par ce mouvement se fait très souvent dans la conflictualité comme si une affaire devait succéder à une autre et une controverse à une autre, interminablement. Pour clarifier ce problème, soulignons tout d'abord que les chiffres qu'on vient de rappeler permettent déjà de pointer deux sujets de désaccord possible. D'une part, au contraire de ce qui est dit par certains courants identitaires, les violences dénoncées ne concernent pas seulement les « rapports hommes/femmes », mais les rapports de sexe, d'âge et de génération, même s'il est clair que la majorité des victimes sont des filles et des femmes violentées par des hommes. On ne peut plus penser #MeToo en oubliant les viols de garçons par des hommes depuis l'enquête « Violence et rapports de genre » de l'Ined publiée fin 2020[8] et le développement impressionnant de #MeTooGay

7. Sur l'importance des récits en première personne dans la vie sociale et politique, voir les travaux de Pierre Rosanvallon, en particulier *Le Parlement des invisibles* [2014], Paris, Seuil coll. « Points-Essais » n° 880, 2020, et *Les Épreuves de la vie. Comprendre autrement les Français*, Paris, Seuil, 2021.

8. Au sein de cette enquête dite « Virage », réalisée en 2015 et publiée dans l'ouvrage d'Elisabeth Brown, Alice Debauche, Magali Mazuy *et al.*, *Violence et rapports de genre*, Paris, Ined éditions, 2020, voir en particulier la partie rédigée par Mathieu Trachman et Tania Lejbowicz sur la surexposition des personnes LGBT+ à des violences sexuelles.

en 2021, ainsi que le rapport Sauvé[9] sur le scandale des violences sexuelles dans l'Église catholique.

D'autre part, malgré la prévalence écrasante des violences masculines, les coupables ne sont pas « les hommes » en général, comme si on découvrait qu'ils étaient tous des violeurs en puissance, mais la minorité d'entre eux qui enfreint la loi pénale en commettant des crimes et des délits, ce qui est très différent. La grande majorité des hommes n'a jamais violé ni agressé personne, et l'oublier perpétue en réalité les clichés sur la sexualité masculine irrépressible et prédatrice en se bornant à remplacer les thèses du déterminisme biologique par celles du déterminisme social. Au risque d'oublier, de surcroît, que les hommes qui violent et agressent savent en général se comporter correctement avec les femmes qu'ils respectent, la vraie question étant leur absence de respect pour toutes les autres.

On voit à ces simples indications que le mouvement #MeToo, tout en s'accordant sur un certain nombre d'objectifs essentiels, n'est unifié ni sur le plan théorique ni sur le plan des stratégies d'action, pas plus que ne l'était le mouvement féministe des années 1970. Cela n'est rien que de très habituel dans la contestation sociale et la vie politique, et n'est pas un problème en soi. En revanche, dans ce contexte, la question obscure qui demande à être élucidée est justement celle de la dimension sociétale ou systémique de #MeToo (peu importe le mot). Cette dimension, qui concerne en effet les asymétries masculin/féminin dans les relations sexuées et sexuelles, est à la fois évidente et difficile à nommer dès lors qu'on n'accepte pas les simplifications identitaires, que ce soit l'accusation « des hommes » en général ou la version radicale de la notion de « culture du viol » prétendant qu'entre un

9. Rapport de la Commission indépendante sur les abus sexuels dans l'Église, CIASE, 2021.

rapport hétérosexuel ordinaire et un viol, la différence ne serait que de degrés.

La règle du jeu social

Le sujet est immense. Pour décrire le changement social avec une certaine précision, je me suis volontairement limitée dans ce livre à la France métropolitaine, tout en espérant que la connexion avec d'autres travaux sera faite un jour, tant on sait l'importance d'étudier les rapports de genre dans les départements et territoires d'Outre-mer et les anciennes colonies de l'empire français[10]. Pour tenter d'apercevoir la réalité sociale métropolitaine dans sa globalité, je me suis efforcée de faire un pas de côté et de construire un « regard éloigné » grâce à la comparaison anthropologique et historique, en renouant avec une approche qui fut très classique en sciences sociales et qui guide mon travail de sociologue du droit depuis longtemps.

Je l'ai nommée une *approche relationnelle maussienne*, en référence à la définition des relations sociales par Marcel Mauss : des relations instituées, référées à des systèmes d'attentes qui ne sont pas des prévisions causales, mais des attentes normatives rapportées aux droits, devoirs et interdits définissant des statuts, des rôles, que les individus endossent pour interagir les uns avec les autres, statuts et rôles relationnels qui ne cessent d'évoluer et connaissent parfois de grands changements. Dans cette perspective, l'idée qui a guidé tout ce livre est que lorsqu'il se passe de très grandes transformations, ce qui change n'est pas seulement la conduite des

10. Pour une approche historique de la question coloniale, voir le livre remarquable d'Emmanuelle Saada, *Les Enfants de la colonie, les métis de l'empire français entre sujétion et citoyenneté*, Paris, La Découverte, 2007. Voir aussi Christelle Taraud, « Les femmes, le genre et les sexualités dans le Maghreb colonial (1830-1962) », *Clio*, 33, 2011. L'enquête « Virage » de l'Ined révèle un taux particulièrement important de violences sexuelles dans les départements et territoires d'Outre-mer.

gens qui font moins souvent ceci et plus souvent cela, mais *le système d'attentes lui-même, la règle du jeu social.*

On sait depuis longtemps que dans les grandes sociétés individualistes, qui se prennent pour de simples collections d'individus indépendants, on a tendance à ne pas voir cette « règle du jeu », mais elle apparaît assez clairement dès qu'on prend pour guide l'histoire longue du droit et de la justice – cette dernière donnant de surcroît un certain accès aux mœurs, moteur essentiel du changement. Contrairement à un préjugé fréquent, l'institution, ce n'est pas le passé. Comme disait Mauss, « les institutions véritables vivent, c'est-à-dire changent sans cesse ». Parfois elles connaissent même de telles métamorphoses[11] qu'on peut parler de révolution : c'est le cas aujourd'hui.

La démarche générale de ce livre supposait de redéfinir le périmètre et l'objet même de l'investigation. En effet, lorsqu'on se donne les moyens de nous voir nous-mêmes en perspective, la première chose qu'on aperçoit est qu'on ne peut pas traiter de ces délits et crimes que sont les violences sexuelles si on commence par les isoler. Le permis et l'interdit forment un tout et c'est au sein de ce tout qu'ils sont définis par opposition : ils vont donc changer ensemble.

De plus, on ne peut pas isoler « la sexualité » comme s'il était évident qu'il s'agit d'un ensemble de dispositions subjectives, innées et acquises, de l'individu. Cette vision est une idée occidentale moderne, dont on peut repérer la naissance au XIXe siècle[12], mais qui s'enracine sans doute très loin dans la théologie chrétienne, comme j'ai tenté de le montrer en développant la formule de Peter Brown : « Notre tâche est de comprendre comment il se fait que la sexualité soit devenue, dans nos cultures chrétiennes, le sismographe de

11. Maurice Godelier, *Les Métamorphoses de la parenté*, *op. cit.*
12. Sylvie Chaperon, *Les Origines de la sexologie (1850-1900)*, Paris, Audibert, 2007.

notre subjectivité. » Enfin, les sociétés humaines ne se bornent pas à avoir des normes, au sens de manières d'agir s'imposant aux individus par des interdits et des stéréotypes intériorisés, elles ont besoin de beaucoup plus que cela pour vivre : une civilité sexuelle.

Sans reprendre ici les développements consacrés à présenter cette notion, rappelons simplement, pour la clarté de l'exposé, la définition qui en a été proposée. La civilité sexuelle est une modalité instituée de la vie sociale qui, à travers des mœurs ordinaires référées aux grandes distinctions/relations de sexe, d'âge et de génération, inscrit la vie sexuelle - bien au-delà de sa dimension potentiellement procréative - dans les priorités d'une société et les valeurs fondamentales d'une culture, tout en la distinguant par des normes spécifiques de décence et d'intimité, dont le contenu varie d'une société à l'autre. En distinguant la gamme du permis, du désirable et du valorisé et celle de l'interdit, du critiqué et du condamné, elle les rapporte à d'autres distinctions en valeur : le beau et le laid, le pur et l'impur, l'honorable et le honteux, le fécond et l'infécond, le sacré et le profane, le normal et le pathologique, etc.

Sa plurivocité en fait l'enjeu de tensions et de conflits entre différentes instances normatives qui peuvent se conjuguer mais aussi entrer en conflit. La socialisation est, dans ce domaine comme dans les autres, l'*appropriation des significations sociales* via l'acquisition par l'enfant puis l'adolescent de techniques du corps et de capacités mentales permettant un *agir relationnel signifiant*, le transformant progressivement en partenaire actif de la vie sociale. Elle confronte chacune et chacun à ce qui en soi ne dépend pas de soi - la puissance de l'imaginaire érotique, les émotions et aléas du désir, l'énigme du plaisir - et engage pourtant ses responsabilités à l'égard d'autrui.

Les trois révolutions

À partir de là, la thèse générale qui a été défendue dans ce livre est la suivante : la civilité sexuelle a connu au cours de l'histoire de l'Occident plusieurs grandes révolutions, toujours liées à des changements dans les valeurs collectives fondamentales engageant les représentations de la condition commune, sexuée et mortelle qui est celle de l'humanité. J'en distingue trois, en prenant pour fil directeur la référence à la norme de consentement qui est une caractéristique majeure de la culture occidentale depuis l'Antiquité.

Après la longue édification de la théologie du péché de chair dans les premiers siècles chrétiens, puis le triomphe de l'Église et du droit canon dans la régulation de la sexualité au Moyen Âge par la réforme grégorienne, on peut apercevoir une première révolution au XVIe siècle. À cette époque, le pouvoir séculier du royaume de France conteste l'autorité exclusive de l'Église de Rome et impose finalement une transaction entre une régulation religieuse de la vie sexuelle ordonnée au salut de l'âme individuelle et tournée vers l'au-delà, et une régulation séculière permettant la reproduction des valeurs propres de la société des ordres par l'organisation des relations sociales, et tournée vers l'ici-bas.

Avec la Révolution française, suivie par la rapide reprise en main des questions sexuées et sexuelles par Napoléon (Code civil de 1804, Code pénal de 1810), se produit une deuxième révolution qui installe un « ordre sexuel matrimonial » sécularisé. Tout en émancipant les individus de l'autorité sacrée d'une religion d'État et de la tutelle du lignage, il est fondé sur le principe de complémentarité hiérarchique des sexes, sur l'opposition et la coexistence dans la société d'une sexualité honorable et d'une sexualité honteuse grâce au système des secrets de famille, sur la division des femmes en deux catégories morales – division sans aucun équivalent pour les hommes. Enfin, cet « ordre sexuel matrimonial » est également fondé sur l'aggravation de l'opposition traditionnelle entre une sexualité masculine de conquête, assortie d'un principe de sous-responsabilité des hommes dans les rapports sexuels hors mariage, et une sexualité féminine de citadelle, assortie d'un principe de sur-responsabilité des femmes dans tout écart à l'ordre matrimonial, non seulement en matière de « mauvaises mœurs », mais aussi en cas de violences et de viols.

La nouvelle civilité sexuelle du consentement

Avoir en tête d'où nous venons permet d'appréhender de façon globale une troisième révolution liée à l'*avènement de l'égalité de sexe*, qui devient pour la première fois dans l'histoire de l'humanité une valeur cardinale de la vie en commun des hommes et des femmes dans les sociétés démocratiques occidentales.

L'hypothèse générale que j'ai proposée dans ce livre est que l'égalité ne signifie pas seulement plus de droits ou plus d'opportunités pour les femmes : sa traduction majeure sur le plan relationnel est que les femmes deviennent de véritables *interlocutrices*, des personnes dont la voix compte. J'ai proposé de nommer cette révolution le passage de l'« ordre sexuel matrimonial » napoléonien, ou victorien, à une « nouvelle civilité sexuelle du consentement ». Elle est caractérisée par cinq grands changements, qui se conjuguent pour que la civilité passe en quelque sorte d'une cohérence à une autre :

- Du mariage au démariage : c'est l'émergence d'un nouvel idéal du couple, le couple duo, et l'intégration sociale de l'homosexualité, ainsi que (progressivement) des personnes intersexuées et transgenres, que le modèle antérieur avait renvoyées du côté de la plus extrême pathologie.

- De la division entre sexualité « honorable » et sexualité « honteuse » à la réhabilitation de la vie sexuelle en général : c'est l'affirmation d'une norme d'épanouissement et de bien-être sexuels pour l'un et l'autre sexe.
- De la séparation des mondes masculin et féminin (avec chaperonnage des filles) à la mixité généralisée des espaces sociaux : c'est l'idée que la mixité n'est pas seulement un fait, mais une valeur, vécue comme la traduction concrète de l'égalité, aucune fonction n'étant désormais interdite ou considérée comme naturellement inaccessible aux femmes.
- De l'opposition hiérarchique entre une sexualité masculine de conquête et une sexualité féminine de citadelle, à une nouvelle civilité du consentement : c'est l'émergence, entre adultes égaux et autonomes, d'une normativité procédurale fondée sur l'idéal de « conversation érotique », que la relation soit hétérosexuelle ou homosexuelle.
- Du rôle dévolu depuis des millénaires au mariage comme grand opérateur statutaire distinguant le permis et l'interdit, à l'édification d'une nouvelle « barrière sacrée des âges et des générations » jouant désormais ce rôle : c'est la traduction de la nouvelle valeur de consentement sexuel, qui ne passe plus par le consentement au contrat matrimonial.

Les deux côtés de #MeToo

Cette nouvelle civilité du consentement ne supprime pas les problèmes. Elle a certes vocation à renvoyer vers le passé ceux qui étaient directement sécrétés par l'ordre sexuel matrimonial et hiérarchique dont nous sommes les héritiers. Mais elle nous confronte dorénavant aux questions, dilemmes et responsabilités que posent dans la vie concrète nos nouvelles valeurs de liberté et d'égalité des sexes et des sexualités. Cela passe par la mise en œuvre de la nouvelle civilité, de deux façons. D'abord, dans la vie ordinaire, par la valorisation et la transmission aux nouvelles générations des exigences inhérentes à cette nouvelle civilité en termes de responsabilité individuelle, ce qui suppose que les jeunes puissent s'approprier les valeurs fondamentales sur lesquelles elle repose. Ensuite, en cas d'infraction aux « systèmes d'attentes » relationnels, par la lutte contre les violences sexuelles non seulement en termes de répression des délits et des crimes, mais aussi d'accompagnement et de soutien aux victimes pour qu'elles puissent être reconnues et entamer un chemin leur permettant de ne pas rester enfermées dans l'état de victime.

Replacé dans son contexte socio-historique, le mouvement #MeToo apparaît différemment qu'on ne le voit d'habitude. Contrairement à une idée largement répandue, *il ne se résume pas à un mouvement de lutte contre les violences sexuelles*. Certes, cette dimension est capitale : le premier objectif de la contestation sociale portée par #MeToo est bien de s'attaquer aux deux problèmes majeurs que les statistiques donnent à voir, et de dire qu'ils ne sont pas une fatalité.

Il n'y a pas de fatalité à ce que les violences sexuelles soient à ce point sous-déclarées à la police et à la justice par les victimes, qu'elles aient honte, qu'elles aient peur ou qu'elles pensent que « ça ne sert à rien », alors même qu'il s'agit de délits et de crimes inscrits dans notre droit pénal.

Il n'y a pas de fatalité à ce qu'une fois déclarés ces crimes et délits sexuels soient si peu punis, la majorité des affaires se terminant par un classement sans suite ou une relaxe au bénéfice du doute, faute de preuve de ce qui s'est passé dans le secret d'un rapport sans témoins. Ces classements ont toujours été vus comme la conséquence, tragique pour les plaignantes mais indépassable, du respect de la présomption d'innocence du mis en cause en cas de « parole contre parole ».

Comprendre les actions menées en référence à #MeToo, c'est analyser ce qui est proposé pour tenter de rompre le plus possible avec ces deux « fatalités ».

Mais pour cela, encore faut-il apercevoir que #MeToo n'a pas un seul côté, celui de la lutte contre les violences que résume son célèbre mot d'ordre « la honte doit changer de camp ». Il a aussi un autre côté, tout aussi décisif : contribuer à transformer la civilité sexuelle ordinaire, celle que tout le monde vit tous les jours. Il s'agit de faire accomplir un saut qualitatif à la remise en cause de l'ordre sexuel matrimonial entamée dans les années 1970-1980, dans la période dite de la « libération sexuelle », qui fut en réalité – comme je l'ai rappelé en référence aux actions féministes contre le viol – bien plus diverse, complexe et divisée qu'on ne le dit aujourd'hui pour disqualifier les « soixante-huitards ».

Si l'on prend en compte les deux côtés de #MeToo, on peut commencer à percevoir que l'énergie du mouvement n'est pas portée seulement par la détresse de victimes en souffrance, comme le prétendent ceux qui fustigent l'« idéologie victimaire ». En réalité, cette détresse peut sortir de la chape de silence qui l'a longtemps étouffée, car elle prend appui sur un socle sociétal bien plus large et qui en est l'inverse, puisqu'il s'organise en référence au plaisir et au bonheur.

Il s'agit de la *redéfinition de l'horizon d'attente des jeunes femmes* des nouvelles générations, nées dans un monde qui déjà se voulait égalitaire (sans en tenir toutes les promesses), qui osent affirmer leur refus des « passages à la casserole » que leurs aînées voyaient comme une fatalité et expriment une idée différente de la séduction comme art du consentement ; osent rêver qu'on peut attendre plus et mieux d'un rapport sexuel, plus et mieux de l'amour ; et redéfinissent ce que serait leur idée d'un « mec bien » quand on a renvoyé les « relous » à un passé machiste ringardisé. Une redéfinition de la virilité que les jeunes hommes recherchent tout autant et partagent avec elles, et dont le fin mot, celui qui donne son véritable sens à la valorisation de l'épanouissement sexuel, à la critique du moralisme traditionnel et à la nouvelle civilité du consentement, est *le respect de la personne d'autrui.*

Il s'agit, en somme, de la recherche passionnée du bonheur par les nouvelles générations, femmes et hommes rassemblés dans la critique des stéréotypes hérités et la recherche d'une complicité inédite, qui inventent leur idéal de la conversation érotique en parachevant sans le savoir le rêve des comédies hollywoodiennes de l'égalité, comédies merveilleuses mais dans lesquelles, il faut bien le reconnaître, on fermait encore le rideau sur ce qui se passait dans les lits, tout en présumant que l'hétérosexualité était la seule orientation sexuelle dicible.

Controverses pour temps incertains

Dès lors qu'on aperçoit ces deux côtés de #MeToo, le regard change. Car on comprend que si la lutte contre les crimes *envahit tout*, alors la logique du soupçon, de la précaution et du contrôle l'emporte. Ce qui se profile comme la contrepartie de l'idéal de mixité généralisée, c'est l'ombre d'un monde orwellien, où à chaque instant on serait supposé se prémunir d'une possible menace d'être violée ou d'une possible accusation de viol, cependant que la norme deviendrait uniquement celle de l'interdit. Si cette voie répressive devait l'emporter, on ne voit pas comment seraient respectées les valeurs fondamentales de la vie ordinaire qui sont celles de nos sociétés : liberté, égalité, autonomie et respect de la vie privée, qui sont l'âme des sociétés démocratiques.

J'en donne, dans ce livre, deux exemples. Le premier est la dérive qui peut conduire à imaginer, afin de contrôler à l'avance tout risque de viol, d'imposer l'obligation de passer avant et pendant tout rapport sexuel une sorte de « consentement-contrat », sur le modèle existant dans certaines universités américaines. Je ne veux pas en les évoquant ici propager une vision fausse de ce qui se passe concrètement dans ces universités. Comme je l'ai rappelé, ces chartes ont principalement une fonction assurantielle : grâce à elles, les universités se protègent de toute responsabilité juridique sur les viols commis sur leur campus.

Mais la logique du « consentement-contrat » existe bel et bien dans l'idéologie des secteurs militants les plus identitaires qui ne cessent de rechercher des moyens de contrôle : par exemple en exigeant qu'entre les « dominées » et les « dominants » (supposés n'avoir rien en commun sinon des luttes de pouvoir), le consentement passe systématiquement par l'obligation pour l'un de demander *explicitement* l'accord de l'autre avant toute initiative au cours de l'acte sexuel, et pour l'autre de *verbaliser* l'accord, le tout à peine que l'acte soit caractérisé pénalement comme viol, selon le modèle d'un *nouveau catéchisme sexuel laïcisé*.

L'autre exemple est la façon dont, face au développement d'un #MeTooInceste recueillant des milliers de déclarations en quelques semaines sur les réseaux sociaux, le politique a décidé de légiférer dans l'urgence en février 2021, alors même que sa précédente « grande loi » sur le même sujet était si récente qu'elle n'avait pas même pu être évaluée.

J'ai tenté de montrer en quoi l'affichage d'une grande mesure symbolique, une barrière sacrée des âges fixée à 15 ans signifiant que tout rapport d'un majeur avec un ou une mineure de cet âge sera *ipso facto* un viol ou une agression, confond les enjeux d'âge et de génération et ne va pas forcément de soi.

Pour pouvoir afficher, avec un unique grand seuil symbolique, l'excellent objectif de lutter encore mieux contre les viols, on a pris le risque de rompre avec l'intelligence du droit des mineurs construit depuis des décennies non sur l'opposition majeurs/mineurs (comme si les uns étaient *a priori* un danger pour les autres), mais sur la valeur de *progressivité des seuils* permettant d'accompagner les jeunes dans leur cheminement vers l'autonomie et leur découverte de la vie sexuelle.

Pire encore, on a voulu oublier que les dangers pour eux ne viennent pas seulement des mauvais adultes mais aussi d'autres mineurs, comme le savent les professionnels qui s'inquiètent de la montée rapide de la violence sexuelle entre mineurs, aujourd'hui sous-estimée dans l'opinion d'autant plus qu'on la renvoie du côté des « jeux d'enfants ». Dans le débat politique, l'inceste est confondu avec l'inceste par ascendant, alors qu'il a une étendue bien plus large.

Au-delà de ces deux exemples, c'est l'ensemble des controverses scandant l'action de #MeToo que l'on voit différemment, à commencer par la plus récurrente d'entre elles, la polémique sur la présomption d'innocence. Véritable serpent de mer qui revient à chaque nouvelle « affaire » et a vu s'opposer, par exemple, deux grandes tribunes de femmes juristes à la suite de la rencontre choc de l'affaire Haenel et de l'affaire Polanski lors de la cérémonie des Césars de 2020.

Et la présomption d'innocence ?

Dans la perspective défendue dans ce livre, le premier problème est la façon dont ce débat met toujours en avant deux extrêmes : d'un côté les anti-#MeToo nostalgiques de l'ancien régime de civilité asymétrique, qui combattent le changement au nom de la présomption d'innocence pour mieux dénoncer le supposé « féminisme de haine des hommes » que serait #MeToo ; de l'autre des courants féministes pro-#MeToo qui prennent le contrepied des précédents, dénoncent la présomption d'innocence comme un pseudo-argument au service des dominants, et affirment que l'enjeu est de combattre la domination masculine en donnant désormais systématiquement raison *a priori* aux femmes.

Or le débat sur la présomption d'innocence, justement parce qu'il porte sur une valeur fondamentale du droit démocratique, concentre tous les malentendus de #MeToo en mêlant au moins quatre débats qu'il faudrait absolument distinguer :

- D'abord, se pose la question de l'écoute des victimes et du respect de leur parole, que j'avais soulevée au moment de l'affaire DSK en remarquant que les nobles défenseurs de la présomption d'innocence se souciaient bien peu qu'il y ait, face au directeur du FMI, une femme de chambre qui avait droit pour sa part à un *crédit de véracité*, ce qui signifie précisément « ne pas être supposée mentir, jusqu'à preuve du contraire »[13]. On continue souvent à confondre la présomption d'innocence, qui est une question de charge de la preuve et suppose qu'une procédure pénale soit entamée, avec une interdiction pour les victimes de s'exprimer publiquement. Mais prenons garde aussi qu'avec l'audience croissante de #MeToo, on commence à voir se renverser l'opinion : si devait l'emporter l'idée que la parole de la plaignante, si longtemps méprisée et décriée, doit désormais être sacralisée, cela ne mènerait que de Charybde en Scylla.

13. De fait, le crédit de véracité existe déjà, gagné indirectement de haute lutte en 2011 par l'Association européenne contre les violences faites aux femmes au travail (AVFT, voir son site) : lorsque le mis en cause obtient une relaxe au bénéfice du doute, il ne peut plus se retourner immédiatement contre la plaignante en utilisant le jugement qu'il vient d'obtenir pour l'accuser de dénonciation calomnieuse. Cette menace était une terrible façon de museler toutes celles qui avaient été violées sans témoin. Voir : https://www.avft.org/2016/10/14/synthese-de-la-campagne-pour-la-modification-du-delit-de-denonciation-calomnieuse-jusquen-juin-2011/

– La deuxième question est celle du risque d'accusation mensongère. Ces accusations sont peu nombreuses mais elles existent, on a vu quelques cas célèbres où l'accusateur ou l'accusatrice a fini par avouer son mensonge. L'affaire d'Outreau, sur ce point, fut un traumatisme judiciaire qui a secoué tout le pays et dont on peut s'étonner qu'il semble si vite oublié, alors qu'il interrogeait l'attitude de notre société et sa tendance à sacraliser la parole des enfants. Même chose sur l'affaire Loïc Sécher, ouvrier agricole accusé de viol par une adolescente, acquitté après sept années de prison.

Là encore, l'audience nouvelle de #MeToo doit rendre prudents. On ne peut exclure le risque de privilégier indûment la parole d'un enfant ou d'une mère accusatrice, surtout dans certaines situations de divorce très conflictuel[14]. Le vrai sujet n'est pas de savoir si le « syndrome d'aliénation parentale » évoqué par certains a une valeur scientifique, car il n'est pas nécessaire de recourir à ce genre de théorie psychologique pour savoir que des ex-époux en conflit peuvent se laisser emporter dans de véritables *spirales de surinterprétations*. De plus, personne n'ignore dans le monde judiciaire que quelques avocates et avocats sans scrupules utilisent l'arme de l'accusation sexuelle pour dégommer l'adversaire. Le soutien dû aux mères qui défendent leurs enfants victimes d'inceste est absolument capital, mais il ne commande pas de fermer les yeux sur les situations de règlements de comptes.

– La troisième est celle des preuves dans ces violences de l'intimité, sans témoin ni traces, que sont le plus souvent les crimes et délits sexuels. On les pensait par nature impossibles à réunir en cas de « parole contre parole », mais on a progressé. Tout d'abord en incitant et aidant les victimes à réagir très rapidement, porter plainte, accepter des examens médicaux

14. Sur ce sujet, voir l'avis publié le 27 octobre 2021 par la Commission indépendante sur l'inceste et les violences sexuelles faites aux enfants (disponible sur le site de la CIIVISE).

permettant de faire des prélèvements de sperme, etc. Au-delà, le mouvement #MeToo a permis d'avancer sur des réponses nouvelles, en particulier en démontrant l'importance de la notion de *faisceau de preuves* dans certains cas. Sur ce point, ce sont parfois les médias accusés de faire du « tribunal médiatique » qui ont mis en place les procédures d'enquête les plus rigoureuses et les plus innovantes pour pallier l'inaction et l'incapacité de la justice, comme l'explique de façon convaincante Marine Turchi dans son livre *Faute de preuves*[15], et comme Mediapart l'a démontré en 2022 en parvenant à rassembler un ensemble impressionnant de témoignages dans une affaire controversée[16]. On peut imaginer d'autres voies encore, telle une éducation des jeunes à la conservation des messages reçus témoignant de harcèlement, à l'usage de la fonction « enregistrement » des téléphones portables dans les situations menaçantes, etc.

– Enfin, la dimension la plus préoccupante de ces débats sur la présomption d'innocence est peut-être celle dont on ne parle pas encore. Elle ne concerne ni les plaignantes ni les mis en cause, mais nous tous, celles et ceux qu'on pourrait appeler les tiers. C'est la propension toute récente de notre société, en ce moment historique de changement des normes en matière de civilité sexuelle, à surréagir par des mesures de purification collective, par des ouvertures de parapluie immédiates, par des précautions inadaptées, ou encore par des refus de toute réhabilitation des coupables une fois leur peine effectuée. Toutes réactions qui sont bien plus incontrôlables que des procédures judiciaires, quand elles en appellent à la *mort sociale* des accusés, oubliant tout ce que l'histoire démocratique nous a appris sur la différence entre la logique de la justice et celle de la

15. Marine Turchi, *Faute de preuves. Enquête sur la justice face aux révélations #MeToo*, Paris, Seuil, 2021.
16. *Mediapart*, émission spéciale « PPDA : 20 femmes prennent la parole », 10 mai 2022.

vengeance, entre la logique du droit et celle du bouc émissaire. On sait combien les incertitudes sur la vie sexuelle recèlent de « dangers », comme aurait dit Mary Douglas[17].

Nous vivons actuellement une de ces périodes d'incertitude, et je me suis efforcée de montrer dans ce livre à quel point est profonde la troisième révolution du consentement dont #MeToo participe. Des évolutions entamées de longue date se précipitent soudain. Certains comportements naguère encore admis par la société ont cessé d'un coup d'être acceptés. Des continents de violences cachées ont été révélés au grand jour. C'est un immense progrès du respect des femmes, du respect des enfants, et il nous oblige : quand toute une société s'efforce de renouveler sa civilité sexuelle, elle doit se souvenir, plus que jamais, qu'être démocrate consiste à ne jamais hurler avec les loups.

Débats pour demain

L'ère #MeToo ne fait encore que commencer. Si l'on se tourne vers l'avenir, l'approche relationnelle suivie dans ce livre devrait donner quelques armes pour affronter les débats complexes qui nous attendent et exigent de décortiquer les différentes dimensions d'un problème. Certains sont encore à peine amorcés, et vont se développer au fur et à mesure que l'on percevra les *responsabilités nouvelles* que nous confère la troisième révolution du consentement.

Ainsi un débat encore quasi inexistant en France se profile sur la palette de gravité des violences sexuelles, palette qu'on aperçoit bien en étudiant les affaires de violences sexuelles sur mineurs au tribunal correctionnel[18], mais qui semble une sorte de tabou du débat social français, comme si oser dire que tout

17. Mary Douglas, *De la souillure*, *op. cit.*
18. Voir la thèse de Marie Romero, *Le Traitement juridique des délits sexuels sur mineurs, une enquête de sociologie législative et judiciaire*, *op. cit.*

n'a pas le même degré de gravité signifiait qu'on sous-estime la violence sexuelle. Alors que – pour ne prendre que ce seul exemple – les Suédois, dont la réflexion est dans l'ensemble bien plus avancée que la nôtre, ont éprouvé le besoin d'inclure dans leur loi de 2018 redéfinissant le viol un nouveau délit de « viol par négligence », beaucoup moins puni que le crime de viol proprement dit.

Un autre grand sujet porte sur la confusion actuelle entre l'intensité de la souffrance des victimes et l'importance de leur demande de justice. Plus les deux sont confondues, plus la démonstration de la gravité de l'atteinte à l'intégrité psychique de la personne exige d'être soulignée, au risque de devenir un piège pour celles-là mêmes qui l'ont subie. Ce débat a opposé en 2021 une psychiatre connue pour sa lutte contre l'inceste, qu'elle porte aux dimensions d'une véritable croisade contre le Mal, et un ensemble important d'associations et de professionnels de l'enfance, inquiets que les victimes soient enfermées dans une souffrance inextinguible. Ici #MeToo, comme mouvement social, pourrait être un guide : il est possible d'apprendre de l'expérience de celles et ceux qui ont décidé de parler, d'agir, d'écrire, justement pour se libérer de la honte et quitter la prison de leur état de victime, et de remettre la résilience au cœur des objectifs recherchés[19].

Cela m'amène à un autre débat, déjà entamé mais pour l'essentiel encore devant nous, qui est celui de l'inadéquation de la réponse judiciaire à la violence sexuelle. Tout le monde en est désormais d'accord : il faut commencer par entendre toutes les critiques portées par #MeToo sur les manquements majeurs de la police et de la justice et tenter d'y répondre concrètement, en donnant aux actrices et acteurs de terrain les moyens d'être formés et d'agir. Des progrès importants

19. Voir la tribune « N'enfermons pas l'enfant victime d'inceste dans un traumatisme », *Le Monde*, 24 mars 2021.

ont été faits. Mais quand bien même on progresserait encore, une grande question demeurerait. Est-ce que sur les violences sexuelles, l'objectif poursuivi est toujours plus de répression, toujours plus d'incarcération, toujours plus de longues peines ? Doit-on doubler, tripler les places de prison en France[20] ?

Le cœur du problème n'est il pas en réalité la coexistence entre un certain nombre d'affaires qui iront jusqu'à la cour d'assises, d'autres qui seront traitées par les nouvelles cours criminelles, ou encore par le tribunal correctionnel ou le tribunal pour enfants, et une immense masse de cas où les conditions élémentaires pour constituer une procédure judiciaire ne seront pas réunies, mais où cela ne signifie pas que rien ne puisse être inventé ? C'est la conscience de l'acuité de cette question, à l'étranger comme en France, qui amène de plus en plus de personnes à réfléchir à l'élaboration d'un ensemble d'alternatives, en particulier sous la forme d'une justice restaurative[21]. L'espoir est que la société saura imaginer des voies nouvelles dans la façon de reconnaître à ces victimes le tort qui leur a été fait.

Alors que ces débats sont encore devant nous – et bien d'autres encore si on pense à l'inégalité sociale majeure des jeunes face au changement des normes de la vie sexuelle, dont on parle trop peu de peur de « stigmatiser » les classes populaires[22], ou encore à la tension entre la nouvelle civilité du consentement, fondée sur le respect de la personne d'autrui,

20. La question de l'incarcération a été posée par Ovidie, le 27 avril 2022, en accompagnement de la diffusion sur France 2 de son documentaire, *Le Procès du 36*, retraçant une affaire de viol impliquant des gendarmes de la BRI, qui, après une condamnation en première instance, s'est conclue par la relaxe en appel.

21. Voir « Que fait la justice (et que pourrait-elle faire) en matière de violences sexuelles ? », *Esprit de justice*, une émission d'Antoine Garapon, disponible en podcast France Culture. Sur les critères spécifiques et la complexité du traitement judiciaire, ainsi que sur l'idée d'une institution encore peu capable d'entendre la diversité des attentes des victimes et de promouvoir une justice restaurative, voir l'analyse de Véronique Le Goaziou, *Viol, que fait la justice ?*, Paris, Presses de Sciences Po, 2019, et dans ce livre la préface d'Antoine Garapon, p. 5-14.

22. Voir Cyril Lemieux, « Respect de la sexualité individuelle et classes populaires, un sujet difficile à penser pour les intellectuels de gauche », *Germinal*, novembre 2021.

et le marché du porno propageant à l'inverse les normes d'une excitation sexuelle raciste et sexiste activant le triptyque domination/abaissement/souillure –, je voudrais pour conclure partager une ultime réflexion.

Voilà plusieurs décennies que je travaille sur la grande révolution de l'égalité des sexes que nous vivons depuis les années 1970, dont #MeToo participe. Je suis chaque jour plus sensible à un paradoxe bien connu : plus nous progressons vers l'égalité, plus notre niveau d'exigence augmente, moins nous tolérons les manquements à nos valeurs et plus nous les dénonçons : il n'y a pas mieux qu'une société d'émancipation démocratique comme la nôtre pour se fustiger de son sexisme et de son homophobie.

Pour un peu, nous en oublierions la gravité extrême de l'oppression des femmes, des gays et des lesbiennes, des personnes transgenres et intersexes dans d'autres sociétés. Pour un peu nous en oublierions, à l'inverse, de nous représenter quelle immense conquête cela constitue, sur le plan des valeurs humanistes les plus fondamentales, d'être les premières sociétés dans l'histoire à vouloir vivre sur un principe d'égalité des sexes et une civilité sexuelle du consentement. Or ces valeurs que notre droit commun porte désormais, certains les nomment « triomphe de l'individu-roi », « règne du marché », « meurtres d'embryons », « haine des hommes », « indécence des femmes », « théorie du genre », « promotion de sexualités pathologiques », « lynchage », « décadence morale ».

Je l'ai souligné dans ce livre, la question du rapport entre la loi civile et la loi religieuse se pose à présent de façon aiguë, il suffit pour le mesurer de penser à la régression actuelle sur le droit des femmes à l'avortement aux États-Unis, ou encore de se souvenir qu'aucune des trois religions du Livre n'a changé sa définition du mariage, qui reste « l'union d'un homme et d'une femme ». Au-delà, c'est la vision de l'humanité fondée sur la complémentarité hiérarchique des sexes sur laquelle toutes les grandes religions se sont construites, qui est aujourd'hui interrogée.

En leur sein, avec de grandes différences entre elles, le débat est ouvert et des secteurs libéraux et féministes parfois très actifs se mobilisent non seulement pour un changement des pratiques, mais aussi pour démontrer que sur le plan théologique, il est possible de trouver dans leurs textes sacrés une véritable valorisation de l'égalité des sexes.

Mais comment ignorer que face au brouillage de certains repères fondamentaux, la peur et la haine sont bien présentes, et que de puissants mouvements intégristes agissent désormais de par le monde pour promouvoir un ordre sexuel matrimonial bien plus violent encore que l'ordre traditionnel ? Un ordre fondé sur la brutalité masculine, l'inégalité et la hiérarchie des sexes, le mépris voire l'enfermement des femmes et la criminalisation de l'homosexualité, allant parfois jusqu'à placer leur conception de l'identité religieuse au-dessus de la loi commune, laïque et démocratique, quand ce n'est pas à déclarer la guerre à la « décadence occidentale ».

On ne peut pas exclure que demain, de véritables mouvements de contre-révolution sexiste ne viennent menacer, de l'intérieur ou de l'extérieur de nos sociétés libérales, cette liberté de conscience et cette égalité des sexes et des sexualités qu'on croyait acquises et qu'il faudra défendre. La distance critique est essentielle à la perspective des sciences sociales, mais elle ne serait qu'un vain mot si elle ignorait que, lorsque la démocratie est menacée, elle se doit d'abord de transmettre aux nouvelles générations le sens de son histoire et la fierté de ses conquêtes.

TABLE

« Du même auteur »

Mariage et filiation pour tous
Une métamorphose inachevée
Seuil/La République des idées, 2016

Filiation, origines, parentalité. Le droit face aux nouvelles valeurs de responsabilité générationnelle
(avec Anne-Marie Leroyer)
Odile Jacob, 2014

Mariage de même sexe et filiation
(dir.)
EHESS, 2013

Des humains comme les autres
Bioéthique, anonymat et genre du don
EHESS, 2010 et 2015

La Distinction de sexe
Une nouvelle approche de l'égalité
Odile Jacob, 2007

Couple, filiation et parenté aujourd'hui,
rapport à la ministre de l'Emploi et de la Solidarité
et à la ministre de la Justice
Odile Jacob, 1998

Quels repères pour les familles recomposées ?
Une approche pluridisciplinaire internationale
(dir. avec Marie-Thérèse Meulders-Klein)
LGDJ, 1995

Le Démariage
Justice et vie privée
Odile Jacob, 1993

RÉALISATION : NORD COMPO À VILLENEUVE-D'ASCQ
ACHEVÉ D'IMPRIMER SUR ROTO-PAGE
PAR L'IMPRIMERIE FLOCH À MAYENNE
DÉPÔT LÉGAL : AOÛT 2022 – N° 147968-02 (101052)
Imprimé en France